《晋剧坤伶须生开宗泰斗丁果仙》之
《春秋》《影行》《品评》

并州七老草根编创组成员

杨秋实　张桂根　赵威龙　华　敏　阎三庭　刘惠兰　段兴旺

顾问

曲润海　郭士星　张仁健

《春秋》赵威龙／主笔　　《影行》华敏／主撰　　《品评》阎玉庭／主编

并州七老草根编创组 ○ 编著

晋剧坤伶须生开宗泰斗

丁果仙春秋

山西出版传媒集团

北岳文艺出版社
·太原

图书在版编目（CIP）数据

晋剧坤伶须生开宗泰斗丁果仙·春秋 / 并州七老草根编创组编著. — 太原：北岳文艺出版社，2020.3
ISBN 978-7-5378-5871-7

Ⅰ. ①晋… Ⅱ. ①并… Ⅲ. ①传记文学－中国－当代 Ⅳ. ①I25

中国版本图书馆CIP数据核字（2019）第037416号

晋剧坤伶须生开宗泰斗丁果仙·春秋

并州七老草根编创组　编著

/编撰策划/
杨秋实　张桂根　华敏

/出版策划/
续小强　陈洋

/项目负责/
谢放

/责任编辑/
谢放

/书名题写/
王东满

/书籍设计/
张永文

/印装监制/
郭勇

出版发行：山西出版传媒集团·北岳文艺出版社
地址：山西省太原市并州南路57号　邮编：030012
电话：0351-5628696（发行部）　0351-5628688（总编室）
传真：0351-5628680
网址：http://www.bywy.com　E-mail：bywycbs@163.com
经销商：新华书店
印刷装订：山西人民印刷有限责任公司

开本：787mm×1092mm　1/16
字数：588千字　印张：32.25
版次：2020年3月第1版
印次：2020年3月山西第1次印刷
书号：ISBN 978-7-5378-5871-7
定价：120.00元

本书版权为本社独家所有，未经本社同意不得转载、摘编或复制

谨 以 此 书 献 给 丁 果 仙 大 师

人之生斯世也，但以已死者为鬼，而不知未死者亦鬼也，酒罂饭囊，或醉或梦，块然泥土者，则其人与已死之鬼何异？

独不知天地开辟，亘古及今，自有不死之鬼在，何则？圣贤之君臣，忠孝之士子，小善大功，著在方册者，日月炳焕，山川流峙，及乎千万劫无穷已，是则虽鬼而不鬼者也。

使已死未死之鬼，作不死之鬼得以传远，余又何幸焉？

——元·钟嗣成

目 录

序 一	《晋剧坤伶须生开宗泰斗丁果仙》之《春秋》《影行》《品评》三卷本的三种魅力 \ 1
序 二	贺丁果仙三卷本问世 \ 3
序 三	中华才俊辈辈出　风骚各领代代传 \ 5

第一章 童年磨炼

一　翰林庄农户钱家生二丫
　　丁凤鸣花钱买得童养媳 / 3

二　遭灾祸凤鸣积怨丧门女
　　发善心凤章收留小果果 / 6

三　到郑村安新家欢心乐意
　　遵祖命裹小脚忍泪含悲 / 13

四　喜不尽走街串巷看热闹
　　甘受苦寒心决意拒女红 / 19

五　到田间跑垅上跟犁站耙
　　一头汗浑身泥满地撒欢 / 25

六　赶庙会看大戏心花怒放
　　不馋食不贪玩就爱化妆 / 29

七　喜丰收中秋节合家欢庆
　　吃饺子尝月饼又来姐姐 / 33

八　小五台丁凤章另觅财路
　　捡弃婴喜爷爷后嗣有人 / 38

| 九 | 叹小红宁死不进怡春院
苦练功姐妹齐入奶生堂／43 |
| 十 | 娃娃班一炮打响郭家堡
染白喉无奈散摊大常村／48 |
| 十一 | 太平红孙竹林登门执教
泰山庙演小戏生旦全能／53 |

第二章 小荷初露

| 一 | 海子边随游行羡慕学子
受责罚远政治不受牵连／63 |
| 二 | 逢好运中路梆子如春笋
投名师小生泰斗愿搭桥／67 |
| 三 | 有幸入荣梨园名流荟萃
小步云喜结识众位坤伶／70 |
| 四 | 抢河水张庆村酿成命案
小戏女跟名宿喜看对台／74 |
| 五 | 看祈雨受惩罚遭"办公事"
三光子徐沟城宴请贵宾／79 |
| 六 | 丁老板不失时机开粮店
小步云情窦初开遇汪康／84 |
| 七 | 三光子老凤章金兰结义
三姐妹破锣班初露锋芒／89 |
| 八 | 詹财主一眼相中女戏子
太夫人狠心拒收童养媳／92 |
| 九 | 二老友反目因怕《空城计》
闺中人回班登台唱《拾金》／97 |

第三章 果子红了

| 一 | 草台班生旦兼工挂头套
太谷城拜客遭遇冀午斋／107 |
| 二 | 锦艺园文武齐全群英会
小步云拜师幸逢真盖天／111 |

三	慕才俊日夜尽做鸳鸯梦	
	动真情万般无奈吞大烟 / 116	
四	武德胜救急求得洋医生	
	孟兴让仗义主婚马莲滩 / 120	
五	老步云全天误戏因河涨	
	《琥珀珠》救场成名果子红 / 126	
六	十四红临场献出馊主意	
	老步云自惭不敌小步云 / 130	
七	果子红盖天红珠联璧合	
	十三红排场红花谢叶枯 / 136	
八	鸣盛楼亮相初遇任记者	
	小胡村分娩不顺起风波 / 141	
九	段振英屈己慰人舍冀焱	
	乔冬元蓄意泄愤压果子 / 145	
十	秉公论高师饶恕小弟子	
	表虔心孝女难报再造恩 / 152	
十一	冀税官虚荣惹事入囹圄	
	未亡人含悲忍辱送夫君 / 157	

第四章 须生大王

一	吴会长三点《芦花》泄私怨
	任秀峰鼎力周旋返太原 / 163
二	丁果仙大名唱响太原府
	三连襟同力重组锦艺园 / 168
三	天地坛一双情侣乔迁喜
	新美园三对新人燕尔欢 / 173
四	阎长官三颗鸡蛋巧跳舞
	果子红六席拜师清和元 / 178
五	应邀请赴平百代灌唱片
	分两路会师东口大练兵 / 181
六	汇张垣果子与桃《双巧配》
	映氍毹名伶联袂一炮红 / 183

七	访师友众星捧月名流赞
	宾轻主桃果反目纠葛多 / 187
八	一颗星新欣北洋两院抢
	离津门多处冷枪不住发 / 193
九	借重债辞京师颓势难挽
	排窘困沪上行载誉而归 / 197

第五章 国难当头

一	逼债务二连襟刀兵相见
	遭连累大名角对簿公堂 / 203
二	回令归后妻求名不求实
	守孝道前房离婚不离家 / 209
三	罹大难国共合作抗倭寇
	组新班丁董合股求生存 / 215
四	天无日《太君辞朝》遭禁演
	逃异乡《火烧绵山》誉满城 / 218
五	众名伶赈灾义演救百姓
	董太师遇险不惊保残生 / 222
六	托丈夫当掌柜开办粮店
	是名伶犹母亲感动群生 / 225
七	庆生辰多谢众家好姐妹
	赴张垣初识新秀牛桂英 / 231
八	国不国抗战剧蓬勃发展
	家不家避战乱风卷冬蓬 / 235

第六章 复兴无望

一	阎锡山热衷掌控文宣队
	丁果仙无奈暂附刘芝兰 / 239
二	登报刊阎代主席亲抚慰
	假称病须生泰斗息舞台 / 241
三	避义演应赵步桥连番请
	赴北平与牛桂英再合作 / 248

	四	白市长屈驾登门牵红线
		丁义母割爱嫁女甚违心／253
	五	挂头牌饰唐王誉满"新化"
		动真情串八戒轰动省城／258
	六	施仁爱为花艳君当配角
		念金兰代邱凤英做主婚／261
	七	上海滩梅李师徒成绝唱
		并州城梨园同道吊乡贤／264
	八	田成芳小脚跋涉探亲子
		瘾君子戒烟惊动阎主席／267
	九	子弟兵将士们英勇奋战
		太原城军与民共迎曙光／272

第七章 春天来了

	一	宣传队兵营连队勤慰问
		女戏子竟然成了艺术家／279
	二	苟日新又日新新新剧团
		编新戏演新角灿灿新篇／283
	三	新政府发号召戏曲"三改"
		聚名家齐义演抗美援朝／287
	四	赴北京有幸见到毛主席
		观游行光荣登上天安门／290
	五	收义子汪康托孤小庆喜
		赞英烈赴朝慰问志愿军／296
	六	登台义演募钱助力戏训
		桃李满园三年已见成效／300
	七	省会演《柳荫记》大展风采
		献佳剧《闹公堂》非同一般／305
	八	《打金枝》精益求精拍电影
		戏曲片技艺兼妙映神州／309
	九	观《屈原》赏《卖画》名宿齐赞
		《空城计》《双罗衫》连出事端／315

	十	西巡日多事秋喜忧参半 东返时形势变风雨欲来 / 323

第八章 丰硕金秋

	一	众名流遭管制反右扩大 悯同道救不得难挽狂澜 / 333
	二	与梅师同车宣传总路线 共名宿联袂纪念关汉卿 / 336
	三	工农兵"大炼钢铁齐跃进" 到晋中喜收弟子刘汉银 / 341
	四	在福建过大年心欢春暖 慰亲人怀两岸志坚意诚 / 347
	五	喜事多入党荣升享疗养 三八节讲演失误赢掌声 / 351
	六	师生们负笈远游魂随去 归来日狂欢拥抱泪沾襟 / 360
	七	青年团赴京九进中南海 北京城今昔新旧两重天 / 366
	八	德艺馨粉墨春秋四十载 生死别师徒艺海一路行 / 370
	九	终身愿笑看桃李满天下 薪火传喜闻明星竞甄甑 / 377
	十	违夙愿儿大不从慈萱命 换思维子孙满堂犹圆满 / 384
	十一	身衰弱病体难演传统剧 心坚韧现代戏里唱丰收 / 390

第九章 硕果早凋

	一	老首长回故里欲过戏瘾 晋祠会演《算粮》竟成绝音 / 397
	二	史无前造反有理闹"革命" 斗戏霸在劫难逃祖师婆 / 403

| 三 | 社员们爱果子民意可赞
革委会军代表左右为难 / 408
| 四 | 造反派联合行动走过场
师生们暗护游街也风光 / 412
| 五 | 大师妹烧戏装免却后患
老弟子遗长恨未能祭灵 / 417
| 六 | 关禁闭与反革命不为伍
看风头借肺痨病回了家 / 420
| 七 | 任秀峰胆小怕事瞎招供
专案组动众兴师太荒唐 / 425
| 八 | 捡烂炭穿补丁忒过小气
收孤儿养义女确实大方 / 430
| 九 | 念亲朋病魔缠身情未了
成正果天不假年命归西 / 435

尾　声　不朽的果子人人久久回味芬芳满市野香留百代
永远的大师辈辈年年祭奠德艺映乾坤光照千秋
／445

附　录　丁果仙生平大事年表／453
丁果仙参演剧目名录／466
丁果仙音像资料名录／472
参考书目／475
受访人名录／477

后　记　／483

赘　语　／486

序一

《晋剧坤伶须生开宗泰斗丁果仙》之《春秋》《影行》《品评》三卷本的三种魅力

曲润海

丁果仙是晋剧史上一座前无古人的高峰，是晋剧须生行目前看到的最高峰。为这样一位晋剧大王、大师立传，是功德无量的盛事。如今，由七位老戏人（暂称七老吧）组成的编写组集体编写的《晋剧坤伶须生开宗泰斗丁果仙》之《春秋》卷、《影行》卷、《品评》卷就要问世了，我先睹为快，为三种魅力，激动不已。

首先是丁果仙的人格魅力。

无论是学艺、磨艺、展艺、传艺，丁果仙都展现出一种坚忍不拔的进取精神、从一而终的敬业精神、全心全意的奉献精神。她是在继承了前辈艺术家的创造，吸收了说书红、盖天红等艺术家的优长，成长发展起来的。学艺是很艰苦的，她不惧艰苦，她学成了。她初学青衣后改须生，一旦笃定，终生不渝。无论是演戏、授徒，她都恪尽职守、一丝不苟。

在她身上，有一种宽厚的亲和力、无形的凝聚力。无论在哪里，她绝不鹤立鸡群，而是让大家"群星闪耀"。这也正如同栋梁之材，是在茂密的森林中出类拔萃的。没有森林，难有栋梁。没有牛桂英、郭凤英、冀美莲、乔国瑞、丁巧云、乔玉仙、梁小云、刘俊英、花艳君、刘仙玲等群英扶持，她也独木难成擎天柱。在她的班子之外，还有程玉英、张宝魁、张美琴等，相得益彰，水涨船高。这固然有领导的扶持与协调之力，然而如果她缺乏凝聚力，也是扶持不起来的。

她有容人的雅量。无论在哪个戏班子，都不可能没有矛盾；但她能看得开，忍得住，融得成。"文革"中她受着奇耻大辱，甚至有她的学生被裹挟进去，她也没有计较。她是同辈人、晚辈学子高而直的标杆。这座标杆不是自立的，而是在她身体力行的过程中自然树立起来的。并非丁门弟子的七老，尚且把她当作做人做事的标杆，她的徒子徒孙们就更不用说了。

其次是丁果仙的艺术魅力。

丁果仙有她独有的天分和建树。丁派的精华在唱、念、做三方面。她的唱腔字正腔圆，炉火纯青，已经成为晋剧须生唱腔的典范，虽说"无生不丁"似有夸张，但起码是"十生九丁"。她的念白，在蒲白的基础上融进了京昆气韵，抑扬顿挫，铿锵有力，朗朗上口，句句可以入耳。听她念白绝对是一种享受。她的做派潇洒、自然、轻松、适度，不过不欠，不温不爆，创造出一种诗境，让人欣赏，让人陶醉。

丁果仙是一位与时俱进的艺术家，具有创新精神。她总是在不断地锤炼她的戏，精益求精。她又能创作演出与时代合拍的新戏，甚至现代戏。她博采众长，吸纳姐妹艺术的精华，融化为自己的精髓。

丁果仙演戏往往不拘成格，临场发挥，即兴创造。有时使配手难堪，使琴师鼓师措手不及，却显得鲜活、新奇，意想不到地受到观众欢迎，成了创新，成了新的定格。丁果仙一生中演过各类行当、数百剧目，一批剧目在她手上锤炼成了精品、非遗代表作，塑造出了一批家喻户晓的艺术形象。不仅应工的须生戏脍炙人口，就是那个丑角戏《表刘流》，也独一无二地让人惬意、提神。她的许多戏不但演员在学演，而且成了当代戏曲院校的教学剧目。

丁果仙的艺术魅力，使人凝聚，使人向往，也使外剧团、外剧种愿意与她交流，共同推动戏曲艺术的发展。因而，她不仅仅是晋剧的，也是全山西戏曲的。

第三个魅力是三卷本颇多看点。

全套书秉承追根溯源、广采博取的编写理念，使得全书处处充实平实公允，还历史以本来面目；而且十分注重艺术性，写得像戏一样有观赏趣味。这里不能不赞赏七位编写者的戏剧才华。书中围绕着丁果仙，涉及了许多人物，教戏的、唱戏的、迷戏的、恋戏的、评戏的、为戏曲奔波的、甘愿忍辱负重的、在"文革"中为丁果仙送终的，写得让人感动，让人唏嘘嗟叹。可以说，这是一部晋剧艺术群芳谱！

我期待着这部巨制出现在我的书柜中，像观赏家珍一样观赏之，像翻阅辞书一样翻阅之！

序二

贺《晋剧坤伶须生开宗泰斗丁果仙》三卷本问世

郭士星

《晋剧坤伶须生开宗泰斗丁果仙》之《春秋》《影行》《品评》三卷本，是分量很重的具有重要历史价值和文化艺术价值的巨制。此作品至少有以下四个特点。

其一，写出了丁果仙真实可信的生平历史和艺术经历。资料翔实，力忌虚构，纠正了以往各种不实传言，再现了一个符合历史真实的晋剧一代宗师丁果仙的完整形象。

其二，写出了丁果仙时代的历史背景和社会生活环境以及地域风土人情，记录了民国以来山西的一些重大历史事件，再现了当时的民风民俗，具有重要的史学和地域文化价值。

其三，作品对丁果仙周围的一些重要人物，如她的师傅、亲友、舞台搭档等，也做了必要的记述和描写，从一个侧面再现了山西中路梆子的部分发展历史，讲述了一些鲜为人知的故事，可谓一部难得的中路梆子断代简史。

其四，三卷本各具特色，以文传、图传、评论三种不同形式，全方位多侧面地展示了丁果仙的人生与艺术，极富可读性和吸引力。

作品从资料收集到文字撰写，历经五年时间。以杨秋实先生与张桂根先生为核心，以赵威龙、华敏、阎玉庭、刘惠兰、段兴旺为成员的七位老者，自发组成编写组，怀着对丁果仙大师的崇敬之情，不图名利，不计报酬，全力以赴，各尽所能，克服困难，废寝忘食，不辞劳苦，四处奔走，广集资料。段兴旺先生自掏腰包，跋山涉水，上包头，下平遥，远涉河北井陉、张家口，甚至背着背包赴宝岛台湾，历经千辛万苦，终于弄清了丁果仙大师的出生地，弄清了连丁大师自己直到临终都没有弄清的苦难身世和传奇家史。《春秋》卷主笔赵威龙先生更是忍着老伴病逝的悲痛，呕心沥血，伏案笔耕，度过了千百个艰辛的日日夜夜。可以说，这三卷本凝聚着许多人的心血和汗水，是许多丁果仙的崇拜者自觉自愿精诚合作、无私奉献的可喜成果，是献给丁大师的最好礼物。

丁果仙是晋剧史上具有划时代意义的里程碑式的大师级代表人物，为丁果仙立传是我们这一代文艺工作者义不容辞的职责。这对于晋剧艺术的承前启后、发展、宣传，具有难以估量的深远意义。我对这套书的问世表示热烈祝贺，并向为它的问世付出艰辛劳动的各位同仁和朋友表示诚挚的敬意！

但愿丁果仙大师在天有灵，也为此作品的问世感到欣慰！

序三

中华才俊辈辈出　风骚各领代代传

张仁健

此时此刻,当我临纸挥毫,为给近代晋剧史上开宗立派、独领风骚多半个世纪的旷代硕果丁果仙立传的三卷本作序时,我的心情,可谓是兴奋至极,欣慰至极,又惶愧至极!何以故?说来话长,但又必须从头概述缘由——

1961年,我由北京大学毕业,分配到山西。荷蒙时任省戏研室主任易风王老的垂青,不弃我右倾分子之身份,录用我在其麾下从事剧评与表演艺术研究。于是,我这个生长于长江东海之滨的"南人",便有幸与山河襟带的黄土高原之上的北国"乱弹"——以晋剧为主的梆子腔地方戏曲结下了不期而遇的十年缘分。易老(王易风)与丁大师便是我倾心于晋剧的两位系红绳的"月老"。如果说,我在省戏研室见习的头年是出于对易老知遇图报之情而硬着头皮出入戏院投入晋剧怀抱的话,那么,次年亦即1962年的晋剧院青年团赴京返并的汇报演出,尤其是当年7月隆重举办的丁果仙舞台生活四十年的纪念演出,则是我兴味盎然接受晋剧艺术熏陶、心旌摇荡领略晋剧风骚的初始发轫。青年团赴京载誉归来演出的打磨多年的《打金枝》《小宴》《杀宫》《算粮》等精品传统剧,令我耳目一新地感受到传承与创新完美结合的那种当代戏曲表演艺术的情韵,一味高亢火爆鼓板震耳数里闻唱的乡野班社的氛围已适度淡化;欣赏了丁果仙和她的高足们连续数日的丁派经典剧目的震撼上演，聆听寒声、易老等专家的精彩讲评，翻阅了手头可寻的文字资料，我认识到丁大师原本是将近代晋剧的表演艺术做了去粗存精改造与唱、做、念、白兼佳的创新，从而成为独领舞台风骚的晋剧现代化表演艺术的奠基人之一。怀着对她的高度崇敬，年轻好强的我马上开始动笔，于当年9月在《戏剧报》发了由我执笔的《谈丁果仙演〈八件衣〉中的杨知县》一篇六千字的评论文章，之后，我便不测深浅地暗自将系统研究丁氏表演艺术作为自己的主攻课题。或许是心有灵犀不点自通的缘故吧，识见不凡、用人有方的易老便给我和与我同室而居的、也是经易老当年调入省戏研室的、由吉林大学历史系毕业的艾治国君委派了编写《丁果仙舞台生活四十年》专著的重任。在易老的亲自策划安排下，我俩历时半载，如同门私淑弟子一般在大师府上接受大师口传身教的授业，又历半年许，我俩按许姬传所著《梅兰芳舞台生活四十年》的基本格局，以第三人称口吻将丁氏口述身授的记录文字，分"艺术生平"与"代表作艺谈"两大篇章，加工整理，成形为初稿。据易老告知，中国戏剧出版社派来专人翻阅了已成形的初稿，签订了出版意向书。正当我们摩拳擦掌慎始慎终，力争一鼓作气圆满完成编写任务时，世事风云剧变，愈演愈烈的以阶级斗争为纲的社教运动与史无前例的"文革"接踵而至，灾连祸接延续十多年，先后将我们卷入汹涌大潮。待到幸免于灭顶之灾后，虽可再舞文墨，但物固不是，人亦全非，旧业难操。"文革"初期，"丁传"文稿先是被入室打砸抢的造反"好汉"洗劫而去，下落不明；继之是传主丁果仙被整被斗病骨支离含冤饮泣过早辞世；再继之是"文革"后期，我等先是下放后是错位回归，各自另展宏图。我由山野村夫摇身成为编书匠。改革开放初期，一头扎进我所创办的《名作欣赏》杂志的编事冗务中，不遑他顾；但稍有闲暇，依然魂牵梦绕丁大师，深感不在她的坟墓上奉献一瓣心香，实是有愧她的厚爱，有负她的厚望。于是，在她逝世十周年前后，利用零星的业余时间，挖掘记忆残存，杂拾报刊前已发表可资翻新的文墨，陆续在省内报刊上发表了一组《丁果仙艺术生涯谈片》的短文。大约在她逝世二十周年时，受原戏剧界同仁的敦促，应山西《戏友》杂志所约，勉为其难，化零为整，敷演铺陈为不足四万字的《丁果仙艺术生涯评传》专文，连载刊发，后经充实修订，于2006年纳入《山西历史文化丛书》第二十辑。2009年为纪念丁氏百年诞辰编印《晋韵流芳》一书时，拙著仍为篇幅最长传评相兼的专文忝列其中。

从1992年始，至2010年以后，拙著跨两个世纪，逾二十多年，以瘦骨伶仃、老态龙钟之相，支应了数次丁氏纪念性的学术研讨会，实属一大尴尬。特别是偶听外来与会专家谬赞拙著为丁氏身后唯一留存的遗响绝唱时，我这尚有自知之明的作者，真如芒刺在背，汗颜淋漓，无地自容。扪心自问，愧对丁氏有三：一，"文革"前，为在"四清"运动中有出色的表现，几乎将"丁传"的出版置诸脑后，未在"四清"运动每期参与的间隙中，发力冲刺出书；二，"文革"伊始，谋于自保，陷入派争，疏于妥存丁传文稿与原始记录，致使轻易丢失于集体宿舍中；三，改革开放后，改行作嫁，不惑之年，忙于在新领域中奋进求成，虽因陋就简，写成评传，但未抽暇及时广为走访，搜罗第一手资料，大幅度修订评传，使其厚重丰满，庶几可与丁氏的艺术成就相匹配。待到退居林下后，虽闲暇多有，但年老体弱，居无定址，不克再操旧业，只爱落拓江湖，游山玩水，行吟自怡。丁氏评传的"修葺"乃至"重建"，虽不时萦怀，但心有余力不足，便一再蹉跎延搁。五年前，有自费走遍北国，甚至跨海赴台，追踪破解丁氏身世之谜的老戏迷段兴旺君，身背一大书包的相关摄影图文资料，访余于寒舍，征询出版丁氏图传的意见。余为其志趣情操所动，热忱接待，倾心相告鄙见，并鼎力推崇他与我的同行同仁同事多年的华敏君合作。后华敏见告：她已加盟由老戏迷、工人作家张桂根倡议，并与太原市戏剧界原老领导杨秋实共同牵头，太原市老剧作家赵威龙、省戏研所原副所长阎玉庭、市实验晋剧团刘惠兰自发组成的草根编创组，组员平均年龄已是七十有余，后段兴旺也加入其中。他们决定争取在三四年内编写出一部纪实完善的、有文学性的丁果仙详传和一部珍贵影像与精炼文字璧合的丁果仙图传以及一部丁果仙表演艺术品评精选集，三本一套，名《晋剧坤伶须生开宗泰斗丁果仙》。

他们"老骥伏枥，志在千里"的壮怀壮举，深深感奋了我这个疏懒老汉的进取心。他们功德无量的作为，实际是代偿了我对丁大师的歉疚，圆了我多年的夙愿。我这个丁师简陋评传的始作俑者，虽不能重新入伍成为写新传组合中的一员，但绝不能坐等抛砖所引之玉从昆仑蹦出，而必须为其大作的催生竭尽绵薄之力。于是，在乙未年初春，我耗时月余逐字逐句拜读了赵威龙先生主笔的四十余万字的丁传（即《春秋》卷）初稿，并循老编辑的惯习，边读边校改全文，并不计当否，逐一将褒贬的一己之见和盘托出，以资斟酌。先睹为快的总体感受是：一部当今最完备最翔实的丁果仙传记，经诸君数年毫不懈怠的耕耘培育，终于枝繁叶茂，可望临风招展于三晋剧坛之上。继之，在秋后至岁末，又陆续阅读了由华敏君执笔编写的十余万字的丁氏图传（即《影行》卷）文稿、阎玉庭和华敏执编事的丁氏评论精选精编集（即《品评》卷）的选目与编辑方案。在对此三卷本的整体面目有了不算粗略的了解，对作品五年怀胎一朝分娩的艰辛与畅怀有了感同身受的切肤体验，方怀着上文开白所坦言的那种兴奋与惶愧、欣慰与赞叹交织杂陈的心情，不揣简陋，絮絮叨叨地做此序文。

关于这部作品的问世，从编创组七位挚爱三晋戏曲、崇敬丁氏德艺的老戏人、老戏迷满腔激情贡献余热的自发组合，到千里跋涉奔波、揭谜求真、破伪求证、拾遗求全的广采博取的资料搜集，到不舍昼夜、魂牵梦绕、苦思冥想、群策群力的谋划构架、设计蓝图，再到分工有序、各尽所能、通力合作、反复修改的执笔成书……凡此种种，只要稍有搦管舞文经历的人，对个中的艰辛劳累，寝食不安的烦愁是不难有深切体味的，何况，他们的主脑主笔人均为垂老之人；更何况，两位执笔操翰者赵威龙先生与华敏女士，当其时也，一位正遭丧妻之痛，一位独身寡居还得侍奉久病在床年逾九秩的高堂老母，若无丁果仙人格魅力的历久弥坚的感召、艺术光华永世不灭的辉耀、至伟至真至善至美的人文精神的鼓舞和编创组全体成员对传承这种精神文明的历史使命的自觉担当，此套书的编写是绝不会如此顺当。

丁果仙的横空出世、辉耀艺坛，说到底，是天时、地利、人和的"奉天承运"、时势使然、地灵所钟、人望所归；绝非仗权贵颐使、骚客吹捧、自我膨胀所能如恒岳般亘立于三晋大地的。

草根编创组富有传奇性的编创生涯，如同传主丁果仙的艺术生涯，令人坚信清代杰出诗论家赵翼所言"江山代有才人出，各领风骚数百年"是对中华五千年文明传承的正确断言。只不过文明史的演进车轮是与时俱进加快转动的，而今而后，独领风骚未必会有数百年之久。但独领风骚的历史人物在丹青史册中终会名垂千秋的。

关于这套鸿篇巨制的诸多特色优长与其面世后将在省内外梨园界可能产生的社会影响，先我作序的山西省文化厅原厅长曲润海校友、原副厅长郭士星文友均高屋建瓴、言简意赅地给予了充分的赞誉评价。他们二位均属职司戏剧教化多年的专家学者型的领导，二位切中肯綮的评价，我深表赞同，毋庸赘为置喙。现仅对我视之为三卷合一的丁果仙"大传"的编创设计的匠心略陈管见一二。

毫无疑问，现定名为《春秋》卷之丁果仙主传是三卷书的主干。此著严格以时间为序，将丁氏自1909年降世后的现已揭破谜团的苦难身世，学艺练艺从艺的艰苦卓绝的奋进，由勇登晋中城乡的闯关打擂式的台口竞技演出中脱颖成名，成名后的不懈奋进而誉满省内外的巅峰攀越；及至抗战内战中的自保求存领班求活的颠扑困顿；直至解放后重见天日的掀髯放歌，纵情献艺；最终在"文革"浩劫中在劫难逃不幸早逝等一连串时近一个花甲子的风生水起波翻浪涌的人生旅程与演艺生涯，无不以传记文学的妙笔，真实生动、形象鲜明地记述描摹刻画下来。丁果仙这位近代晋剧史上第一个应运而生的坤伶须生大王，第一个德艺双馨、唱做双绝的艺坛泰斗，第一个开宗立派、桃李芳菲的梨园巨擘，其传奇人生光辉业绩，其喜怒哀乐七情六欲，其举手投足音容笑貌，几乎都可从作者大关节目不失真确、人事细节合情虚拟的既亲切朴实且富乡土草根气息的出色叙写中呼之即出。运笔的生动、真切、细腻，非我等一味在书本中讨生活的墨客所能为也。尤为可贵的是编创组里几位老作者，对丁果仙时代前后的世事变迁及山西的历史风云、社会生活、风土民情无不了然在胸，尤其对丁氏演艺活动当时的名优艺事、班社始末、梨园史话、曲坛掌故更是厚贮胸臆，一触灵府，便难自已，随笔展示。资料之丰厚，运笔之精细，可谓前所未见，视其为民国以降的晋剧名优之"录鬼簿"、晋剧班社之"梨园谱"、晋剧发展之"断代史"亦未尝不可。但是，由于该传涉笔的文化层面过广，枝叶长势过茂，在某种程度上消减冲淡了丁氏主传的主脑主旨；另一方面，传记的运笔，长于描述，疏于综合论析，因此，对丁氏艺术整体之理性评价略显薄弱。对此瑕不掩瑜的缺憾，编创组亦有所察觉并早有预案安排，加以弥补。在主传基本形成后，立即着手编写了《影行》卷、编选了《品评》卷，此两书作为主传《春秋》卷的两翼，同时付梓推出。《影行》卷由戏曲创作和编辑工作都有佳绩的华敏女士为编写之执牛耳者。《影行》卷取影随人行之意，将丁氏的生平与艺术人生行状集纳分类为四个层面或曰四个专题，以主传为据，采戏即人生、人生为戏之意，匠心独具，用戏曲体式分幕分场，幕前用诸宫调曲词启幕，幕落以下场对子作结，且以情韵不俗、文质相兼的笔调写出每幕每场连贯性的简约文字说明，相关的珍贵照片配置在相应的文字结点，作为直观可视的行文佐证。其中"芬华艺苑"一幕为重头戏，共分四场，占全书场次的十分之四，成为丁氏艺术生涯的集中凸现，匹配的舞台剧照，既多且珍贵，图文并茂地具现了丁氏的艺术人生与演艺成就。此卷庶可作为《春秋》卷的精练浓缩版读之。同样，《品评》卷，亦以主传提供的素材为据，主旨明确地精选了历来评论、品味、鉴赏、追忆丁氏的高尚人品、高超演技、卓越成就、宝贵遗产的有一定存留价值的文章，有识见地将旧文分类编排，有分寸地将同类文章中的可取处剪裁集纳，有针对性地另组新作拾遗补阙，如此这般，此本《品评》卷便以客观的具有历史性的诸人诸种的纷纭品评取代了编创者的饶舌，成为丁氏晋韵流芳的文墨丰碑，矗立于《春秋》卷主传的另一侧与其交相辉映。此三卷本《晋剧坤伶须生开宗泰斗丁果仙》，其规模之大，其内涵之丰，其现实与历史意义之深远真可谓光前裕后的当前艺苑罕见的大制作。编创者们的壮志壮举昭示三晋戏剧的同仁：只要俺们不甘坐视三晋剧坛的式微，只要俺们能如七老一样同心同德迎难而上，山西戏曲大省的昔日辉煌，或可重现于俺们的有生之年！

第一章

童年磨炼

一　翰林庄农户钱家生二丫
　　丁凤鸣花钱买得童养媳

　　大清帝国，经历了康乾鼎盛，显尽了封建王朝落日的辉煌。嘉庆以降，道、咸、同、光，纲政不修，奢侈腐化，夺利争权。三岁幼儿溥仪，被迫登基，惊魂不定，撒尿筛糠。自理不能，何力回天？大清帝国，日薄西山，大数趋尽，正好应验了传说中辅弼大臣"快完了，快完了！"的那句谶语。

　　洋人乘机侵扰肆虐，坚船利炮轰破清廷国门，进而玩弄以华制华伎俩，任意宰割。清廷割地赔款，丧权辱国。中华大地深陷水火，直隶尤甚。

　　宣统元年（1909）三月初五，河北束鹿县翰林庄贫苦农户钱流风家，女人六妮继生了胎带残疾的长女之后，于这日又生个丫头片子。添人加口，却未能传宗接代。养之不易，弃之不忍，只好得过且过，熬了一天算一天。

　　寒来暑往，春秋交替，姣儿降生，钱门庆幸祖上厚德，终于有了接续香烟的后嗣。岂料国是日非，神州大地阴云密布，天日无晴，兵燹频仍，灾连祸接。

　　人常言：福无双至，祸不单行。这一年，滹沱河洪水暴发，良田沃野顿成水乡泽国，庄稼淹没，颗粒无收。

　　积劳成疾的钱流风，不禁人祸天灾，一命呜呼，撒手人寰，只落得个"命定有苦没福的短三十"。

　　在族人邻里的帮扶下，六妮砸锅卖铁薄葬儿父，之后便拖儿带女开始了张口乞食的生涯。为了不给钱氏和翰林庄丢人败兴，她铁了心隐姓埋名，离乡背井，到远处讨要，以度饥寒。

　　她心向光明，始终朝着东方行走，走一步算一步，要得一文攒一文，讨得半碗子母分；挨了一顿算一顿，熬了一天算一天。真可谓：池里洗脸庙里歇，忍饥耐寒耗日月。

如此这般度过三月有余，走到与束鹿毗邻的冀州县丁家庄村外。一天傍晚，乌云压顶，雷鸣电闪，暴雨倾盆。六妮顾了小儿顾不得二女，顾了儿女顾不得自身。风骤雨疾，天黑路滑，她精疲力竭，终于昏厥在泥淖之中。儿女们的大哭小叫，惊动了丁家庄村的丁家老妇，她急忙吩咐儿子凤鸣与侄儿凤章把母子们掇弄回自己家中。

葱姜糖水款款喂下，良久，六妮苏醒过来。丁大娘翻出箱中旧衣裤，把母子们身上湿透了的替换下来，到灶台上烘烤。这正是，粗茶淡饭好解饥渴，闲置空房留宿过夜。

寄人篱下，度得了一夜，过不了长久。欲医眼前疾，须割心头肉。六妮长夜苦思，主意拿定——卖掉二丫。大丫一则胎带跛疾，买主不喜；二则已稍懂事，多少也能为自己当个帮手，紧要关头也好解解危难。小儿是钱门根苗，钱多钱少绝不卖与他人。

第二日天明，吃过早饭，六妮向恩人吐露了自己的心意。凤鸣、凤章都争相要买——只因二丫生得机灵活泛，俏丽可人；而兄弟俩各有个六岁男孩，若将二丫收作童养媳妇，那真是送上门的大好便宜，谁不乐意？

二兄弟相争，老人作难，可再作难也得有个了结。她苦口婆心，细语和言，据理从容道来："凤章侄儿，我可不是偏心向着你哥。你是个精明人，响锣不用重槌敲。你哥年过半百，有苦力没主意；你嫂子一连生了一女两儿，还要下地做活、打里照外，把身子受损了。至不济的是成玉，胎里带来个豁唇嘴，明摆着的大弹剥[1]，人家谁的闺女愿意给他做媳妇呀？再看你家小宝，要眉眼有眉眼，要身材有身材，再加上你这个十二能人老子，提亲求婚的不小心怕要把门限踢塌，哪里还愁个把女人？你听大娘一句劝，让了他吧！"

大娘把话都说到这份儿上了，侄儿还能有啥异议？何况人家是"第一发现者"，论理也当优先。于是凤章便心悦诚服地说了句顺情话："我听大娘的，只要肥水不流外人田，哥的我的都是咱丁家的。"

内部矛盾解决了，老太太便和六妮交涉："大妹子，老天爷难为你了。不过我看你是个女中丈夫，大事不糊涂，敢作敢当，主意拿得对。人常说舍得舍得，有舍才有得。我家儿子愿意了，你提个价吧。"

"还不知嫂子愿不愿意，总归要靠人家养活呀！"

---

[1] 弹剥：可指摘、议论之意。

"她有啥不愿意的，这家我说了算。你说个数吧！"

"唉，我是万般无奈，哪里是卖娃娃呀！你老是俺救命恩人，俺没啥好说的，你说多少就多少，俺都领情不尽。"

"哎，闺女是你身上掉下来的心头肉，还是你提个数好。"

"一定要俺说嘛，三十不多，二十不少；多了也欢喜，少了也不恼，只念恩人为俺解了眼前忧愁。"

"就依你。这是三十吊制钱，另外，再给你母子们带点口粮。咱们这该是前世造化，今生有缘，也算交一门亲戚，接济不上了你再来。"

"大娘恩如大海，德胜高山，我母子终生难忘。"六妮连同儿女跪倒在地，磕头不止。

"快快起来，快快起来。"老人急忙拉起。

六妮抱起二丫狠狠亲了一口："妈妈无能，让你挨饿受冻。你跟奶奶去吧，记住，丁家是咱的救命恩人。"

老太太接过二丫抱在怀里："好闺女，奶奶一定叫我娃吃得饱饱的，穿得暖暖的。"

六妮走了几步又返回来，老太太直打愣怔，生怕她反悔。

"大娘，我人忙心乱，忘记告诉你了：二丫今年两岁，三月初五的生日，属鸡的。她爹姓钱。二丫，从今往后可一定要好好地听奶奶的话啊！"

二丫点了点头，好像并没太过不依不舍，只是眼泪汪汪而已。

六妮抱着儿子，大丫背了半口袋米面——小姑娘有大喜而无纤愁，展示出颇胜重负的显然与其年龄不符的状态。

雨后天晴。母子们再次拜别恩人渐渐远去了。

一桩你情我愿的"人口生意"，在和好的氛围中成交，二丫在丁家开始了虽不富裕却也无须挨饿遭冻的新生活。

丁家给她取名果果，是跟随姐姐果红起的。她的身份是哥哥成玉的童养媳妇，不过对于一个两三岁的孩子来说，这一身份并无多大实际意义。不就是个人嘛，什么身份都一样，只要有饭吃不受冻，就心满意足了。何况还有姐姐、哥哥和小弟弟成凯陪伴着玩耍。虽然离开了亲生妈妈、亲骨肉，但也不觉得孤单难受，反倒好像霎时从地下升到了天上，睡里梦里都在由不得地偷偷笑。

然而，天有不测风云，人有旦夕祸福。她万万不会想到，好日子没过多久，她便如同蒿蓬一般，被风吹得打旋。

二　遭灾祸凤鸣积怨丧门女
　　发善心凤章收留小果果

　　束鹿，至清中叶成为皮毛集散要地。当地广为流传着一句话，"卫嘴子、京油子，斗不过辛集皮猴子"，意为天津卫人能说会道，北京城人世故油滑，但都争斗不过擅长倒贩皮货的辛集人。

　　人称十二能的丁凤章，去年还想收留果果给儿子小宝做童养媳，岂料横祸天降，六岁姣儿不幸夭亡；更兼国是颓败，原本富裕的光景，已跌至生计难以维持。他获悉与直隶毗邻、太行山以西的三晋大地，位处内陆，表里山河，难攻易守，相对安定，村里人也有前往逃荒的，本家族兄有明就是其中之一，故而他打定主意要去探看一番。

　　民国元年（1912）农历二月初二，龙抬头，丁凤章带足了盘缠及随身行李，告别老伴上路了。凭着身板硬朗、腿脚利落，一路抄捷径、择小道，赶到石邑（即今石家庄市），寻了家小店住了下来。同房者乃平山县后生，也是出来逃荒避难的，今年二十八岁，小他整整二十岁，姓刘大名凤祥。尽管年纪悬殊，姓氏不同，名字倒也相近。同样的身份，同样的主意，同是天涯沦落人，竟然不期而遇，分明命中有缘，苍天暗引，于是你情我愿，便结成了忘年金兰。

　　丁、刘二人他乡遇知音，聊起来没完没了，一觉醒来，已是东方泛白。结账之后，一路向西跋涉。其实四五年前，正太铁路已经通车，只因他们不舍得花那血汗钱。

　　凭借双腿跋涉，途经获鹿、井陉、阳泉，直到寿阳，一则精疲力竭，二则也想开开土眼，享享洋福，狠了狠心便上了火车。

　　当年的火车一个时辰走不了六七十里。不过对他们来说，偌大铁牛不吃草不喂料，比马还跑得快，实在有点不可思议。

临近黄昏，火车开到太原府，他们没有被闹市繁华所吸引，顺着车马大道一直向前，边走边问，终于在城东南三十里左近的郑村停住了脚步。这是个官道驿站，村虽不大，店铺不少。不过他们一个铜子儿也不想多掏，几经打听，总算找到个张姓鳏孤老人家安顿下来。

老人说："这村子可有年头了，大唐李将军李存孝就埋在这里，村东丈数高的大墓，还立着伸手摸不到顶的青石碑，上面刻着名字。"他还说，原来村里郑姓人占多半，还有做大官的，后来这大官犯了满门抄斩之罪，好心人通风报信，姓郑的都跑到河南去了。"郑村紧傍官道，早些年西太后离京逃难就路过这里，男女老少都跪在大道两旁迎接。你别看俺村不起眼，这可是个聚财的风水宝地。"

经老人说合，老丁对种[1]了地东十亩半荒滩地，租好了三间破烂土坯房，并请人写了文约画了押。

土地是命根子，租好耕地老丁不违农时，租了犁具，与小刘一道耕耙下种。之后，将如何不违农时作务庄稼，向小刘交代了个一清二楚，尤其叮咛他要先治田后治窝，不可主次颠倒。一切安排妥当，思之再三，自觉滴水不漏，他便坐上了返回束鹿老家的火车。

河北的节令比山西来得早。坐在火车上的老丁一路由西向东，寿阳的麦苗刚秀穗，翻过东山，到了石邑，已是麦浪滚滚，一望无垠的金色海洋了。

丁凤章回了束鹿老家，把石邑巧遇刘凤祥并结为兄弟，去了太原郑村找到土地房屋，立了合约交了定金，耕耙下种，玉米、谷子已都出苗，并安排小刘如此这般小心侍弄的头头尾尾、长长短短一五一十向老伴儿交代了个清清楚楚、明明白白。同时动员老伴儿，趁早离开这是非之地。最后还说要她定夺。

老伴笑了笑说道："你是一家之主，顶天立地的男子汉、当家的，叫我个妇道人家拿什么主意？我只知道嫁鸡随鸡，嫁狗随狗，嫁了蛤蟆就蹦着走。再说哩，榆木板已打成车克拉[2]，生米也下到热水锅里了，还能有什么易改！"

"那你说这桩事到底行呀，还是不行？"

"你说得头头是道，有板有眼，有拿有把，有利可取，还有奔头，我能再说个啥？"

"这么说来你觉得还可以？"

"我不过是听人讲了个故事。"

---

[1] 对种：指耕种对方土地，秋后收成和对方平均分配的一种租地方式。
[2] 克拉：大框架之意。

"好，到时候你去了亲眼一看就踏实了。"

"亲眼看了也不一定就踏实。看到的、想到的和做到的、得到的不尽然是一码事，也只能走一步算一步。唉，说到底，还是故土难移呀！"

"难移也得移。"

久别胜新婚。对于奔五十的丁凤章老两口说来，似乎也不例外。刚刚钻进一个被窝里，外面敲门声接二连三，十分急促。没奈何，丁凤章只得出来打料："谁？半夜三更的……"

"我是你哥。"

"啥事？有啥大不了的，二日天明再说不行？"

"不行。一句两句说不明白，你开开，咱进屋细细商议。"

兄弟俩相随进屋，女主人已叠好褥被，下地迎接。

"弟妹，打搅了。没法子，我和凤章商议件要紧事。你也坐下听听，出出主意。"

"啥要紧事，这么着急？"

"唉，还是去年童养媳的事。"

"不早结了嘛，还提它做啥？"

"唉，快别说了。你们也不是不知道，不到一年工夫，妈和奶奶都叫她妨没了！百分百的扫帚星，一等一的丧门神。"

"不会吧？她哪有那么大能耐？"

"有没有，我心里清楚；但说啥我也不敢要她了。凤章，无论如何你得拉哥一把，要不然，哥的命也恐怕要叫她妨没了。"丁凤鸣说着便抽泣起来。

"照哥你这么说，你怕，俺就不怕？"女人接茬了，"大哥你可不能这样，好歹你们是一个爷的子弟！你怎能明知是大祸，偏偏糟害自家人呢？说啥咱也不能接，他爹……"

丁凤章赶紧说："你看，大哥，不用再磨牙费舌枉流泪了。我跑了一天，累得快散架了，你让兄弟我歇缓歇缓好不好？"

丁凤鸣是实心眼人，说话直来直去，转不了弯儿。他一看没希望，二话没说便扫兴离去了。

丁凤章老俩好事被搅和，小果果倒成了挥之不去的话题。

第二天一大早，丁凤章办理自家的事去了。二十多亩小麦，长势喜人。老丁是行家，他常给人说：宁割绿梢，不割黄腰；只能起前，不能错后。请人帮工，能省就省，但也不能光顾省。花钱雇人，龙口夺食，总比遭了雨水冰雹划算得多。头尾十天工夫，割拉碾打，收了个顺当。趁着骄阳似火，小五十担珍珠般的麦子入库，颗粒归仓。

剩下的十来亩秋苗，连同空地以及房屋地基，凡是搬不走和不便搬的，一划拍卖。人常言：若要卖头朝外，七折八扣对半砍。尽管是荒乱年月，讨便宜的大有人在。说起来也真奇怪，土地房产变卖完了，正要出手小麦时，连下两场暴雨，今年的洪水来得更早，整个田野汪洋一片，赶茬的小庄稼与大秋作物，淹得所剩无几。秋粮大势已去，歉收乃至绝产，已成定局。如此一来，麦价凭空涨了几成，并且人见人抢。老天爷好像真的照顾老丁似的，他不能幸灾，更不能乐祸，只是暗自烧香祷告……

离乡背井，易地求生，谈何容易。在河北是农民，到山西首先还得种地，不能三心二意。老丁一大早就鞴好了驴车，带足了牲口吃的草料和人吃的干粮准备起程了。听到风信的人都赶来送行，有的还提着煮熟的鸡蛋、干面饼子、花生、栗子、炒豆豆，也有的是拿着手绢、头巾和自做的靰鞡、布袜子，不一而足。老嫂子们舍不得分开，但无奈这灾年乱世，由不得抱头抽泣哽咽起来。

正值难舍难分的当儿，后面远远传来一声吼叫："凤章——兄弟！"原来是丁凤鸣拉着小果果跑了过来。

"这……哥你要咋哩？想一起去太原？"

"哥我哪能走得了呀！凤章兄弟，你就可怜可怜大哥吧！自从她妨死了你嫂子和你大娘，哥我是又当老子又当妈，管了儿子管不了闺女，管了他们管不了我自己。这个丧门星，给谁谁不要，你叫哥咋整？她好歹是条命，我总不能杀生害命吧！你把她带走，一路上能打发趁早打发了。一定不行，拉到太原，那是大地方，能搂住本就卖，谁要卖给谁。万一收不回本，给几个算几个，哥都感谢你，总算把顶愁帽扔掉了。哥给你磕头哩！"说着丁凤鸣扑通一声跪倒在地，前额砸地如同捣蒜。

"哎哎哎，干什么呀！不怕人家笑话，快起来吧！"丁凤章把大哥拉了起来，转向老伴，"你看这……"

"你自己拿主意吧！"

"咳，一百个没奈何。怪可怜的，果果过来。"丁凤章把小果果抱上车去，老伴儿伸开双臂接在怀里。

乡亲们你一言我一语：

"凤章两口子，一对好心人。"

"二丫子也算活出来了。"

"老天有眼，不该死的总有救。"

丁凤章从褡裢里掏出三十吊制钱，递了过去。丁凤鸣接在手中，再没吭气，转身而去。

众人免不了一阵窃语。

"好了，老邻居、老相与、老伙伴们，俺走了。有机会来太原见啊！"

乡亲们纷纷回应，依依不舍。

丁凤章扬起短鞭，吆喝一声"驾！"上路了。老伴儿紧紧抱住果果，唯恐甩磕下去。

大黑驴晃动着大耳朵，四银蹄迈着大步子，干燥的土路上荡起黄尘。烈日当空，阳光照着果果瘦瘦的小脸，浓浓卧蚕眉，闪闪油灯眼，周正的五官，一张嘴巴微微噘起，未免显得有些偏大；而鼻翅儿两侧、耳根后面，多附着不规则的黑皴图案，尤其显眼。诚然，这是天长日久从未彻底洗过的结果。

丁凤章老伴儿仔细相看着惊魂不定的小东西："饿吗？"问得和言细语，唯恐惊吓着这只刚刚换了笼子的小鸟。

果果没开口，只是睁大惶恐的双眸，点了点头。

老丁顺手从篮子里捏出一颗尚带温热的鸡蛋、一个烧饼，还有一小块老咸菜，递给老伴。老伴儿一边喂一边盘问起来。

"好吃吗？"

"好吃。"

"慢点，咬得烂烂的再咽，要不卡住小喉咙可就受了罪了。"丁老太太专心地喂着小果果，等果果把她手中的物什吃干净之后，话题转到了实质性的方面，"你在他们家好吗？"

"不好。"

"怎么不好？"

"吃不饱，还骂，还打。"

"骂啥？"

"爸爸嫌捡的烂炭少，骂懒断筋；姐姐怨给小弟弟擦屁股不干净，骂肮脏鬼。"

"那为啥打你？"

"叫我丧门星，妨死妈妈和奶奶。"

"造孽！风刮倒怨地不平。老婆又生孩子又下地，再赶上兵痞作乱，河漂水淹，病早就积攒够了。再说老人，都七十好几了，人活七十古来稀，本该归位了，哪有不死的？怎么能怨这屁大点的孩子！"

"我说也是，我就左看右看，也看不出这闺女带有什么丧门妨主的面相来。咱不信他那话，把娃留下吧。"

"咱俩想一处了。小子走了，收个姑娘，身边有个逗趣解闷的。再者，咱如今还不到五十，收养大了，说不定老来还能沾点端水倒尿的小光呢！"

"果果，俺娃不用怕，不卖你了，留下和爷爷奶奶在一起，好不好？"

关于爷爷奶奶的称谓，实系老两口已年近五十之故。

"奶奶！"果果一声哭喊，紧紧抱住了老人的脖颈，好像怕有人把她抢走似的。

老丁解下头上的毛巾，给孩子擦了擦泪，顺手又给自己擦了一把脸，再将毛巾搭在了肩上。之后，一手勒了勒缰绳，双目凝视着浑身淌汗的牲口，免不了有点心疼——幸亏没硬将那五口袋小麦装上驴车。

大热天，重车出了石邑径直往西，进入山区，尤其是获鹿到井陉，太行山以东这一段路，山高坡陡，有些地方，毛驴实在爬不动时，人就得下来帮着推车，所以不能急赶。再说，七月在农家算个闲月子，也用不着着急。起大早趁天气凉快多赶些路，一过晌午就早点歇息。要不，娃娃大人受不了，牲口也吃不消。

过了娘子关，阳泉到寿阳，虽说还是山路，可平缓了许多，人畜都觉轻松了些，进了城后找了家门口挂着大笊篱下垂红布条的车马大店住了下来。老丁快奔五十的人了，车马劳顿折腾了好几天，着实乏困了，吃了碗面就自顾自地躺在炕上，舒展身腰缓起气来。

老伴儿拉了孩子出了店门，在瓜果摊上买了些毛桃、山杏、小红果子。回来后，她用笤帚一个一个地扫了扫，吹了吹，又用手绢擦了个干净，放在孩子面前，让她挑着吃——想吃啥就吃啥，可不能吃多了，多了怕难活拉肚子。她再看看老伴，早已进入了梦乡，时不时地发出瘆人的呼噜，毕竟年纪不饶人呀！她也累了，将自己和果果都脱了个一丝不挂，睡在了一个被窝里。店里算账是按床被收钱，祖孙睡一床被子，少了一套的钱不说，还能培养、增进感情。要不皮子不亲肉不亲，啥时候能熟了！

祖孙两代，一家三口，这是离家在外第一个歇心觉。

灯灭屋暗，静谧无声。从墙角里窜出来大大小小的老鼠，也没把他们扰醒。

第二天赶头明就上了路，再往西该下大坡了。内行都知道：上坡不易下坡难。爬坡无非多费点力，受点苦。下大坡可不一样，磨杆打不牢，刹车拽不好，驴失前蹄事小，弄不好调不转弯，翻到沟里，车毁人畜亡，可就哭皇天也吼不出调儿来了！

　　老丁赶车不是老把式，但也每年少不了到井陉拉一两回煤。居安思危，有备无患，他想得周到，防范严密，一路顺顺当当，又用了一天半的时间，便平平安安、高高兴兴来到了郑村的新家。

三　到郑村安新家欢心乐意
　　　遵祖命裹小脚忍泪含悲

　　农历七月初十，丁凤章一家三口在郑村新家安顿下来。几个月来，小刘抽空把屋内院里收拾了个合合适适、熨熨帖帖。虽说七月里闲月子，地里的零星活计也还不少，摘豆角，摘南瓜，钻到大庄稼地里拔草等等，只要你愿意动弹，啥时候也闲不下来。小果果不愿待在家里，天天和爷爷们相跟上，一起到地里，大人们做啥，她也玩儿似的学着来，十分懂事。

　　老太太一天三顿饭是捎办，她把主要精力放在给小孙女做穿戴上，从头到脚，只要别人家孩子有的，果果一件也落不下，只能多不能少。

　　过了处暑就是白露，收秋开镰的时节到了，不过收秋与了夏[1]正好相反。夏天割麦子，是龙口夺食，赶早不赶晚；秋天则是宁错后不靠前，庄稼正上浆，长一天是一天，雨水越来越稀少，就是霜打也不怕；哪怕是上冻，粮食更不会沤烂。庄稼人有句口头语：靠天吃饭碰运气，也宜勤谨也宜懒，也宜三分不动弹。听起来像玩笑，其实内中蕴含着颇深的辩证哲学，世间万事万物都不是绝对的。

　　从河北到山西的头一年，老天就格外照顾，风调雨顺，各样庄稼都喜人。三秋比三夏麻烦得多，庄稼越好越苦重。掰玉米、扦荏子、切谷穗，收割打场，翻晒入仓，自不必说；还有赶茬抢种，深耕晒垡，一年生产两年闹，及早为来年打基础。

　　尤其是初来乍到的河北人，捡柴草的习惯一下丢不了，尽管不缺煤少炭，可地里的茬扒[2]一个也舍不得扔，连两邻的也都要拾掇回家。人家不稀罕咱稀罕，在老家毛草树叶都要搂搭回去做引柴。

[1]　了夏：夏收的意思。
[2]　茬扒：根茬的意思。

收完秋，入了冬，一年受到头，该歇下来缓缓气、享享福了。可老丁和一般人不同，他闲不住，甚至比农忙时还忙，因为农田营生有小刘扛着，而业余谋划就全在他了。毛驴是个大张嘴货，不能让它只吃不做。他叫小刘把车在心在意地大修一遍，然后他驾着驴车出发了。路过榆次东山酥梨产地，好的里头拣好的装满筐，还捎带了一层白菜，实在是捡了便宜。满满一车，分量并不太重，拉到阳泉换成上等好块炭，虽说比井陉远点，可又好又便宜。一路下坡，拉回束鹿就变成了乌金，卖个好价自不待言，还换得不少人情。

老丁这次赶车回老家，真正目的是要拉回寄存在邻家的五口袋小麦。省下脚费，挣了大钱，人们高兴，咱更欢心。老丁越来越觉得：世上的钱有的是，就看你会不会盘算，肯不肯出力。不过，像他这样既能筹划，又肯受苦的人并不太多。

寒冬腊月过大年，他也不得闲，杀猪宰羊收毛皮，硝皮后拉到城里卖给做鞋的或皮革厂，又是一笔不小的生意。

自从来了郑村，一个由异姓组成的四口之家，整日里忙得不亦乐乎。庄稼收成超出预料，附带进财也比往年翻了一番。之所以能有如此喜出望外的光景，丁老太太首先想到的是，她经常烧香祷告有了灵应：老天开眼，神灵保佑；再者便是老头子敢想敢做，决心搬家的主意正。除此之外，一大一小两个"外人"，心眼灵泛，手足勤快，令她十分称心如意，也该记上一功。思来想去，现如今是她这一生中最充裕安稳的时光。尽管她比老伴还大两岁，身体也因长年操劳而有伤损，可现今她安然，她痛快，她浑身仍有使不完的劲。

明天是腊月初一，头天晚上，她又是炒麻麻豆豆，又是熬羊肉肥汤。报信儿的麻麻豆豆，是忙活一年的人们提醒自己、告慰自己，进入腊月该准备过大年了。而羊肉是老头子宰杀赚下的，忙时记不得初一、十五，竟连八月十五大团圆节，也没顾上包饺子。腊月初一，怎么也得歇歇心心地吃两顿好饭。

初一一大早，她起来洗手上供烧高香，虔心叩拜，诚惶诚恐，绝不自欺欺人。

一大锅羊肉片儿汤，除过供神还愿，就为犒劳老伴儿，还有两个异姓分子——不是外人的外人，他们都是劳苦功高之人。

午饭是猪肉白菜饺子，猪肉依然是老头子挣回来的，白菜是自己种的。还炒了四个碟子的菜，两荤两素，外带八两高粱白。黑夜饭是南瓜稀粥、脂油饼，另加香油拌的咸菜丝。

一天三顿好饭，大家都清楚，她是想把大半年落下的亏空一下补回来。做的人愿意，吃的人还有啥不舒心的。

吃饱喝足，老丁要上炕舒展身腰了，却被老伴喝住，说什么一天三顿肉多油厚的上等饭，好吃难消化，还有头等重要的大事等着呢。她吩咐老头子，把院里接雨水的小瓮刷洗干净，搬回家里来，再热一大锅热水倒进去。老丁丈二金刚摸不着头脑，百思不得其解——真把个"十二能"也蒙住了。他憋不住问道："你这是煺猪头呀？"

"我做啥，用不着你管，爽快走开。"老太太连说带推把老汉赶到门外。等老丁把一切弄好了，老太太才又把果果叫了过来。

"果果！"

"唉！"

"奶奶的好孙子。听奶奶话，把衣裳都脱了。"

老太太的温柔，让小果果感到分外亲切，尽管心中不解，但也未表现出丝毫不快，她乖乖地照着指令办，脱了个赤身露体，一丝不挂。

老太太把手伸进放好水的瓮里，试了一试，而后抱起孩子，款款地放了进去。

"烫不烫？"

"不烫。"

"好不好？"

"好。"

一老一少一问一答，顺顺当当，欢欢喜喜。

至少有一顿晌午饭的工夫，丁老太太忽儿用碱面子，忽儿捏雀儿粪，时不时地再用软布搓，浮石擦……把个野丫头、假小子、上上下下、边边角角，乃至某些容易被人遗忘或忌讳的旮旮旯旯，也都擦洗了个干干净净、白白嫩嫩。尔后，抱出来放在炕头上，用被子包裹了个严严实实。推开门把老头子叫了进来，又把小衣裳通通撂进水瓮里，絮絮叨叨吩咐起来。

"你先把娃的衣裳，就在脏水里先揉搓揉搓，搓洗搓洗，再放到大锅里，换上干净水，抓上一把碱面子，煮上三滚，忽晾忽晾，趁热再漂洗漂洗，捞出来把水拧得干干的，焐到火台上，远了干不了，太近了又怕烧，二日天明还等着穿哩！"

老丁边搓衣裳边说："你不是给做好一套新穿戴了吗？"

"你个老糊涂，那是过大年穿的，这时穿上过年你给买哩？！"

老丁被问得倒气不出，诺诺连声，转身便走，临出门却又被喊转回来。

"谨记得约莫一个时辰翻一翻啊！"

"行。"老头子答应得也算痛快，可一走出门外嘴里就磨叨上了，"真把人当成三岁小儿二傻子了！"不过，话中并无丝毫怨言，反倒带有几分惬意。

老头子出了门，老太太取出木梳与篦子，在果果头上精精心心梳抿起来。与此同时，针对幼童稚女的启蒙教育开课了。

"果果，听奶奶给你说，女娃娃和男孩子可不一样。男孩子只要有个硬身子就好办，女娃可不行。眉眼五官、身腰腿胯是爹娘造就的，不能由人。这干干净净、勤勤快快、细细心心，全由自家，万万不敢偷奸躲懒、少心没肺。果果俺娃啥也好，就是嘴大了些。听人们说：男人嘴大吃四方，女人嘴大吃粗糠。照我看也不尽然。尘世上没全人，咱嘴上差了些，旁处还能弥补——勤洗涮，常拾掇，脸盘洗得白白净净，头发梳得顺顺溜溜。闺女家的，涎水鼻涕，披头散发，两耳根黑皴，一脖子蛇皮；再有了虱了虮子，闻见酸臭，看见恶心，人家谁稀罕你哩？

"还有，至当紧的是女人的一双脚。听你爷爷叨咕，他听说书的讲：女人裹足是从南唐后主李煜开头的。他的一个叫窅娘的妃子自己裹成小脚，在大鼓上跳舞，大臣们看了都叫好。朝廷喜好，庶民百姓也跟着学。宋代女人们都时兴裹脚。到了明朝，女人的脚比头脸还要紧。朱洪武的皇后马娘娘，小时家寒没顾上裹，到后来做了正宫，文武百官见了憋不住暗笑，都叫她大足皇后。唱戏的说三寸金莲像藕根瓜瓜，要叫我说倒像五月端午的粽子。一会儿梳完头，奶奶就给你裹裹足。"

"奶奶，我不裹。"

"因为啥？"

"疼。"

"还没裹你咋就知道疼？"

"我妈给我裹来。"

"奶奶裹不疼。"

"我怕。"

"怕也得裹。要不然，等你长到十七大八，人还没到，就先擩出两只大板足来，人家谁还敢要你？"

果果说啥也不裹，纠缠不过便哭出声来。

"受屈啥哩？这是为你哩，你当是害你哩？不识好歹，由不了你！"

老太太不自觉地提高了嗓门，小果果也越哭声越高，隔壁的两个男人被惊动了，都进了屋来。为了保险起见，老太太把老伴留下做助手，小刘则被婉言支了出去。

老太太从白包袱里扯出两条长三尺、宽二寸的白粗布带来，缓了缓神说道："来，果果听话，叫爷爷抱住。"

果果止住了哭声，瞪大了两只泪眼，从炕圪崂里慢慢地挪过来。

"俺娃不用怕，咬住点牙，忍得一时一霎的疼，裹好了可是一辈子的大事。"

老太太的话绵里藏针，绝对权威的口气，哪有商量的余地！

大势已定，老小二人焉敢抗拒指挥？只得被动就范。老丁抱住孙女，坐在了指定地点。

"动刑吧！"老汉于玩笑之中含了几分手下留情的恳祈。

老太太瞪了他一眼："我是刽子手？"

"唉，大大的好人。"

"这不全是为她好？你打转颠倒，摸摸良心想一想，我要是一双大板足你要哩？"

"哪敢不要。"

"啊？！"

"噢，你把人吓得阴阳翻错了。"

……

老妻老夫一硬一软的舌战，更像一段双簧。小果果不听也得听，不知不觉中，倒放松了几分绷紧的神经。

在老太太的指挥和亲自操作下，果果的脚终于裹定了。当晚，一家老小，再无多少语言交流，各自揣着不同的心思，或早或迟都进入了梦乡。

原来，在祖孙二人洗涮的当儿，老丁、小刘也没闲着，他们一起合计下一步的打算。老丁说，今年闹得不错，除过老天爷照顾，小刘当是头等功臣。他这差一月就过了半辈子的人，能遇上小刘这样得劲的年轻人不容易，确实是缘分，他想着得趁热打铁往大闹——正好手头还有变卖家产得来的钱，够把租种的地买下来。小刘说他和大哥想的一样。

二日天明，老丁和小刘相跟着找到张老汉和地东，首先感谢人家帮了大忙，顺便也想商议商议看能不能把租种的地转让给他们，而且他们还想再扩大一些。对方觉得这两个直隶人诚实大方，便答应了他们的要求。不过，原租地性质不变，只是把另外一块二十多亩的半荒地折给了他们，当场便立了地契，交割清楚。

这事之所以能办得如此痛快，小刘发挥了关键作用，这让老丁也不得不对他刮目相看。小刘平素间不多言不多语，紧要关头却能把天下大势和过家之道、处事立身之道说得有板有眼，让对方很是佩服。

通过一年来的交往，老丁早就打心里觉得后生靠得住、有头脑，却不料他还有谈天说地、比大论小的本事，实在高自己一筹。老丁明确告诉小刘，这三十多亩地就全交给他了："你想咋弄就咋弄。有利对半分，遭灾我独扛，包你生活，绝不亏待。"

小刘更实在，他并不推让，他清楚这正是自己的用武之地，也是一生难逢的良机——人家靠咱咱就干，把人家的当成自己的。

两个爽快人，一对真君子，说了就算，不弄什么纸上谈兵。从此，他们的关系与事业，都进升到了一个新阶段。

四　喜不尽走街串巷看热闹
　甘受苦寒心决意拒女红

　　腊月初一，小果果吃了麻麻豆豆，被裹住了的足，疼是疼，苦是苦，但还能忍得了。整整一腊月，到正月的过大年，她都没耽误，该吃的都吃了，该玩的也都玩了。

　　早些年，人们所谓过大年，并不单指正月初一那一天，而是从腊月初一，炒麻麻豆豆报信开始，到正月二十五"老添仓"结束，吃喝玩乐近两个月的光景。

　　过腊八就是个小高潮。腊月初八，据说是佛祖释迦牟尼修行成道的日子。每逢这一天，和尚们仿效牧女献乳糜的典故，取上等谷物与香果等八种食材造粥供奉佛前。

　　每年腊八这一天，各家主妇都要摸着黑起床，梳洗整饰，然后以软黄米、红小豆为主，配以其他杂粮，与红枣、核桃等凑足八样，在大锅里煮了又煮，搅了又搅，熬了又熬，赶天亮就做好又黏又稠又香又好看的腊八粥。先盛出一大碗，分开多份，供奉祖先与各路神仙——财神爷、天地爷、仙公爷、灶王爷、门神爷、土地爷，也少不了三只眼的马王爷。此外，见啥喂啥，遇啥供啥：鸡狗猪羊，门顶、门环、碾子、磨盘、犁耧砘耙、大小车，还有枣树、桃树等等，也都要用小木勺喂上一勺，抹上一抹。

　　在丁家，这一烦琐的祭祀仪式，全由老太太领着小果果来完成。之后，全家人赶在太阳出山前进食，否则怕吃出"红眼眼"病来。

　　"二十三过小年，打发灶王上了天。"老太太与人们一样，怕灶王爷上天汇报说坏话，便烧香跪拜，虔心默念，祷告祈求灶神多加美言。还买了小粞瓜瓜："灶王爷爷本姓张，小粞瓜瓜你先尝。灶王娘娘本姓李，粞瓜瓜糊住你的嘴。"写对联也要明确指出："上天言好事，回宫降吉祥。"拜完了，把供奉了一年的灶神,连同其他神像一并揭剥下来烧化,送诸神一起上天去。至除夕再把请回来的新神像贴上。在这一段时间里,尽可无所顾忌地打扫修整,想做啥做啥,不必请阴阳问吉凶,这是快过年的冲刺阶段,每天都有干的。"二十四,割下对子写上字;二十五,套上驴儿磨豆腐;二十六,馍馍大供蒸下一笸箩;二十七,男人剃头女洗足;二十八,请回神仙揭年画;二十九,提上壶儿打烧酒;三十日,末一天,家家户户熬年年。"

到了年三十,即除夕,男人们洒扫、担水、和泥、脱煤糕、贴对子,女人们剪花花、擦供桌,还不能忘记把裹了红十字的笤帚扔上房——据说一来是防止九头鸟飞过,掉下污血不吉利;二则笤帚在房上可避外来穷气,年后初五取下来,可打扫家里穷气。

小果果与大人们混在一起动弹,只要是她能干的,绝对少不了插一手——直到吃过晚饭,把捡来的石头、大炭,以及爷爷赶集买回来的柏叶,全都贴上红十字,摆放在院中天地爷供桌前。她还催逼着爷爷像对门邻家一样,用煤糕和炭块垒了个小塔塔火。

家里院外,灯火通明,全家人围坐炕上,一起包饺子,一起熬年年,一起谈古道今。不过只能说"年年有余、四季平安、神灵保佑、天官赐福"之类的吉祥故事,不准带有任何与人家、自家无益的成分。

包完饺子,接着就放鞭炮,烧香接神,在此前后,就有敲锣打鼓迎喜神的走进门来,少不了全是"迎喜接福、恭喜发财、福如东海、寿比南山"之类的喜庆话、顺口溜,绝不稍露要钱的主题。主人打赏喜钱,一准大方,概不小气,以免人家出门在背后暗地诅咒,自家一年到头不顺当。

忙乎完了,煮着吃饺子,一人几个,算是夜宵。然后老太太把准备好的新衣服全拿了出来,分发到各人手中。小果果则当场穿戴一新,让大家先睹为快。一家人其乐无穷。

熬年年雅称"守岁",古已有之,举一首古诗为证:"相邀守岁阿戎家,蜡炬传红向碧纱。三十六旬都浪过,偏从此夜惜年华。"这也是古人欢乐贺岁,不忘珍惜光阴的感慨。

"一夜连双岁,三更分二年。"沉浸在欢乐热闹中的人们,不知不觉已熬到鸡叫天明,统统长了一岁。

熬了一个通宵,却丝毫不觉乏困,紧接着洗漱干净,穿戴妥帖,点旺火,上供献,烧香磕头拜祖宗、拜神仙,嘴里默念、心中默祈平时想好的祥词吉语,谁也不许说出口来——老人传训:说出来就不灵验了。

小果果按奶奶的指教，挨个儿给爷爷奶奶拜年：先作揖，后磕头，接着高声喊出称谓，最后加上一句："拜年了！"之后大人们回说："来就有了，起来吧！"随手掏出预先准备好的红纸包的压岁钱，塞进孩子口袋里。

大年头一顿饭，一定要吃饺子，还要摆几个荤素碟子，烫一壶酒。吃罢饭，丁凤章领着小果果到隔壁邻里给年长的人拜年。无亲无故新落户的外路家，更得主动处好邻里关系。人们都夸小闺女乖巧伶俐，不用说，没多有少，拜年压岁钱是不能不给的。在乡村，谁离了谁也不行，远亲不如近邻。就是走在街上，认识的不认识的，都要拱手打个招呼，"见面发财""虎年大吉"，喜庆吉祥的气氛比任何时候都浓烈。平素间的不太和谐，甚至恩恩怨怨，都好像被忘得一干二净似的，大家绝不表露出来。一年开头第一天太重要了，它兆示着全年的平安和顺。

拜完年回到家，果果把口袋翻个个儿，把挣的钱都交给了奶奶，当面点好，奶奶替她保管起来。

高兴之余，果果也没忘手脚勤快，拿起扫帚就要打扫。奶奶急忙拦住，告诉她大年初一不敢动扫帚，怕把财气扫走。果果反问奶奶什么时候能扫，奶奶说得等到初五。

初五，又叫破五、五穷日。果果照奶奶吩咐，从房上把笤帚取下来，里里外外打扫了个干干净净。送走了"五穷土"，果果压抑着自己的好奇与野性，一天待在家里没有出门。

初十是"十子日"，奶奶告她是老鼠娶媳妇的日子，叫她在粮囤与瓮圪崂里，点上油灯盏，供上馍馍烧上香。她实在不明白：平素间被人讨厌，人人喊打的小老鼠，居然也跻入神仙的行列？不过，更引她起兴的是，她想晚上蹲到磨道里偷听老鼠成婚的鼓乐之声。

元宵节是过年最热闹红火的节日。从正月十三四开始，到十六七结束，持续四五天。背棍、铁棍、高跷、乘旱船、跑竹马、二鬼摔跤、狮子滚绣球，看得人眼花缭乱。一到夜里，比白天更诱人，塔塔火、搅龙灯、游九曲、放架火，还有社家鼓、八音会、扭秧歌、唱大戏。

最令小果果动心的是看大戏，台上台下吹打细乐，吆五喝六，弄得人不知如何是好。最后爷爷还领她到元宵摊上喝了一碗，味道好得让她说不明白。

"二十小添仓，二十五大添仓"，一个在白天，一个在夜里，做法都差不多。从炕圪洞里把灰掏出来，在院里撒成一个个圆圈，叫作打囤、做仓，而后把五谷杂粮放入圈中，便叫添仓。到了黄昏，在粮食仓囤和瓮旁烧香供献。晚饭吃的和供献的一样，都是添仓馍馍，还有干面饼、馅儿饼，好像要用这些圆圆的吃食，把粮仓添满盖好。

到了夜里，爷爷奶奶教果果拿上点燃的香，走到街门外高唱："添仓爷爷添仓来，俺家的门儿朝南开，囤囤嘞，瓮瓮嘞，五谷杂粮添进来。添仓爷爷添仓来，俺家门儿朝东开，添不满，再添来，金银元宝滚进来，添个胖小子来。"

大街上，家门前，童声嘹亮，此起彼伏，余音飘绕。数不清的燃香，高高低低，环来绕去，与天空黑幕上的星星，相映成趣，好一派壮观的景象。

整个大年总算过完了，小果果余兴未尽，还沉浸在吃喝玩乐的甜美之中，裹足的痛苦似无足轻重了。

闲正月过后，二月初二是土地爷的生日，又是龙抬头的时节，所谓"雷惊天地龙蛇动，雨润郊原草木欣"。土地爷的供献是：一颗鸡蛋两根葱，他老人家不吃荤。

午饭吃春饼，与平时吃的葱花烙饼大不相同。不放葱，不加油，大小与烙饼差不多，但薄得很，一次就能烧两张。吃的时候，中间抹上甜酱，卷上混炒在一起的豆芽、韭菜、葱丝、粉丝、肉丝。小果果头一回尝到如此好的美味，若不是奶奶劝止，非吃得撑破肚皮不可。

吃完了便是玩。果果跟着街上的娃娃们，还学会了不少小曲儿：

二月二，龙抬头，
天上下雨地上流。
苗儿壮，苗儿稠，
麦子饱满谷点头。
夏丰收，秋丰收，
家家户户庆丰收。
庆丰收，庆丰收，
仓满囤满瓮子流。

果果唱得自以为满意，问了奶奶问爷爷，大家都夸她"唱得好，唱得俏"。

大年过完了，爷爷们要下地了，果果跟过去要一起走。奶奶赶快把她叫过来说："闺女家，不能老野了，奶奶待会儿教我娃点正经营生。"果果只得听从指挥，不愿意也得装着愿意，"高高兴兴"答应下来。

老太太把厨房锅灶收拾利爽，抽了袋烟，缓了口气，拉着果果一同回到正房，坐下来把眼前穿戴一新的孙女，上上下下打量一番。这时她才发现，眉眼五官、身材头脚,这小果果怎么看怎么周正,怎么瞧怎么风光,绝像换了个人儿似的。

看到自己精心打造,成绩斐然的"作品",老太太信心、决心陡然增加了几分。她把自己当年的作业、范本,还有尺子刀剪、捻子绷子、五色丝线、绣花钢针以及鞋坯、鞋底、鞋帮、鞋楦子,锥子、引针、大小顶针一大堆,一股脑儿翻腾出来,铺排在炕上——简直就是一个小型的女红展览,让果果看得眼花缭乱,大大开了眼界。

尔后,老太太盘起双腿坐在炕头,以身作则做出示范,让果果照样子坐好。虽说五岁的女娃腿软胳膊嫩,但要像老人腰挺身正如参禅打坐,只见两膝不露双脚那般坐着,确非轻而易举之事。冰冻三尺非一日之寒,盘腿打坐也绝不是一时半霎的工夫就能学好的。不过,经老人家耐心指点,小果果依偎着奶奶,也可算稳坐在炕头上了。

老太太戴好老花镜,捏起针纫上线,拿过绷着半成品的绷子讲解起了幼女的又一启蒙课"女红"。所谓"女红",也叫女工,它是纺织、裁剪、缝纫、刺绣等女人应工的营生活计。

"果果俺娃看,想当年奶奶不到十岁,就学绣花花。咱们女人家,从小就得学会描龙画凤绣牡丹。炕上摆的这些:喜鹊登梅、鸳鸯戏水、八仙过海、连年有鱼……你都得学会。"

良好的开端等于成功的一半。老人想用这些耀眼诱人的红红绿绿、五颜六色和神话传说、民间故事等等,先把思维简单的幼女"拴牢套稳"。果然不出老人所料,小果果的确被眼前从未见过的玩意儿所吸引,不知不觉做了俘虏,完全忘记了年前裹足、今日盘腿的疼痛与憋屈,遵循"老师"的导引,萌生了跃跃欲试的心思。

第一炮打响了。老太太放下细活,拿起粗工,"乘热喝汤",想再深入一步。

"俺娃再看,刚才那描龙绣凤是细营生,这钉帮纳底全是粗活计、笨工子。就说这纳底子吧,得用锥子作引针先扎通,大粗针才能顺着针眼往过穿,顺手儿再用套在中指上的顶针顶过去,拔出来。麻绳绳还得隔三岔五在嘴里抿一抿、捋一捋,它就细顺滑溜,拉拽起来省力了。绣花花靠的是细心,纳底子只凭力气就行。来,俺娃试当试当。"

不见果果吱声,老太太隔过花镜一瞅,原来果果已在一旁打起盹来,本想发火,细一寻思:不可,得耐着性子慢慢来。

"唉!果果,我的好果果哩,奶奶我这里磨牙费口,你倒丢起盹来了!看起来奶奶的这股耳旁风,从头到尾你就没稍进一点点?!快,醒醒,扎挣[1]起来试一试。"

醒过来的果果接过来试了两下,针不是针,线不是线,谁也不听她使唤。

她不干了:"我不试了。"

"不试咋能学会?"

"我学不会。"

"你还没学,咋就知道学不会?"

"我不想学。"

"不行。不想学也得学,非学不行!来!"

老太太把带有针线的鞋底,硬是塞进果果手里,手把手地教了起来。费了九牛二虎之力,总算纳了几针,可你一离手,她照旧无法操弄,与全未教过并无两样。老太太火起心头,欲怒又止。转眼一看,耀眼的阳光斜照到了自己身旁,不知不觉已耗过了一个时辰。晌午饭还得自己去做,再无闲工夫跟她磨洋工怄恶气了,无形的乌云骤雨内化成了润物的春风。

"就快晌午了,奶奶还得做饭,俺娃想学就学一学,想练就练一练;困了就躺下睡一睡,烦了就出去耍一耍——可不敢跑出大门外头去啊!"

老太太迫不得已,搜肠刮肚思谋出了如此温情的话,自觉十分得体。尚未完全脱离梦境的小果果,倒听了个一清二楚,"主动性与积极性"完完全全被调动了起来,果断而大胆地做出了自己的选择:老人的一只小脚尚未着地,她早已飞箭一般跃出大门,到院中玩耍去了。

……

老太太耐着脾性,使出看家的高招,用尽全身解数教果果,手段逐日升级,效果却每况愈下。从劝导、数落到怒气难遏,再到指手动脚,最后是烟袋锅子伺候。一场战役过后,她从头凉到了脚跟,满腔热血彻底凝固一团,一颗赤心寒到了冰点。

小果果却没吭一声,没有哭,也没有喊。面对怒骂、殴打的高压,她不畏惧、不顺从——她的倔强性格、顽强意志与反抗精神慢慢显露出来。

心爱变仇雠,丁老太太万念俱灰,把心一横,想要毫不犹豫地扔掉这顶"捡回来的愁帽"——她再也不理小果果了。丁凤章身为一家之主,他没有放弃,他并非只是心疼那三十吊小钱,他在这个小东西身上,还寄寓着不小的希望呢。别人扔掉的"愁帽",他不假思索地捡了起来,戴在了自己的头上。

---

[1] 扎挣:勉强支撑。

五　到田间跑垅上跟犁站耙
　　一头汗浑身泥满地撒欢

　　近年来，丁老太太虽然孤独，但清静惯了，冷不丁接手了个野丫头，服调不服管，这让一向持家严谨的老太太，忍得了再一再二，忍不了再三再四。她一向以为，成人不自在，自在不成人。对果果的不遂心愿，她着实有点承受不了。

　　不懂事的果果，有了温饱就把以往的酸楚困苦，遗忘得一干二净；一旦身心受挫，就自然而然又想起了亲人来。亲妈妈宠着她，亲姐姐让着她，虽说吃不饱穿不暖，可从未受过如此"严酷"的管制与约束。满腹的怨冤与担惊湮没了一切，令她无法面对，以至产生逃脱甚或轻生的念头。

　　看到僵持不下的一老一小，丁凤章自有超人的主张。开始，想寻找个相宜的人来家看管，但时值开春大忙，一家饭时都饭时，漫不说你舍不得花钱，纵然你舍得，也雇不来相宜的人。何况自己还在白手起家阶段，哪能额外花销？可是，不知为什么，他总感觉他与小东西似乎有点说不出的缘分，于是他思忖自己可以于农事之余，顺便携领——加意用心，未尝调教不好。

　　今日的计划是下种玉米。窗户刚亮，他坐起来就先寻看果果，见她还蒙着被子一动不动。他穿衣下地走到跟前，用手轻轻一推，果果猛然爬坐起来，双手拉住被子，把自己紧紧裹住，两只瞪大的圆眼，直勾勾盯着他，宛若魂魄出窍一般。他不禁心生恻隐："梦见甚噩梦了？"

　　果果摇了摇头，绷紧的神经松缓了些许。

　　"娃别怕，跟爷爷一起下地去，快穿扮好出来啊！"

　　果果未及细思慢想，抓起衣服披上，连伸胳膊带扣扣子走出屋外。

　　刘凤祥按照昨夜丁大哥的吩咐，早已套好了犁车，干活的用具一应俱全。丁凤章叫来果果，指着犁车上的草料笸箩说道："敢不敢坐里头？"

"敢。"果果边答应边爬上了犁车。

"抓稳，可不敢跌下来啊！"

看到老丁安顿停当，小刘一声"驾"，毛驴甩开四蹄上路了。丁凤章步步紧跟，须臾不离，两眼跟住前摇后晃的果果，走了一段路后，他绷紧的心才渐渐放松下来。

此时的果果，心性完全恢复到了正常——终于逃脱了奶奶的羁绊，甩脱了"余悸"。喷薄而出的曙光，照得整个世界明媚宜人，纯稚天真的心灵，浮泛出地阔天空的遐思。

犁车停在了地头，在爷爷的扶助下，果果趁势"噌"地跳下车。

"自己耍吧，不敢走远，不敢跑到草地里头，怕有蛇！"老丁爷爷嘱咐之后，与小刘爷爷下种去了。

太阳款款地爬上了东山，露出了充满笑意的真容，田地中，人和耕畜，远远近近，动动停停。

天空中浮飘着淡淡的白云，人欢马叫的田野散发着泥土的芳香，粗男壮女们洋溢着勃勃向上的生机。边边垴垴上，不知名的嫩草，含苞待放的蓓蕾，绽开的花瓣，林林总总，形形色色，五彩缤纷，芬芳四溢。三三两两的蝶儿飞来转去，对对双双的蜂儿采酿其间。绿树梢头，穿着红红绿绿羽衣的大大小小的鸟儿们正忽高忽低、忽断忽续地鸣唱着雅丽清亮的抒情曲调，似乎在表达着同声相应、同气相求的思想主题。

此时此地此情此景，置身其间的小姑娘，与之浑然融为一体。她放纵着先天带来、后天陡长的野性，追蜂捕蝶，掐草摘花，俨然一派自由王国君主的神态——这里才是她心目中的世界。方才爷爷着意宣布的禁令，早已抛到爪哇国里去了。几日里积攒起来的憋屈一下子释放出来，她尽情地跑，尽情地玩，尽情地嬉闹，尽情地撒野，兴奋起来的神经，牵动着每一根肌腱，驱使着她又蹦又跳，不知疲倦。

丁凤章是个细心人，他种庄稼较之与新媳妇绣花花、老秀才作文章，只是行当不同，功夫所差无几。然而现在地亩较前多了一倍，犁具又短缺，节令还不容人，再则墒情欠佳，沙性土壤禁不得多翻，按说合该三犁三耙，尔后摇耧播种，但现在玉米地只好一犁浅串下种。

工夫不足粪弥补。犁播玉米是个费人手的活计，小刘前头执犁，老丁后面紧跟着又是撒籽，又是抓粪，常常顾此失彼，忙得不亦乐乎！犁到田头，小刘不得不停下来帮忙。

玩厌了的果果跑了过来，看在眼里，喜在心上，更多的是新奇——何不插上一手？于是乎未经批准便仿照大人操作起来——当然远不标准。还好，二位行家只有和颜悦色的示范，概无一丝半毫的训责。小丫头抓粪撒土，干得高兴利索！

远处养种道上，丁老太太挑着小扁担，右手拉紧前面的黢黑的大双耳罐，左手拽稳后头的小竹篮，一颠一跛一摆一扭，摇摇晃晃艰难地挪动着两只标准的小脚，朝老丁他们走来。

小刘犁到地头，把牲口拴在犁车上，三步并作两步，跑上前去接了过来。罐里的和子饭浓香扑鼻，篮中的将军帽窝窝头、锅贴饼子黄澄澄、香喷喷，外带几块腌透了的酱咸菜，样样诱人。

过去农民的茶饭不比如今，那时全仗粗粮细作，量大汤足填充肚皮。人常言，饥饭是好饭。熟睡了一整夜，折腾了一大早的两大一小，早已是饥肠辘辘了。

三人摆开架势正要进食，老太太才想起竟然忘记带上筷子了——忙人无智。

丁凤章早已发现老伴儿的失误，已在寻找取而代之的细柳棍棍——这乃是农人们惯常用的替代物。

四人八眼会意一笑。尚在冒着热气的美食，堵住了人们的冷口，让你只能听到吸溜与咀嚼的声音，而全无一声碎语闲言。

站在平实之处瞪眼旁观的老太太几至捧腹，只是不便笑出声来，尤其是那个让她又爱又怜又气又恨又无可奈何的小土人儿。

用饭的人三下两下，狼吞虎咽，吃了个罐空篮净。

老丁咀嚼吞咽之时，也没耽误动脑子：小人儿的出手，老太婆的到来，真乃计划之外的援兵，补充了人手与底气的不足。新增的希望，鼓动着他当起了"总指挥员"。

于是，老太婆跌跌撞撞走在翻虚了的田垄里，小土人在新垡过的地上跑过来跳过去……

小姑娘的潇洒欢快与老妇人的笨拙窘态，不经意间形成了鲜明的对比。

更令老太太吃惊不小的是：小东西竟然能若无其事地站在行进中的耙上，完全代替了石头、砖块或盛了土的草料笸箩。

毛驴拉着耙吃力地走着，时快时慢时走时停，此时的果果，顺应着毛驴不规律的行动，前伸后挺、左摸右探，不惊不慌、不声不响，俨然一位技艺娴熟的舞蹈演员，甚或杂技明星。丁刘二人见怪不怪，无动于衷，老太太则不然，她的心颤跳着，一股劲儿往上蹿：万一果果跌下来，有个好歹……心里一个劲地埋怨死老头子缺心眼。但小果果的精灵干练与胆大无畏，又着实让老太太内心感到震撼，她倔强且顽固的想法开始松动。

在田野里的愉快合作，有效地冲淡了前些日子炕席上的恩恩怨怨。

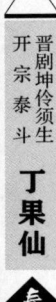

六　赶庙会看大戏心花怒放
　　不馋食不贪玩就爱化妆

春种大忙，完全在丁老太太的意料之中，要不她也不会主动挑起送饭到田间的重担；而小土人儿站在耙上的惊险表演，直叫她久久心绪难平。她不由得暗自思忖：等他们回来，除了好菜好饭犒赏而外，还该给小土人洗刷洗刷，要不然自己心里过不去，隔壁邻居也会笑柄常抓。

不是过节，胜似过节。她趁早把丰盛的饭菜，讲究地摆放在了桌子上，看一看，尝一尝，自觉如意。抬头一看，西天上悬着的日头，离山还有一两竿高。恰在此时，出乎她的意料，爷孙们说笑着进了大门。不问也知道，定然是该做的活计赶早做完的缘故。

她忙里忙外，跑进跑出，滴水不漏地招呼着，让受苦的爷孙们吃了个有滋有味。她正要让果果脱下身上的泥土衣裳，老头子拦住，让她一边歇着，说她也打里照外折腾了一天，不能再劳累了；他说他自有先进省事的办法——他教果果将脱下的衣服如此这般地揉搓抖打，边边角角够不着的地方，少不了他扫尾收拾——庄稼地里的泥土好对付。

大千世界，人生各异，不同的人，自有不同的生活方式。庄稼人整日和土打交道，讲究不了许多，沾了土的衣服顺手揉搓揉搓，抖打抖打，就和洗过的差不了许多了。

第二天、第三天……小果果都不用爷爷招呼，就随大人一起下地了。

庄田农事，四季井然，春种夏管，秋收冬藏。节气催逼人，人勤地不懒。种茭子、薅谷苗、锄玉米、压南瓜[1]、奶山药蛋[2]、摘豆角……正业之外，还有副业。

---

[1] 压南瓜：即给南瓜压条。

[2] 奶山药蛋：即给土豆苗追肥。

猫猫狗狗不算在内，鸡儿、兔儿、猪儿、羊儿，还有大毛驴，一划都是张嘴货。剩菜剩饭能有多少？全凭果果割草挑菜煮食子。谷糠、荞糁、麦麸子掺拌一点，就够善待它们的了。这样一来，小果果就由"小助手"晋升为"半劳力"，成了人见人爱、人人离不了的"小红人"了。

大人们高兴，果果自己更开心。你说她不懂事，她可也感觉到自己与日俱增的用处，不知不觉在幼小心底建立起质朴的价值观。笨重活儿她想干干不了，大人也不让她干；零零星星的琐碎营生她都干：摘豆角，拾麦穗，割羊草，揪猪菜，捉"卖油郎"，逮"板担婆"等等，这些都令她喜欢得不能再喜欢，高兴得不能再高兴，痛快得不能再痛快。

她用狗尾巴草穿了一串又一串的小虫虫，回来后将它们扔在院中。鸡儿们看到这些死的、残的、半死不活的、活蹦乱跳的美味，追着，抢着，争着，啄着，玩着，扑闹着，打斗着。猫儿狗儿也掺和进来凑热闹……一时间，院里简直成了小型动物园。果果则是当然的"园主"，兼职"饲养员"和"驯养员"。

有果果在，小院里生机勃勃，情趣盎然，禽畜与人和谐共处。

果果成了里里外外一把手。大人们爱着她，管着她，哄着她，宠着她，打杂拾零依靠她，救急求助吆喝她。紧她吃，紧她喝，紧她穿，紧她戴。她成了人们的打心锤锤，她成了人们的宝贝蛋蛋。

牲灵们想着她，盼着她，追着她，撵着她，怕着她，依着她，乞求着她，仰仗着她。她是它们的救星，她是它们的领袖。

田间地垄是她寻欢觅宝、自娱自乐的天然乐园，也是她异想天开、发明创造、施展身手之地。上有万里蓝底白花的"天被"，下有一望无垠七彩相间的"地褥"，日月临照，清风拂汗，鸟语蝉鸣，花团锦簇……所见之物，自然生动、赏心悦目；所历之事宗宗新奇、件件生趣——看不完，耍不厌，数不尽，记不迭。如此无拘无束、无牵无挂、自由自在的美好人生，她真真切切受用了。

还有更令果果大开眼界的事——跟上大人赶庙会、看大戏。人山人海，要啥有啥。布匹绸缎，线脑针头，衣裤鞋袜，绳扣巾帽；钩锄铲锤，犁耧砘耙；木锹扫帚，笸箩簸箕；牛马猪羊，鱼虫花鸟。说书的，小唱的，打拳的，卖艺的，玩流星锤的，吞宝剑的，耍毛猴的，拉洋片的；买麻雀放生的，送花花还愿的……更有劁猪骟骡的，驴吼马叫配种的——远处大空场上，后生们挤得密不透风，不怕羞臊的半老妇女，也想偷偷瞅上一眼，开开荤。

街巷两旁，卖吃喝的吆喝呼叫不停，那些声音高高低低、粗粗细细、曲曲弯弯、花花哨哨，抑扬顿挫，有调有韵：

擦酥油饼子，烧卖帽盒子。
咸肉塞饽儿，油面麻花儿。

贴上油钱卖面钱，吃上一回想一年。

糖三尖，肉火烧，不吃不买也来瞧一瞧。

大麻糖，粞蛋蛋，尝一尝来看一看。

过油肉，打卤面，吃了比不吃还合算。

羊肉羊汤羊杂割，有钱没钱直管喝。
油烹蒜醋炒灌肠，闻得有味吃得香。
花生瓜子果丹皮，吃得香来咬得脆。

吃好喝好调里子，风风光光有面子。
看好尝好坐好吃，里子面子全有咧。
吃了喝了有福的，不吃不喝二傻子。
花得削利来得快，就像春期割韭菜。
吃吃喝喝下馆子，朝廷爷爷的大舅子。

拨浪鼓儿小钟钟，扳不倒儿泥人人。
小锣锣，小钗钗，米面人人洋马马。
……

这可真是声乐杂技的演艺场，百厨荟萃的美食园。

小果果被引诱得眼花缭乱，咂舌流涎。爷爷安抚她说等一会儿一准买，一准吃。

说话间，鼓响锣鸣，花二通[1]打得人心里直发痒。爷爷领着小果果，随着男女

---

[1] 花二通：指打击乐曲。

老少，如潮般的人流涌向戏场。

爷爷看门道，南路蒲州名角儿，北路高调好把式。文戏武戏，正戏粉戏，只顾他自己看，不给果果讲。小果果只管看热闹：穿红的、戴绿的、撮鞭的、把棍的；刀刀枪枪，旗旗号号；白脸黑脸老王子，举的簸箕舌头子[1]。

台下比台上还热闹，人贴人，人挤人，严严实实不透风——只有汗臭往外冒，谁也顾不上闻。一忽儿叫好，一忽儿喊忿[2]，前推后拥，左抗右挤，厉害时能"抹了纸牌"[3]——哭的、喊的、叫的，流血的、受伤的，啥样也有。也有浑水摸鱼、窃财起哄、搭背搂腰暗占便宜的。当然，红男绿女暗送秋波传情达意，也吸引了不少羡慕妒忌的眼球。

以上这些，果果全无兴趣。令她眼红的是和她一样的娃娃们，被大人们领着、抱着，到后台定上红红绿绿的脸脸，和唱戏的不差上下，实在诱人。她央告爷爷，自己也要来一个。爷爷拗不过上了后台，求唱戏的勾画勾画，人家说不敢白画，于娃娃不利。爷爷告她说钱是要给她买吃买喝买耍货的。她说啥也不要那些，就要画脸脸。没奈何，爷爷花了一大碗浇肉面的钱，总算满足了小孙女的要求。果果则高兴得至回家睡觉还不让奶奶给她洗脸，兴奋地几乎一夜没合眼。人越高兴，明了黑了，黑了明了来得越快。

---

[1] 簸箕舌头子：指在孩子眼中，戏中道具笏板等与簸箕等比较相似。
[2] 喊忿：即叫倒好。
[3] 抹了纸牌：指太拥挤，人们都顺着一个方向跌倒了。

七　喜丰收中秋节合家欢庆
　　　吃饺子尝月饼又来姐姐

　　转眼到了端午节，包粽子、压凉糕，少不了让她美餐一顿。

　　七月里，闲月子，人闲她不闲。遇上个天阴雨涝，她的苦更重。俗话说：天阴下雨庄稼歇，放羊的娃儿造下孽。她的那么多"属下"不能不吃不喝呀！

　　至金秋，农家开镰，越忙越欢实，一年的耕耘，终于有了回报。今年老天爷格外照顾，风调雨顺，五谷丰登。

　　见丰收在握，再紧再累，丁老太太忙里偷闲也不能再误了打月饼。去年没顾上，今年得好好团圆团圆。说起打月饼，尽管果果是头次干，可也不畏难。弄土和泥，掰开捣碎，搓圆摁扁，捏泥人儿，团鸡鸡弄狗狗什么的，一律手工活，她玩得不在少数。打月饼脱模子，半机械化操作，容易多了，大人一示范指拨她就会。小月饼大月饼团圆月饼，粗月饼细月饼混糖月饼，枣泥的五仁的，油小的油大的，自家的送人的，另有鼠牛虎兔十二生肖的；形形色色，花花样样，油光光黄澄澄，好看又好吃。尤其是奶奶专心给她做的小鸡儿，有眉有眼有冠冠，有翅有尾有爪爪，就像活的一样，她说啥也舍不得吃。因为她是属小鸡儿的，自己不能吃自己。

　　过十五那天，一大清早老丁就拾掇皮家伙，小刘干木工活，果果喂她的张嘴货。老太太早早地就做好了羊肉细粉片儿汤，外赏每人一粗一细俩月饼，不论大小人。不过果果还有额外的，人人马马老寿星，除过送人的，都是给她的。

　　两个男人吃罢早饭下地去了，果果留下帮奶奶剁菜剁肉包饺子。一斤来的有红带白的肥猪肉，分作两份。红肉多的留作炒着吃，白肉多的剁馅子。大白菜是院里长的，还没包起来，空壳壳尽帮子，没受霜冻辛苦气重。老太太有办法，剁烂下锅一焯，用笼布握干和上肉，拌上葱姜蒜、咸盐黑酱五香面，味道错不了。当然有藕根更好，上讲究，有咬头，可惜自己没处种；花钱买吧，太贵舍不得。白面确是没挑剔的，一等一的头箩细白面，自己磨时专门截下的；剩下后头的黑面打了月饼，黑些粗些看不出来，也吃不出来。

包饺子，看着容易做着难。手艺好赖有等第[1]。果果有耍心没耐心，剁菜剁肉就叫她够心烦了；包饺子更憋气，馅少了瘪得不成样，馅多了一挤就破。饺子没捏几个，材料倒祸害了不少，手上脸上浑身上下尽沾的是面粉——与去地里差不多，只是颜色不同罢了。老太太看得心疼，教得怄气，为了免生气，干脆不用她了。

果果正合心思，瞌睡给了个枕头，早想溜脱，但是不敢；一经批准，鸟儿出笼般飞了。不过，她不偷懒，掏鸡粪，扫兔窝，放下铲铲弄扫帚，净做活计，闲不住。

小花狗猛然间叫着往外跑，而一个瘦小老汉拉着个半大不小的姑娘正往里走。老汉不怕狗，狗倒有点怕他，只不过仗着小主人的势，一边倒退，嘴里还汪汪汪地叫个不停。

"奶奶，讨吃的来了！"果果急呼。

奶奶不慌不忙走了出来，夯着两只没洗的手，定睛一看：也不太像讨吃的，手里没拄讨吃棍，胳肢窝也没夹破砂锅；若说亲戚朋友，也不大可能，初来乍到，人地两生，有谁认你个逃荒的？正踌躇间，来人发话了。

"老妹子，凤章家的，我是老大。"

"噢？是有明大哥！"

"哎。"

"两年多没见，你这——有孩子了？"

"捡的。"

"捡的？"

"快叫婶子。"

"婶子！"半大姑娘赶忙叫了一声。

"快进家。"

主人把客人迎进屋内，因腾不出手，只好叫果果给倒两碗水来。客人说不渴——看来还没吃过早饭。

老太太解释道："让我把这俩饺子包完，等下地的回来咱一起吃。早上还剩着点羊肉片儿汤，大哥，你是自己人，不要嫌乎，先压压饥。"

---

[1] 等第：即等级。

"嫌乎啥！能吃就行。"

主妇引二人进了厨房，把剩饭在火上热了热，加了点水凑够两碗，让果果陪着，她继续包饺子去了。

没过多久，还不到正午，下地的回来了。

老弟兄俩，谈不上久别，却也是重逢。五服血缘，也算同宗。他乡相会，于是一握一抱，少不了老泪两滴。凤章稍做镇定，让老哥及其小女坐下，边吃边叙起来。

"两个八月节，咱都没团聚成！"

"我不出来不行。"

"出来好。"

"也好不了多少。"

"如今总算团聚了。"

"碰上的。"

"咋打问来的？"

"没打问。"

"你知道？"

"人家们都知道。"

"找下营干了？"

"还是老本行——口上的生意。"

这番对话外人可能听不太清楚，尤其是什么"口上生意"，其实就是讨吃要饭——为了口张口，张口为了口。

丁凤章了然于胸，没必要再问下去，话题转到吃饭上来。

"大十五的，肉不多，做得也不好。"

"不错。"

"凑合着吃吧！"

"不凑合。"

"可要吃好啊！"

"一定。"

"自家人，不用客气。"

"外人也不客气。"

"这是实话。"

"虚的不行。"

"招呼不到，不要见怪啊。"

"咱没那毛病。"

"再喝碗汤？"

"有就喝，没就算了。"

作为客人的丁老大，在兄弟陪伴下，吃了个饱，喝了个足。经年累月特殊行当的磨炼，让他具备了随遇而安、四海为家的素质。而主人因对丁老大的到来心存疑虑，这顿中秋饭纵然食材上好、做工精细，却未能品出个中滋味来。

一年一度的中秋盛宴就在如此不协调的氛围中度过了，原本团团圆圆欢欢喜喜庆贺丰收的意愿泡汤了。

果果不是客人，但似乎也不在主人的范畴内，可是她却无所顾忌，她的注意力早由吃喝转移到"同类"上来。

"姐姐，你几岁？我五岁。"

"八岁。"

"我叫果果，是奶奶起的。你叫啥？"

"兰兰。"

"兰兰姐姐！"

对方没应声。丁凤章老俩异口同声："兰兰好，篮篮里头装果果，正好。"

"兰兰姐姐！"果果再次亲切地叫道。

对方仍未应声，却转向丁老大说："爹，她叫我姐姐？"

丁凤章这时才醒悟过来："噢，论辈分是得叫姑姑。"

"嗨，姑姑咋呀，姐姐咋呀。从今往后，你也叫爷爷不就行了！"丁老大当机立断，并给养女下了命令。

"叫顺了，一下不好改口。"丁老太太语中含情。

"咳，刚捡的，没几天，叫啥都一样。"

"哪儿捡的？"

"窑上头，灰渣坡上。"

"这么大的闺女，咋就丢了？"

"遭后妈了，打得不叫回去。"

"这后妈也太心狠了！"

"还有亲老子嘞！他们能狠，咱不能。可是，咱也不能叫人家娃娃跟上咱干这一行呀！"

"那你打算……"

"你们要不要？要就紧自家，不要我给她另寻主儿。"

有了果果的先例，兰兰的价值是明摆着的。老两口心照不宣："留下吧。"

说完后丁凤章转念一想，这么大个活人，非比小猫小狗，不能如此简单。于是试探性地一问："人家爹妈不会……"

听起来不显三露四的半句软话，引燃了丁老大窝在胸腔深处的一股心火。他麻利地掏出收养文约往桌上一拍，几乎把碗筷震落下来，气呼呼地冒出一串令人难堪的话："你把你老大看成甚人了？推开门子要碗饭，咱愿意要，人家愿意给，两相情愿，官家也允准，不犯法。这么大的姑娘，咱吃了黑老虎胆了，就敢随随便便引上走街串巷？偌大之事，能含糊得了？看好啊！无事干约[1]，外带后妈亲老子手印。"

"啥也甭说了，怪你兄弟多嘴。大哥是啥人！"丁老太太一力斡旋。

丁凤章看了一眼文书，就坡下驴："大哥走南闯北见世面的人，大事不糊涂。"

丁老大见好即收，再没认真下去。

就这样，不费吹灰之力，收养转让关系从此成立，一举两便，四面欢喜。

兰兰果果结成姐妹，丁凤章有了文约，与老大的关系近了许多。当天的晚饭，自然也比午饭更丰盛了。

遮月的薄云散尽，星空也豁亮了许多。

八月十五月儿圆，西瓜月饼供老天。香案上除西瓜月饼而外，还有大红枣儿、熟玉米、长红薯、圆山药、毛豆儿等等，最醒目的是一大盘蒸熟切瓣的橘红南瓜——此时此处不叫南瓜，而称番瓜，因为据说此瓜是西域番邦敬贡来的，人们取其谐音"翻"，图个闹翻身的吉利而已。不过若真如此，反倒引出讲究和局限来：有权有势高官巨贾豪门大户不宜！

在场人算是一家人，论辈分按年岁排列，作揖上香，三跪九叩，心中默祈：苍天赐福，神灵保佑；一年更比一年好，早日翻身改门风；升官发财，光宗耀祖。

祷告完了，丁凤章一定要大哥也留下来。经过几番由实质到形式的推辞，五服老大觉得自己升格了，心绪平衡了，决意不走了。

---

[1]　无事干约：即卖人契约。

八　小五台丁凤章另觅财路
　　捡弃婴喜爷爷后嗣有人

　　丁凤章亲热异常地执意要把老大留下来，除了因为有兰兰这层关系，还因为三秋大忙，正需要加人添手。更深层次的用意，则在三十多亩地靠给了小刘，明年他想干脆当甩手掌柜，老大毕竟是老丁家的人。

　　由于老大和兰兰的加入，割拉收打，抢种赶茬，便从容爽快了许多。不到寒露，百十担秋粮归仓入瓮，十余亩宿麦满垅现青，紧要活计全忙完了，进入冬藏休闲季。

　　老丁安咐小刘乘冬闲赶上车，拉点烧燃回去，顺便把家眷接来。高兴得小刘不知该说甚好，第二天一大早就起程回平山老家去了。

　　老丁又嘱咐老大，两个娃娃不能放了羊，由着她们的性子来，得管严实点——拾粪搂柴捡烂炭，打狗看鸡喂猪羊。你别小看这点零碎活，对老丁来说，轻闲得不能再轻闲，但对老大而言却是烦得不能再烦、难得不能再难的苦差事。不过，鉴于兄弟对他的格外抬举关照，他不能说半个不字，咬住牙也得应承下来。

　　把老大留村当"代东家"，丁老太太不大同意，老丁自己也有两手准备：能指上当然更好，万一有闪失，反正有小刘最后扛着，咋也乱不了套。鸡叫天会明，不叫天照样亮。

　　老丁把家里一切安排就绪，叫老伴顺便照看着点，便到太原府去了。

　　他在城东南角的小五台找了一个有三间烂正房的小独院租住下来。你别以为老丁富裕起来出手大方，实在他是有长久安家的打算。

　　小五台是个无人不知的地方，大有来头。明朝晋王朱㭎坐镇太原时，就在此建有大士庵和魁星阁，实为文人雅士联诗会友之处。后来老尚书王道行告老还乡，用所得嘉奖之三万两纹银，又在此大兴土木，修建私家花园。只可惜好景不长，明崇祯末年毁于兵祸。到了清代，又有一位高僧化缘至此，见其地势宏伟，颇似五台神山佛地，遂仿照圣境形制，捐建观音、文殊二菩萨仙阁，至此，此处人称小五台。后来各类人士常慕名而至，甚或聚居此处，久而久之，衍变成类似北京天桥的地方。小唱行乞、踢拳卖艺、跑马斗鸡、赌博押宝、地摊商贩、打卦算命、明妓暗娼等等，三教九流，无所不有。

丁凤章住在这小五台，真叫土包子进城，大开了"山眼"，见所未见，闻所未闻，满世界的新鲜。他此刻提醒自己，既要不为所动，又要为其所动。不为所动的，是那些吃喝嫖赌挥银吃大烟，违背门风祖训的荒唐事；为其所动的，是高人背后有高人——谈天侃地，议论督军的趣闻秘事。原先耗工出力费老劲打听不到的，如今不因不由地便钻到你的眼耳里来。

这二年，他只顾搬家弄地作务庄稼，收成不错年景好，满以为真的风调雨顺、国泰民安，来到山西天下太平了；其实不然，从清朝到民国，实是多事之秋，山西阎督军也是提着脑袋度日月。

一九一一年十月十日，南方武昌起义，革命党成功，清政权已名存实亡；很快，南北议和，又让原任朝廷内阁总理大臣的袁世凯当了大总统。紧接着，袁世凯镇压革命党，孙中山讨伐袁世凯。

在山西太原府，阎锡山紧跟革命党，于十月二十九日杀了陆巡抚，自己当了都督。袁世凯对他不承认，更不信任，视他为诡诈多端的异己，急欲亲自掌控畿右山西，遂派新巡抚张锡銮前去剿杀。阎锡山不得不北上。

时赋闲回乡的董崇仁，原是阎父的密友，在京城捐纳为候补道，与袁世凯为拜把兄弟。阎派董买通袁之女仆以获内幕消息，且不惜以父阎书堂长住北京作为人质，以解袁氏之疑。

与此同时，阎锡山又派心腹直趋上海拜会孙中山。鉴于山西锁钥南北经济、交通及其军事要冲的优势，更由于阎锡山的经略实力，孙中山竟通电袁世凯二十三次："如不承认山西为起义省份，即使南北议和破裂，在所不惜。"

软硬兼施下，袁氏就范，阎锡山得以保全，并攫得山西军政大权。一九一三年"二次革命"失败，其他省份的同盟会要员均被撤换，唯独留山西阎氏一员，并授以"同武将军"殊荣。阎即在河边老宅特建"同武将军府"门楼，借以炫耀，兼表知遇之恩。

最具讽刺意义的是，袁的亲信四处扬言：阎锡山脑后没有反骨，所以令他执掌山西军政。

阎锡山更借袁派来的巡按使金永之手，大肆滥杀"同盟会""国民党"，以扫清"独坐山西土皇帝"之障碍。

……

丁凤章恍然大悟，原来山西也悬乎！要不是在这个节骨眼上，人家们怎会把土地轻易转让给咱！不过他不后怕，更不后悔。因为压人又占地的大洋，揣在怀里，藏在炕洞，总不如变成土地这"刮金板"放心。从这一点上说，咱虽不是瞎猫碰上死耗子，也是半瞎不明的老狸猫逮了个半死不活的小老鼠。

再说小刘按照老丁教的"办法"，赶着驴车回平山接家眷，他与老哥大同中有点小异。所异之处在于，他用酥梨换的是碎煤，而不是大炭。因为拉回去不卖，是自己烧，能省几个算几个，省下的就是赚下的。

凤祥回到家里，把一年多在外的头尾经过，向二老详细禀报，还想商议将全家一起搬走。

老人先为他遇到贵人高兴："人生一世，能遇到个知交不容易，不能错过这个好时机。过了这座庙，难遇这尊神。不过三十亩地的担子不轻呀！不轻也得挺直腰挑。三十岁，正是顶天立地闹世界的好时候，不吃苦中苦，难成人上人。常言道：三年学个买卖人，一辈子教不会个庄稼人。说种地难，是因为靠天吃饭，谁也摸不透老天爷的脾气。可是只要你心眼儿灵泛，手足勤快，不偷奸躲懒，肯下苦功夫，处处有能人，行行出状元。

"庄稼人有庄稼人的经验。隔畔子种地，多听人，多看人，多问人，多求人；人家种啥咱种啥，人家咋种咱咋种。只要不误农事季节，只要不偷工省料，一年下来，到时候人家收十成，咱也少不了九成九。

"还有一条要谨记：人哄地皮，地哄人的肚皮。能耕会种，不如愣头青上粪。紧靠城里，太原府成千上万人吃喝拉撒，还愁地里上的点粪！

"说一千道一万，一定要好好跟人家学，好好给人家干，一定要知恩必报。记住老祖宗的话：若要公道，打转颠倒，吃亏是便宜。可千万不敢把咱老刘家的门风毁了！

"至于我们搬家的事，都黄土埋到脖子上的人了，还把老骨头撒到外乡？这个土窝窝不挪了。倒是还有件当紧事不能不给你说：你的头胎胎，我的大孙子，来到世上转了一遭就走了。你妈说是讨债鬼，要我说是咱欠人家的。不管咋说，得有个添坟上香的人，趁我们还看得见；要不，死了也合不上眼。"

凤祥是刘家的独苗苗、大孝子，老人的话像刀刻的一样，深深刻在他心里。他拉着比他大一岁的媳妇李白妮，给二老跪在地上磕了仨头后，带着女儿告别了家乡父老，踏上了前往太原的征程。

李白妮这位在太行山里生活了三十年的女人，第一次出远门，既有对人地两生的新家的疑虑与憧憬，更多故土难离的留恋和撇下高堂难能床前膝下行孝的愧疚。不过有眼前这一心实体壮的靠山，她便抛开了无用的思索，尽情地欣赏隆冬山岳沟壑别样的风光；见女儿睡熟，更少不了与分别年余的心上人，把原本耳鬓厮磨的悄悄话，了无避忌地高声说了出来……

大黑驴负载着一车当地产的土豆，另加一对情人，四银蹄吃力地敲打着路面上的砂石。这牲灵似也解人意——听着小两口嬉戏厮闹，便忘了数九寒天的辛苦、负重远征的乏困。

自丁凤章离开村进了城，天地都变了样，他不再整天价面朝黄土背朝天，欺负土坷垃修理地球皮了。城里人穿红戴绿、吃五喝六挣大钱，花天酒地混时光，咱为啥就不能偷闲插空捡点小钱儿？于是他便学着当牙行，做起无本求利的生意来。一开始涉足猪羊牲口交易，后来又接触到了米粮市场。费心省力，早种晚收，比务弄庄稼轻省容易得多。久而久之，他摸出点窍门，也尝到了甜头，进而想到改门风也不是大白天做好梦，空想变成实事为期不会太远了。

不过，近日叫他昼思夜想放不下的是，年过半百只收了两个女娃子，仍然无人接续香烟。虽是多年心病，早就淡漠了，可如今老伴一再磨叨，又被勾引起来。老伴想趁自己还精神，端弄个小毛孩子，也还对付得了。于是，他有事没事总要到火车站转悠转悠，四处打问，七下蔓摸，但直到快过年这事也没半点影子。所以，这个大年虽说丰盛热闹，比去年强多了，但好像是专给人家小刘两口子过的，自家两口子怎么也打不起精神来。

老丁毕竟到了知天命的年纪了，他想得开，沉得住，能自己解劝自己：万事由天定，半点由不得人。命里有，用不着急；命里没有，急也白搭。

回家过了大年，挨到十五，他再也待不住了，就又来到了小五台，买卖家还没正经开市。揣着似有若无的目的，游串了整整一天，买卖没去做，红火无心看，早早就回屋歇息了，无精打采的，又没啥事干，便一袋接一袋地抽起旱烟来。抽的是掺了一半榆叶的便宜货，自然是时燃时熄，还得时点时磕，不知抽到啥时分，倒下身子便睡了。听到鸡叫又爬起来，走到大街上才觉得该方便一下。先进大茅厕，就他一人，倒挺方便。当他从容走出来时，突然发现墙根下放了个蓝底白花粗布包袱。四下观望，并无一人。非偷非抢，绝不犯法。他解开一看，原来包着个胎毛满脸的黑瘦婴儿，拨开两腿便露出个小鸡鸡来。前后左右浑身上下检点一遍，未曾发现什么残患。一声不哭，但有气息。他原样包好，定了定神，抱在怀里，三步并作两步，连走带跑直奔郑村。

正月里，天气尚冷，老丁却只顾擦汗。

回到家里，老伴儿接过去，坐在热炕头上，一家老小围了过来。小果果伸手想抚摸婴儿的小脸蛋儿，老太太急忙制止，生怕着凉受风。

李白妮将一小碗刚熬好的面糊糊端了过来。她在筷子头上绑了个棉花骨朵，在开水里烫了几遍后，用它蘸上面糊往小嘴里送。费了好大工夫，那小人儿才张开小嘴吮吸了几口，小眼睛也眨巴着，引逗得果果一刻也不想离开。

人们像看西洋景似的，你一言我一语，都说些喜庆吉利话。

老大则不然，他问："兄弟，咋弄来的？"

"反正不是偷的抢的。"丁凤章理直气壮。

"买的？一定花了大价钱！"

"你当是白萝卜、西葫芦？"

老太太有点着急了："那是……"

老丁不得不如实交代："你也不用往邪里疑猜，茅墙根底拾下的。"

一句话把大家逗乐了。老太太不无玩笑语气："一个灰渣坡上捡，一个茅墙根下拾，你兄弟们可都真能耐！"

老丁大言不惭，自鸣得意："是老天爷送来的！"

小果果按捺不住了："奶奶，快给小弟弟起个名吧！"

"果果提醒得对，是该起个名。老天爷送来的宝贝——天宝。"

大家都说好。

"茅墙根下拾来的金娃娃——拾金。"

大家说也好。

老丁接着说道："还是天宝好。不过也只能算个小名。大名我一路就想好了。"

兰兰和果果急得都想知道："叫啥呀？"

"丁增旺。"

老大说："行。增丁添口，门庭兴旺。有讲究。"

刘凤祥两口子也附和："小天宝、丁增旺，都好！"

果果比谁都急："小天宝、丁增旺，快叫姐姐！"

一家人，尤其是丁凤章，酣醉于有了顶门撑户人，指望着小人将来能光宗耀祖，自己也能安享荣华。

九　叹小红宁死不进怡春院
　　苦练功姐妹齐入奶生堂

　　丁凤章抱回了小增旺，一大家人高兴热闹得就像过大年。眼看开春就要忙活了，老丁叫小刘套上车，把老伴儿和三个孩子一起送到小五台，认认门户，顺便叫小刘捎回满满一车大粪干。临别时，小刘想再商议一下种地的事，他觉得大哥说的"有利分享，遇灾荒他独担"不合适。老丁说，前有车后有辙，那就照原来老东家的办法来——对种。小刘说他心里明白，这是大哥对他的照顾，只是还有个老大……

　　老丁早有考虑，他说老大的吃吃喝喝、穿穿戴戴、零用花销全算他的。花甲老人，做多做少，他总算有点营干，就算帮扶；免不了有些不够周全的地方，也望小刘担待一二。一定不行，让小刘及早告他一声，他再另想办法。

　　事情就这样当面商妥，应该说，能想到的都商议好了。小刘心里轻松，浑身是劲，赶着毛驴满载希望，迎着春风和阳光，哼着河北梆子老调返回郑村去了。

　　老丁送走小刘，回到家里，再次叮咛老伴：误了啥也不要误了喂养毛娃娃，饿了不行，太饱了也不行；凉了不行，太热了也不行。当然这些事女人比男人更懂得。

　　一切安顿停当，他领上兰兰果果出了门，说是游串，实在是要她们见见世面。说来也凑巧，刚快到"怡春院"门口，便看见一个小女子哭喊着跑了出来，后面追来一个五大三粗的汉子，他一把抓住小女子的头发，捉小鸡一般往回拖。"怡春院"的老板娘迈出高门槛厉声大骂："我花了三十块现大洋，买下你时才七岁，供你吃供你穿，养活了你七年。人家金大爷叫你陪陪，是看得起你，你反倒狗脑袋不上台板，竟然还轻巧地说什么只卖艺不卖身！你小红不卖身，我喝西北风呀？往死里给我打。"

大汉抡起皮鞭抽打起来,那女子撕心裂肺地吼叫着在地上乱滚,直到喊不出声,动弹不得了大汉才罢手。那场面真叫个惨不忍睹、悲不忍闻。

可那老板娘见此情景却只是从牙缝里挤出句话来:"装死!死了倒便宜了她。给我拖回来!"

满街满院都是人,竟没有一个拉的劝的。果果吓得拉着兰兰往爷爷身后直钻。

人们走散之后,爷爷对两孙女道:"看见没有,你们不听话,就把你们也卖到这里,接客赔笑当窑姐!"

"我们听爷爷的话,我们不当窑姐!"姐妹二人急应。

丁凤章又把她们引到一处热闹地方。跑马卖解走钢绳的、打拳卖艺吞宝剑的……一个约莫四五岁的姑娘,双手捧着个小浅口笸箩,向围观的人求爷爷告奶奶地讨钱。

平时视钱如命的老丁,也动情地扔下几个制钱,而后问孙女:"好看吗?"

"好看。"

"可怜不?"

"可怜。"

"可怜事小,一不小心跌断胳膊摔断腿,捅破喉咙会要人命呀!想不想学?"

"不想。那不和要饭一样吗?"

"要饭不好,低人一等。但人总得有饭吃呀!"

"种地也能有饭吃。"

"种地是能有饭吃,可吃苦不说,还得受罪。一年四季,从早到晚,老在地里滚缠,风吹霜打,雨淋日晒,永远没个出头的日子。咱要受得苦中苦,争当人上人。"

丁凤章拉着两个越发乖巧的小丫头,边絮叨边往前走。只见在一片空旷的场地上,有个用芦席围成的好大的圆圐,五色布条纽结成彩门,上边用红黄蓝绿的菱形纸写着"深州河北梆子名伶莅并献艺",彩门旁贴着大红纸写着"赛灵芝、小笑天、盖荣福、二香水联袂合演连三本《彩楼记》[1]"。他向两个把门的后生说明自己不是来看戏,是要找班主和承事商议拜师的事的;还说自己是束鹿的,和他们是近老乡。

把门人将一老两小仔细打量一过,略一商议便放行了。老丁的两句乡音,便省

---

[1] 《彩楼记》:以前,山西梆子剧目大都以口授方式相传,传承不同,剧目名称、内容亦不尽相同。为撰写本书,编著者采访了许多相关人士,故书中剧名多依原始采访所得列出,未做统一处理。本书在附录中列出了部分剧目的别名。

下了三张戏票钱——作为落户异乡的直隶老乡，略尽地主之谊的客套话，当然是不会缺漏的。

　　进了戏场，老丁并未径直上台，他先找了几个看得入神的老者，详细打问清楚红黑生旦丑各行当、文武场九手场面以及三本六回十二出等戏文，做到了心中有数，才上了后台。长了一岁的果果，这次没有逼着爷爷请人家给她打脸化妆，老丁自然也不会顾及她。他一门心思找到承事，便攀谈起来："我打束鹿来太原二年多了，这是第一次看咱的大梆子戏，真路道，忒合文。中间站的角儿，个个称得上台柱子，功夫好，艺儿绝，还肯卖力。唱的打的拉的、流程下手、刀枪把子，配合得有条不紊，严丝合缝，真叫一颗菜，没别了！

　　"就是行头差了点。再说咱直隶家外路戏，山西人一时半会儿看不进去，场子里稀稀落落，不是因为咱的戏不好。尤其咱的女角坤伶，满宫满调，字正腔圆，来的都说好。咱这戏班是啥时候有了这女戏子的？"

　　外行装内行，现学现卖，毫不露怯，几句话把对方给打蒙了。一则避难离乡初来乍到，再则演出效果不佳，经济拮据；更因异地遇老乡，乡音亲切，再加上这老乡说得头头是道、句句在理，承事不知不觉便和他拉近了距离——怨世道，叹行业，一股脑儿倒了出来。首先肯定"近老乡"真内行，热心肠够义气。既然是自己人，那自己也就实话实说："全班不足五十号人，说好听的是演戏献艺，其实是逃避战乱，出来糊口求生。行头服饰，场面铺排，一概迁就，哪能讲究？这就只能靠演员施展浑身本事，卖尽力气弥补，能得到行家谅解，已经很不容易了。

　　"至于女艺人的缘由，说来话长。早些年，大清朝廷以至后来的民国政府，都明令禁止坤伶登台。就连正儿八经看戏也没女人的分儿。戏场也好，茶园也罢，前排不准女人上座，有钱的太太小姐，须在丫鬟陪侍下登楼望远。大胆的妇女姑娘们，溜进戏场，也只能躲到乐楼对面的庙宇前庭、左右厢廊看个模模糊糊的影子，还必须行不露脚，言不出格，笑不现齿，目不斜视，站有站相，坐有坐姿，否则便定你个伤风败俗。就算后来革命进步了，提倡男女平权，也只是剧场一分为二，中间栽上木桩，再拦系几道绳索，男左女右，任何人不得越雷池半步。

　　"咱们直隶靠近京师，效仿南方，比较开化。早先光绪帝、老佛爷在世时忒好看戏；再加上后来革命造反，管束稍微宽松了些，坤伶便越来越多。鲜灵芝、云笑天、小荣福、小香儿等名流，竟然打进京城。咱们戏班就学着人家收进女戏子登台演出了。

　　"咱的戏在榆次、太原演出，人家叫'东路戏''骨碌班'，意思是东路来的，梆子是两根又粗又长的骨碌。贬是贬，看还是要看，内行认可咱合文，多数人是来看热闹、看稀罕、看美人儿来的。

"实不相瞒你老兄，女角坤伶统占戏台，是早晚的事。看来你老兄喜爱这一行，这两小姐儿也是成材的料子，不过要学也得入山西梆子科班，咱这戏山西人不对路。听说山西梆子戏班还不收女童。张垣、包头东西二口如今已有女角，不妨去试探试探。"

"老乡见老乡，说话没商量，如有不妥之处，还请你老多多包涵。"

老丁说见外了，听了人家一番肺腑之言，实在是心存感激，难以表达，邀请人家到家做客。对方领谢盛情，只说剧务缠身，不便登门讨扰。

内行的可靠信息，使老丁犹如旱禾幸得甘霖，原来模糊的梦想好像就要变成现实——打定主意要让俩孙女吃这碗饭，走这条路。

就在这年秋天，老丁打听到太原府要在位于督军府西南不足一里之遥的猪耳朵巷内的奶生堂承办女子科班。据大清光绪《阳曲县志》记载，道光年间，这里就设置了育婴堂，专门收养哺育被弃的幼婴，类似如今的慈善机构孤儿院，后来取名奶生堂。

将仅具养活功能的育婴机构，提升为培养戏剧承继人的戏剧科班，诚属极大进步。

丁凤章即去奶生堂，找到主事人。主事人说确有此事，堂内人数不足，还有几名缺额，若要报名，尽快送来，但须经考试才能最后定夺。老丁像个得了尖尖宝的猴子，一口气蹦跶回家，简洁说了个大概。老伴儿说："打戏打戏，吃苦受罪。就怕她们耐受不了。"姐妹俩说不怕，爷爷说吃得苦中苦，能成人上人。

果果高兴地蹦跳起来，她说经常梦见自己在台上，像真的角儿一样，定的脸子，穿的戏装，台下的人直叫好。她催撵爷爷赶快走，怕去得晚了，让人家抢了先。爷爷告她说和管事人说好了，误不了，倒是怕考试选不上。

夜很长很长，丁家老小辗转反侧不知多少遍，总算熬到了鸡叫，一齐起来，梳洗光净，把过年的衣裳穿扮好，相看再三，自觉称心合意便上路了。不到半个时辰，赶到奶生堂，人家还没开门。老丁就近找了个卖老豆腐的，要了三碗，把从家里带来的锅贴泡上。他告两个孙女，不敢吃得太饱，因为一会儿人家会叫你唱呀跳呀的。

吃完饭再去，门开了，看门的说师傅正在吃饭，让他们进来稍等。老丁说主事人和他说好让去办公的地方找他，于是没有等便进去了。

主事人名叫顺保，艺名子都生，人称顺保师傅，五十上下，晋南口音，整整比老丁高一头还要多。见面客套了几句，便把他们领到练功房里，叫过俩姐妹，看看五官，摸摸四肢，走了走，唱了唱，就算考试合格了。

　　老丁问人家一天得花销多少，师傅说全由公家包了。老丁心中暗喜，真的是天上掉馅儿饼了。他把两个孩子交代给了人家，想马上回去拿行李。人家把刚才的话又复言了一遍：公家全包了，个人啥也不用拿。

　　老丁再三再四地给人家道谢，还要跪下磕头，被对方坚决拦住。看门的摇响铃声，该是要上课了。他临别时又一次叮嘱两个孙女，一定要听师傅的话；同时又请师傅严加管教，该骂就骂，该打就打，我们当家长的绝对赞成。没等对方回应，他说了声不再打扰，便告辞了。

　　犹在梦中的丁凤章，过度兴奋，竟忘了东南西北，直到过了西羊市，快要出水西门时才醒悟过来——路走反了。

　　说也奇怪，事情太过顺当如意了，人反而放不下心来。一两年来，朝夕相处，爷孙们着实处得亲了；一旦离开，心里总在惦记着。是好是歹，是福是祸，只能是走一步说一步，听天由命了。

十　娃娃班一炮打响郭家堡
　　染白喉无奈散摊大常村

　　兴办以女子为主的奶生堂戏科娃娃班，是山西梆子历史上的一个创举，但这娃娃班仍属福利院性质的慈善机构。丁凤章讨了个大便宜，但却总觉得心里不踏实。之所以让果果兰兰学戏，实是经过深谋远虑、精打细算的。把妓院排除在外，是出于起码的人性天良；不学打拳卖艺，是因为他自己没那本事，请人不易，也难以操作。相比之下，进戏班确是个好选择——自己又爱好，娃娃们只要能下功夫，还怕将来不名利双收吗？不过，最根本的一条，还是因为她们不是自己的亲生骨肉，舍得了她们受苦。

　　老丁虽说是个农民，但很有些买卖人唯利是图的意识。回家后，他总担心，生怕鸡没偷成，米也收不回来；于是揣着喜忧参半的心情，又回到奶生堂实地察看。好在他和顺保师傅似乎有一点天然的缘分，人家不嫌弃他。当然，能像他这样不同寻常地关心孩子的再没有第二个了。

　　不够宽展的操场上，成百个孩子，有八九成是女的，最大的不过十三四五，果果的年岁该是最小的，但个头排在中等。

　　师傅只有三个，除管事人顺保师傅外，还有个人称堆儿红的师傅，五短身材，其貌不扬，上台演戏顶多算个三路。再一个姓高名祥云，膀宽腰粗，络腮胡子，活像《水浒传》中的花和尚，功夫十分了得，听人传言还曾经当过西太后的保镖，不过是在西太后逃难时期。

　　人常说，一文价钱一文货。三个教师看管上成百不晓事的娃娃，要说放了羊儿，确实冤枉了人家，因为他们管得很严，手里都提着演戏用的刀皮子、枪杆子，时不时地抽打着差次孩子的屁股；可要说管理到位，那就差了八千里，更不用奢望直授亲传。

师傅们操练基本功，讲起来名堂一大堆，孩子们做起来却十分单调。踢腿、下腰、拉山膀、跑圆场、放大叉、拿大顶，完了接上喊嗓子、吊唱腔……不怨娃娃们没耐心，给了大人更嫌烦。擦汗的、尿尿的、喊困的、叫疼的、偷奸的、躲懒的、真病的、假恙的，花花样样、形形色色，叫人看了哭笑不得。

丁凤章远远地紧盯着自家的两个闺女，没有一个不听管教挨打的；尤其是果果，别看年纪数她小，可抬手动脚，一招一式，绝不在他人之下，不少时候还被叫出来给大家做示范。

再说师傅们，也很不容易，年纪都和自己相仿，一天到晚跟这一群不识好歹的猴儿们滚战在一起，又是哄，又是说，又是吆喝，又是比画，再不就是打骂，生了的气比出了的气还要多。要不人们不会说：家有三升糠，不当猴儿王！

经过旷日持久的细心观察，丁凤章怕上当受骗的疑虑打消了，进而对学戏产生了兴趣：与其干耗着，不如跟上人家练练，再不然帮着他们招呼招呼，扳腿呀、扶腰呀、提脚呀、抬臂呀，好像自己也插得上手。

经过老顺保的传教指拨，他倒真的入了点门道。师傅们夸他谢他抬举他，他在光彩兴奋之余，从内心觉得工夫没白下。反正有两个女娃子，陪着她们一起学、一起练，歇下来指教她们也不显得离谱、凉五[1]。说到底，自己还是想着心里打着的那个小九九。

转眼半年过去了，进入背词说戏、配套合排阶段。一字一字地教，一句一句地念，死记硬背，口传身授，磨时费工耗心血，学的教的说不清楚谁比谁还要难。《赐环》《花亭》《明公断》《走山》《算粮》《满床笏》《金水桥》《游花园》《回龙阁》《牧羊卷》……红黑生旦丑，各行各门说不完、学不尽的出出戏、回回戏、大本戏。文的武的，哭的笑的，要啥有啥不缺啥，越学越觉得学不尽。

丁凤章渐渐地感到唱戏是劝人一心向善。戏中，除暴安良，惩恶扬善；好人好报，恶人恶报，如若不报，时辰不到。唱戏的高兴，看戏的更高兴。戏看完了，人的心里还完不了，一个劲地惦记着好人的委屈冤枉和坏人的万恶不赦。这么看，唱戏也是个正经营干。眼下两闺女正在打基础，丝毫耽搁不得。他狠了狠心，舍弃皮革、宰杀与牙行的买卖生意——能挣的钱也不挣了，先得帮两个孩子把基本功打扎实。他整清楚了眼前和长远孰重孰轻的道理：老来好过不好过，不在自己本事多大，挣钱多少，而在后人的作为。他越思越想越觉得两个孩子学戏，关乎他和全家

---

[1] 凉五：外行之意。

人的成败兴衰。

于是，他打定主意，绝不放过这如此难遇的时机，要千方百计地挤进戏科班里。一来班里缺人手，二来他热心勤快，更因为他肯暗下苦功，接受东西来得也快；所以，没多久他就成为一名只管饭没工钱的编外助教协理——老顺保格外照顾他，管吃管住，只是没多余钱给他开份子。

丁凤章边看边学，现学现卖，用在自己孩子身上，那是天经地义十分自然的事。果果和兰兰成了长期上小灶吃偏饭的学员，自然比别的孩子进步得快，出色得多。而他自己也就从门外走进门里，像个行家里手了，只是少一些做派和风范。除了不能示范表演，无论功架程式、梆板尺寸，还是戏文故事，他都弄了个明明白白。什么四功五法、唱念做打、手眼身法步；什么四呼五音、开齐合撮、喉鼻舌齿唇；什么字正腔圆、抑扬顿挫，平板四股眼、夹板二性小流水、介板滚白二音子，三花腔、五花腔、四不像、十三咳；什么穿破不穿错、凤冠霞帔富贵衣、巾子绦带高低靴、苍髯白满小五绺，黄罗罩、龙凤伞、金瓜斧、朝天镫；什么冬练三九、夏练三伏，台上一时辰，台下十年功，救场如救火等等，他都知晓个清清楚楚。

说到戏文，就更是他的长项了。什么《花亭》《赐环》《满床笏》，什么《算粮》《走山》《双官诰》，什么《断桥》《杀院》《回荆州》，什么《骂阎》《拾金》《牧羊卷》……他不光能说出戏名儿，还能给你讲那朝那代那些人的那些事儿，甚至讲昆曲《草坡》《嫁妹》《功宴》《封王》《刺虎》也能把你给讲蒙了。

经过一年多师徒们的辛勤磨炼，培养出了果果、香香和兰兰等一批未来的女小名伶，排出了不下三天六场甚而九场的大小戏目。其中，果果、兰兰两姐妹的对儿戏《合凤裙》《七星庙》《双锁山》《杀院》《汾河湾》及《拾玉镯》等，后来更是逢场必演，成了让人交口称赞的精品。

娃娃戏经过排、连排、黑排、响排、化妆彩排，末了还邀请大班名家和票友高手前来观看，大家看了都说好，能出台了。

卖台口搞外交没有专人，老丁正好具有这方面的特长。他先近后远，带着戏折子走到哪儿撒到哪儿，真成了个十分难得的义务广告员兼推销员。

人们都嫌娃娃们奶声奶气，唱起戏来像小猫儿叫，没杀气，听着不过瘾。他说一律律的女娃娃，活泛灵俏的小美人儿，双双对对，齐齐楚楚，要啥有啥，肯卖力气；唱的都是功夫戏、生色戏，稀罕，有看头；再说哩，花个看猴儿戏[1]的钱就能看大戏，既省钱又热闹，保准你看了还想看。

---

[1] 猴儿戏：指木偶戏。

常言道：好酒不怕巷子深，招牌不好货赢人。可任凭老丁跑断腿磨破嘴，说得天花往下落，半个多月过去了，仍然八字没见一撇。正月是旺季，人家字号班台口排得满满的，老丁看得心急眼红，只得鼓起兴头，继续扑腾——拣大的，碰硬的。

榆次是府十县的领头，丁凤章走大街串小巷，粮店街、猫儿岭；城里不行到城外，城东跑完跑城西。功夫不负有心人，总算找到了门路。千户大村郭家堡，有位郭二先生，是清光绪年间举人，县里首屈一指的乡绅名士。老丁凭借甜嘴腺脸老面子，软磨硬缠，终于把这位高人说得动了心——认可也好，怜悯也罢。郭二先生先跟村里执事商议，村首说寅吃卯粮，亏空太大，虽说戏价便宜，可也是手短袖子长——掏不出来。没奈何，二先生自己包了，权当给娃娃们的一点施舍。

正月二十五，老添仓，打炮戏是《拾金》《大赐福》《黄金台》。小果果分别饰演花儿、天民、乐毅，红黑生旦丑，装谁像谁，演甚像甚，唱了个满堂红。老举人满怀激情，赋诗赞颂：

一群娇娃不知名，按板依腔唱曼声。
妙曲合当天上有，人间难得几回闻。

万人争看小女班，不到氍毹信亦难。
尤爱果果满台串，旦生丑净洵非凡。

三天演完，娃娃们拿到了象征性的工薪，这是他们有生以来第一次拿到的血汗钱，是自食其力的回报，高兴得不知如何是好。兰兰与果果的原封不动，全部交给了爷爷。爷爷说替她们存起来，抽空挑选点布料，回去让奶奶给做练功衣裳和鞋袜。

有了郭二先生的题诗，老丁就像领到了朝廷爷的圣旨，糊裱起来，随身携带，走到哪里，挂到哪里。金字招牌收到了轰动效应，于是有了连续两个多月的台口，一直排到了四月十八以后。

四月十八，徐沟大常赶大会。大常地处榆次、太谷、徐沟三县交界处，是鸡鸣三县的重镇。秦姓"三余堂"，是与乔家"在中堂"齐名的富户巨贾。不必细述其在黑河满洲里、苏杭淮扬城有多少字号钱庄，只用几句俗话，就能表白个大概："先有'复盛公'，后有包头城。""乔家能转运，全凭秦肇庆。"

自清乾隆至民国末年，秦家与乔家一直是包头"复盛公""广盛公"与汇通天下的银号"大德同""大德恒"的股东。但把姓秦的秦肇庆说成是榆次人，确系

"徐冠榆戴"了,其实秦肇庆是徐沟人。

早在光绪三十二年(1906),大常村在秦氏后人、县绅村首秦文蔚的主持下,创办了秦氏两级学堂。这是废科举之后,山西省最早创办的学堂之一,省府授予他们银质奖章,并通报表彰。

拿上郭二先生的题诗做敲门砖,游说秦文蔚,也少不了讲述孤儿们的艰辛不易等等。谈妥之后,方方面面的采买置办铺排抵垫毋庸赘述。在如此闻名遐迩的重镇大村唱戏,对于羽毛初着的奶生堂戏科班的学生来说,不能不是一场关系胜败存亡的大决战。光在方圆三五十里贴戏报、发传单,老丁就整整跑了三天三夜。

农历四月十八,大常村传统大会,原本就兴师动众,远近知名;再加上山西梆子有史以来,破天荒第一届戏科班要来献唱的消息被老丁不怕吹破天地大肆宣扬,轰动效应可想而知。

"打炮"[1]操作一切都参照郭家堡的套路来。正唱[2]照样满堂彩。挨到末场,票友内行们要看功夫戏,拣了五出折子戏《长坂坡》《哭灵堂》《天水关》《杀府》《断桥》凑成专场。结果很不理想,孩子们有的嗓子疼得够不上调,有的头晕腰酸腿困,放不成叉,扳不起朝天镫,不过总算凑合下来了。

回到下处,一多半人不吃饭,躺下就起不来了。二日天明,就有喘不上气来窒息而死的。请郎中,唤先生,吃药扎针都无济于事。三天下来,连村里带戏班竟有百十号儿童被夺去了性命。哭的哭,闹的闹,人心惶惶,鬼叫神嚎,乱得不成体统。这下惊动了县衙省府,派要员亲临现场,又是烧香,又是祭奠,又是求神,又是许愿。随后下令立即将尸首掘地深埋,同时明令禁止女伶登台演戏。理由是有伤风化,触犯天条,人神共愤,世道不容。

村人议论纷纷,有的说从古到今也没见过女人唱戏;有的接着说怪不得大不吉利,冲了神灵;还有的说戏拣坏了——"长、哭、天、杀、断""天、杀、哭、断、长"!

上述种种,十足的封建迷信,愚昧无知,捕风捉影,歪理邪说。其实那不过是一种流行性瘟疫,当时叫"喉咙症",实乃急性传染病"白喉"。如若放在今天,怎能造成那样天倾地陷惨绝人寰的悲剧!

果果和兰兰存活了下来,实在是不幸中的万幸。然而,明日何去何从?她们的命运是好是歹?就连能谋会算擅钻营的丁凤章也束手无策了,他一时心神恍惚没了主意。

---

[1] 打炮:意为戏班第一次在外地演出时,要演出拿手好戏,以向观众展示实力。
[2] 正唱:指唱三天戏的正中间一天的演唱。

十一　太平红孙竹林登门执教
　　　泰山庙演小戏生旦全能

　　大常遭遇瘟疫之灾，丁凤章于慌乱中强自振作，火速逃离惨不忍睹的现场，一路惊魂失魄，匆匆忙忙回到小五台。谁料难心事尽往一处凑，老大在郑村与小刘相处艰难，争执日甚，后竟不辞而别。其实，主要是因为他多年独自一人随便懒散惯了，现在不能想咋就咋，就嫌"空头司令没实权"，说他兄弟哄骗了他，送了个假人情。这倒在老丁预料之中，小刘也没因此影响大局，该咋干还咋干。

　　再说小增旺，先天不足，后天缺奶，营养不良，身瘦体弱，小病不断，羊角风发作起来，口吐白沫，两眼直翻，手脚乱抖，浑身抽搐。请医生唤郎中，钱花了无数，终不见效。

　　重重打击，犹如黑云压顶，老丁六神无主，哭天不应，祈地无门。老伴更是听瘟色变，立马扯红布买红线做红兜肚，辫红裤带，给兰兰果果穿扎起来；再三再四催撵他去北十方求神保佑——她听人说阎督军还常去算卦烧香呢！

　　北十方寺位于城北程家村（现今胜利东街程家村东巷北十方小区），建于明朝万历年间，原本是一座小小观音堂，因求祈子女者甚众，"祷子辄应"，名望日隆，遂扩建而成气势宏伟之佛门庙宇——净因禅院。后晋王亲往祭拜祈祷，并题写"千寿胜境"匾额，因之改称"千寿寺"。

　　大清以降，再兴土木，修建高十三丈的七级浮屠，更召万民，香火不断，缭绕氤氲。光绪末年，因汾河水患，一度颓废。民国以来，阎锡山为了坐稳山西的"皇位"，于大兴实业、扩充军备的同时，又复修寺院，组织僧学院，进行佛学研究，并亲临视察，与住持商定崇佛阐经事宜。

　　得病乱求医，宁叫碰了也别误了。老丁一路所见情形确实如老伴说的，来北十方的大官小吏、庶民百姓真是络绎不绝。

老丁与善男信女们在庙外见山门一开，即入院内。众人皆争先恐后请香上供，而老丁却与人迥异：整整观察旁听了一天，到傍晚日落黄昏时分，待要关门，他才请了三炷香，最后长跪不起，哀泣欲绝。

住持净业法师见他与众不同，且悲伤过度，不得不将他亲扶起来，赐座问询根由。

老丁把他从直隶到山西，一直心想事成、百般如意，直至最近在大常遭遇瘟灾的前前后后叙述一遍，恳求长老指点迷津。

净业法师道行极深，洞察秋毫。他告老丁：求签卜卦，行否两可，重在诚心。而后循循善诱，谆谆告诫一番：

"施主只知一己，不谙大势。洋人入侵，清廷数尽。革命四起，天下大乱。山西形胜，一隅偏安。督府阎氏，忍辱求存，四出讨好，煞费心机。为得袁氏信任，不惜以父作押，并三电劝进。一九一五年十二月十二日袁宣布承认帝制，后封阎为一等侯。然防范不减，派巡按金永严加监视。

"一九一五年六月六日，坐了八十三天金銮宝座的洪宪皇帝一命呜呼，阎金反目成仇，将军府前鼓楼街、巡按使署皇华馆，机枪大炮一触即发。全城百姓如临大敌，惶恐终日。所幸金自知靠山已倒，阎也稍作退让，未酿大祸，虚惊一场。

"袁世凯气郁丧命，总理段祺瑞、总统黎元洪争权夺利，导致'府院之争'。阎锡山亲赴北京，拜段氏为师，同时又多方疏通，贿赂黎氏，总算保得山西军政大权。

"后院方才安顿，前沿又起战火。陕西郭坚看中山西这块肥肉，必欲吞食。带兵偷渡黄河袭击运城与新绛，并以打油诗鼓动兵匪：'刀杀短命鬼，火烧运气低。不为坐朝廷，只为抢东西。'

"与此同时，驻扎在河南的冯玉祥国民军也扬言攻打山西。口号竟然是：'北地胭脂大同女，金银窝子府十县。'

"阎氏不得不四处征兵，扩军应战，抵御外侵，'保境安民'。不知施主是否听闻民间谣传：阎是乌龟转世，命定其有土皇帝、小朝廷的气数。老衲私下说与你知，万万不可泄露天机。"

长老越说越玄，其语似深不可测。其实那谣传，是对阎锡山凭借山西表里山河的地形优势，龟缩一隅，顽固自守的讽刺；而长老却借机大肆宣扬、阿谀奉承，其原因是老阎既是他踏破铁鞋难以寻觅的巨无霸大施主，也是绝无仅有、能产生轰动效应的极好的广告代言人。说到底，长老无非是为了香火盈门。

长老稍作停顿，看了看老丁的相貌继续说道："人有流年，事有运气。大难过后，运转时来。德缘广结，佛田广种，人有仁心，善有善报。

"老衲看施主来日暂无凶煞之兆，若有不虞，贫僧定当一力匡济。"

住持再三请丁凤章一起进斋。推辞不得，他便喝了一碗稠粥，咬咬牙供出三块白洋。平时爱讨便宜的他，此时倒也不觉心疼地大方起来。

净业法师也回敬他不少高香，叮嘱一心向善，心诚则灵。

老丁回家给老伴说了个大概，并告她莫忘每逢初一、十五，一定要晨昏三叩首，早晚一炉香。

第二天，老丁还不放心，又去地摊找了位看似走红的相面大师，给自己算了一命。人家一见他就说他流年不顺，遇到点小麻烦。他说是大麻烦，实话全说，像口袋倒南瓜。这样一来，对方有了底，便话出有据，进退裕如了。

先生说他路子走得对。人生一世，哪有不遇点大灾小难的？你不看唐僧取经，一路行善，不也还遭遇九九八十一难嘛。人常言：大难不死，必有后福。你已经扛过来了，善心不可动摇。只是你的住地不吉，虽说在小五台，可紧挨斗鸡场，你家小孙女又属鸡，该当及早远离是非之地。

老丁问该搬到何处为好。

相师说正西不远数百步纯阳宫附近"三圣庵"，到那里居住日后定会遇高人指点，贵客扶撑。

一番话说得老丁心中十分熨帖，于是掏出一个白洋随喜纳坛。

大师见钱眼开，随即说道："积善之家，必有余庆。日后如有不能自解之事，本大师定当尽心竭力，为有缘之士祈福禳灾。"

吃了定心丸的老丁，又求相师择了黄道吉日，把家搬到了"三圣庵"——原来此处原有一座尼姑道场，供奉西方三圣：阿弥陀佛、观世音和大势至菩萨。这里东靠海子边，西邻开化寺，北面不远就是泰山庙；对老丁来说真是既吉利又方便的不二之选。

老丁找到尚闲着的顺保师傅，表明了自己一不做二不休的决心：娃娃们已有基础，托他再请位全能高手。因而这之后有了孙竹林的干系。

孙竹林，光绪十五年（1889）生，属牛。榆次什贴人，本是小康农家出身，但他自幼就跟着戏班跑，非要唱戏不可。人家不收他，他竟然瞒着家里自卖本身，后又转卖到平遥尹二少小祝丰园娃娃班。该班资财雄厚、势大气粗，人称"十万班"，实属当时晋中一带首屈一指的高档字号科班。

深得王庆娃师傅等名家真传的孙竹林，扮相虽欠富态，但功底扎实，嗓音浑厚，梆板清楚，节奏稳准。登台不久，赢得"太平红"的赞誉。后在张家口搭班，因酒足饭饱临时上戏，年轻无知不懂保护，把嗓子蹶了。无奈改学京剧武行，并坚持喊练，同时苦学戏文。幸好嗓音慢慢恢复，使得他文武兼备，六场通透。孙竹林演出认真，做派规矩，咬字清，韵味浓，且能通过唱念抒发情感，刻画人物。

鉴于上述情况，住戏班算不上一流，拉二套又嫌屈价，故他多应聘施教，授艺收徒。因众人争相邀请，人气颇旺，好在他与顺保师傅交情不薄，加之老丁的诚心实意、待遇优厚，人情加重金，孙竹林就答应了。

孙竹林、老顺保连上老丁，两个半师傅，只带两个孩子，原来的奶生堂无法与之相比。首先还是在基本功上下功夫。课程表严格规定：太阳出山前，先去海子边喊嗓子，接着压腿、扳腿、撕腿、踢腿、跑圆场、拉山膀……

吃过早饭，吊起腿来先练念白，后吊唱。之后是毯子功，却没有毯子，几条破麻袋铺在黄土地上，翻筋斗、拿大顶、踢飞脚、拧旋子、扫堂腿、乌龙绞柱，还踩跷子。孩子们都缠过足，尽管入奶生堂时放开了，可仍是半解放的"胡萝卜"。本身立足行步就不稳当，接受这般高难度训练，其艰难困苦、酸劳疲惫可想而知。一旦做不到位，师傅的刀皮子在前，爷爷的烟锅子随后。

教唱腔，孙竹林先讲基本板式：平板四股眼，一板三眼，中眼插口，落在板上；夹板是一板一眼，眼上起，板上落；二性、流水有板没眼，插嘴不能碰在木头上，收句不能落在黑处（不在木头上）。只有唱黑的例外，并且应该有落在黑处的句子，之所以叫唱黑的，原因即在于此。补回回也叫补过门，一般都叫"吃甚补甚"（即唱什么音韵补什么曲谱）。如遇唱黑则须先补齐至红处，再奏全过门。不光知道板眼红黑，还得记准快慢轻重，尤其是开花耍彩的拔嚎子。这只是行理常识，具体的一字一句，必须跟着师傅来。把手放在师傅腿上，手心朝上，一板一眼数着指头，用梆子在你手上敲打。唱对轻轻一点，唱错了重重一击。唱得越离谱，打得越手重。一段戏唱下来，手就红肿起来，左手换成右手，哪管你手肿得像发面饼子，拿不起筷子来！

下午说戏文，念道白，要求更严。千斤道白四两唱，内容全靠它交代。板楗子的刑罚，更叫你吃不消。咬字不清，发音不准，嘴皮子没力，腮帮子乏劲，重来再念。若还不对，就用鼓楗子往你人中上扎，嘴唇上抽；再不然就叫你张开嘴，往相应的部位捅戳。反复两次还念不对，师傅的火气上来，下手就失去了准星，戳破牙床、上下颚，血流不止并不稀罕。吃不下饭，喝不下水，爷爷没好气，奶奶也不会安慰哄逗一言半语，只会说：打戏打戏，不打不记。打你为了啥？还不全是为了你！

到了晚上，端饭、洗碗、提茶壶、备夜壶无须说起。睡觉也不能耽误练功：各人睡各人的小笸篮，扳起一条腿，垫在头下当枕头，翻身时扳换另一条腿。

果果从小就十分机灵，她明白这是她唯一的出路。窑姐儿的惨叫警钟长鸣，她时刻警告自己：绝不让怠惰吞噬青春。无情的现实，催熟稚嫩的心灵，点燃智慧的火花，她已深深感到想安身立命、出人头地，吃苦受罪是必须的、应该的，是谁也替不了的！

把戏唱好就是她给自己的最好的安慰。她不叫苦不流泪，恨不能把师傅的都化成自己的。不久，她演唱起来就得心应手了，她渐渐地尝到了辛苦换来的甘甜。

老丁不惜工本大投资，为的是快成才、成大才，半年后就找地方"唱票儿"了。"唱票儿"也叫"闹票儿"。晋中、太原人酷爱山西梆子，有事没事总好哼哼两句；尤其戏迷，经多见广，耳濡目染，不少传统戏唱词唱段唱腔，以至全部科白做派，一概了然于胸。闲暇无事，逢时过节，凑在一处，模仿戏班过把瘾，自拉自打自唱自演自娱自乐，所以又叫"自乐班"。

闹票儿也有高水平的，太原"同济馆""聚文会"，太谷"三多堂"等等，底班厚实，声势宏大，高手云集，不少名家都常来助兴，切磋技艺，以票会友。

"同济馆"是果果兰兰常去的地方。她俩一般都唱自己排好的对儿戏：《赐环》《花亭》《游花园》《七星庙》《双锁山》，也唱《教子》《斩黄袍》《明公断》《走雪山》等多人回戏大本戏。

人们一听是"太平红"孙竹林、"子都生"老顺保的亲传弟子，当然不敢小瞧。你是专职的还是业余的，内行一看便知，大家异口同声都说姐俩是唱戏的好料子。

师傅工夫没白下，老丁的钱也收到了回报。但闹票儿总不是长久之计，于是，老丁领上先去开化寺地摊，后到泰山庙席棚卖小唱。因为是女娃娃唱山西梆子，没听说过，看稀罕，来的人不少；看了都说小闺女比大男人装扮受看得多，尤其是演《游花园》时。《合凤裙》是《游花园》的本戏，说的是明代洛阳梅廷选，自幼与梁员外之女兰英订婚，后家道中落，寄居梁府读书。元宵节，梅廷选上街观灯。兰英偕妹凤英花园游玩，见书馆无人，遂入内嬉戏。凤英穿戴上廷选衣帽，与姐姐戏演张生莺莺，后二人困乏同卧梅床。梁员外归来，隔窗望见男女同眠，怒赶廷选出府，立逼兰英自尽。凤英提议让姐姐女扮男装出逃，并扯下半幅凤裙，以作日后相认凭证。后皇王开选，兰英、廷选同登金榜，生出诸多误会，直至凤英、兰英凤裙相合，方使误会消除，情人团聚。

果果扮演妹妹凤英，戴巾子穿道袍，反串小生，与姐姐成为一对恋人。调情嬉戏、含情脉脉而不流于低俗，潇洒飘逸却显少女娇柔。人们看惯了"三盏灯""毛毛旦""一点红"等男旦，纵然他们技艺精湛，但从年龄到性别，哪能与女娃娃们相比。姐妹们的天然优势——活泼天真、娇柔妩媚、楚楚动人，确让观众大开眼界、大饱眼福，演出时常常掌声不断、喝彩连连。

在演《教子》时，则更有出人意料的发挥。《教子》系《双官诰》中一折。故事情节大致为：明代，薛子约外出后被误传丧命，正室二房张、刘两氏改嫁离家，独有三娘王春娥立志守节，与家人薛保含辛茹苦抚养幼子英哥。一日，英哥在书塾为同窗所讥无有亲母，负气早归。三娘晓之以理、动之以情，苦口相劝，英哥却反唇相讥。三娘无奈，断机布以绝亲情。薛保借古鉴今一番开导哀求，终使母子和好，共同立志欲振兴门楣。

果果扮演娃娃生小英哥，当演到头顶家法跪地，甘愿受娘责罚时，本没携带道具，虚拟比示一下，完全可以表明，地摊观众绝不苛求；可她偏偏即兴发挥，不慌不忙把面前观众手中的折扇借了过来，顶在头上。引逗得大家哄堂大笑，鼓掌不止。她的机敏大方、顽皮天真，与剧中英哥如出一辙，真正演出了一场称得上情理之中、意料之外的"戏中戏"。

再如果果扮演《狐狸缘》中的小丑，鼻梁上扑朵白粉，头上顶个朝天小辫，身上穿条又肥又短的大红背带裤，手中提把与她身材不太相符的大茶壶，不说不唱，上得台来往那儿一个亮相，就叫人忍俊不禁，碰头彩便少不了。

还有果果扮演的《拾金》中的花儿乞丐，蓬头垢面，衣着褴褛，拾到金子后狂喜，似情不自禁、身不由己。果果能随意演唱出形形色色的戏中人物，声情并茂、惟妙惟肖，真叫装甚像甚，仿谁像谁。看得人们赏心悦目，赞不绝口。外行看热闹，说"绝——了"，花小钱看的和唱大戏差不许多，十分划算。内行则夸："有板有眼，有招有式，有模有样，要文有文，要武有武，规规矩矩，大大方方，把你引逗得想不叫好也难。""真是地地道道的戏子儿好苗苗，山西梆子出了个女唱红的，满口盖天红，比真的也好听，调韵更婉转，绝无吐字不清的毛病。实在是咱祖师老郎爷的造化！"

说起《拾金》这出戏还真有些故事。《拾金》是老艺人刘喜则教给果果的，果果在泰山庙地摊就唱红了，之后，成为她的代表剧目。后来到日伪时期，刘喜则染上吃料子（海洛因）的嗜好，赊欠下烟馆近百大洋偿还不了，债主往死整治他，被逼无奈，他只得说出与现在的果果日后的丁果仙的师徒关系。

债主押着刘喜则找到新化剧院后台，丁果仙刚好演完《空城计》，刘喜则便跪地求救。丁果仙急忙搀起他，自己连妆也没顾及卸，问明原因即叫来账房先生，让从自己账上支付。

债主打发走了,刘喜则再次磕头不止。丁果仙边扶边说:"该谢的是我!一日为师,终身为父。咱一起回天地坛吧。你把大烟改掉,能做甚做点甚,也好安度晚年。"

然而,烟瘾难戒的刘师傅没过几天就不辞而别了。丁果仙托人到处打听,始终未能得知下落,这成为她一大遗憾。

从开化寺打地摊干板清唱,到泰山庙席棚化妆登台表演,有时也应邀走街串户唱堂会,暑去寒来,几经历练,广见世面,果果兰兰在不断的实践中成长起来,同时,老丁也挣得为数可观的钱。

师傅们的心血见到了成效,也没耽误他们外出搭班教徒,可谓名利双收。

彻底甩脱大常瘟灾阴影,看到曙光的老丁,绝不以此为满足,他急切地憧憬着来日的体面辉煌与荣华富贵。

第二章 小荷初露

一　海子边随游行羡慕学子
　　受责罚远政治不受牵连

　　开化寺打地摊，泰山庙钻席棚，小唱卖艺三年多来，果果兰兰得到了众人的认可与赞扬，可以登台演唱了。可是，该到哪里搭班，该搭谁的班？老丁一时拿不定主意，诚须慎重打问斟酌一番。于是孙竹林领上丁凤章到府南、晋中考察去了。

　　姐妹俩留在家里，与往常一样，按时练功喊嗓子，对戏拉套路。自觉自律自管，未曾一日间断。

　　一天，在海子边练完功，姐妹二人刚要往回走，但见男男女女大大小小的学生，手里举着红红绿绿的三角小彩旗，三个一群五个一伙，络绎不绝向广场涌来。有的散传单，有的喊口号，还有个男生站在高台上讲演，说什么"纪念五四运动，发扬革命精神，反对矿产私有，要求矿产归公……"，说着说着还将指头咬破，当众写下血书。围观的人里三层外三层，跟上一起喊口号，一起游行。

　　兰兰果果挤进人群中看了一阵。游行开始了，兰兰就拉上果果要回家，果果偏要一起游行，看看热闹。她说去年就碰上"五四游行"，爷爷和师傅不让跟上走，今年他们都不在，正好和人们一起，跟上学生们转悠转悠，看看红火，说啥也不能再错过这难得的机会。兰兰拗不过果果，只好一起加入游行的行列。

　　游行队伍浩浩荡荡、轰轰烈烈，振臂高呼，震天动地，宛若汹涌澎湃的洪流，而她姐妹俩倒像不显眼的小小浪花。

　　五四运动是中国人民反帝反封建的爱国运动。起因是，第一次世界大战结束后，一九一九年一月，美英法等战胜国在巴黎举行和会，拟订对德和约，他们漠视中国主权和战胜国的地位，竟决定让日本继承战前德国在我国山东的特权，而北洋政府竟然准备在此和约上签字。消息传来，北京数千学生于五月四日，聚集天安门广场，高喊"外争主权，内除国贼""誓死力争，还我青岛""打倒卖国贼"等口号，走上街头游行示威，遭到军警镇压、逮捕。全北京学生抗议，通电全国，各地纷纷声援，学生罢课，工人罢工，商人罢市。

消息传到山西，太原府十一个大中学校，很快成立学生会，并派代表到山西大学聚议。

五月七日，各校学生六七千人，在海子边广场召开大会，群情激昂，气壮山河，高呼"取消二十一条不平等条约""坚决惩办卖国贼""大力支援北京学生的爱国行动"等口号，继而走向大街小巷。

天津学生联合会派代表来太原，宣传爱国主张，商讨统一行动。于是各校学生立即召开联席会议，成立大中学校学生联合会，决定罢课。山西大学还组织起"义勇团"，维持秩序，防止反动分子破坏捣乱；"讲演团"则走向大街小巷讲演宣传……有的学生把自己戴的日制帽子摘下，当众撕成碎片；有的学生给狗戴上东洋帽，穿上东洋服，让它坐上东洋车。

工商界举行罢市，与学生一道向省议会、督军署请愿，强烈要求"废除卖国条约"，查封并焚烧日货。

阎锡山则采取软硬兼施手段，先派出皮带队、矛子队、盒子炮队镇压，无效后，不得不让赵戴文等出面接见学生，并答应学生要求：转呈请愿书，查焚日货。不过，烧了的都是些不值钱的东西。但他同时又指使军警不准学生呼喊"打倒日本帝国主义"的口号，并命令各校校长复课，先复者记大功。

学生未因阎锡山的镇压而屈服，继续罢课游行，进而到各县宣传发动。他们派代表赴上海参加全国学生联合会成立大会，到北京与直隶、山东、湖北等省的各大城市学生一起参加游行，迫使北洋军阀政府接受请愿，释放被捕学生，解除卖国贼曹汝霖、陆宗舆、章宗祥等的职务，拒绝在《巴黎和约》上签字。

去年五四未能参加，后来听了人们的传言议论，兰兰果果不免在激动之余感到有些遗憾。今年又赶上了，怎能再次错过？她们跟着游行队伍向督军府出发，路过家门也不入。一路上也举着争矿标语小旗，听讲演，喊口号，随行的男男女女老老少少越来越多。

督军府门口被围观的人堵得水泄不通，学生们将口号喊得震天动地，他们的行动得到了省议会、农会、教育会、总商会、自治促进会以及报界协会与群众团体的一致支持和大力声援。阎锡山不得不答应学生的要求，至此游行队伍方才解散。

此时兰兰果果才发觉晌午已过，早饭还没吃，肚子里咕噜不止，她们忍着饥饿，一溜风地跑回家里。一步跨进厨房，看见黄澄澄的煮窝窝和红扑扑的剔尖摆放在火台上，拿起碗筷正要盛饭，奶奶提着长杆铜烟袋走了进来："你们还晓得回来，还记得吃饭？整整一前晌，到哪儿刮野风去了？"

姐妹俩被问得怔住了。她们心里十分明白，不说不行，说了也不行。

"说！到底做啥去来？"

"看游行。"

"挣下钱了？"

"没有。"

"没挣下钱，也没挣下饭，那是挣下本事了。有本事就别回来，回来做甚？"老太太气不打一处来，烟袋锅子便在两人身上敲打起来，"门神走了，捉不住鬼了，还要反了你们呢！"

姐妹俩没躲也没哭，倒是老太太有点支撑不住。果果见状急忙拉了兰兰，把奶奶搀扶着坐在炕上，好久好久老太太才算缓过气来。

说也凑巧，丁凤章与孙竹林正这时回来了。看到如此场面，丁凤章的满脸春风顿然变成阴云，以为老伴儿出了什么意外，急忙走近安抚。一经追问，得知事情原委，就先让老伴回屋歇息。临出门时老伴气狠狠撂下话来："翅膀还没硬，倒服调不服管！你趁早把她们给我打发得远远的。我怄不起这口气，我还想多活几天哩！"

老丁让孙师傅也早点歇着，几天来奔波不停，一路上日晒焦渴，实在累了。

小厨房内就剩下一老俩小。面对此预料之外的突然事故，老丁经过周密的思谋，想出了比较妥当的处理办法。

"是有人强逼你们去的？"

"不是。"

"是有人骗你们去的？"

"不是。"

"那是你们自己要去的？"

"嗯。"

"谁先要去的？"

"是我。""是我。"俩姐妹争着说。

"到底是谁？说实话！"

"是我先要去的！姐姐要我回家，我说去年就想看热闹，爷爷师傅不让去。今年正赶上你们都不在，我就拉上姐姐去了。爷爷要打就打我吧！"

"好。敢说实话，敢作敢当。不过今天不打，换换花样，让你坐坐禁闭。"说着就把果果引进小库房内,朝外上了锁。然后他让兰兰热了剩饭吃,并暗示她给果果偷偷送点进去。

丁凤章与孙竹林出外考察了好些日子,本来计划歇缓两天再领上姐妹俩拜访三儿生,可一有了这新想法,他坐不住了。征得孙竹林同意,备齐礼物,第二天一早,爷孙师徒就向清源孟封出发,投奔三儿生去了。

学生们的斗争并没有因姐俩的缺席而作罢。面对汹涌澎湃的革命洪流,阎锡山深谙堵不如疏的道理,他指令省议会先后召开六次会议,专门研究对付策略:通过决议组织成立"晋矿公有临时管理处",并即致电北京北洋政府农商部,转达《矿业条例》(全称《中华民国矿业条例》)在晋不能生效之意。

在五四运动的影响下,山西学生会领导的有组织有计划争取矿产归公的革命行动,不畏强暴,旷日持久,终于取得成功。这是五四运动广泛深入开展的结果,是山西人民反帝反封建、反对官僚资本主义革命斗争的胜利。

二　逢好运中路梆子如春笋
　　投名师小生泰斗愿搭桥

　　孙竹林领着丁凤章到府南晋中一带，察看中路梆子戏班，实属不易。清末民初，正值山西梆子成熟兴盛时期。群雄并峙，名家辈出。须生如说书、拉面、灌肠、骆驼、十二、十三、十四、鹿儿红等，旦角如北田、内道、天贵、蛮亲、端亲、瓜子仁仁、黄芽韭等，花脸如夺元、四锁、秦英、彦章、牛头、狮子黑、一声雷、二百五等，小生如十七、三儿、秋富、奴子生、关小儿等，丑行如福义、爱成丑等，场面如狗蛮、万金等。戏曲班社亦如雨后春笋般层出不穷。著名的如聚、庆、鸿、锦、坤、乾、小、荣、二锦、喜盛、自诚、万福等梨园。

　　丁凤章与孙竹林经过多方观察、全面权衡，选中了荣梨园。这年是民国十年（1921），果果十三岁了。

　　荣梨园号称"晋中第一班"，班主是刘五华，但班内一应事务皆托三儿生总管。

　　三儿生，小名三儿，大名孟珍卿，太原县武家庄人。清同治十一年（1871）出生，属羊，幼年入科徐沟县清源乡东罗村小梨园娃娃班，师承寇准生。出科后入锦梨园，颇得丑毛生真传，崭露头角，人称三儿生。班主杨成斋大少爷十分器重他，任其为承事，他将戏班管理得大有起色。后来荣梨园将其请来，仍任其为承事。

　　时值芒种前后，农事大忙，演出淡季，三儿生正在下处赋闲。

　　孙竹林、丁凤章领着兰兰果果，天闪亮即上路，整整走了一天，到了孟封已是傍晚黄昏。宾主已是熟人，省了许多客套。三儿生快人快语："不是说好过几天才来嘛，怎么……"

　　孙竹林："咳，老哥着急呀！"

丁凤章："不是我着急，是世道变得快。太原正闹什么五四，是非之地，唉，不放心！"说着将礼物放在炕上。

三儿生一瞅，反倒不高兴了："来就来吧，还带这……这算啥事情吗？"

孙竹林："就算是个见面礼吧！"

丁凤章："太不成敬意了。"

三儿生："竹林老弟，咱俩虽不是同馆，可也相识多年，这也太见外了！"

孙竹林："大哥说得没错。可这是人家丁老板……"

丁凤章："什么老板，庄稼老粗、小小生意人，实在寒碜。孟老板不要嫌弃，收下吧！"

果果见此局面，眼珠一转，拉了姐姐一起跪在三儿生面前："师大爷，你老收下吧！"

孙竹林冲三儿生一笑："你看，不收能行？"

"你不收，我们就不起。"姐妹俩边叩头边说。

"好，我收下了。快快起来。"三儿生说着，顺手将二人拉了起来。

孙竹林拿出礼品像展销一样数说开了："鱼肚白的麻纱好做汗衫，豆青色的府绸是块做单裤的好料子。这两瓶老白汾，孟大哥你平素就好圪抿两盅。四色礼，老规矩，价钱不高，情意不浅呀！"

三儿生："想得周到，我高兴，情我领了！"

此时，果果把丁凤章拉到一边小声问道："爷爷，咱们不是要见盖天红吗？"

丁凤章急止："看你这孩子，该问的不问，不该问的瞎问。"

三儿生："哎，有啥不该问的！闺女想见盖天红？"

孙竹林赶忙插话："娃娃家晓得个啥？"

三儿生："原本盖天红是在这里，真不凑巧，前天刚叫锦梨园请走。"

丁凤章："咱就是要找三儿生孟老板。"

孙竹林："孟老板是大家公认的山西梆子'小生泰斗'，人家住过的字号班，搭档过的名角儿，三天也给你叨拉不完。教出的徒弟奴子生、南路生、截江生、明亮生、子都生、秋富生等等，哪一个不是唱头套的好样的？能在三大爷手下学艺，算是你娃娃的福气。"

丁凤章："孟老板别见怪，娃娃小不懂事。快叫三大爷。"

"三大爷！"果果边喊边跪地叩头，"你打我吧！"

"快快起来！"三儿生双手把果果拉起，"你问得对，盖天红是高人，以后会见着的。"

丁凤章拉了拉孙竹林的衣角，暗示该吃饭了。

孙竹林："孟老哥，时辰不早了，咱们出去随便吃点？"

三儿生："下处怕没饭了，就是有也不成招待。你们别看这孟封，地方不大，名气可不小。这里是三家分晋后魏国孟氏的封邑。这里的特产孟封饼，是康熙皇帝、乾隆爷下江南，慈禧太后、光绪帝逃难西京路过打尖，离不了的头等贡品。"

丁凤章："真了不起。咱今日也好好开开眼，饱饱口福。"

主宾们谈笑风生，领着果果兰兰上街，观光品尝名优美食去了。

三 有幸入荣梨园名流荟萃
　　小步云喜结识众位坤伶

　　三儿生作东道主，招待孙竹林与丁凤章，尝了贡点孟封饼，吃了名菜过油肉，喝了名酒老白汾。回到下处已是二更以后，然而大家兴致不减，全无睡意，更有正事相谈。二日天明三儿生要向班主推荐俩小姐妹，得有个像样的官名，不能再叫卖小唱的兰兰、果果了。

　　孙竹林与丁凤章胸有成竹，果果早有追慕"盖天红"之意，故取名丁步云，兰兰随称丁巧云。对此，三儿生欣然首肯。接下来确定应工行当，其实起名时已考虑到了，果果原来主攻旦角，但实践中逐渐表现出须生优势。三儿生听了喷口，看了身段，甚觉自有男相天赋。丁凤章更有不同常人的谋划，他说至今还没见山西梆子有女唱红的。物以稀为贵，艺术更讲究新奇。

　　听到师傅和爷爷议论，果果憋不住了："我早就想改胡子生，演旦角羞羞答答、扭扭捏捏，憋屈死人了！"

　　丁巧云自不必说，还演原来的旦行。

　　二日天明，全班人在五间正房里靠墙坐得满满当当，正准备趁闲恢复旧戏，三儿生领着客人迈进门槛，立时引来了一双双猎奇的目光。他先向主事人做了简单介绍，因为预先已打过招呼，所以主事人不费周折答应下来。之后按规矩两姐妹先祭拜老郎神、大师哥，再挨个向众名家作揖致意。走完所有程序，丁凤章与孙竹林说了一些"拜托严加管教"之类的套话便告辞了。他满以为住了这堂堂的字号班，又有大名家的一力周旋，姐妹们的出头之日到了。

　　其实不然。荣梨园号称中路梆子第一班，它的前身是民国五年（1916）、六年（1917），清源、徐沟两县粮店老板刘大昌与陈玉，托靠三儿生开设的娃娃班——小荣梨园。然而时运不佳,第二年班里便传染天花,大半艺童夭折,班子一蹶不振,不得已转手给了刘臭三。

刘臭三实乃地痞,开当铺,闹磨坊,还倒卖大烟土、料面子和机器泡泡、小金丹[1]。他接下小荣梨园,去掉小字,不惜重金远至东西二口挖回名角,使荣梨园行当齐全,双梁双柱。文武场面不愧一流:满堂师傅鼓板,万金子胡胡,油汉的铙钹,润生儿的马锣,公认绝配。江南采制戏装,绦带靴帽、巾袍蟒靠[2]、椅披桌裙、彩帘画幕,应有尽有,焕然一新。演出剧目,三本六回十二出,"文武昆乱不挡",号称"中路第一班"。看似狂妄,实则不虚。只可惜是好景不长,民国九年(1920)刘臭三因贩毒被处决,往日艺童瘟殃的阴霾尚未散去,而今洋枪毙主更如乌云压顶。荣梨园到了刘臭三之弟刘五华手中时,已是日薄西山了。

刘五华,绰号"豆腐四",实与豆腐无实质干系,皆因其生性软弱、概无主见,提不起事来,全然一个稀里糊涂的烂好人。班子全凭三儿生、马来元等承事、掌班支撑。

戏班辉煌其外,内实危急,外人不明底细,孙竹林、丁凤章亦然。他们为表象所惑,囿于自己的理想主义,故而觉得天时地利人和齐占,千载难逢。

作为承事的三儿生,于公于私当然不便"家丑外扬、自毁长城"。

对于小姐妹来说,虽非"三月登台的强出窝"[3],但在泰山庙叫得再红,也是个卖小唱、打地摊、钻席洞的,与走明场卖牌有天渊之别。

再说她们的师父孙竹林,原来嗓子好时,也唱红过几天,人称太平红;可后来倒仓了,尽管拼死命练苦功学戏文,授德传艺少人能敌,但登台演出,顶多算个"硬底包"[4],说不好听的就是个"丢底屄"[5]。

说实在的,她俩来得实在有点不合时宜,戏班并没把她们当回事,无非多了两个管饭没工钱的流程彩女。不要紧的台口,还能顶个帽儿戏,甚或还有更大的用场——不管什么行当,还可补缺救急。权衡利弊,远远超过两双筷子的消耗。

而步云完全不理会别人的想法,她恰似木匠到了山林,收入眼中的全是崭新的好材料,看不完,取不尽,记不迭,哪有一丝半毫的失意或厌烦?尤其让她喜出望外的是,戏班有三四个与她年龄相仿的。二女子是她最羡慕的一位。二女子大名

---

[1] 机器泡泡、小金丹:皆为毒品。
[2] 巾袍蟒靠:皆戏装简称。
[3] 三月登台的强出窝:意指训练三个月就勉强登台演出。
[4] 硬底包:指虽非名角却艺术全面的艺人。
[5] 丢底屄:指一出场就丢戏露丑的屄包。

王桂香，实乃山西梆子首批女艺人之翘楚，师承蒲籍艺人一条鱼。她中等身材，瓜子脸，稍显清瘦，一只眼还被姐姐大女子耍翎子时不小心扫出毛病，一双小脚走起路来似乎还在摇晃；然而化了妆登上台却像换了个人，亭亭玉立，妩媚可亲。一副天生金嗓子，乱弹委婉，尺寸讲究。踩上跷子，更显腿功、腰功、把子功、毯子功的高超。应工青衣，兼取他旦，演啥都不白演。《明公断》中饰顽强不屈、藐视皇权的秦香莲；《桑园会》中饰勤劳俭朴、坚贞不渝的白银环；《汴梁图》中饰赤心尚武、疾恶如仇的刘桂莲；《祥麟镜》中饰淳朴善良、柔情易感的李月英；《满床笏》中饰雍容华贵、通情达理的皇后，抑或天真幼稚、娇纵任性的公主……所演皆可称得上是"这一个"的艺术典型形象，她也被公认为中路梆子第一坤伶，为男旦所不及。

大妞妞田淑珍，也是少有的女旦。身姿绰约，容貌秀美，一双能说话的灵眸撩人心魄。嗓音清脆纯真，演唱声情并茂，擅于刻画不同人物的内心世界。她常演的剧目有《永寿庵》《回龙阁》《芦花》《断桥》等。

冀兰香短小精干、富态端庄，从小在"东四处"学戏；筱桂桃苗条秀气，稍长的脸庞两只大眼炯炯有神，出师筱吉仙，已有点小名气。她俩都得到三儿生的青睐，不惜屈驾为之配演《双锁山》《虹霞关》《七星庙》《铁弓缘》等戏。

三儿生对丁步云也颇多关照，有问必答，有求必应。因此，三大爷在她的心目中愈来愈显要，她对三大爷的了解与关注也更多一些。三大爷从小学艺于清源东罗村时成瀛所办的小梨园，他聪明好学，苦练勤钻，文武昆乱不挡，技艺全面，出类拔萃。戏路宽，人缘好，与当时业界名流过从甚密，有同台演出的经历。他在《黄鹤楼》中饰周瑜，在昆曲《宁武关》中饰周遇吉。他的代表剧目有《土祖庙》《黄鹤楼》《折桂斧》《少华山》《和氏璧》，以及昆曲《宁武关》等等，被誉为山西梆子"小生泰斗"——三儿生真是当之无愧。京剧艺术大师梅兰芳极其赏识他，并赠予他扁担，那是后话。

就此再顺便为马来元叙述几句。马来元虎背熊腰，偏偏长了个与花脸不相称的小额头，不过他善于巧用头皮顶面庞，化妆起来仍不减排场。嗓音虽不霸道，却高亢清亮，调韵受听，大板乱弹全不费力。只憾天生缺少虎音，较彦章黑逊色不少。

彦章黑是位招人喜欢的花脸。他从十岁学艺到成名，只长本领不长脾气，有了声望仍没架子。他姓萧名亮，榆次马村人，少时家贫父丧，母嫁至县城南关。他到平定学艺，初攻武生，后因腿伤而改花脸，在班里又名富蛮。他身材魁梧，脸方额大；嗓音雄浑，虎音霸道，令听者如雷贯耳。擅演《荀家滩》之主角王彦章：额上画一金蛙图形，通过面部肌肉的运动，使金蛙口能开合，爪会跳动，兼之"乱弹"[1]赢人，故得此艺名彦章黑。

荣梨园须生行当名角更多。盖天红已然离去，此处不赘。

十四红乔冬元，清源县南营留人。他的倔强颇不一般。自幼家贫，聪明过人，勤学苦练，底功不薄。天生罕见的铁嗓子，高亢宽厚宛若洪钟的声音，静夜响彻五里以外。唱腔不俗，韵味淳浓，身段洒脱，表演讲究，技艺成熟。然而脾气比本领更见长，心路颇狭，好计较爱斗心眼。纵然与公认德艺兼备的前辈十三红、盖天红同台，也要显奇亮能，靠一口硬唱较出个我高你低。至于小步云，更不在他心目之中。

十三红是同行公认的第一把交椅。为人谦和正派，处事公平；治艺严谨，不骄不馁，有口皆碑。他叫张锦云，河北宣化人。身材修长，五官端正，二目有神，扮相出众，文武全能。师承金大丑，从小练就坚实的底功，手眼身步，无不到位；刀枪把子，无所不能。一副响遏行云的嗓子，运用自如，唱念得体。与盖天红演《斩子》，不论扮杨六郎还是八贤王，都能略胜一筹；使面部表情稍逊的盖天红相形见绌，自愧弗如。他与二女子王桂香合演《走山》，一句"虎口里逃出两只羊"的介板，凄厉深沉、回肠荡气，总得碰头彩。他的绝活甚多：《观阵》中的朝天镫、《五雷阵》中的甩大幡、《出棠邑》中的大劈叉……一招比一招鲜活动人。名噪剧坛之后，高风亮节、满怀才艺的他，不吝授人。徐沟北尹的韩俊山，家境贫寒，父母双亡后孤苦无依，慕名投其门下，心诚志坚，一意求教，他便收其为入室弟子。学者勤苦，教者无私。韩俊山受益匪浅，才艺日增，人称小十三红。他的《反棠邑》《取成都》《八郎捎书》《下河东》等诸多剧目，颇有乃师风范，只是入科较晚，底功欠缺，武功靠架差了一些。

小步云在荣梨园，演戏不多，看戏不少。台上看，台下看；班里看，班外看。挤出空暇还不辞辛劳，步行数十里，拜访名票高手。清、徐、榆、太、祁、交等县的名家，如三百儿、二丁子、何芳圃、韩子谦、赵年柱、马步隆、任焕章等，她都登门造访，请人指教。她勤奋好学、不耻求教、学而不倦等优良品格已突显出来。

在荣梨园的这些日子，不论在艺术学识，抑或做人处事诸多方面，她都获益匪浅，这也是她一生中最难忘怀的黄金丰收季节。

---

[1] 乱弹：是对戏曲声腔的称谓。

四 抢河水张庆村酿成命案
　　小戏女跟名宿喜看对台

在荣梨园，小步云最崇拜的长辈之一是毛毛旦。毛毛旦自幼家贫，投身梨园跟九成师傅学艺，在东西二口闯荡多年。在张家口、包头成名之后，又在京、津轰动剧坛。刘臭三接手荣梨园，不惜重金将他请回，一本《六月雪》，打响晋中地面，成为走红的名角儿。

毛毛旦成名后不拿架子，演出再累也不忘早起练功喊嗓子。小步云总是跟随在他左右，勤奋机灵，赢得了他的欢心。台上台下，他常给小步云讲点做人学艺的道理，小步云求之不得，更加对他敬重了。

这一年晋中大旱，榆次张庆与王村争水闹出人命，最终引出罚唱发丧对台戏的事来。

发源于寿阳的洞涡河（今称潇河），俗称小河，流经榆次、徐沟、太原、清源，汇入汾河。小河北畔，开有一条灌渠，先经王村，后至张庆。每逢天旱，王村人拦水不放，而遇雨涝，张庆则难逃洪灾。张庆虽为大村，却惹不起尚武的小小王村。多少年来，又应差又交费，却只受害不得利。想浇地只得求爷爷告奶奶，四大碗八大碟，好酒好宴请王村好汉大吃大喝——任人欺侮无可奈何。

这年，张庆回来位从安徽致仕的郭大人，经多见广，有胆有识。听闻乡亲叫苦连天，不满王村欺人太甚，于是挺身而出，带领村民持锹弄镐，涌向王村灌渠，二话没说，强将拦渠土埝刨开。守渠人回村通风报信。王村人哪里容得？点动全村精壮，刀枪剑戟齐备，到场应战。好武手不敌莽汉多。张庆凭着人多势众理直胆壮，得手不饶人，竟把王村打得难以招架。双方伤残不计其数。王村死亡两人，遂到县衙告状，非要杀人者偿命不可。张庆有郭大人撑腰，指斥王村长期霸水欺人，是可忍孰不可忍。县太爷左右为难，王村人命关天，张庆多年积怨，更兼背后还有个郭大人；权衡再三，终于想出罚张庆唱两班对台好戏为王村死者发丧的高招。

戏班由王村点定：双福庆对双义园。除了两班名家荟萃之外，两班名字中的"双"字也是两班被选中的原因之一。

观众最喜欢看对台戏。自由自在，随心所欲。谁好看看谁，想看谁看谁。

戏班最怕唱对台戏。同行是冤家，能避开总要避开。班主、名家脸面事小，全班人的饭碗事大。可是人家点了你唱对台，想躲也躲不开。唱对台就得豁出命来。

双福庆班主，人称帽架子，怕败在双义园名下，找天贵旦等商议。大家一致认为三大门不差，唯有小旦门弱了一些，提议把刚从张家口回来、住了荣梨园的毛毛旦请来。帽架子当机立断，拜托天贵旦办理——不惜工本。

天贵旦胸有成竹，乘坐轿车[1]直奔孟封。他一路寻思：荣梨园是本乡地面的，三儿生是他喜盛园的同馆；从哪一点说，他这趟也不会跌到地下。果然如他所料，荣梨园没有哪个不给他面子，而且正好眼下他们也没紧要台口，天贵旦如愿以偿，借了毛毛旦，还带了个小步云——名为照料毛毛旦，实乃沾老前辈的光能去看对台戏。

轿车出了村，毛毛旦要下来步行，说这是多年的习惯——苦练基本功，不能耽误。天贵旦打心里佩服其决心与毅力。这样一来，空轿车前头领路，毛毛旦踩着跷子[2]紧随其后，天贵旦与小步云疾步相随。

名家们的所作所为，此时在果果幼小的心底凿刻下了深深的印记，她觉得自己以往的所谓苦与累何足挂齿。

对台戏同用一个大戏场，在乐楼对面搭建一座彩台，戏场中侧还为郭大人、县太爷与两村执事以及贵宾高朋搭了看台。

有了毛毛旦的加入，双福庆便气粗了许多，主动让出乐楼给对方，戏也任其选定。首场同演《忠报国》。双福庆由假一千红即煤山红扮杨博，对双义园的假盖天红即灌肠红。前者因长期给一千红拉二套，完全学就其表演做派，故得该艺名；又因演《崇祯吊煤山》，稍子功等表演出奇，而得煤山红艺名。煤山红体格瘦小，嗓子平常，调韵也不打彩；但底功精到，技艺超群，做戏到位合文。后者灌肠红正好与之相反，效仿盖天红一路高调，以唱功见长，不知底者，还以为就是盖天红本人。

狮子黑搭双福庆，在群众中威望颇高。他饰的徐彦昭，扮相魁梧，双目炯炯有

---

[1] 轿车：指马拉的带棚大车。
[2] 跷子：一种在鞋底中央安有厚木块的靴子。

神,不怒而威,令人敬畏三分。双义园的砖井黑身材壮实,声如洪钟,唱腔刚劲韵浓;得二八黑真传,擅演昆曲,底功不薄,个性好强,演戏舍力不要命,出场必得彩声。两者可谓势均力敌。

扮演李艳妃的两个正旦,双义园的二娃旦,显然不是双福庆天贵旦的对手。

十里八乡的人们,一听说王村发丧唱对台好戏,不远三五十里蜂拥而来,偌大一个戏场几无空隙。虽为对台戏,但若想改看另台挪动颇为不易,相互挤拥、摩擦,以至出言不逊。不过由于好戏难得,技艺诱人,更加喝彩、吆喝声此起彼伏,一时的不快也悄然化解消融了。

都说观众是无情的裁判员,谁优谁次绝不含糊;但"花里拣花,拣得眼花",跟大流、随风倒,自无准星者也不乏其人。

天贵旦向来演戏认真,遇上对台更不遗余力,合情合理又出人预料地发挥,像磁石一样把全场观众紧紧地吸引过来。

双义园不服气,下午祭出撒手锏——砖井黑的《炮烙柱》。该剧演绎的是商纣王宠信妲己,荒淫无道。上大夫梅伯冒死直谏,被炮烙而亡。姜王后不忍忠良惨遭杀害,犯颜直谏,痛斥妲己妖媚乱朝。妲己闻言大怒,密使费仲暗差姜环入宫行刺。姜环被擒,反诬为姜娘娘所差,致使姜后也遭炮烙,以至含恨而亡。

砖井黑演梅伯,一句"怒气冲天朝王上"内介板,未见其人,先闻其声,台下就"开了花"。观众屏息以待,他从容不迫、大义凛然、虎目圆睁,一个亮相,更招来全场喝彩。接下来"可恨妲己乱朝纲……"的一段夹板,抑扬顿挫,有红有黑[1],声情并茂,人们叫好连连。

接下来二娃旦的姜皇后,无论唱还是做,显得逊色不少;正好对上双福庆的《六月雪》,便愈加乱了阵脚。

《六月雪》讲的是窦天章上京赶考,临行前将女儿窦娥许婚蔡宗昌。蔡也赴考,张驴儿随行。张欲占窦娥,遂生歹意。船行江中,张伺机推蔡落水,返家谎称其不幸而亡。蔡母惊痛成疾,张又投毒汤中欲害其命。不料汤为张父抢饮以至身亡。张又栽赃蔡母,状子告至衙下。窦娥不忍婆母受刑,自认毒犯,被判死刑。刑日,六月飞雪,适逢窦天章出任巡按至此,疑有奇冤,亲自重审,真相大白。

毛毛旦扮的窦娥,忽听爹爹呼唤,一溜风似的碎步上场亮相,全场愕然。只见她蛾眉杏眼,貌若天仙,娇滴滴,笑盈盈,配以一身鲜艳的短小打扮,俨然一个活泼泼纯情少女,楚楚而动人心魄。她听说爹爹欲赴京远行,心中难舍难分,既疼又

---

[1] 有红有黑:收音落在板上为"红",落在眼上为"黑"。

爱，既喜又忧，把孝女对慈父的复杂情感表现得淋漓尽致。演到法场一幕，天贵旦饰蔡母，正给儿媳窦娥梳头，刽子手一声恫吓："时辰已到！"婆媳如梦方醒，四目相对，悲从中来，然而纵有千言也难尽表。蔡婆被逼退一步一回头，无奈狠心忍痛相别。窦娥"婆母转来！"的一声凄厉呼吼，以及痛彻肝胆的滔滔倾诉："婆母她不转来，只因她本不是我的亲生母亲。倘若她是我的亲生母亲，怎能眼见女儿一死，而忍心舍得径自走去？"言之未尽，蔡婆猛然转过身来，扔掉手中竹篮；一捶杵儿，两眸上翻，脸色骤变，跟跟跄跄再次扑向窦娥，婆媳紧紧拥抱痛哭，涕泪双流。看至此，观众无不为之动容，唏嘘乃至号啕。此时，二人鼻中垂下四条长长的"鼻液"，悬于胸前，经久不断——超人的绝技，令观众大开眼界。于是传言频出："宁肯挤得吐了血，也要看双福庆的《六月雪》。""顾不得浇地开了闸，也要看毛毛旦的《六月雪》。""天贵旦的蔡婆，毛毛旦的窦娥；男男女女着魔，家家户户空舍；瞎火冷灶干锅，不吃不喝不饿。"

毛毛旦与天贵旦合演的《六月雪》倾倒了观众，轰动了榆次地面。双义园沉不住气了，赶忙从聚梨园调来万人迷，一出《金水桥》争回了面子。万人迷演银屏公主时，自备行头，超人一等。一招一式、一举一动与众不同。尤其是手捧御酒跪求姨娘的那段大板唱腔，珠圆玉润，字正韵浓，那恳乞哀诉，情真意切，既晓之以理，又动之以情，纵然心如冰石，也会化解消融，何况知书达理的西宫娘娘？激动的青年男女吆喝不停，老成内行不得不和颜劝止："不要嚷嚷了，好好地看吧！再哄吵就把好戏全耽误了！"

更加令人陶醉的是两班对台同演《断桥》。当白娘子数落丈夫许仙时，万人迷在原唱段中加了十个"不该"。天贵旦早有准备，现编现凑，来了个三十"不该"："一不该从蒲州来到晋中，二不该给毛疙瘩拜了门生，三不该当把式不知自重，四不该骑毛驴也显威风，五不该只顾钱忘了分寸，六不该闯对台来到王村……"虽未指名道姓，可人们听得清清楚楚。全场观众涌向一方，台上台下交流甚至嚎哄起来，完全忘了什么《断桥》与许仙。

再说天贵旦与煤山红的《汾河湾》，本来是一出耍耍小戏，一般演出四五十分钟；但他俩和观众交流起来，妙趣横生，高潮迭起，演的起劲，看的入迷，不知不觉就过了两个钟头。若不是掌班提醒，还不知演到猴年马月。

天贵旦唱《祭江》，一句一个"苦相思"，衔接自如，天衣无缝，人人叹服。他的《鲛绡帕》更与众不同：真假嗓与"二音"相结合，刚柔相济、起伏跌宕的"嗨嗨腔"，道字清晰，喷口强劲，梆板稳准。大段乱弹中三花腔、五花腔、三倒腔、四不像，小流水、大流水、二流水、十字流水……腔腔挂挂各种板式应有尽有。花样翻新，变化莫测，看得人们目瞪口呆、如痴如醉，都说："印财主的胡胡甲成儿的板，天贵旦的乱弹唱不完。"人们打心里钦羡这位天资聪颖才艺绝伦的"天贵娘娘"。

关于"天贵娘娘"的故事，小步云从后台听到不少。一次连连赶台，马乏人困，演出中场面上的免不了打盹。天贵旦立即打起高调唱道："从祁县，赶东阳，东阳唱完赶张花。脸也顾不上洗，粉也顾不上擦，你就给咱吱吱咕咕瞎×圪锯吧！"拉胡胡的一听，再也不觉困倦，文武场面倒像吃了一剂清醒汤。

还有一次，天贵旦演《打雁》，发现打板的疲沓，于是他在演柳迎春追打丈夫薛仁贵时，追下去，赶上来，从前台到后台，自后台赶前台，一股劲折腾了三个来回。鼓师不得不小声苦苦哀求："哎呀，好我的'天贵娘娘'，你饶了我吧！"从此，"天贵娘娘"的名号不胫而走。

小步云有时台上看，有时台下看，时而在这边，时而到那边。三天的对台戏，她看得比一般观众更有滋味。

狮子黑的《草坡》《斩单通》《御果园》，砖井黑的《功宴》《嫁妹》《战宛城》，煤山红的《春秋笔》《崇祯吊煤山》，灌肠红的《上天台》《北天门》《大劈棺》等等，大家各显其能，势均力敌。

三天的对台戏唱完了，外行分不出高下，内行也难判雌雄。两家扯了个平跤，十里八乡确实看了个熨帖过瘾。更有好事人编出了顺口溜：

小小王村好出奇，发丧唱的对台戏。
双福庆的毛毛旦，双义园的万人迷。
毛毛旦、万人迷，天上少有世间稀。
生得苗条长得美，男女老少都入迷。
个人都有真本事，不分上下与高低。
典了房子卖了地，他们到哪里咱哪里。

挨到出殡，张庆人携带纸幡食盒，焚香上供，隆重而虔诚。王村人口服心安，丧事办成了喜事。百姓异口同称：郭大人胆识出众，县太爷断案有方。王村与张庆恰如梁山好汉，不打不相识；你谦我让，化干戈为玉帛。从此以后，再未发生类似纠纷。

短短三天多的工夫，小步云大开眼界，大饱耳福，大大长了见识，还结交了不少名家，为她以后的学艺与做人，奠定了坚实的基础。

五　看祈雨受惩罚遭"办公事"
　　三光子徐沟城宴请贵宾

　　从王村回来，又赶上西谷村唱贺雨戏。这一年晋中大旱，有渠灌条件者争水，无条件的靠天吃饭，就只好求神祈雨了。如今看来十分可笑的事，在迷信盛行的年代，人们做起来却是非常虔诚的。

　　西谷村祈雨的活动之一是抬神。村里有座崇兴寺，供奉着一尊称作雨师的神像，高七尺有余，金描彩绘，威严端庄。左右两旁陪坐着雷公电母以及随从护将等共计一十三尊。每逢初一、十五或逢时过节，守庙的善友[1]供献上香，三跪九叩。据说神像大有来头。那是很久很久以前，从春到夏，久旱无雨，庄禾奄奄一息，眼看成灾，人心惶惶。忽然乌云密布，雷电交加，顿时倾盆大雨从天而降。流经村东南的小河漂下一根硕大的圆木，西谷与邻村王答两村青壮擅泳者，共同将之打捞上岸，解板时竟有"鲜血"流出。经社首求签问卜，都言吉祥之兆，意为玉皇大帝颁赐济民救灾之神木。于是两村共请工匠雕塑众神，轮流供奉：每年六月十三至七月十三坐镇王答；七月十四接回西谷。无论接方送方，均须举行严肃隆重的祭神仪式。如遇雨涝年份，活动照样进行，只不过内容变为祈晴而已。

　　七月十四这天，荣梨园全班人马齐驻西谷，祈神演出一切就绪。一早派出掌班、账房与大衣箱[2]三人参与祈祀活动。

　　天刚亮，参与者聚集寺前广场，整装列队向王答开拔。返回时浩浩荡荡，郑

---

[1] 守庙的善友：即指庙祝。
[2] 大衣箱：指保管戏装的主要人员，分管蟒袍、霞帔、道袍、官衣等。此外尚有：二衣箱，分管靠衣、剑衣、铠子、侉衣等；三衣箱，分管靴子、彩裤、兵卒衣等；头戴箱，分管凤冠、王帽、八巾盔等。以上诸人同称箱倌。

重庄严，为首的是戏班未化妆的三人：一个戴纱帽穿官衣挂苍髯似儒，一个着道袍持拂尘如道，一个披袈裟双手合十为僧。紧随其后的是两村社首、名士乡绅，长袍马褂，仪表端庄，各捧四季供品、蜡烛香酒。接下来的仪仗队，似有天子出巡的气派，除全副銮驾外，还增加了龙标水旗与"三牲"祭礼。震天动地的威风锣鼓，笙箫笛管等合奏出丝竹细乐。风伯雨师雷公电母等十三尊神像，每尊由八名精壮后生抬着，他们口号一致，步伐整齐。后面的还愿者与搀扶随行人员，一个紧接一个。那些负刑者有的腰背部皮肉内钩着铁钩（麻绳护着），有的肩扛大铡刀，有的腕扎小钢刀，数量不等，凄苦蹉跎。所有人员皆光膀赤足，头戴一环新鲜柳条编成的帽箍，两只裤腿挽在膝上，口中忽高忽低齐唱贺神咒语："唵吟呐嚧，阿弥陀佛！"

夹街迎神的男女老少齐集自家门口，各家香案上供着瓜果面食、盆景花卉，香烟氤氲，溢彩流光，争奇斗艳，红火非凡。诚然一派无规制的农品展览，没裁判的技艺竞赛。

两村交接仪式奇特别致。接收一方急于尽快到手，交付一方偏有意拖延。至关重要的一环是：交接神水。祈雨尊者胸前垂挂着两瓶神水（代表甘霖），那是跋涉到百十里外的小河源头，虔心乞求所得。沿路昼夜护持，须臾不敢稍懈；否则一旦困顿抛洒，雨便下在当地，自己前功尽弃，空跑一程。

双方把个护水尊者拉来抢去，争得不可开交（当然只是形式而已）。最终尊者公心秉正，双方各赐一瓶，皆大欢喜。

在王村看对台戏看野了的小步云，碰上如此有生以来第一等的热闹，岂能轻易放过。正好上午没戏，她拉上姐姐巧云，还有筱桂桃、冀兰香等，一起挤进了潮涌般的人流之中。

待到仪式完毕，众人散去，她们才回到下处。厨房已经收拾完毕，只剩小厨一人，说马来元、三大爷都来问过，你们光顾看热闹，连吃饭也忘记了，看势色保不准要问你们的"公事"，饭也不好给你们再弄了，一定不行到外头买点灌肠、凉粉压压饥吧。

她们听罢，肚子的事无所谓了，一门心思想着"问公事"。到台上一看，下午开场是步云与巧云姐妹俩的帽儿戏《赐环》，本戏是十四红主演的《下河东》；夜场是步云和筱桂桃的《杀院》与十三红的《金沙滩》。

晚上唱完戏，马来元和三儿生把步云等四人唤到账房，问她们上午干啥去来。

"看祈雨去来。"她们四人几乎同时回答。

"吃饭没吃？"

"没吃。"

"饿不饿？"

"饿——不饿。"

"嘿，功夫成了！不吃也不饿，你们成神仙了！谁领的头？"

四人争说："是我。"

步云："是我拉姐姐们去的，要罚就罚我吧！"

"敢作敢当，好样的。"掌班马来元开始训话，"按说上午没戏，下午、晚上两场戏，你们演得也不赖，还要了好，可一码归一码。不就是个祈雨嘛，就看得忘了吃饭，要是来个耍狗熊、弄西洋景的，还不豁上命，让人家把你们拐跑了？你们不要忘记，自己是个唱戏的，戏大如天，戏才是命哩！啥时候也不能忘了戏，忘了戏班的规矩。国有国法，行有行规，咱们班的条条款款，你们入班头一天就都讲过了，今天咱对照一下，看你们犯了哪条。兰香，你把'十不准'背一遍。"

冀兰香倒背如流："一不准忘师灭祖，二不准欺行霸戏，三不准化了妆乱说乱动，四不准临场推三阻四，五不准女伶与外人交往，六不准男伶引入外来女人，七不准擅自行动，八不准打架斗殴，九不准抽赌犯禁，十不准背班私逃。"

马来元接着说道："这是老前辈三盏灯给咱们梨园留下的宝贝财富，这老规矩任何人不得冒犯；不然，一律'问公事'。轻的挨水火棍、罚'刀头'，重的'吊大梁''卷铺盖'。今天你们犯了哪一条？"

"第七条。"

"对，不准擅自行动。你们想想，一个女娃娃家，就不怕被坏人拐跑？万一有个三长两短，戏班丢人事小，咋向你们大人交代？念起你们是初犯，也没出事，就不处罚了。记住，下不为例，如若再犯，二罪归一。"

接着三儿生又给她们讲了三盏灯办翟二娃（二娃旦）的事。

有一回聚梨园加演《击掌》，鱼儿红张师傅出于提携后辈之意，想让玉印师傅的儿子四锁黑替他姐夫二八黑演王允。四锁黑找翟师傅想对对戏，二娃旦一听火了："你倒胆大！毛娃娃……"二八黑怕把事闹僵了，只好自己化妆登台。演出结束，人们正要下台，三盏灯把大家留住，当场郑重宣布："下一台原班人马不动，翟二娃因触犯班规，不再留用。"在场人大眼瞪小眼，翟二娃自知理亏，只好卷铺盖走人。事后，三盏灯向大家解释："不要说是玉印师傅的亲生儿子，就是一般梨园子弟，我们老一辈也该尽力扶撑。你不让他出台，啥时节能成了气候？如果存心要按压年轻人，再好的把式、天大的本事我也不用！"

再说当年锦梨园在张庆演《溪皇庄》，武丑贺长林扮演花驴儿贾亮，拉场的招呼不周，致使老人摔了个跟头，戏演砸了。贺长林气恼不过，到后台顺手敲了对方一板斧，拉场的没敢吱声；但三儿生说贺长林犯了规矩，唤来掌班盖蒲州，在账房问贺长林的公事，说他住了一辈子戏班，怎能做出如此"凉五"事来？老贺怒火未熄顶撞道："凉五就凉五，你爱咋办就咋办，随你的便。"

盖蒲州年轻气盛，毫不留情："你别倚老卖老，我今天偏要放放你的凉气。"

贺长林还嘴硬："谅你小子不敢。"

盖蒲州："你看我敢不敢！伙房，把他给我扯起来。"

因贺师傅武功精到，人缘也好，武行帮子人多势众，伙房师傅和众人再三劝解，终未吊成。盖蒲州不堪当众没脸，竟踢了对方两脚。

贺长林大庭广众受此恶气，怀恨在心。农历七月初二，晋祠赶庙会，前晌盖蒲州演了《女中孝》，后晌是十三红与拉面红的《渭水河》。天气大热，盖蒲州在伙房熬着绿豆汤，出来到墙根下等着，扇着扇子乘凉。一个好挑事的小武行，跑到贺老跟前说了几句悄悄话："贺长辈，你老人家京剧黄腔昆乱不挡，文武双全，那亏就白白吃了不成？看看人家掌班，扇的芭蕉扇，熬的绿豆汤，他凭啥耍那派头儿？"

几句戳心窝子话把老人的火捅了起来，贺长林怒从心头起，恶向胆边生，二话没说，走进伙房端出绿豆汤，朝着盖蒲州头上扣去。幸亏年轻人躲得快，总算没伤到要紧地方，但铁锅已是砸在脊背上，烫出满后背的燎泡，疼得他直叫。人们七手八脚赶忙把人抬上轿车，连夜赶往太谷仁术医院，紧抢救慢抢救，尽管当下没有要命，可终因惊风夹气，心肾两衰，没过百天，这个二十出头的名角儿便一命呜呼了！

贺长林粗野蛮横，挟嫌报复，严惩重罚自是逃不过；盖蒲州年轻气盛，仗势欺人，似也咎由自取；而拨弄是非的"挑事油子"，何尝不该痛定思痛，扪心自省！

"老鼠窟窿、蚂蚁洞能叫大坝豁口，塌天大祸往往由小事引起。娃娃们，人命关天的沉痛教训，永辈子也不能忘记呀！"三大爷的一席话，把姑娘们说得眼圈红了，不知该回什么是好。

三儿生与马来元会意一笑后说道："啥也不用说了，从今往后，心上得长牙，一定要把功练好，把戏演好。行了，去吧！"

小步云们恭恭敬敬行一鞠躬礼后，各自回屋去了。

步云从小爱调皮耍心大，自打住了荣梨园，头套、二套挨不上，帽儿戏拾零碎也很少用得着她，所以经常跑得不在。打了二通也不上台，尾声还没完就跑得没影了。自打听了三大爷这一番训教，规矩多了，没打头通就上台。有她的流程，装起身子看戏，没有就站在前台看，好像她的任务就是看戏。因为台上没戏演，便拾起了旧业，散了戏到台下打地摊儿。这是经过三儿生默许的，对孩子个人有益，于戏班也无啥害，多多少少还能有点广告效应；再说除了她姐妹俩，别人即使叫去干也不干，好像这低人一等。而对于她俩来说，虽然同样是端着小笸箩伸手讨要，但如今身份不同了，正儿八经字号班的戏子儿，在人们眼里便高了一个档次。人们呢，看完大戏，听听小唱，近距离、面对面交流，咱叫她唱啥她唱啥，《桑园会》《合凤裙》《七星庙》《双锁山》《胡迪骂阎》《花子拾金》……看得人开心，听得人过瘾，掏两个小钱，也觉得"艺有所值"，心甘情愿。

在里三层外三层围观的人群中，也有别具意图者。祁县的三光子，承起个草台班，十分需要小步云这样的人才，投资不多，办事不少，还有熬盼。他跟着看了几台，打定主意，非要将小步云捞到手不可。

农历十月初二，徐沟赶大会，荣梨园助兴，来赶会的丁凤章便顺便来看他两个孙女。三光子不惜破费，在武陵园大饭店隆重招待爷孙三人。酒席宴前，三光子开门见山，直截了当提出：戏班封箱之后，即请二位姑娘搭他的众梨园。老丁自然喜出望外，一百个满意，因为他早发现荣梨园班大欺客，步云姐妹在那里绝无出头露面之日。不过，久涉江湖的他，深知主动权绝不能轻易交给他人，虽说心里十分高兴，求之不得，嘴里还是不够痛快，推三阻四，假装拿不定主意，只答应到时候再说。而步云也乘机提出要求：唱不上头套，至少也是二套，绝不再跑流程。三光子满口应承。

徐沟唱完赶清源，老天爷出人意料，立冬刚过就下了一场大雪。步行三十里连夜赶路，身上衣单，腹中辘辘，小步云去了清源就病倒了，一天比一天重。急得巧云又是葱胡汤，又是姜糖水，但仍高烧未退，不进水米。马来元也找三儿生商议：不敢耽搁，尽快送回太原，交给家人较为妥当。恰好三光子赶到，主动向三儿生说，一来丁凤章托他多加关照，二来也愿为三当家的分忧——用他的轿车把病人送往太原。

对于三光子的仗义，三儿生、马来元感谢再三。为保险起见，让巧云随车护理。

雪后天晴，冰冻的土路，绝无扬尘，只有尚未消尽的融雪。小轿车用被褥蒙裹得严严实实，朝着正北方向奔驰。路旁田野上积雪反射出的强光，刺得人睁不开眼睛。坐在辕盘上的三光子，正谋算着草台班的来日，未免流露出几分得意。

六　丁老板不失时机开粮店
　　小步云情窦初开遇汪康

　　丁凤章自打把耕地营生托靠给刘凤祥离开郑村之后，一门心思扑在兰兰、果果延师学艺上。一干花销就靠收租维持，几乎坐吃山空了。姐妹俩进了荣梨园，他的身子腾了出来，浑身能耐催着他，得赶紧抓钱补空。但该做什么好呢？一时拿不定主意，有必要打问清楚省城乃至全国的形势。

　　五四运动吹响了中国革命的号角，中国共产党的诞生，揭开了历史新的一页。军阀混战虽然未停，却生发出革命斗争的苗头。一九二二年，香港海员、安源煤矿工人与株洲萍湘铁路工人大罢工，都取得了胜利；一九二三年，京汉铁路工人聚集郑州，成立总工会，举行大罢工，却遭到反动军阀残酷镇压，造成了震惊国内外的"二七"惨案。

　　一九二四年，爆发直奉二次战争。阎锡山不敢得罪直奉任何一方，保持中立。战局已定，他一面派员向段祺瑞表示拥护，以尽师生之谊；一面继续坚持"保境安民"，大肆扩军、办厂，导致军需剧增。实行所谓"六政三事"，六政即水利、种树、养蚕、禁烟、放足、剪辫，三事即种棉、造林、畜牧；但这些却无异镜花水月，画饼充饥，不解燃眉之急。于是司职财政的狗头参谋便想出了征收房税的坏主意。

　　该令一出，全省城乡家家恐慌，人人不安。五月十八日，省城中等以上学校学生，纷纷集会罢课游行，抗税请愿。阎锡山不得不亲自接见学生代表，但他仍振振有词："吾既负保全山西治安的责任，如不有思患预防之念，是不仁；如不筹此预防之策，是不智；为临难苟安，或舍位而去，是不义。不仁、不智、不义之事，吾不愿为。"代表们跪地申言："如不立即取消房税，我等则跪死在地。"

因久等无果，全体游行学生冲破军警，一拥而进督府，呼喊号啕震撼全城。阎锡山见众怒难犯，只得亲书手谕："房屋估价补契办法，着即取消，关于此项税款，如有收起者，立即退还，以昭公允。"并签字画押，当众宣布。

次日，阎锡山连下二令，一为"从宽一律免于深究"青年学生的《宽恕令》，一为"唯我藐躬，德不足以服众，诚不足以感物……咎在己身，责无旁贷"的《罪己令》。与此同时，还将积极征收房税的朔县、武乡二县知事撤职，以平民愤。

"五一八"反房税运动，是山西学生发扬五四革命精神，继一九二〇年争取"晋矿归公"后又取得的一个伟大胜利。

在此之前，阎锡山扩军、办厂，省城人口剧增，客观上带来了一定商机。民以食为天，吃饭是人生头等大事。粮行向来是商界老大，丁凤章打定主意开办粮店。

他在米市街寻找合适门脸，正好碰上了怀有同样心思的帅气后生汪康。汪康祖籍安徽，先父为避战乱，躲到山西来做趸贩稻谷生意，狠赚了一笔，却被同伙所骗，只身流落郑村北面的"水滩"——后来的"许坦"，租种土地营生。不久靠着勤俭致富，娶妻生子。长子、次子甘务庄田，安居乐业。唯三子金科，即汪康，愿承父业，仍操米粮生意。只是二老双双去世，家中除哥嫂外，再无亲人，他也唯恐势单力薄难以周旋。如今二人相遇，不谋而合，双方互补，正好共创大业。

丁凤章久历商场，自不会全信年轻人一面之词。他亲赴许坦明察暗访米粮产量，确也无甚出入，便与小汪共同选定东米市一处三间门脸院落。老伴与增旺也由三圣庵搬了过来。

开业所需底班粮食，先动用双方积蓄购买。丁凤章回郑村与刘凤祥商议，想把他也拉扯进来。刘凤祥却自有主意，自从由平山老家把女人李白妮接来，对种了丁凤章的几十来亩耕地后，指身度日，倒也自给有余。他是个谨慎人，胆小心细，宁肯起早搭晚受苦受累，也不愿担风冒险。女人来后又接连生了两个儿子，连同从老家带来的，如今三小两大五口之家，全依靠他一个顶梁柱。为了生计，他忙里偷闲，除了之前跟老东家学会了杀猪宰羊外，他自己还琢磨着磨豆腐、做鞭炮，能赚一分算一分，凭劳力靠手艺度时光，安然自足。他不愿意与人合伙，做自己心中无底的生意。至于粮食，完全可以归东家调运，也用不着偿还，算是对东家提携关照自己的一点回报。他心里清楚，反正每年都有对半收成的款项，在自己手里攥着。

粮店开市大吉，生意兴隆。老丁虽非豪商巨贾，但也算把老手，有了小汪的加入，更是如虎添翼。他看准了新年、大年两大佳节，靠小汪和他先人的关系，从南方趸进一批大米，他夜以继日，用三寸不烂之舌，走东串西游说顾客。

小步云生病，三光子专车把她送回东米市时，家中只老太太一人在钉帮纳底。

一看孙女病得不轻,就让兰兰与三光子帮忙照看门面,把金科顶替下来,让他出去求医买药——因为小伙儿熟悉市面靠得住。

对于老东家太太的委托,小汪自然不敢怠慢。他竭尽其能,请来最好的医生,望闻问切。之后,谨遵医嘱熬药服侍,自然而然成为小步云的监护与陪侍人。

小汪康长步云三岁,身材修长,五官端正,一双浓眉下的大眼,炯炯有神,不乏灵气。至于谋算方面,老丁相中的人无须赘言。

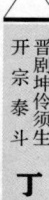

经历童年苦难磨炼的步云,现在又遭病魔缠身,得到如此一表人才、风度翩翩的同龄人体贴入微的呵护,感激爱慕之情油然而生。

青年男女,一见钟情;相看不厌,眉目传情。老太太不知不觉起到了冰人月老、红绳引线的作用。

更鼓乍起,华灯初上,丁凤章风尘仆仆归来,一见这种情景,哭笑不得,怨气难掩。当着小汪的面,起火压火,只有拐弯抹角地冲着老婆子发泄起来:"门面生意离不开他,再说,也不能叫人家一个后生家伺候她呀!"

"咋就不能?往常咱们病病痛痛,人家金科不是一样照护咱吗?"老太婆尚未听出话中有话。

"她能和咱一样?"

"咋不一样,她不还是个孩子嘛。"

"孩子?你这么大时早成孩子他娘了。"老丁觉得有点失口,立马扭转话题,"小汪,快招呼门面去,生意上的事,他们外人干不了!"

汪康听出老丁言外之意,但仍不失大方风度,他和颜细语叮嘱步云安心调养,宽怀自重,在与二老打过招呼后出去了。

"你咋就这么糊涂呀?干柴见了火,不着得飞天呀!"老丁数落老婆,也顾不得果果在场。

老婆子被戳戗得头东不知道头西:"什么干柴?哪里着火了?"

"唉!真糊涂了。你没看过《二堂献杯》:那干柴见了火焉能不燃,更何况他们是青春少年。"

"是你弯弯绕把人绕糊涂了。我看金科后生就不赖,要人才有人才,要干才有干才。"

"我还不比你清楚!人家是做买卖闹生意的,咱果果是啥?"

"是啥?唱戏的好料子。"三光子边插话边走进来。他喧宾夺主,完全不管老两口争辩的话题,把小步云在荣梨园人小帽子低,没人能看得起,甚至受人欺的难堪,一五一十随心所欲地说了个详详细细。然后,越俎代庖,替老丁拿出了主意:

"眼看三五天就封箱，人家荣梨园是数一数二的字号班，封了箱一叠拍[1]就是小两个月。就算开了箱，你还照样是个跑流程的。人们不是常说'宁当鸡头，不做牛后'吗？还是来咱众梨园吧！别看咱是草台班，去了就给咱步云挂头牌。再说冬天两个月不休息，打破锣，你份子高，唱得多挣得多。难道你还怕财神爷咬住你的手指头？老哥呀，上回小弟和你说，你说到时候再说，现在到时候了吧！"

"行，好！在班里你说了算，在家里我说了算，就照你说的办，一言为定了。"前几天还推三阻四的老丁，面对果果与汪康的瓜葛，又听了三光子的一番说道和许诺，他不再拖泥带水，直截了当说出了自己的心里话。

"那二日天明，我把巧云送回荣梨园就这么交代？"三光子问。

"对。能行的话，把兰兰和她们的行李顺便捎回来，也省得我再求他人。"

"丁老板有令，三光子哪敢不遵！"

"多谢三班主关照，全靠你了！"

丁凤章送走三光子，缓了缓气，耐心地开导果果："男大当婚，女大当嫁，天经地义，果果你是该谈婚论嫁了。爷爷本来打算等戏班封了箱，你们回来，就和你说说你的终身大事。今日既然提起来了，我就给你提前讲个明白。小汪后生的确不赖；他若不好，爷爷我能看得上他？可是，他做生意你唱戏，如若成了家，他能让你再唱戏？还是你能教他唱了戏？两人走不到一起，还叫什么家？再说，他可是干人一条呀！你这辈子，注定就吃唱戏这碗饭了，咱的钱不能白扔，你辛辛苦苦练下的功不能白费。今日爷爷把话给你说明，唱戏是你自选的，决不能走了一半再蹚回来，鸡飞蛋打一场空。小汪这条路，你听爷爷的，趁早狠心砍断。'不是姻缘活相殴'，我们经见得多了，爷爷不能眼睁睁看着你往火坑里跳呀！你心里倘然还没他人，爷爷早就给你选定了一个。"

老丁说到这里，果果忍着病痛挣扎起来，急欲问个究竟；然而理智阻止了她，话没说出口来。

老丁继续说道："这人你也知根知底，他不是别人，就是咱的小增旺。"

"啊？！"果果禁不住喊出声来。

"怎么样，你没想到吧？"

"他还小呀！"

"小是比你小了点，可我不是也比你奶奶小吗？"

"他能唱戏吗？"

---

[1] 叠拍：指折叠起来收拾在一处的意思。

"纵然他能,我也不想让他再吃这碗下泪饭了。"

"那走不到一起,还算的什么家?"

"你们本来就是一家嘛!"

"爷爷,我自己的大事,你就让我自己做一回主吧!"

"爷爷为你做主,难道不是为了你好?"

老太太再精能也只能是个事后知,她万万没想到,老头子肚子里竟打下这么多的如意算盘。见爷孙争成僵局,她不得不从中周旋:"半夜三更的,尽管争个甚?这又不是非得眼下就定个一丈五尺的事,明天日头还要从东山出来,走着看,看着走吧!"

夜深人静,显出了蛐蛐的喧闹。老两口再三思忖后清醒了许多:小雏的翅膀硬了,想不让飞也由不得人了。不过在老丁心里,果果既然登定唱戏这艘大船,小汪的那条瓜皮是万万不可再踏上一只脚的。

一向视戏如命的果果步云,将近二八年华,豆蔻已开,但她深知爷爷的话不无道理。于是,这清纯少女不得不暗自吞下情窦初开的苦涩。

七　三光子老凤章金兰结义
　　三姐妹破锣班初露锋芒

　　步云与汪康的情愫，客观上为三光子招徕人才起到了催化作用。

　　十月中旬，号称头等字号班的荣梨园封箱过冬，三光子便把丁家老小接到自己班里。擅长钻营的老丁，见他如此热切，很快又收养了一个父母双亡的荣花姑娘，她比步云小两岁，容貌不俗，聪敏机灵，收养后改名爱云，带到班里，不用请师，不花分文，便能学艺。如此一来，丁氏三姐妹与姐姐巧云的徒弟玉珍还有"丁老板"，便成了众梨园不可小觑的一股新生力量。丁凤章也真可谓"干着七十二行，不误腊月里卖香"。在委托刘凤祥侍弄农活，与小汪康合开粮店的同时，自己还要在破锣班参上一大股。当然，他最看重的还是姐妹三人的前程。

　　三光子文化不高，资财不厚，但经营有方，手段不俗。为了稳住姓丁的一大家，他与大他十来岁的丁凤章金兰结义，成为八拜之交，不仅歃血盟誓，还请人代笔立下红绫文约，按上手印。

　　三光子系其乳名，他大号申鑫，祁县城西五里城赵人。其父申彦士，世代务农，生有四子，皆以金字旁取名，依次为铨、钝、鑫、钥。三光子自幼聪明过人，在同辈中出类拔萃。为光宗耀祖改换门庭，自力更生办起了木匠铺，实际是个以打造大小车辆为主的车铺。直到二十世纪八九十年代，他家院里还有不少车轱辘被收古董的高价买走过。这是后话。有了车铺，他不以此为满足，当看到山西梆子班社成立得如雨后春笋时，他动了心思。虽说他既不能拉也不能打，更不能演唱，概无艺术细胞遗传基因；但只因感到有利可图，他就想，别人能干，咱为何不能？于是凭着一股热血，拉了几个好事者，便承起了众梨园——"风搅雪"[1]的破锣班[2]。

三光子采取"打破锣"的做法承起了众梨园，暂时不给大家发包份，等待卖出台口挣下钱，先将每个人的生活费打足，之后再进行分配。艺高的多挣，艺差的少挣；唱得多的多分，唱得少的少分。充分体现了能者多得、多劳多得的公平原则。

步云事先说过要挂头牌，三光子也满口承应；但丁凤章心中有数，她还太稚嫩，不论是戏还是艺，都远不够资格。为人处事不能不识好歹，须知己知彼，不能让朋友为难，让众人讨厌——能拉个二套就心满意足了。况且对步云来说，争的不是眼前的名和利，只要能演上戏，不论主角配角，不分生行旦行，也不问好演难演。就这样，让她上她就上，凭着她初生牛犊不怕虎的倔劲，跟谁学谁，学谁像谁，从来没白演过，更没有演砸过。人们说她是个满窝里窜，师傅们也都待见她；而她自己则越演越胆大，越演越开心。

当初在荣梨园的大多是一等一的名流，小步云看得眼花缭乱，佩服得五体投地；但她与人家相差悬殊，绝无一争高下的念头，一门心思看戏学艺，一举一动受到很大约束。到了众梨园，有爷爷为她做主，三光子给她撑腰，她与这些二流艺人好像没有什么距离，甚至可以平起平坐。

她自视甚高，别人也不敢小看她。她像只出笼的小鸟，任性飞翔，但却不失分寸。随着年龄的增长，她愈来愈懂得人生成败的关键在于有真本领，而超人的技艺，全凭勤学苦练。

在班里真正挂头牌的是箩头红、疙瘩红等老师傅们。箩头红姓程，小名箩头儿（并非卖箩头者），太谷朝阳人，原本和父亲一起唱秧歌，半路改唱大戏。嗓音浑厚，闷声闷气，有时偷换假嗓，则又细又尖。他唱《八件衣》"鄜坞县"，真假嗓混用，粗细音圪搅，猛听起来甚不入耳，仔细品玩又觉得别有味道。他在《串龙珠》中演徐达，唱"耳风里忽听得人喊马叫"，像是花脸，带有卷舌音和很浓的鼻腔共鸣，喷口打得很远。再加性格随和，能戏甚多，众人公认其是"满嘴秧歌满肚戏"。

疙瘩红是北路人，唱起来韵调像北路梆子，又不全是；说不是中路梆子，又有点像，和小十三红郭云山的父亲贵儿红十分相似。由此也可看出，早期山西梆子尚未完全蜕化定型的痕迹。后来他又学会了唱秧歌——因为搭的是"风搅雪两下锅"，人家要求你唱，你怎能说不会？

---

[1] **风搅雪**：指既唱大戏又演秧歌的戏班。

[2] **破锣班**：指戏班内无主要出资的班主，戏班人人有份，只包份大小不同，实行大家暂时不拿薪资，演出后挣多多分，挣少少分的分配体制的戏班。

遇上有的地方还要求戏班调名人高手，如大要命、二要命、赛汾阳、盖平遥等。他们演唱的曲目有《卖高低》《送樱桃》《割田》《算账》《缝小衫衫》，大都是独人班[1]、二人台和三四个人的小曲儿。

大戏讲究规矩，秧歌要的是鲜活——要你咋唱就咋唱，你想咋唱就咋唱，完全不受剧情与人物的约束。唱腔与道白一划方言土语，走到太谷说太谷话，去了祁县用祁县音，台上台下相互交流，打成一片，难怪观众喜闻乐见。

这种戏班，你说它台风不严谨，表演不规范，艺术不讲究，格调不高雅——这显然是其缺点，但又何尝不是优势？猜测观众心理，捉摸观众好恶，尤其是即兴创作、自由发挥，岂是邪门歪道？应该说这是一个艺人所应具备的艺术素质。

在这里，步云学会了敞开心胸，兼收并蓄，好听不好听都记，是艺不是艺都学，不管它是苦菜还是金针，都往篮篮里捡——收拾出来都是菜。凡是她去过的地方，府南、晋中、东西山，乡音土语都能说得十分地道，秧歌小曲也学会不少。这是她学到的另一类基本功——对于塑造人物、吸引观众大有裨益。直至其成名之后的表演风格，心里有人物，目中有观众，注重规定情景，忽略固有程式与节奏，甚至让不少人误认为她不懂梆板尺寸，应该说与此不无关系。

如今步云觉得，风搅雪的众梨园才是她真正的用武之地。在这里，她无所顾忌，任意发挥，觉得顺心，活得自在。观众说她泼辣可爱，师傅们公认她将来出息不小。她把台上台下都当作自己的"势力范围"，台上演完，台下小唱。有了爱云妹妹的加入，小唱剧目更加丰富，除了独角戏、二人台以外，三人剧目如《捡柴》《教子》等也可以亮相了。多唱多挣钱，多得点实惠当然高兴；但对她来说，多实践多锻炼才是更重要的。台上台下没完没了拼命地演唱，造就了她顽强坚韧、无所畏惧、大胆泼辣、拼搏奋进的性格。这段时期是她艺术生涯中可遇不可求的时期。

---

[1] 独人班：即独角戏。

八 詹财主一眼相中女戏子
　　太夫人狠心拒收童养媳

　　三光子为了小步云,与丁凤章金兰结义,并把丁氏三姐妹一起拉进班里。年轻女艺伶的加入,无疑增强了演出阵营的活力。而丁凤章可称得上营销方面的行家里手,在奶生堂娃娃班就有过拓展业务的经历;入股众梨园后,他主动挑起外联的重担,安排台口,收钱结账。戏班的经济命脉,五六十号人的饭碗,全都操在他的手里。为了自身和大伙儿的切身利益,他绞尽脑汁,巧舌如簧,四处游说,不辞辛劳。避开了财力单薄、名流短缺的不足,大力宣传破锣班同心协力各尽所能和风搅雪要啥有啥的长项,三个女姣娃更是唯其独有的拿人看点。功夫不负有心人,众梨园有了明显的起色。

　　太原县辛村是全县第一大村,当地有"头辛村,二马村,圪地圪塄王郭村"的俗语。每年七月底八月初村里都要连赶两天大会,通常都要唱好戏。丁凤章提前三个月就去找村里的执事联络,可人家计划唱字号班。他苦苦奉劝:字号班徒有其名,花大钱没实惠,越是名角儿越不发力。哪能像咱们新人新戏新班子,你想看啥就看啥。三名年轻坤角儿,他们哪家有?乐艺这东西看的就是个新鲜、稀罕,不能老看一路货,得换换口味。就像吃饭,饺子好,叫你天天吃,还不把你吃腻了!你不信就亲眼看看,不好了分文不要。

　　他使出把死人也能说得站起来的本领,弄得人家没法推辞,就把合约定了:七月二十九起唱,连续四天八场,风雨不误。

　　七月二十八一大早,众梨园全班人马向辛村方向出发。步云按规矩有坐车的资格,但她自从跟上毛毛旦走了一回,以后就把赶路当成练功的机会,跑台步抑或演段子,如"走边""巡城"等,反而不觉得乏困。

处暑已过，满田遍野一派青纱帐，茭子地里有黑霉霉[1]，生吃十分可口；不结棒子的公甜杆，类似南方甘蔗，非常解渴。步云常在农村演出，早已学会采摘这些野味，巡田人也不会干涉。她采了分给姐姐妹妹和师傅们，有说有笑有美味，一路享受一路欢腾，哪里还记得什么腰酸脚疼。

赶晌午在祁县贾令吃了点随身干粮，算是打过尖了。不到目的地不开饭，是戏班的传统老规矩。过了清源县东罗村，一阵东风刮得漫天乌云，黑压压的，就要磨住人的头顶了，说话间豆大雨点滴答下来，催撵着人们顶风冒雨向前跋涉。很快，衣服湿透了，人们不得不在桃花营停下脚步，躲避到一处最为宽绰的大门道里。

桃花营位于徐沟县的西南边，村子不大，历史久远。唐末黄巢造反，沙陀首领李克用戡乱有功，受封晋王；之后朱温叛国，在汴梁称帝，兴兵反唐，李克用统兵交战，曾驻兵扎营于此地，因桃果成林鲜花盛开，遂名之为桃花营。

避雨所在的房主姓詹名璀，乳名河淹儿——概因其是光绪十五年（1889）小河洪水出岸，村庄被淹时所生。兄弟四人，三个哥哥都走关东，本想改换门庭，谁料杳无音信。河淹儿一人继承祖遗良田百亩。他治家有方，开办"聚和隆"粮行兼杂货店，养车养马，雇用长工，勤俭戒奢，生意日隆，遂成全村首富。

詹财主好闹自乐班，是个戏迷，一见戏班到来便热情接待，尤其喜欢这三个女戏子儿。丁家三姐妹第一次赶远台遇暴雨，浑身湿淋淋，像是落汤鸡。巧云与爱云涕泪不止，又湿又冷，又惊又羞；唯步云好像无事一般，无拘无束，不羞不臊，又说又笑，大大方方，还时不时来个小段子。她鹤立鸡群的行为举止，引起了财主的特别关注——他想到了儿子婚姻和家门兴旺的大事。小儿成勋，聪敏可人，左邻右舍都很喜欢，给他起了个绰号——亮壳子。亮壳子年方十一，属虎，如能配上步云这样泼辣大胆的贤内助，还愁家业发达、耀祖光宗？想到这里，詹财主不惜屈驾，向丁凤章提出求婚之事。

此事对老丁来说虽属突然，却也不无准备。自打步云与汪康暗生情愫，拒绝与小增旺相配后，"女大不中留"已成为他的心病，走的站的也断不了思谋，生怕端弄不好，鸡飞蛋打一场空。如今詹财主屈驾求婚，要名有名，要利有利，踏破铁鞋找不着的主儿，何乐不为？人生在世，不就图个荣华富贵？用不了三年，婚事一办，便成了一展手的当家掌柜[2]的，岂是你一个穷唱戏的所能攀比的？想到这里，他不再征求步云的意见，便自作主张承应下来。

六七月天气，小孩儿的脸，说变就变。雨过天霁，戏班赶路，步云却被留了下

---

[1] 黑霉霉：指感染了霉菌病的茭子穗。
[2] 一展手的当家掌柜：独揽家庭财权之意。

来。她情知胳膊拗不过大腿，爷爷既已决定，她无理由反抗，也无法无力反抗，然而她内心是绝对不能接受的。

她以极强的毅力，把天大的苦楚吞咽到肚里，强颜欢笑，依着詹财主的指令，送别了爷爷姐姐和妹妹，以及半年多来日夜厮守的师傅同馆，看着戏班的人马渐渐消失在泥泞土路的尽头。巧云、爱云少不了又是一路没完没了的哭泣。众人对于一个无时无处不在的活跃分子的突然离去，无不有难以言表的失落。而远在祁县的三光子如若得知这一信息，岂不似晴天霹雳？何以承受？与那金兰结义的丁老兄又当如何纠结？好在他如今尚一无所知。而老丁似乎胸有成竹：木已成舟，你奈我何？

再说步云本人，其实她自有主意。多少年来勤学苦练，为的是什么？丰收在望，绝不能因此而使自己的期望变成泡影。

詹财主家晚餐丰盛，二位老人百般安抚，步云倒也没太拘束，该吃吃该喝喝。不过这上好饭菜究竟什么滋味，步云确实未曾品出个好歹。

晚饭过后，财主夫人亲切地把步云拉进内屋，端出红枣，沏好香茶，让步云品尝，并拣了两个红得发紫的大枣放到步云手里。她自己也边吃边谈叙起来——实际上是为盘问得再周详些。这也是步云预料之中的事，她知道到了她"回天有望"的关键时刻了。首问身世，以实详告。父亡母弃，孤苦无依之情，颇令主人动容。而后观其双脚，显然大于常人。步云不等发问便主动交代：原也缠过，却早放开，学艺唱戏，只嫌其小，太碍动作。接下来便问针工厨技，这该是重中之重。

步云从容答道："我们唱戏之人，都说是下九流，实在一点不假。就是个大叫花子。倒也省心，饭来张口，衣来伸手，哪里用得着自己动手？今生今世恐怕与厨工针线无缘分了。"

听到这里，主人颇感不爽，于是直接问步云本人对此婚姻有何主意。

步云顺势或正话反说，或夸大其词："我已二八年华，爷爷奶奶都说已到了谈婚论嫁的年纪。爷爷为我做主，选中你们这高门大户，我觉得自有享不尽的荣华；但又感到门不当户不对，性情、习惯、心思、活法，一个天上、一个地下，就怕自家没此福分。再说，你们做大人的，也总不能老迁就对付呀！日子长了，恐怕好姻缘落不得个好下场。还有，我奶奶告诉过我：妻大两岁，男人的福气；大过三岁，压倒运气。我还让算命的瞎子算过，人家说：鸡配虎，不辩股；虎对鸡，大不宜！我一个女戏子，啥也不在乎，再不好也不过流浪乞讨罢了。你们可是大财主、门第人家！如果因为我而家门不幸，落个如同我丁凤鸣养父妻死母亡的下场，如何对得住九泉之下的列祖列宗？"

这一番表述，既有儿时丧门星的苦难记忆，也有下乡演出时的道听途说，更多的则是来自于戏文以及她的即兴发挥。合逻辑，有分量，针针见血，矢矢中的。可对于主人，恰如好酒美味之中捡出绿头苍蝇。于是不得不单刀直入地问道："那你本人到底愿意还是不愿意？"

"我自己倒也没有什么愿意不愿意。爷爷完全为我好，让我能有个安身之处，吃穿用住样样有，比登台卖艺处处愁强过百倍。可是我不能光为自个儿想，还得为人家他考虑考虑，眼下他人小不懂事，一旦长大成人，知道我是个戏子儿下三烂，还不得像《芦花》《玉堂春》，休不了也得卖了！"

听到这里，财主夫人再也坐不住了。她立马出去找见男人，长话没多说，反正非退不可。

河淹儿一生谨慎，经营有道，治家有方，只因被小步云的精灵所打动，一时感情用事，思虑不周，办下了这桩糊涂事。他是个明白、痛快人，迟办不如早办，说办就办，立即吩咐赶车的把轿车备起就要出发。老婆拦住他道："人家是个黄花闺女，你当是个猫猫狗狗？"

"噢！我又莽撞了！万一人家不走……"

"你等等，光着急也不行。"

老两口一前一后进了内屋，老财主满脸堆笑对步云说道："闺女，你大爷我是个没头脑的人，你大娘说你想得周到。就依你说的办，我这就把你送回去。"

步云赶忙说："我可没说不愿意呀！"

"是嘞，人家闺女没说她不愿意。"

"那是你不愿意。"

"我也不能说不愿意。"

"那就只能是说我愿意了。"

"我去和你家丁老板商议地办吧。闺女，你看我把你拉上送回戏班，见了你爷爷，我和他商议，好不好？"

"你们都是大人，我只能听你们的。不过你无论如何不能说我不愿意。"

"是大爷我说话走风漏气了！天大的事全担在我身上，与你无干，你不用怕。"

财主夫人越思越想越觉得对不住人家，翻箱倒柜把给女儿们准备的衣料，拣好的拿出两套给步云。步云说啥也不接。

河淹儿自有主见，天塌了银子补，无非破点财罢了。

夜深人静，詹财主护送步云上路了。秋蝉与卖油郎各自操着特有的歌喉与节奏遥相呼应，在寂寞的村野，显得格外声高。浮云朵朵，时不时地随意遮挡着小星星的闪烁。

河淹儿一路懊恼，本想为当家做主的女人抬抬轿子，想不到人家还嫌颠簸不熨帖。今辈子注定受不完的窝囊气了，由不得把气撒在辕骡身上。

大红骡子原本就憋着一肚子气，半夜三更，该当吃饱喝足休息的时分，却偏偏出远差，跑这冤枉路。因了皮鞭的缘由，对这位惹不起老婆的主人的些许同情也消减了个干净。

坐在轿车里的小步云则一味地乐不可支，她万万也没想到，如此麻利地摆脱了童养媳的命运——在自己略施小计的情况下，让无奈的主人放送自己回来了。她怎能不暗自洋洋得意，庆幸天遂人愿呢？

我们也不得不为詹太太的果断决策击节称赏，不然，詹家收留了个戏子猴、童养媳，未必能守业发财，晋剧梨园却绝对少了一名承前启后的艺术大师、须生大王果子红。

九　二老友反目因怕《空城计》
　　闺中人回班登台唱《拾金》

　　众梨园从城赵赶到辛村,天已经黑了,安顿了食宿,村里的执事社头[1]来商议戏目。由于丁凤章的刻意宣扬,人家对年轻女伶丁步云印象较深,于是头一出拣的就是她的独角戏《花子拾金》。大轴戏是她与篓头红的《斩子》,中间夹了一本丁巧云与疙瘩红的《满床笏》。夜场是《七星庙》《回龙阁》,中间压轴戏是丁步云的《杀府》带《走边》。尽管步云已留在桃花营,要给詹财主做童养媳,丁凤章还是满口承应下来。人家要见见本人,他告人家说是与班主三光子坐的一辆轿车,尚未赶到。

　　这就是丁凤章的本事,做生意当牙行,买空卖空司空见惯。如今虽然全是空话,但哄得对方丝毫没有怀疑,客套了几句便走了,等着明天看好戏。

　　送走了拣戏的,年近花甲又奔波了一整天的丁凤章身心疲惫,实在支撑不住了,倒头便躺卧在了炕席上。

　　班主三光子放心不下辛村这台戏。人家财大气粗,不怕花钱要唱好戏;咱这草台班,要名角儿没名角儿,要高手没高手,全凭小步云打开了局面。可是步云毕竟还嫩得很哩,万一粗心大意有个闪失,扣点戏价事小,砸了锅日后台口怎么卖?越思越想越不放心,提了他的防身武器打狗棍,一路抄小径踏斜道赶了过来。

　　丁凤章缓了缓神,便睡不着了,坐也不是,站也不是,满地上转悠起来。此刻,他那像被小猫儿抓了的心,一股劲地往上蹿:诸葛亮唱《空城计》,人家有哄骗老司马的能耐;咱二日天明要演"空台戏",又能使出啥的高招来?胡说步云她

---

[1]　社头:指当地乡民的领头人。

得了急病，人家一来不信，二来文约上写得清楚，人病了抬到台上也得露一露面，要不就别想算戏价！

更难办的是，没了小步云，说啥也过不了三光子这架火焰山。

此时他才醒悟到事情的严重性。自己一辈子靠算计营生，算计来算计去，到头来算计出个大失算的"糊涂"来。丢老脸毁名誉还在末节，赔大钱补戏价也只是个眼下亏；说到底，三光子就不饶他呀！

唉！人常说车到山前必有路，他搜肠刮肚，怎么也找不出条道道来。破罐子只能等的破摔了。他把门关上，和衣钻进被窝里，还没熬到迷糊，三光子连敲门带吆喝："嗨，老伙伴，你倒睡了个歇心，快起来！"

怕谁谁偏到。丁凤章像霜打了的茄子，蔫不拉几地爬起来，两腿直筛糠，好容易挪到门前，两只手抖得竟然连门插关也拉不利索："黑天半夜做啥来了？七八十里……"

"七八十里算个甚？一百里还折来回嘞。"

"人们叫你飞毛腿，一点也没错。咋，不放心？"

三光子道："你是不知道，这辛村可不一般。太原县第一大村，四千多人，五六里地面积[1]，各式各样的寺庙数不清。相传此地是列国时期柳跖活动的地方，人称'柳家窝'。柳跖是鲁国大盗，从山东跑到晋阳来，驻扎在柳子沟，招兵买马，插旗造反，辛村是他在河东的据点。

"明清年间，小河泛滥，老村被淹，后在东北部重建新村。因全村男女老少拆旧盖新，既耗财又费时，成年累月辛辛苦苦，于是就把新村起名辛村。

"村内张、何、闫、牛、胥、康六大姓，在口外皆有生意，日进斗金，买地置房，兴学育人，进士举人旗杆院，朝廷钦点。

"两座乐楼，植福寺前的格外雄伟，雕梁画栋，二龙戏珠，方圆百十里，除了榆次永康圣母庙的乐台，再没有能与之相比的了。

"辛村赶会也与众不同，每年二三月与七八月，都办跨月大会，总要唱三五天好戏，甚或对台戏。老哥呀！人家要唱字号班，你硬是把死人说活，选了咱这破锣班，万一合不上财主们的口味，咱辛辛苦苦的戏价可就飞了。"

老丁说："大天塌下来，我丁凤章一人顶着。"

"咱是生意人，不能赌气。我想把步云叫来，咱一起安顿安顿。"

"用不着。"

---

[1] 五六里地面积：乡村人俗语，指方圆五六里。

"咋用不着？不怕一万，就怕万一。你不叫我去叫。"

三光子站起来就要出门，丁凤章一把将他拉了回来，把桃花营童养媳的事一五一十招供出来。

"啊呀呀！丁凤章，好你个人精奸油子……"三光子拳头举到半天空。

"你打吧，打得对。谁叫我财迷了心窍来！"

"再迷也不是这么个迷法。打死你有啥用？走，赶紧上桃花营。"

"就怕人家不放人。"

"弄不回人来，我非把你的脑袋拧下来不可。"

三光子拉了丁凤章："快走吧，时间不等人呀！"

老哥俩拉扯着刚出大门，就看见詹财主的轿车从对面赶来。二人四目相对，不约而同："财神爷来了！"

"丁老板！对不住了。"詹璀远远地喊道。

丁凤章沉了沉气假正经地为两人互相介绍："这位是我们大掌柜申老板，人称三光子。老哥，这就是我给你说的桃花营大名鼎鼎的詹璀詹大财主。"

"实在不敢，实在不敢，小二人[1]一个。"

三光子明知故问："你这是？"

"啥也不能说了，千不是万不是，全是小弟一人不是，难为闺女了。"

心里暗自偷笑的步云，乘势下车，两只手虚掩在脸上，一股劲地"呜呜！"起来："我不活了！"

三光子赶紧说："步云，听话，不哭了，事有事在[2]，不能怨你。去，找你姐姐去。老丁，你把詹财主请到家里。"

丁凤章帮詹璀把牲口拴好之后，詹财主把准备好的物什一齐拿到屋里，硬往丁凤章怀里塞。老丁不接，二人推来推去，相持不下。三光子见势从中周旋："老丁，好聚好散，特事特办；礼尚往来，看个紧慢。你可不能让詹财主难堪，一定要给留点脸面。"

"申班主，看来你也都知道了，我也就不用细说了。"

"到底咋回事？"

"还是一句话，做不了老婆的主。"

"要不我帮你说说去？"

"唉，她定了的，天王老子也不行。"

---

[1] 小二人：指不是很重要的人物，也指不守信用的人。

[2] 事有事在：事情明摆着之意。

"那你打算这就了事了？人家可是黄花闺女呀！在你家待了一夜……"

"哎哎哎，申老板，闺女在我家多说也就两个时辰，吃了顿黑夜饭就上路。谁也没挨过动弹过人家，天地良心，我这里对天发誓。"

詹财主急得要跪，丁、申二人急忙拦住："跪也没用，你得为人家想想，日后还嫁不嫁人？"

"是是是。可又有甚的办法？咱只能天塌了银子补吧。"詹瑾急得把浑身的口袋都翻了个遍，银钱搜出来，一齐放在炕上，"再没有了。一定不行，把我的轿车连带大红辕骡全留下，你二老看行不行？"

"老丁，看来詹财主确实是个实在人、痛快人。依我看，得饶人处且饶人。不过詹财主，我们可不是强逼你。"

"完全是我自愿的，都是因为我一时糊涂，做不了主硬张罗，自作自受。你老是饶了我了，可我就这干人一条回去，老婆又怎能饶我？"詹瑾说着说着抽泣起来。

"说是么说，哪能真的叫你干人一条回去。"丁凤章打心里也觉得有点过分了。

"我们丁老板也是行善积德的大好人，行了，上路吧，詹财主。"三光子就坡下驴。

"感激不尽二位老板大恩大德，小弟告辞了。"

"路上小心点啊！"

送走了詹瑾，二人回到屋内，看到炕上的一堆衣料银钱，禁不住捧腹大笑。

"听人说：山麋野鹿，打住伙吃；打劫要饭，见面分半。老哥，这是你的。"丁凤章把财物一分为二。

"老伙伴，我算服了你了。"

"服我何来？"

"招架不住的元宝硬往头上砸——真是天生的福大命大。三光子我也跟上进了金银洞了，日后就剩下发财走红运了。"

"快把这收起。"

"留着给你的三个赔钱货做陪嫁吧。"

这时的小步云早已钻进了被窝，一手搂着姐姐，一手拉着妹妹，鱼儿入水，小鸟归林，高兴得流出眼泪，偷偷乐得没有个完，只是不敢笑出声来。

值此，顺便将詹家后事略赘几句，以解读者悬心。詹瑾幼子成勋，长大成人后娶妻生子，三男七女，可谓人丁兴旺。恪守家训，继承祖业，"聚和隆"买卖大有起色。孰料日寇入侵,洗劫一空,家道中落。赶走日本鬼子后,仍然饥寒交迫。一九四八年,徐沟解放,詹成勋当上了大队会计,全家才温饱无忧。

返回头再说二日天明,辛村起唱帽儿戏《花子拾金》,丁步云反串丑角,眉宇间一块白豆腐,头上戴顶破毡帽,半幅粗布裙别在腰带上,腋夹烂砂锅,手提讨吃棍。"二性突辘子"[1]上场,一段别具韵味的"表刘流",逗得全场哄堂大笑。

> 那一天我去到大街上游,
> 大街上我遇见两个刘流。
> 大刘流赶的一群牛,
> 二刘流他担的两篓香油。
> 大刘流他的牛惊跑,
> 碰倒了二刘流的两篓油。
> 二刘流气恨不过将他骂,
> 只骂得大刘流满脸害羞。
> 大刘流手执皮鞭将他打,
> 只打得二刘流皮破血流。
> 二刘流去到公堂上告,
> 那坐堂的大老爷他也是姓刘。
> 刘老爷吩咐刘班首,
> 快去到刘家庄去捉刘流。
> 将刘流捉到公堂上,
> 责打他六千六百六十六板六——
> 只打得那大刘流顺腿血流。
> 正行走来用目看,
> 也不知甚东西把我一绊——(大清场[2])

步云演至拾到金子,喜出望外,高兴得不能自禁时,便自说自道演唱起"戏中戏"来——把毛毛旦、天贵旦和三儿生的《捡柴》,一顶三,唱完了。

"好了,戏也唱了,瘾也过了。拾见金子发了财,木匠铺里买棺材。该走了!"丁步云准备下场。

---

[1] 二性突辘子:二性是晋剧唱腔板式之一,突辘子是其起板的锣鼓点称谓。
[2] 大清场:指以大锣鼓点切住,戛然而止。

"不能走！"下面吆喝起来。

"还要咋哩？"

"再来一段三儿生《折桂斧》！"

《折桂斧》完了，还要唱花脸——一声雷的《明公断》。

一声雷是晋中戏界一杆旗。他身高脑袋小，体态精瘦，扮相平常，但嗓音宽厚洪亮，五音俱全，共鸣特强，喷口刚劲，尤具威猛虎音，一声出口，犹如轰雷震天，故得此艺名。

丁步云虽系女流，但年轻气盛，学谁像谁。介板"王朝禀马汉传皇姑驾到"，不是一声雷，胜似一声雷，也让人们吓了一跳。

《见皇姑》没结尾，台下又喊"来一段秧歌"！她紧接着顺口就唱出"家住太谷鼓楼东，道儿北里有家门"的《卖高低》。

"不行，再来一段唱红的！"入了迷的观众好像全然忘记了自己是来看大戏的。

一出小戏已演了半个多时辰，三光子把村里的执事拉到台前，一齐吆喝安顿："乡亲们，生、旦、黑、丑带秧歌都有了，剩下唱红的，看她的《斩子》好不好？"

"好戏在后头哩，慢慢地往下看，先换换口味，《满床笏》也不错。"

听了班主和执事的解说，观众们自己也觉得够意思了："行了，叫人家娃娃也歇缓歇缓，努坏嗓子就看不上了！"

"对，蛤蟆三跳还得一歇哩！"

戏场上平静下来，《满床笏》开了，疙瘩红、丁巧云引不起人们的兴趣，大多还在议论步云。

"什么丁步云，换了个新名字，其实就是泰山庙卖小唱的小果果。"

"是嘞，我看过她的《拾金》，学扮得一模一样。"

……

总算等到《辕门斩子》了，杨六郎刚一亮相，台下又轰动起来。

"果果，发力吧！"

"好好地唱，等着给你叫好哩！"

四句坐场诗：辕门以外炮声喧，行兵宝帐号令严。统帅三军兵百万，抗辽杀敌震九天。

"听见了吧，这才是人家的正门儿呢！"

"刚才的那些不过是外武艺、小杂耍。"

《辕门斩子》是出对儿须生戏，两个唱红的分扮杨六郎和八贤王，几乎一唱到底。今天这二位，一老一少，一男一女，个人禀赋与艺术风格迥然不同。箩头红嗓音宽厚，雄宏低沉，又粗又闷，老腔老调，有时颇像花脸，气势猛，喷口冲，打得远，很能喝醒观众。丁步云歌喉清丽高昂，有柔有刚，新韵新声，时现小生痕迹，声音响遏行云，字正腔圆，让人听得入迷。

　　两人有时独唱，有时交锋，前后小二百句唱词，各种板式运用得当，声情并茂，唱做俱佳。观众一句一个好的及时反馈，极大地刺激着两人，两人互不相让，却又相辅相成，真可谓棋逢对手。而步云最后交印时唱的五六十句大板乱弹，听得人们如痴如醉，叫好不迭。

　　戏散人不散，都等着看果果红。

　　丁步云、果果红成了人们街谈巷议的话题。

第二章

果子红了
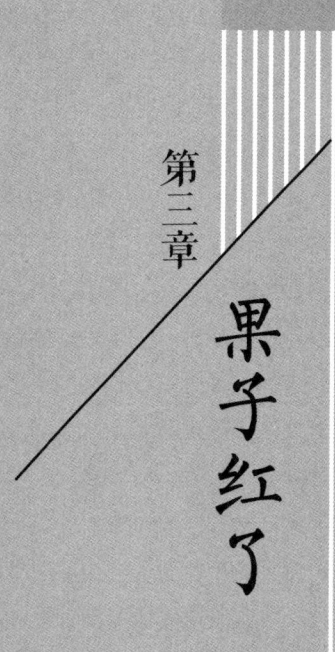

一　草台班生旦兼工挂头套
　　太谷城拜客遭遇冀午斋

步云在辛村，一出《花子拾金》唱得满堂红，《辕门斩子》更令她崭露头角，众梨园因此也大有起色，后改名聚梨园。当年无所谓什么知识产权，你金财主渠淦元当年能叫聚梨园，我三光子为啥不能？且如此还可混淆视听，引起人们的美好回忆。

名号改了，其实还是原班人马，因而不过是虚张声势而已。对于戏班来说，卖台口才是生存发展的关键；所以，拜会应酬写头[1]联络好的客户是十分重要的。要想高攀达官显贵、巨贾名流，就凭你一个二三流草台班打破锣的三光子、丁凤章谈何容易！于是他们想方设法结识了上通下达左右逢源的包税人冀午斋。

冀午斋是平遥县小胡村人，生于一八八七年，世代农家。父亲冀顺魁，兄弟四人，排行老三，生有五子：凤仪、凤歧、凤山、凤池、凤杨。冀午斋是老大，在十六个叔伯弟兄中排行第二，人们都叫他二哥。他的乳名唤午斋，因为他是中午吃饭时生的。然而，世上亦有称其为"舞斋"者，他们实属不知底里，凭谐音而想当然。

冀家一亩六分薄地，五间土房，人多地少，生计艰难。午斋只念过三冬私塾，便随大人下地种田，或打短工、扛长工。死熬活受挨到十八，再不想耗下去了。为了摆脱面朝黄土背朝天的命运，一咬牙辞父别母出外谋生。

平遥人走外的多，有句俚语：有麻雀的地方就有平遥人。走外得靠拉帮拖带，他既无亲戚朋友，走远了老人还不放心，于是就近去了县城。

平遥是秦始皇废除诸侯国实行郡县制时建置的，原名平陶，及至北魏国避太武

---

[1] 写头：负责推销演出台口的人员。

帝拓跋焘名讳改称平遥。地处长安通往京津要冲，唐宋年间商贸已具规模，明清时期进而成为汇通天下的金融中心。

冀午斋去了县城，看到的一街两巷全是买卖字号、店铺商家。他见门就进，可人家不是嫌他没文化，就是嫌他年纪大，当学徒站拦柜都没他的份儿，能要他干的只有打杂活卖苦力。他心想，一样受苦，我何不离家远些？村里人常来常往，让熟人看见，岂不丢人现眼！

在城里转悠了几天，携带的盘费已花得所剩无几，仍然找不到个适当的落脚地点，他就步行到了太谷。这里比平遥还热闹，还古老。据说这里是商纣王先人活动过的地方；到了春秋列国，就成了晋国大夫阳处父的封地；西汉置县，治所名叫阳邑。治所后迁至如今的县城，取名太谷，意指太行山之大谷；还因西面毗邻一条大谷——侯甲水（今昌源河）。

至明及清，太谷商家足迹遍布全省，声称稳操金融之牛耳，民间更有"金太谷""小北京"之传言。

太谷的大商巨富难以计数，仅城内赫赫有名的字号也不下百家，而孟、赵、孙、武四大家更是领衔的佼佼者。

冀午斋在太谷孟家找到了活计。主人叫孟兴让，开着粮店带磨坊，见冀午斋身材魁梧，又勤谨肯吃苦，干起活来挺有窍门，就安排他到磨坊当了面倌。两盘好牲口拉的大石磨，一架半机械化的脚踏锣，一天能磨两石麦子，一般后生干不下来。从小在庄稼地里滚缠出来的冀午斋却觉得不在话下，一干就是十三年。

孟掌柜看见后生靠得住，有灵性，就调他到了粮店门市上，成了三厘生意的小掌柜。这年他三十一岁。上门提亲的媒人踢塌门槛，爹妈征得他的同意，相中了本县曹村二十二岁的大姑娘，姓段名叫振英。大男大女，热事热办，请阴阳看八字，择定黄道吉日，明媒正娶便成就了洞房花烛。

也许是该着冀家时来运转门庭兴旺，段氏媳妇进门头尾五年，就连住生了四个小子。午斋请老东家起了吉祥名字，按五行排列，分别是鑫、森、淼、焱。他不光自己立业成家，娶妻生子，四个弟弟除老二在清源自立门户外，其余三个的媳妇也都是他给操办的。

就在此时，孟兴让当上了太谷县的包税人，让他跟着一起干，打下手。护驾跑腿，与商家打交道，更是他的长项，几次下来，更赢得孟兴让的信任，索性举荐他当了徐沟县的包税人。

民国初年，阎锡山任山西省督军兼省长，颁布《山西省县公署组织条例》，县知事为统管一县的行政长官，下设助理政务、财政、审判、学务的主要胥吏，分别为承政员、主计员、承审员、县视学等，全部公职人员满打满算不过六十余名。

主计员管理税收，若干税种、诸多税户，哪里管得过来？于是便生发出了所谓的包税人。该人代主计员收税，无职有权，也算个肥差。明里是午斋跟随孟兴让干了两年，实际上就是他在亲自操作，其中的脉理摸了个一清二楚。

徐沟是个小县，当年的县知事是五台人王潮珊。冀午斋凭着嘴甜腿勤，善交会算，有胆有识，能硬能软，兼之精细务实，深得上峰赏识。税银只多不少，他也名利双收，两年下来，便成了徐沟地面的红人。

飞黄腾达、衣锦还乡的午斋，大量购置房产，小胡村最好的院舍，他不惜重金终于买到手，使其家终成为富甲全村的朱门大户。唯独不置土地，他的主意是让全家人都像他一样，外出创业，改换门风，光宗耀祖。

孟兴让在太谷包税多年，本乡地面，尽是熟人，成天价上门，除了催税就是要钱。商贾赚钱不易，岂能轻易送与他人？时间越长越不顺手，不得不离开本县去了文水。

冀午斋补了孟兴让的空缺，从徐沟到太谷，虽然不能说一步登天，但业务至少翻了两番。他出身贫苦农家，发迹也算顺风顺水，在商界混迹多年，精通人情世故，深谙舍得哲理，颇能仗义疏财。

税收行业本身涉及面广，且交结的多为雅士名人，他便不吝花销，出手大方。"没有四两，换不回半斤""舍不得孩子套不住狼"，这些话是他藏在心里的定盘星。

他不光交结高人，乡里亲朋找上门来，他也来者不拒，有求必应。专门开着大灶，舍饭济人，每日来求助者不下数十人，也可算得上当时之小孟尝了。

他在徐沟的时候，三光子、丁凤章就对他早有所闻，且有过一些接触。很多时候，戏班少不了请客应酬，攀高结贵，很需要有他这样上通下达八面圆融的高手从中打点、牵线搭桥。

冀午斋是个见过世面的人物，可谓曾经沧海难为水，虽然经常与丁步云酒席宴前应酬，但并无一见钟情之感。个中缘由至少有二：一则步云相貌平平，概非闭月羞花之丽质；再者步云工须生，缺乏花旦般有意无意撩人心弦之风骚。然而，在频繁的接触中，步云精湛娴熟、出类拔群的技艺，男子一般落落大方、质朴无华的气度，以及机敏睿智、刚毅近倔的独特性格，不能不令这一久经商界、情场，年过不惑的老手折服。且随着会面的增多，冀午斋对步云的爱慕之心日胜一日，以至不能自已，进而萌生出占有的欲望。

冀午斋是个性情中人，为步云所动，一发而不可收，眉宇心田，日思夜念。他又是个胆大能为的人，敢想敢做。为把如意佳人掌控到手，他毅然决定承揽戏班。

虽然三光子的聚梨园现成，但他还看不上。老东家兼挚友孟兴让，既是名票鼓师，又有戏箱租赁于锦霓园；拜把兄弟武德胜又正是该班承事，真个是近水楼台。因此，不费吹灰之力冀午斋便把锦霓园弄到手中，又采用赎买手段，疏通三光子，把丁氏一家迎请过来。

丁步云虽然早已到了春心萌动的年龄，但她于家庭并无渴求，所以对于这样一个与自己年龄甚不相当的异性，断无特殊感情——即便对方荣华显赫。至于戏班与众人饭碗的安危，她又不在其位，实不是她所该顾及的。

锦霓园名声不小，但实际上也不过是个硬二抱班[1]，开不了武戏，仍不符合冀午斋的理想。于是他一不做二不休——不办则已，办则求全，定要一鸣惊人——不惜血本从河北请回邱树山、邱德才、邱凤英等全武行一大家。这样一来，锦霓园便成为明星荟萃、名副其实的字号班。冀午斋作为班主，将其改名为锦艺园。

---

[1] 二抱班：指由多个艺人或财主集股共承的戏班，实力不及字号班雄厚，演出不太讲究，只能开文戏，不能演武打戏。

二　锦艺园文武齐全群英会
　　小步云拜师幸逢真盖天

冀午斋接手的锦霓园历史悠久，系太谷县杨成斋于光绪六年（1880）创办，曾参加过山西巡抚张之洞组织的"六大班"省城会演，并赢得好评，有民谣为证。

> 太谷城，小北京，
> 鼓楼盖在城当中。
> 杨成斋，好日能[1]，
> 借了孙家三千两银。
> 独股承起锦霓园，
> 六大班赛演夺头名。
> 父子相传五十载，
> 众口称奇到如今。

杨成斋酷爱戏曲，自己却没有实力，幸有好友孙家的大力资助，组创起行当齐全、行头讲究的一流字号班。

为了丁步云，冀午斋花大力气承办锦艺园，但他自己仍以收税为主业，戏班之事全靠拜把兄弟武德胜打理，自己当了甩手掌柜。

武德胜任职承事，虽无多艺术专长，但却是经营里手，尤其善解冀二哥心意。除了加意照料好其意中人丁步云外，关照乡里亲朋，也是其十分看重的事项。因而

---

[1]　日能：精明之意。

做饭的、赶车的、看门的、打杂的，只要是一般的非艺术性的劳力活，一划用本乡地面人，甚至连文武场面也全由平遥人掌控。

鼓师四老虎李树茂，出生于平遥府底村贫苦农家，兄弟四人：老虎、二老虎、三老虎、四老虎，大名分别为李树根、李树深、李树叶、李树茂，寓意根深叶茂，振兴门庭。

李树茂解放前后一直在新化剧院打板，一九五九年响应国家号召，与筱桂芬等支援边疆，参加新疆维吾尔自治区晋剧团，为当地军民献艺、服务。三年后返乡，分配在山西机器厂工作，主要参与业余剧团活动，一九六二年退休回村，其膝下无子，与继室安翠兰厮守到老，一九七六年寿终正寝，享年七十四岁。幸有玉珠及侄子送葬立碑，清明祭奠。

琴师郭鹏飞，平遥洪善沿村堡人。一九〇六年生，自幼迷恋戏曲音乐，整日待在票友自乐班社。天资聪明，自学成材。冀午斋敬其年轻有为，主动请其来班里，坐镇文场，他也尽心尽职。尤与丁步云相处融洽，以至将丁之义女拉弟娶为儿媳，与丁步云成就儿女亲家，这是后话。

李树茂与郭鹏飞在当时都算不上名家高手，但相互配合默契。行话所谓"窝儿班，三好不如一合拍"，所以仍能得到诸多名流的认可。

武德胜起用大批平遥乡里，一则与二哥扬名在外惠泽乡梓的意愿吻合；二则乡人多怀沾光受惠的感恩之心，主动依附，不出难题，便于管理。戏班是个特殊行业，常言道"要怄气，承班戏"，似乎班内个个都有拿人的一手，确实不好操纵，于是乎群众基础显得尤其重要。

实力雄强的班主、经营得方的承事、稳定的基层团队诚然重要，但戏班成败的关键还在主要演员。冀午斋的锦艺园，无论"三大门"，还是"三小门"，在当时的确称得上是真正的一流。

初出茅庐的刘芝兰，年纪不过十四五岁，容貌出众，气质不凡，活像一块磁力超强的吸铁，一出台便能将观众紧紧吸住。她本名丁碧天，北京人，出身贫寒，幼年丧父，生活无着，为名宿刘少贞收养而改其名。刘本京剧名角，人称"刘一腿"，底功极好，主攻刀马旦，红黑生丑行行皆能，后与筱吉仙张宝魁结为夫妇。刘少贞对刘芝兰管教甚严，颇多亲授真传，可谓名师出高徒。芝兰之后又入小自诚园，与狮子黑、十七生、黄兔子、子都生等名人同台。她勤学好问，博采众长，在实践中又大有长进，人称"气煞筱桂桃"。她扮相俊俏，嗓音甜润，唱腔委婉，身段利落，刻画角色细腻，撩人心弦。常演的剧目有《凤台关》《辛安驿》《破洪州》与小戏《换花》等，其饰演的角色都别具特色，与众不同。

秃儿旦郭栋梁，徐沟冯郭楚王人，从小入太谷乾梨园学艺。身材稍笨，双目有神；嗓音虽属平常，唱腔却梆板清楚，且韵味较浓；表演到位，动作规矩。为人正派，个性随和，人缘很好。多演《断桥》《教子》《血手印》《明公断》等熟戏。在锦艺园他只能算个二套，挂头牌的是天贵旦。

奴子生是文水大象人，本名温兆林，系三儿生孟珍卿的过门徒弟。嗓音纯清，扮相英俊。曾在东西二口闯荡多年，实践中的锤炼，使他的技艺更臻成熟。他还学到了京剧、河北梆子等剧种的化妆技巧，故而在这方面也能高人一筹。唱做念舞，表演投入，真情感人，深得乃师衣钵。演出《折桂斧》《黄鹤楼》《琥珀珠》《庙中会》等戏，颇具三儿生的风度。出演《宁武关》中的周遇吉时，曾轰动晋中地面。

三花脸王福义，被公认为山西梆子丑行翘楚。清源县水屯营人，八岁即入太谷二锦霓园，先学青衣，因长相欠佳、身材矮小而改丑行。生性机灵，幽默逗人，天然喜剧角色。勤奋好学，苦练不辍，底功过硬，身段潇洒，演技讲究，超凡脱俗。尤其是他的斛斗小翻，起范儿高耸，身轻如燕，人们送其雅号干茭叶、草上飞。

拉面红小名三蛮，个性与其名甚符，较为粗鲁，不太讲究礼貌。技艺也较全面，要甚来甚，但都欠精通。嗓音清脆，唱腔高昂，颇能喝醒外行，里手则嫌其梆板尺寸多欠火候。有次在外演出，村里为了鼓励兼犒赏大家，专门宰了头肥猪，午饭是红烧肉打卤拉面。他生性嘴馋饭量大，一口气吃了好几碗，回到下处，躺倒便睡。下午戏是《反棠邑》，他饰伍尚出台亮相，而后坐帐，四句诗竟然念不出声来，观众哄堂大笑。后面的乱弹也没有一句能上调，他在台上唱，人们在台下号，整场戏乱了个一塌糊涂。打了尾声散不了场，观众不依不饶。掌班无可奈何，只得让他的同馆说书红重演一遍。卸妆后，承事把他叫到账房办他的"公事"，问他到底怎么回事。他哼哼哧哧说不出个长短。大伙儿替他解围，说他拉面吃多了，连上蒙头大睡，把嗓子捂坏了。承事听了又好气又好笑，训斥一顿，按班规办，罚三斤刀头肉供神了事。名为酬神，实际上是让大家享享口福，嬉笑声中汲取教训。从此，"拉面红"便成了他的艺名。

狮子黑乔国瑞，乳名根林，是一位素有志向且颇具毅力的著名的花脸演员。体型魁伟，天庭开阔，眼眶凹陷，双眸凸显，炯炯有神，不怒而威。他生性温和，诚直耿介，克己奉公，为人宽厚，大家都尊称他根林师傅。

根林师傅应工大花脸，兼演二净，戏路宽绰，能戏尤多。在《沙陀国》《炮烙柱》《捉放曹》《鸡家山》《凤仪亭》《草坡》《嫁妹》等剧目中，塑造了诸多栩栩如生、性格迥异的"这一个"人物，出神入化，感人至深。他对艺术精益求精，一丝不苟。为了贯通昆曲，不惜二返禄梨园，与班主商定，自愿参加演出分文不取，只求请来河津焦大娃，专门授其昆曲技艺。他勤钻苦练，边学边演，一年之后，获得《功宴》《草坡》《嫁妹》等真传。后入自诚园、双福庆等名班，声望日著。

冀午斋不惜重金，屈驾三顾，将根林师傅请进班来，当时其年近五十，为了让他行动方便，还赠予他骏马一匹。

丁步云与之相识，对其十分敬重，引其为终身的良师益友。

盖天红王步云，既任掌班，又挂头牌，他是丁步云久久仰慕之偶像式的一号人物。如今，天使地差同搭锦艺园，步云岂能不盼尽早一会？她请三大爷孟珍卿引荐，还备了点小礼：八个太谷饼、二斤猪头肉、两瓶老白汾。

三儿生与盖天红，一个出科清源东罗村小梨园，一个学艺徐沟杜村喜盛园，相距不足十里，不是同馆，却是老相识。三儿生大盖天红一轮，同属羊。现在两人同担掌班，不分彼此，出则同乘一辆轿车，住则共占一处房间。

三儿生领着步云回到房内："盖掌班、小老弟，小步云看望你老步云来了。"

"王大爷，一点小礼，不成敬意。"丁步云将礼品放在炕上，恭恭敬敬向盖天红行了个鞠躬礼。

"唉，不敢，不敢，实实的不敢。"

"人家娃娃敬奉你，可不能不识抬举。"

"王大爷，我打小儿就知道你的大名，我家孙师傅教给我的都是你老人家的戏段子，我成天价睡里梦里哼的也是《下河东》《哭灵堂》，连名字都起得和大爷一样哩。日里思，夜里盼，早想见，就是见不上。前些年跟毛毛旦师傅去榆次王村唱对台戏，人们说盖天红唱《忠报国》，看完后才知道不是真的，是假盖天红。"

三儿生插口："榆次郝村的灌肠红，学的唱的做的念的，都是你的一套。"

盖天红接着说："锦云大哥长我两岁，小时跟着叔父卖灌肠，后来住了二锦梨园娃娃班，嗓音不亚于我，唱腔霸道。出科后在张家口一带唱得挺红，人们都叫他盖天红。确实功底深厚，演艺不凡。"

"再好也是跟着你跑，假的真不了。这才是货真价实的盖天红呢！"三儿生拍着盖天红的肩膀，显得十分熟稔亲热。

"总算见到真人了，日后还求盖大爷多多指教。"说着丁步云三叩九拜施过正式拜师礼。

"不敢，真的不敢，你已经是大红人了。冀老板亮眼识明珠呀！"盖天红话外似有别音。

"人家是人家我是我,我只知道自己就是个唱戏的。我是一心一意要学盖大爷的,大爷可一定要严加管教我这个徒弟啊!"

"你放心吧,管得少不了。来,老弟,人家敬供你的礼品,我也沾沾光,这可是康熙爷钦点的供品啊!"

"二位大爷你们在,我不陪了。"步云行了个礼,一笑出去了。

三儿生和盖天红品着老白汾,就着猪头肉和太谷饼,聊起了冀午斋的闲话……

三　慕才俊日夜尽做鸳鸯梦
　　动真情万般无奈吞大烟

　　三儿生与盖天红喝完了酒，话兴更浓，睡不着觉，于是关上门一唱一和，继续褒贬起冀午斋来。
　　"冀午斋可也算得上个能人。"
　　"算得上！正儿八经，少有的大能人。"
　　"祖祖辈辈的庄稼人，一下子冒出个包税官、暴发户来。"
　　"可不是一下子冒出来的。打小儿出门在外，住地方当学徒，提茶壶倒夜壶，当磨工扛麻袋，带拉硬板车，啥的恶苦没受过？"
　　"光死熬活受也不行，还得懂窍门。"
　　"还得有运气，有人看得上。好马常有，伯乐不多呀！"
　　"对。孟兴让孟大头就是个好伯乐，有眼力看得准。"
　　"收税打下手，能软能硬能伸缩，能当爷爷，也能当孙子。黄道黑道路路通，里里外外八面圆。"
　　"又赶上太谷包税的空缺，捡了个肥差。"
　　"什么肥差，肥差还能空缺？是个难活。"
　　"反正发了一笔大横财。"
　　"能当好赖人，有真本事。"
　　"也怪，发了猛财，光置房子不买地。"
　　"打定主意改门风，不当庄户人。"
　　"小胡村的头等梯儿瓦房院，里五外五。"
　　"四个兄弟，一个挨一个，都给成了家。"

"他老婆更能干，头尾五年给他生了四个小子，金木水火，还不知足。"

"还差土呀！怪不得又看上了小步云。"

"看上小步云可不单为养娃娃，是看上人家长得好。"

"要说长相，我看也罢了。大手大足大嘴大脸大额头。"

"你怎光往邪里看？人家还有大眉大眼大胆大方大气大红大机灵。再说哩，女人长下男人的相，唱红正合适。"

"冀二哥可真动了红心了，白的黄的花了无其数，搬人拱客承起这锦艺园，还嫌不全乎，又从河北请回老邱家来。"

"我看他闹不好是给自己请来冤家了。你看那邱老二，整天前前后后，追得小步云紧紧的。"

"冀老板本来也是，年纪大小且不说，脾性就大不合。夫妻两口子不能光知道做那，有荤还得有素。你知道的他不晓得，你喜欢的他偏不待见。日子长了，不怄气才怪哩！"

"嗨，过了一天算一天，高兴了今天，不管它明天。"

"倒也是。再说也由不得她小步云，丁老板逢人就打点，要人们帮他看住盯牢，无论如何不让两个小年轻的染窝在一搭里。"

……

两人究竟叨咕到啥时候才迷糊了，他们自己也记不清了。

九月十八，秋高气爽，锦艺园由太谷赶赴祁县贾令演出。丁步云与天贵旦同乘一辆加蓬大车。刚出太谷城，就见邱树山不知啥时候跟在了旁边，走路一瘸一拐的。

丁步云对邱树山颇多爱慕之心，见状便向天贵旦道："大爷，让树山上来吧！你看他的脚崴了……"

"这我可不敢。纵然真崴了，他也别想沾这个边。"

"为啥呀？"

"丁老当家的有令，让我把你看护好，不让他们这些'赖小子'招风惹祸。"

"我咋成赖小子了？我不动手脚还不行？"邱树山在一旁接了茬儿。

"不动手脚，还有眉和眼哩！"

"我把眼闭起来。"

"那也不行。丁老板的旨意，我不敢违抗。"

"王大爷，我下去练练台步？"步云的话里带着几分难言的恳求味。

"练功好啊，可不能走得没影了！"

"遵命！"

丁步云与邱树山相随相伴已非一日，自从邱树山入了锦艺园，两人便一见钟情。对此，多数人寄予同情，眼睁眼闭；唯独丁老爷子处处设防。当然这反倒产生了催化的作用。

贾令是祁县第一古镇。传闻秦始皇实行郡县制，祁县首任县令姓贾名辛。当年昌源河泛滥成灾，肆虐民众，贾县令选择此风水宝地修筑镇河鼓楼，果然奏效，自此乡民安居乐业。为永记贾县令恩德，乡民就为此地取名贾令。该镇地灵人杰，据说，古典名著《小五义》中无人不知的白眉毛徐良便出生在这里。

九月二十是传统庙会，天气宜人，又有头等好戏，自然人山人海，热闹非凡。

打炮戏离不了《满床笏》，邱、丁二人都没演出任务，正好抓紧时机到丁家姐妹屋中商讨对策。

丁凤章是个老油子，何尝不知道年轻人的心事。他前后台一扫寻，不见二人身影，就径直找到丁家姐妹房间。不出所料，逮了个正着。不过他们并无出轨举止，只是比肩依偎。

老丁不惊不乍、不气不恼，心平气和地说道："树山兄弟，你初来乍到有所不知，步云早已是有了人的人了。今日老哥把话挑明，日后就该自重一点，免得自找麻烦。啥事也得讲个先来后到嘛。"

"丁老板、丁掌柜、丁大爷！我听你的。谁叫我迟来一步呢！"邱树山苦笑了一下，不情愿地离去，一步一回头，似乎眼眶里有东西在闪烁。

丁凤章望着他的背影回补一句："早来三步也挨不上你！步云、果果，爷爷的心思，不说你也清楚。邱树山人长得没弹剥，可他是个翻跟头跌下把的，时时不保霎霎，说不定啥时候跌断胳膊摔折腿，谁养活谁呀？与其是他，还不如人家小汪康呢！事到如今，你也不是不知道，冀班主花费得还不够多吗？人心换人心，咱老丁家不能对不住人家。爷爷的脾气你最明白，我定了的主意，没人能移改。我也知道，你也跟了爷爷，比爷爷还钢骨。不过你想一想，爷爷为了谁？还不是为了你，为了咱全家？咱老丁家可就全指望你呀！你摸摸自家的良心，好好地想想，我走了。"说完这番话，老丁好像也挤出了老泪。

丁凤章没有像当初滔滔不绝——知己知彼，何必多言。

丁步云陷入深思。她想到束鹿、郑村、小五台、斗鸡场，想到奶生堂、海子边、泰山庙，想到孟封荣梨园、城赵破锣班；她想到死去的父亲，卖她的母亲，收买她的妈妈奶奶，留养她的爷爷奶奶，以及小刘爷爷、增旺弟弟，想到老顺保、孙师爷，还有三大爷、毛毛旦、三光子、篓头红、疙瘩红以及日思夜盼刚刚拜了师的盖天红，更忘不掉被棒打鸳鸯难以结合的意中人汪康哥……

她无论如何想不通人生为何有如此多坎坷：小增旺、詹财主和她不着边际；精明帅气、亲和体贴的汪康哥不得不和她渐行渐远；而今，邱树山同班同行，志合道同……

她不禁联想起祝英台与梁山伯，想起织女牛郎以及《凤仪亭》中的主人公……

她把自己一个人关在屋里，躺在炕上，闭起双眼，像看西洋景拉洋片一般回忆着过往。世态炎凉、艺途坎坷、姻缘难成，怎么就全部让她一个人遭遇上了？她从心底吼出："我来到世间，还没过完十九个春夏秋冬呀！"她第一次想到了死。

她想来想去，好像只有一死，才能一了百了。可怎么个死法？投河跳井，悬梁上吊？太可怕了。

她猛然想起，自从搭了三光子破锣班之后，整天价在乡下演出，有一次爷爷给了她一丸锦盒妙药，告她说一旦吃喝不当，或受了风寒暑热，得了绞肠霍乱，肚痛不止，实在顶不住的时候，服下荬子颗粒大小的一点，就可立马见效。并一再嘱咐：万万不可多服，喝多了会要人命的！今日是用得着它的时候了。

她从行李中取出那个锦缎裱糊的硬纸小盒，里头放有一颗白蜡皮裹着的丸药——棕黑色油光发亮，还散发出一丝幽幽的异香。

她久久凝视着手心里的锦盒妙药——真要死了并不那么痛快，年年轻轻，唱戏的好日子刚开头。盖天红还没教她一句；老顺保、孙师爷指望她能成大器；爷爷奶奶下了多少心血；每逢见着汪康哥，少不了带她去吃她喜欢吃的狗不理包子；眼中心上挥之不去的邱树山；还有日夜相伴、形影不离的姐姐、妹妹、小玉珍……

舍不下，一百个一万个舍不下呀！

寻死真难，比以前遇到的难还难。不过，再难也得死。人死如灯灭，管他什么情仇爱恨、天地良心！

她是个有胆量的人，一咬牙一合眼，吞下了手中的"妙药"。

四　武德胜救急求得洋医生
　　孟兴让仗义主婚马莲滩

　　丁步云思前想后无可奈何，狠心吞下那锦盒妙药，躺在炕上等待死亡；但过了好久，毫无难受之感，反而倒有点欣欣然。她坐了起来，走到梳妆台前，照了照镜子，从容地梳理发髻，整容抚鬓，自觉一切如意之后，遂复躺在炕上，盖好被子，等待死神来临。

　　谁晓得死亦不那么容易，不一会儿，口干舌燥，恶心呕吐，头晕目眩，肚痛得要命，好像肠子绞在了一起，疼得她满炕打滚，却没有喊出一声来。当她觉得牙都快咬碎时，终于昏了过去，又像是去了另一个世界。

　　散了戏后，巧云、爱云和小玉珍相跟着回来，门子倒关着开不了，左敲右喊没人应声，巧云吩咐爱云赶紧把爷爷找来。

　　丁凤章来了一看，叫声"不好"，一个人便把门扇掇了下来，只见步云直挺挺躺在滚乱了的被子上一动不动，身边还放着那小锦盒。他二话没说把武德胜叫来，只说步云得了绞肠霍乱，让他赶紧把班里的事交代给三儿生和盖天红，然后叫人将步云抬至马车上，二人押着车便赶往太谷。

　　一路扬鞭催马，天刚刚黑便进了仁术医院。这是当时当地最好的医院，是美国人开的。人送进急救室，老丁明确告诉主治医生是吞了大烟土出的事。

　　此时的步云，面色苍白，昏睡不醒，摸不着脉跳，呼吸微弱。大夫们又是催吐，又是洗胃，又是下泻，同时输液打针，对症治疗。

　　与此同时，武德胜已找来冀午斋，把院长和美国医生都请到床前，表明不惜一切代价，一定要千方百计把人抢救过来。

　　由于发现及时抢救得力，人总算缓过来了，但仍处在昏睡状态。

冀午斋不失时机心甘情愿当起了义务陪侍员。看着昏迷不醒的步云，他坐立不安，不知如何是好。

丁凤章老成持重，能沉得住气："没事不能找事，有了事不能怕事。这怨不得你，都是她自作自受自找的，能保住命算万幸，纵然有个三长两短也没法子。"

"不管怎样，我都承担，你放心吧。上年纪了，你歇缓歇缓，我来照护。"

丁凤章确实支撑不住了，和衣躺在了旁边的空床上。

冀午斋觉得时间像凝固了一样，迟滞而漫长，用"一刻似三冬"来形容，似乎也不过分。

看着病床上只有微弱呼吸和心跳的步云，冀午斋像热锅上的蚂蚁，浑身的疲倦让位给满心的不安，心底里重复着一句话：要是能把她救活，我愿替她一死！

许是虔诚感动了天地神灵，两天以后的子夜，步云的身子动了一动，双眼微微闪了一闪。冀午斋急忙倒了半小碗温开水，一匙一匙喂下，低喊高呼仍无反应。直到鸡叫头遍，步云才挣扎着坐了起来，冀、丁二人左右扶护。步云显然不愿接受："这是……怎么俺姐她们呢？"

二人同时答道："她们都有戏离不开。"

"哎呀！这……那护士呢？"

冀午斋赶忙叫来护士。

"要方便？好啊，排了便就好了。"护士说着示意男士回避。二人会意地笑着出去了。

"可以进去了。"护士端着便盆向他俩打了声招呼。

冀午斋走到步云跟前："想吃甚哩？我给你弄去。"

"她自幼就好喝荷包蛋拌汤。"步云没开口，老丁抢答了。

冀午斋弄饭去了。丁凤章数落起来，他完全不考虑她尚未复原："你怎么能走这绝路呀？你死了对得住谁？我把你从小养大成人，我容易吗？你容易吗？有啥想不开的你说呀！这样一声不吭走了，我跳进黄河也洗不清，爷爷没有逼你死呀！"老丁说得老泪纵横、泣不成声。

"爷爷，我对不住你老人家，你打我骂我，反倒痛快一些。"步云给爷爷擦了泪，而后抱在一起。

"荷包鸡蛋拌汤来了！"冀午斋先声夺人，走进屋内见状，变了口气，"世上只有爷孙亲！来，先吃饭。"

"趁热喝吧！"丁凤章把步云扶坐在床上。

步云的确饿了，很快把一碗拌汤吞下，擦了擦汗："好了，该走了。"

"人常说病去如抽丝，不能着急。"丁凤章劝阻。

"耐心点，再好好地保养两天。"冀午斋附和。

丁凤章继续方才未尽的数落："没事找事，自作自受。爷爷我是一门子为你好呀！一十五个春夏秋冬，五千四百个日日夜夜……我和你奶奶都是六十开外的人，黄土埋到脖子上了，还指望你养老送终，逢七过忌烧纸上香，祭奠添坟。没想到，一万个没想到呀！你是讨债来了，我们两个老不死的，前世里欠下你了。讨够了要走，我让你走……"说着从怀中掏出一个锦盒，"明告你，这是大烟土，你再把它吞下去！"当着冀午斋，丁凤章有意显显自己。

丁凤章硬塞给步云，冀午斋赶紧夺了下来。

"小果果，小步云，大讨债，大冤家，我的姑奶奶、小祖宗呀！"丁凤章真的说到了伤心处。

"爷爷呀，爷爷！"步云也抱住爷爷放声大哭不止——这是有生以来的第一次，也是她一生中唯一的一次。

全院人被惊动了，护士医生先后赶了过来，以为出了什么意外，走近细看，如释重负："叫她哭吧，发泄出来痛快些。这就好了，不用怕。"

该冀午斋表白了："我是受苦人出身，没念几天书，文化不多，粗人一个，说话也不讲究。不过咱明人不做暗事，真人不说假话。我看上你不是一天两天了，三年前一出《花子拾金》就把人打蒙了，世上还有这般好的乐艺。打那以后喜欢上了你，也喜欢上了戏。近年来三天两头一张桌上请客吃饭，你的精明大气，你的男子汉做派，让我见一面三天心神不安，魂也跟上你跑了回不来。承这有文有武的锦艺园，就是为叫你唱得红上加红。"

"人家冀老板哪一点对不住咱老丁家？哪一点配不上你，论身材，论长相，论本事？不就是岁数大了点！可还不够两轮儿呢！孙中山比宋庆龄大多少？小三轮呢！"丁凤章忍不住插嘴道。

"丁爷爷，这事不能硬逼，强拧的瓜是苦的。能成更好，就是不成，我也不后悔，照样高兴，该咋的还咋的。我能为步云出力做点事，就是福气和运气。还有人说我是好赖人，我认。干包税这一行，光好人能行？但在步云身上我决不做对不住人的事。步云，你不用怕，走到一起是夫妻，走不到一起是伙计……"

此时的步云陷入了痛苦的反思中。首先她慑服于爷爷的严厉与软硬兼施，其次冀午斋确是个从容豁达之人。她痛定思痛：爷爷是救命恩人，冀午斋为自己承起了人称府南、晋中第一班的锦艺园。人家是包税官，是整天价跟在县太爷鞍前马后的红人；而邱树山干人一条，加上邱家一干人，也都指身度日，泥菩萨过河自身不保，哪里能靠得住？活人难呀！得想全了，看开些。爷爷是从全家人的实际出发，自己不能只图一时的开心痛快。想到这儿，她一咬牙，想通了！

"行了行了行了！说上没完了，我答应你。"

"你答应了？！我这里谢天谢地，谢丁爷爷！"

"但是，你也得答应我几件事。"

"只要我能办到，十件百件千件万件你提吧！"

"首一件，你得给爷爷一笔钱。"

"彩礼少不了。"

"得够老俩安度晚年。六十多岁了，苦了一辈子，如今还跟着我流浪乞讨。"

"女婿半个儿，侍候到百年，养老送终是应该的。说第二件吧！"

"第二件你不能欺负邱树山。"

"这还用说？！他是我花大价钱请来的神圣，头套武生；再说了，欺负高手，那不是人干的事。"

"第三件，我不当姨太太，我要唱一辈子戏。"

"我要不让你唱戏，承的锦艺园做啥？"

"再一件，我虽然做小，但必须明媒正娶。"

"这也不用说，我也不是偷偷摸摸的人。"

"最后一件，落喜房入洞房不回你平遥小胡村。"

"咱俩想的一样，免得七处里[1]不高兴。当然首先考虑的是你。宗宗件件都照你说的办，决不打半点折扣。我敢对着老人发誓：若有反悔，天打五雷轰，下辈子不转人。"冀午斋跪地叩头不止，丁凤章赶紧拉起他来。

"下辈子谁晓得？就管眼下吧！"

"眼下你好好养病。养好病你说咋办就咋办，你说啥时办就啥时办，我等你的。"

"我本来就没病，你也不用等。迟办早办总得办，迟办不如早办，免得你夜长梦多睡不着！"

"那就再好不能了。"

丁凤章眉开眼笑："这就是造化……"

正在此时，邱树山提着包点心与巧云、爱云、小玉珍相随着走了进来。

"冀班主、丁爷，你们都辛苦了！"邱树山显然有点拘束。

---

[1] 七处里：四下里、到处的意思。

二人同声答应:"是你们辛苦了,都回来了?"

"回来了。"

"那你们照料照料,我们去班里看看。"冀午斋拉着丁凤章走出医院,商议请阴阳看黄道以及安洞房等有关婚事的林林总总。

"二姐,怎样?把老人家吓坏了吧!"邱树山比丁步云小一岁,故而如此称呼她。

"他是我爷爷,我得尊重他!以后你再不用在我身上多费心了。"

"为什么呀?"

"这你不必问,反正我不能昧良心。"

"胳膊能拗过大腿?"巧云插了一句,然后走向妹妹,"身子怎么样了?"

"好了,你看。"步云大摇大摆迈了两个大步。

"二姐瘦了。"爱云抚摸着二姐的脸。

"二姨,咱们走吧!"小玉珍也凑了过来。

"走就走。"步云说着便收拾行李。

就这样,未经护士同意,她们有说有笑就相跟着出了医院。邱树山也跟在后面,闷闷不乐,像是霜打了的嫩苗。步云少不了寻机安慰一番。

冀与丁二人已问过阴阳,按他们的意思,婚期就定在农历十月初六。

锦艺园扎在太谷城内大巷五号,孟兴让的正院,紧挨着的东面三号是马房院。冀午斋将此事大致向孟大哥作了交代,并请他做媒人。孟兴让当然高兴,老弟有此大喜,他何乐不为。

至于洞房,冀午斋有位哥们儿家住城内马莲滩五号,专门为他腾出两眼大窑洞。

黄道吉日,风和气爽。婚姻两家事,实际却都由冀午斋一人操持。孟家正院里五外五,外带偏院,总共大几十间房屋,设宴招待嫁娶双方家人及亲友。孟兴让坐镇指挥,三儿生、盖天红两位协理。

马莲滩则由武德胜一人总管全局。

参加婚礼的女方娘家人有丁凤章老两口领的小增旺,还有在戏班的巧云、爱云、小玉珍以及刘凤祥夫妇及小儿子拴季。

男方只派来老三、老四兄弟二人。

此外还有,孟兴让、武德胜全家,街坊邻里,锦艺园满干[1]以及太谷、徐沟两

---

[1] 满干:全部之意。

县官绅豪富、字号买卖等等，当然也少不了丐帮。

午宴开过，刚交申时，新娘凤冠霞帔，乘坐八抬大轿；新郎披红挂花，骑着狮子黑的枣骝骏马，由大巷五号起程，巡游鼓楼四街。鞭炮齐响，锣鼓喧天，笙箫笛管乐音袅袅。沿途夹道大街小巷，男女老少赶来看热闹的，拦轿抢喜糖的，不计其数。迎亲送亲队伍浩浩荡荡，如潮般涌进马莲滩。

日落酉时鸡上架，拜天地入洞房，花烛之夜的喧腾戏闹，戏班之人定然非同寻常，别出心裁。邱树山也在其中，此时的嬉笑悲苦，自不待言。

五　老步云全天误戏因河涨
　　《琥珀珠》救场成名果子红

　　农历十月初六办完婚事，客去主安。初八，娘家人，包括刘凤祥夫妇，要回太原。冀午斋给派了辆专车，并带了各样美味。起程前新人送行，作为新女婿[1]的冀午斋明确叮咛老人：回到郑村，拣合适院舍买上一处，再添上一二十亩好地——流浪闯荡辛苦了一辈子，该安安心心颐养天年了。

　　步云更是依依不舍："天凉了，把门子窗户弄严实点，再生上个洋炉子，不要冻着熏着，过两天我们就回去了，不用结记。"

　　年逾花甲的老人，平生第一次感到了当长辈的欣慰与尊荣，心满意足、高高兴兴地离开了给他们留下深刻记忆的"小北京"。

　　按说同蒲铁路早已开通，坐火车岂不方便？但冀午斋爱屋及乌，对老泰山和丈母娘加意呵护——专车毕竟排场讲究一些，再说自己的车马，眼下也正闲着。

　　对老人们来说，闲暇无事，有的是工夫，悠缓一些却更便于沿路浏览欣赏晋中田野初冬时节的别样风光。

　　丁凤章的心全在置家产上，他与刘凤祥商议，如何少花钱多办事。当年的外路家，如今已成了"坐地虎"，小刘满口承应，说帮老东家办正事，置房买地，显富抖威，是自己出力报效难得的良机；而且也早有此等预想。

　　太阳落山时分，车到太原，路过郑村把刘凤祥一家三口放下。丁凤章再三叮嘱置办房地之事，刘凤祥让他尽管放心。

　　丁凤章回到东米市粮店，向汪康炫耀了婚宴的排场和冀午斋的大气神通，言

---

[1] 新女婿：虽然丁步云称丁凤章二老为爷爷奶奶，但那只是出于年龄的考虑。对冀午斋而言，实质上他就是女婿。

外之意是让小汪断了念想；继而转入正题，让小汪引带增旺学做生意。汪康有苦难言，暗怨老丁先前棒打鸳鸯散，如今又要夺回经营权，何其狠也！但又奈何不得，只好屈意顺从。

岂料小增旺不遂人愿。此儿虽非"娇生"，却是丁老太太一手"惯养"长大的"少东家"，没有一丝半毫随像长辈，既少勤劳，更乏耐性，还沾染了不少纨绔习气。念书恨师严，学徒怕麻烦。丁老爷子好说歹说，他就是不入套不就范，气得丁老爷子七窍生烟，汪小掌柜倒做了顺水人情。

十月过半，大名鼎鼎的字号班锦艺园按时封箱。将众人分别安顿之后，一对新人到太原回门省亲。见到老人先问买房置地之事——俱已落实：五间表砖房的一处旧院，空基倒有一亩三分；耕地二十余亩，确属良田。看来惯于投机钻营的丁掌柜，置有所需，物有所值，并未狮子大张口。

冀午斋因翁婿关系，对老丁其人的认识更进深了一层。如数办妥了付款汇兑手续后，夫妇俩拜别双亲，到西夹巷又租了两间正屋，作为蜜月住所，乃至日后来并的寓所。

转眼已至腊月，从爆炒麻麻豆豆报信的初一开始，一直要忙到大年除夕。作为冀门一名新增成员，且系名人的丁步云，理当回府尽心尽力。俗话说，"娘家过个腊八，婆家死个热戳"[1]，她丁步云不能落下犯忌的话把。千百年留传下来的礼制宗法，无论高低贵贱，一律不得冒犯，否则将遭族人家长的谴责。

步云天生不近女红，不事厨工，但此番已脱身不得，做了冀家新娘，就必须回婆家过年。好在家人对这个太原府的名女戏子颇多新奇与好感，即使在今天看来是情敌的前房段氏大姐，也通情达理，寒暄客套，关护有加，绝不流露些许醋意与不满，更无狮吼般之恶行。

步云的勤谨、随和、善解人意，亦赢得了冀家老小的赞许，头一个大年过得十分惬意。

居住应是最敏感的话题。小胡村老院虽在全村首屈一指，无奈冀家人丁兴旺，并无空房。此正合步云初衷，她不愿挤凑一处，希望尽量拉开一些距离，想来与人方便，自己也方便，免得惹是生非。故而在斜对门雷姓邻居家觅得三眼闲置窑洞南房。新人独占一间，巧云与徒弟玉珍，还有三妹爱云共用一间，下余一间，留作亲朋临时客屋。

人常说：受苦的三秋忙腊月，过了大年闲正月。其实所谓闲，无非不做营干而

---

[1]　山西部分地区有已婚妇女不得在娘家过腊八的禁忌。

已，哪能真闲得住？拜年祭祖，上老坟走亲戚。紧挨着正月十五闹元宵，踩高跷、背背棍、推推车、抬铁棍、跑竹马、撑旱船、游九曲、看花灯、猜谜语、燃鞭炮、放架火、社家鼓、八音会等等，红活社火闹上没个完。

正月二十小添仓，二十一沙村赶庙会，唱大戏。锦艺园是头等字号班，其他班想挤也没门儿。新正月台口在太谷，新娘子非得登台不可。

头台起唱打炮戏，依然少不了三儿生与盖天红的《琥珀珠》。头通打过，不见盖天红。二通完了，还不露面。武德胜坐不住了，问三儿生："三哥，关大老爷（盖天红小名关顺，人们戏称关大老爷）还没影子是咋回事？"

"你问我？我又不是诸葛亮！"三儿生若无其事。

步云的《拾金》唱了个满红，三儿生把正卸妆的步云叫到一边，问她敢不敢上李智。她说只要三大爷叫上，她就敢上。得了三大爷的令，步云兴冲冲化妆去了。

此时的武德胜急得火冒三丈："啊呀，老伙计，你倒石狮子把门——坐得稳！人家大拿不来，你的戏谁配呀？"

"谁配都行。"三儿生胸有成竹。

"拉面红没底子，说书红没嗓子，这戏怎么开呀？"

"照样开，你看——"三生儿用下颌指了指步云。

"她啊——能行？"

"行。"

"就算她行，可台下不行呀！"

"不行也得行，那你说怎么办？"

"临弓扣箭了，天王爷老子也没捏的[1]！"

"那你就坐下等着吧。"

"唉！打炮戏演砸，往下咋弄？看来戏价要长翅膀了！"武德胜勉强坐在三儿生一旁，直觉得如滚油浇心——他发愁算不了戏价，没法向二哥交账。

台下人山人海，开场戏是狮子黑的《功宴》，这是一出通常难以一睹的昆曲。狮子黑技艺精湛，引诱得戏迷们不住夸赞："甚叫名角儿？甚叫字号班？这才叫名不虚传！真叫个过瘾啊！"

消息灵通者都担心："听说盖天红没见，谁能顶替？"

"能顶替也不行！咱们等得看好戏吧！"有人似乎有点幸灾乐祸。

《琥珀珠》开了，起首是西羌驸马敖唐兴兵造反的过场，之后，边将郑坤即宣

---

[1] 没捏的：没办法之意。

中军李智回朝报信。步云扮李智，上场一亮相，台下就开锅了："不是盖天红，回去吧，怼！"

这一轰就把武德胜和不在场上的戏班众人轰到了前台，挤站在文武场后，你眼瞪我眼。

台下号吼震天，步云却不为所动，该咋演还咋演，得令下场，从容不迫。紧接着三儿生饰郑兴郎出场亮相，全场顿时鸦雀无声。三儿生先演饥寒交迫之状，而后演拾宝狂喜，继之演受良心责备而犹豫徘徊状。

值此，步云饰演的李智疾步返回，不由分说，举刀便砍，三个回合之后，双方相持。李智再挺刀逼向郑兴郎面部，对白之外还有大幅度身段动作，却疾而不乱。两人配合井然，天衣无缝。从道白对搔到复杂细腻的面部表情，处处动人心弦，招招令人叫绝，台下众人完全忘记了演李智的须生不是盖天红。

剧情高潮过后，人们缓过神来，又开始了另类的哄嚷："唱红的到底是谁？是个女的？""对，泰山庙卖小唱的果果，兰兰是她姐姐。""不错，是块唱戏的好料子。""她们的师傅是孙竹林、太平红。"

步云听到叫好声，心中更有了底。当演到李智报信归来，游说西羌归顺大唐，不料反被扣押，且由郑兴郎审问时——此节是本戏的重中之重，生红并重，既有一语双关的道白，又有话外有音的对唱，更有大板乱弹——步云演得戏中有戏，高潮迭现，台下喝彩连声，此起彼伏。

"果果，好！再发力些，好好地唱吧！"

"女盖天红，小盖天，好！"

"果果红，太谷果，果子红——就叫果子红吧！"

"果子红，好！"

戏打了尾声，台下人意犹未尽，议论传遍大街小巷，果子红的余音被带回了万户千家。

后台，人们围住了正卸妆的步云，异口同夸，顺便补上迟到的拜年和对新娘的祝愿。三儿生暗自偷笑。武德胜则"二嫂"不离口，除了一个好字，别的嘉言雅句搜肠刮肚一时找不出来，突然间想起："关老爷真的有了什么不妙？"

他的话打破了欢悦热烈的气氛，大家又都为盖天红生出不尽的担忧。

六 十四红临场献出馊主意
老步云自惭不敌小步云

太谷沙村会，起唱《琥珀珠》，丁步云顶替盖天红救了场，赢得了内外好评，也得了果子红的艺名。然而盖天红迟迟不到，却搅得锦艺园众人彻夜难眠。尤其承事武德胜，更是"小猫儿抓心，坐卧不安"，派出人去子洪打探。

再来表表盖天红。

盖天红从小随妈改嫁到徐沟王答村，亲娘后老子，难免受点磕打，至于传言中的"百般虐待"，纯属夸大其词。学了戏长大成人有了名，懂得了做人的道理，一心思源报本，是有口皆碑的大孝子。直至将母养老送终入土为安，才在祁县子洪倒插门安了家，生儿育女，小日子过得称心如意。尤其这个大年，班主、新郎冀老板出手大方，不仅给了优厚的奖赏，还因新郎、新娘度蜜月，人们也都沾了光，过了添仓才出台，真有点空前绝后的意思。

这天他起头明出发赶台口，谁料昌源河柴桥被消冰水冲断了过不去。隔河千里远，干急没法子，好在全村出动抢修，整整折腾了一天一夜才算架通。

探子刚出门上路，盖天红就赶到了。管事及众人听他说了原委，颇多同情之感，毫无责怪之意。

当盖天红得知小步云出演《琥珀珠》，不仅没出娄子，反而救了场，得到众人一致夸赞，他于感激之余也生出一些疑惑。他不太相信她有偌大本事。恰有人添油加醋搬弄是非，说什么显奇卖能，好出风头，胆大不害羞，不把老前辈放眼里，听得盖天红也不由得对步云有些不满了。末了，见大多数人说步云演得好，他表面上随声附和，心里却已然不是滋味了。

盖天红原本性刚气傲，但长江后浪推前浪，未尝不怕时日久了有碍饭碗。如何防范？利用手中权力明来明去排斥压制？人家抱着粗腿，自己也非小人。但无论如何不能给自己培养夺饭人。毕竟掌班大权在握，于是他有意无意尽量不给步云上戏，并以妨碍演出为由，不让她在上下场门贪看偷学。不过他也明智，胳膊拧不过大腿，不能硬来，只好走一步说一步。

对于盖天红的所想所为，聪敏机灵的步云看在眼里，记在心上。见矛盾重重，不能自解，她只得找三大爷诉苦，说自己从小喜欢盖天红，崇拜盖天红，如今见到真盖天红了，反而左也不好右也不对，进退两难。自己冒着风险为人家救场，反而惹得人家不高兴，日后可该如何是好？

三儿生耐心地开导："咱这行道，人们贬低叫下九流，其实有一定道理。不自重，窝里斗。你不起眼，他踩踏你；你有了点名，他又嫉妒你。人常言：纵有千只手，堵不住众人的口。他人爱怎么说就怎么说，自己身正不怕影子歪，该咋学还咋学。路子要放宽些，盖天红有盖天红的长处，十三红有十三红的拿手，说书红连说带唱交代清，十二红鼻子哼哼人爱听，你们三光子的篓头红，也该算你的师傅——"

"就是我的师傅，我跟了人家四五年。"丁步云插话，"嗓子不贴调，音韵也不咋好，可人家舍得下苦功，演戏入神，做假像真，人们都爱见。"

"这不对了。"三儿生接着说，"老艺人各有各的套路。同演《走雪山》，你们的疙瘩红唱秧歌习惯了，腿胯麻利，扮老曹福引得曹玉莲跑得飞快；你再看咱的说书红，一步三晃悠，东倒西歪，还真要跌倒。你也是内行了，不能光学皮毛，得琢磨内情，更要紧的是靠自己的才能，千万记住：不可以死求一技，一定要常演常新。"

听人一席话，胜读十年书。步云好像豁然心明眼亮。她争分夺秒广采博收，一门心思琢磨戏中人物唱念动作以及眉眼表情。京昆蹦蹦，祁太秧歌，红黑生旦丑，看了啥学啥，碰见谁学谁。一种戏一个味道，一个人一种发音，走着站着念叨，睡里梦里琢磨。房间内讨人嫌躲到院里，下处有人打搅跑到野地。道白练咬字，清唱调喷口，一股劲地喊叫，有人说她是吓唬茭子地里的割草的。水边上蛤蟆叫，耕地里毛驴吼，嗓子喉咙连带肚皮一鼓一息，打得高送得远，细寻思与师傅们说的丹田共鸣差不多。

除了琢磨唱念发声，更主要的是思谋剧情和人物。过去师傅咋教咱咋演，照葫芦画瓢，如今就要弄清楚为啥这么演。以往演过的，眼下看到的，需要融会贯通的太多了，就顾不得想那些烦心事儿了。

转眼二月初二，徐沟城赶大会。冀午斋在此发迹，要唱戏当然得是他的锦艺园，也正好借机为心上人捧场效力。当然，人们也公认锦艺园名不虚传，大家也都想一睹刚刚冒出来的果子红的风采。

徐沟戏难演是出了名的。蕞尔小邑方圆不足四十里，但物阜民丰，商贸发达，文化繁盛；下辖四十八村，全国罕见。宋金年代，本属清源县一镇，后名宿乡绅赴京请命，以地处交通要冲——东邻平晋（榆次），西隶清源——两县交辖，刑讼难决、赋税疏收为由，强烈请求置县。朝廷准奏，割邻县村乡以附之，独立为县。

徐沟民悍好争，加之好戏班众多、名流辈出，故而徐沟戏十分难唱。杜村喜盛园、东罗小梨园、城内自诚园、孟村荣梨园，诚可谓戏曲摇篮；而盖天红、三儿生、天贵旦、狗蛮、万金子等等，无一不是中路梆子[1]翘楚。

二月二龙抬头，初三是文昌帝君圣诞，赶会唱戏的地方挺多。本县徐沟城被太谷锦艺园抢了先，号称晋中一杆旗的荣梨园就只好撤外，到榆次使赵赶台。途经徐沟，十四红有意造访老搭档盖天红，一则本班不景气，想跳槽转班探探信息；二则听闻冒出个果子红，不就是当年在荣梨园跑流程也不想要的小果果嘛！实在不能相信，急于亲眼见识见识。

十四红找到下处账房，正好社头找掌班拣戏，一股劲地要挑果子红和三儿生的《琥珀珠》。盖天红出于公情私意，说啥也不想答应。三儿生也觉得不大保险——在徐沟可不敢大意。双方相持不下。见十四红到来，老相识大名人，社头出口便问："冬元师傅，你给拿拿主意吧！"

十四红不把果子红放在眼里，但早知道《琥珀珠》她能下得来，便灵机一动说道："单边子戏没看头，来本热闹的，文武带打靠架戏。"

"啥戏？"社头急于探底。

"《金沙滩》。"

"好啊！就《金沙滩》，定了啊！"社头不等对方答话，说完转身就走。

十四红料想步云底功差，扎不起靠，故意要她的难堪。三儿生清楚十四红的毛病，心里不通快，嘴里却不好明说；再者木已成舟，说也无用。作为班主信得过的老掌班，盖天红虽然知道十四红是为他解气，但也不愿拿众人的饭碗当儿戏；可又不好多言，实在左右为难。

紧要关头还得三当家的拍板：还让盖天红先上，同时安排步云化妆，做两手准备。谁知后台前台全都不见步云人影。

早些年，步云在荣梨园时贪看抬神祈雨，挨了马来元的训诫，听了三大爷的教诲；近来又遭受盖天红的压制，学艺之心更坚。为了不讨人嫌，她此刻正躲在下

---

[1] 中路梆子：其前称山西梆子，因省内尚有蒲州梆子、上党梆子、北路梆子，为区别起见故改称中路梆子。

处，把自己一个人关在屋里，想咋就咋，爱咋就咋；又唱又说，又喊又叫，又哭又笑。自演自赏，自得其乐。

不料武德胜寻至，二话没说，拉了新二嫂就走。到了后台，三大爷让她赶紧化《金沙滩》赵光义的妆。步云有点丈二金刚摸不着头脑，但也不敢多问，三大爷的命令，迟疑不得，也没有必要迟疑。再说她早就憋着一肚子气，暗地里已有了充分的准备，纵然没演过靠架戏，但心里有底。退一步想，自己实非名人，演好了大赚，演砸了也不丢人，就是赔点本也值得，反正初生牛犊不怕虎。

《金沙滩》开了，前两场台下没啥动静，演到第三场，杨继业保驾宋王离京汴梁，起板四股眼转夹板："奉王旨意出都城，旌旗招展映日红。帅字旗不住迎风动，在马上我夸夸杨家兵。……有我父子九员将，哪怕胡儿百万兵？"

此段乱弹意在表述杨老令公自珍自信自豪的英雄气概，盖天红的声音高亢悠扬，应该说是其优长得到了充分的发挥。然而，如此好货偏非买主所欲，台下一些人就是不买账：尽管你王步云使出浑身解数，也挽不回人家就要丁步云的大势。

"老伙计回去吧！不要老步云，要看小步云！"

"不要男步云，要看女步云！"

"不要盖天红，要看果子红！"

作为中路梆子旗手的须生翘楚盖天红王步云，有生以来第一次遭遇如此难堪与屈辱，怨气冤气助燃着怒火，五内俱焚，却又一百个无可奈何。他临乱不慌，情知众怒难犯，徐沟老乡得罪不起，硬是坚持演到宋王不纳忠谏，执意幽州观景，并被胡儿围困才下了场。

盖天红无愧名家、识时务者，主动找三儿生换人。步云接茬上场后，三儿生安慰盖天红："老弟，你们徐沟人可真厉害，厉害得不说理。老老乡、老前辈、老名家也不给面子。人家是衣食父母，咱是大讨吃的，啥的气也得受，啥的心病也得害。不过，小步云也是你老步云的过门徒弟，你就委屈一时想开点吧！"

"你招呼旁人去吧，我想得开。"盖天红老泪只好往肚里咽。自己也是管人的人，还用得着人家开导？！

步云有了上戏的机会，明知扎靠是自己的弱项，但憋着一股气非演好不可。

《金沙滩》后半部虽说是动作身段戏，但也是唱做并重的动情戏。经三大爷点化，步云近来在琢磨剧情和人物上下的苦工，如今派上了用场。她一亮相，台下的老内行就急不可耐地喝止大家："不用号叫了，你们要的果子红出来了！"

全场安静了，正好给果子红的大段乱弹创造了良好条件，要不然她的嗓子还真的压不住众人的哄哄。"困木笼"的大段唱词是：

打开木笼放开我，众家孩儿两泪落。
适才我从胡地过，见新坟倒比旧坟多。
这边厢埋的汉高祖，那边厢埋的是萧何。
庞统死在落凤坡，五丈原死了汉诸葛。
周瑜死在柴桑口，黄忠带箭命难活。
马超飞转人难躲，赵子龙大战长坂坡。
把这些能杀能战的英雄好汉，一个一个都死过，
我杨继业愿死不愿活……

尽管在一些细节上有出入，台词也有前言不搭后语的地方；但总的来说，步云所演人物与剧中人物的形象气质还是基本吻合的。忧伤悲愤、委屈含冤的心绪，似乎与步云自己不无类同之处，故情真意切，表演得得心应手，出神入化，激动人心。

接下来的戏是杨大郎假扮宋王，全家保驾奔赴金沙滩，名为双龙会饮，实乃生死决战，且敌众我寡，自然凶多吉少。生离死别的剧情本身就动人心弦、催人泪下，加之果子红的细腻刻画，效果便可想而知了。

徐沟的戏场内，尽管有拿了人家钱，言不由衷号哄的，但毕竟"合文家"也不少。他们听出果子红嗓音比盖天红更清脆，不光一味地高腔，而且委婉，有的激昂处还揉进了秋富生的调韵；低沉时字断腔不断，声断意犹连，明显带有不少十二红的音法和说书红的喷口。道白吐字清雅，唱腔字正韵浓，动作自然，身段利落。唱得舒坦，听得过瘾；演得真切，看得动心。一唱一动一个好，好儿叫上没个完。

"丁步云，女唱红的头一名！"

"小盖天，女盖天，赛盖天，盖盖天！"

"果子红好！盖了盖天红了！"

"男的不如女的，盖天红不如果子！"

不可一世的盖天红，脸往哪儿搁？十四红又为其打抱不平，说什么后头的戏动情好演，并想出了邪主意，让二人前后调换着演，妄想把盖天红掉在地上的老脸捡起来。

真可谓"看出丧的不嫌纸扎多"，社头们居然采纳了。戏报上公布于众：明天重演《金沙滩》，盖天红与果子红前后调换。唱戏闹成了打擂台，更加轰动了十县百乡。

《金沙滩》一剧前部以唱为主，且少身段，更是果子红的优势；而后部大险恶的势态、大跌宕的情感、大幅度的调动，对于擅长一路高调以唱取胜的盖天红来说，细致的表情、深入的刻画实有难度。

　　合文家也难免被凉五们造成的形势所左右。果子红年轻，又是有史以来头一位女唱红的，清声美色，令戏迷们难以自已，不由自主发出一些源自内心却超越客观的狂赞，多少还是有溢美之嫌的。

　　而盖天红王步云，先前放心不下小小丁步云，自己要演杨令公的初衷，实乃出于维护公益，其心可赞，其行可嘉，虽败犹荣。然而后来受十四红的怂恿，不由自主前去对擂，则纯系私心作祟，以致一败再败，自取其辱。

　　不管怎样，在太谷出了名的果子红，到了徐沟又赢得了"男的不如女的，盖天红不如果子"的口头评赞，这成为无法阻挡的口碑，一传再传，使得"果子红"遐迩闻名。至于技之高低、艺之优劣也就成为无法明断且毫无意义的争辩了。

　　得胜的猫儿赛过虎。得获殊荣的果子红，自此之后，更如那冲破藩篱的鹰隼了。

七　果子红盖天红珠联璧合
　　十三红排场红花谢叶枯

锦艺园从太谷到徐沟，果子红越唱越红，以至赢得"盖天红不如果子"的绝好声誉。府南、晋中十里八乡，无人不知，无人不晓，写头纷至沓来。

文水县上河头村，在刘笃忠县长兼村长的筹划下，盖起了观音寺，要唱开光对台戏，找到从太谷来的包税人孟兴让商议。老孟说这事包在他身上，不用县长大人操心，到时候等着看好戏便是了。

文水建署悠久，是有三千年历史的文化大县名城。早在新石器时期，就有人类在上贤村、西峪口活动；据说，尧为唐侯时都平陶（在今文水县城西南五十里）。还有一些文献记载：

> 春秋时为晋国祁氏之田；战国时为平陵大夫司马乌的食邑，后属赵国，为大陵邑；秦始皇施行郡县制，置大陵县；西汉继之；王莽篡位，改立新朝，更名大宁县；光武帝刘秀复兴东汉，复名大陵县；南北朝初期仍名大陵，至北魏太武帝拓跋焘太平真君九年（449），"徙寿阳民三千户居大陵城西南十里"，改为受阳县，俗称西寿阳；隋开皇十年（591），因境内有文峪河，"其水波多纹"，故更名文水县；唐武则天称帝后，将故里文水改为武兴，意寓武氏勃兴之地；中宗复辟，仍名文水，之后代代相传，延续至今。

文水县天宝物华，地灵人杰。相传孔子高足子夏，名卜商，尊称卜子，系晋国温邑人，晚年退隐西河（即今文水），设坛讲学，开当地儒学教育之先河，因之文水名流显宦层出不穷。后人为纪念贤人，将其隐居之山名为子夏山，也称卜山或商山。至今当地仍留有不少古迹与美丽传说。

上河头村，明代前本名维贤村，后因谐音危险，故而改之，取其在上河入文峪河尽头，避免河患洪灾之意。该村处县城东南十五里，地平土肥，灌溉便利，占地三点五平方公里，良田四千七百五十亩，全村一千一百户，四千五百余人，在县内算得上名列前茅的富庄大村。

民国十七年（1928）四月十五，观音寺落成开光，孟兴让给写来两台好戏——身为箱班主的孟老大，绝不利让他人。何况冀午斋接手后的锦艺园，名流荟萃，文武齐全，更有一路走红的弟妹果子红，众口皆夸，名不虚传。

另一班选定刚刚从太原县晋宏园转来，尚未合套的双聚梨园。挑班的十三红张锦云，确实是行家戾家都称道的文武全才第一红。张锦云中年搭班荣梨园、万福园，边演戏边授徒，培养出不少出色弟子：文水郭云山、平遥李二只、徐沟韩俊山，还有慕名者灵石阎贵锁，都被誉为小十三红，深受观众欢迎，为中路梆子发展做出了不可磨灭的贡献。

大牛牛田淑珍与妹妹二牛牛田桂珍，原是七百生亲女，后卖与蒲州名伶两股风，得嫡传亲授，底功扎实，表演规范。姊妹二人皆天生丽质，身高适中，体态苗条，两眸乌黑，炯炯有神，扮起妆来更有沉鱼落雁之秀色。

大牛牛音韵纯浓，悠扬悦耳，表演沉稳大方，刻画人物感情细腻逼真，可称青衣旦角佼佼者。经常演出《永寿庵》《回龙阁》《断桥》《芦花》等剧目，与妹妹合演《双头驴》《二度梅》时更是相得益彰、神采迭出。

二牛牛工小旦，明眸皓齿，粉黛蛾眉，天真活泼。唱腔俏丽，表演灵秀，尤擅塑造婀娜多姿的少女形象。《打金枝》《拾玉镯》《游花园》《梵王宫》《七星庙》《双锁山》等剧目中的主角人物性格比较接近，但二牛牛却能将她们演绎得绝不雷同。

任村黑因系太谷任村人而得此名，身材不算魁梧，一双油灯大眼赢人。嗓音宽厚洪亮，唱腔豪放，喷口有力。唱功戏、架子戏皆能，如《打渔杀家》《八义园》《沙陀国》《高平关》《牧虎关》等。尤其《白龙关》中的欧阳芳，悉心刻画，入木三分，显得与众不同，深得戏迷内行好评。多年闯荡平定、寿阳等东四处[1]，声名在外，公认的东山花脸挑旗人。

武生王少楼，八岁即入北京科班学艺，基本功扎实，身段漂亮。擅演《挑滑车》《辛安驿》《界牌》之类靠架武打戏，在北京红极一时。后与姐姐王云凤一同

---

[1] 东四处：指清代平定州所辖平定、寿阳、盂县、乐平四地。

返回姐夫故乡榆次定居，改攻中路梆子。演艺高雅，做戏认真，一丝不苟，甚为艺界推崇。

双聚梨园文武场面超群不凡，满堂、油汉、万金则、润生师傅，都是业内高手，为戏班增色不少。

四月十三夜戏起唱，果子红一出《花子拾金》，就把观众抓住了。喝彩叫好不迭，台口的现大洋撂了无数，都要看《花子拾金》。是夜，几乎成了果子红一人的专场。

第二天，两班各有千秋，不分胜败。

十五正唱开光戏，上河头的乡绅富豪、文人墨客，农业学士刘笃忠县长的贵宾，加之孟兴让、冀午斋邀请的文、太、徐、平等地的富商巨贾、各方上客，不计其数。东至祁县、太谷，北至徐沟、清源，南至汾阳、灵石，看不到头的雕棚轿车，村里存放不下，村外空地挤了个满满当当，后到的只能堵在路上。西山深处，窝铺老乡，竟然带了行李翻梁越沟赶来，只为大开视野，一饱眼福。

刘笃忠为的是给村里父老乡亲撑门面，孟兴让、冀午斋则是做生意不嫌热闹多；政界、商行、梨园、江湖，来者不拒，认识的不认识的满干上。牛槽火灶好几处，名厨高手数不清。邻村的成猪、半壳郎猪[1]都被搜买一空。据说当时倒泔水竟然能把猪头、下水泼洒出来！

十五这一天日出卯时，晨曦耀目，霞光万道。观音大殿内蜡烛高烧，香烟缭绕。十里八乡的善男信女烧香的、上供的、求神的、许愿的，人头攒动，一个个诚惶诚恐，顶礼膜拜。

观音寺住持长者领着县长刘笃忠，村乡社头，两梨园班主、承事、账房、箱倌等端捧供品，簇拥两个凶神恶煞般的"钟馗"，手提大红公鸡，立于大殿之内。长老边念经文，边将罩在神像头上的红纱款款揭去，众虔诚祭拜。"钟馗"咬断鸡头，用手指蘸了鲜血，轻轻点在观音菩萨双目内外眼角，菩萨顿显神采奕奕，此乃谓开光。之后，"钟馗"走上乐台，在鼓乐声中，将鸡血向四方上下象征性撒洒一遍，并随意表演一些程式，以示神灵默佑。演示完毕，将鸡头钉在台口，鸡肉带回班里，煮熟大家分享。

开光仪式结束，已是巳牌时分，锦艺园《六郎斩子》鸣锣开场。果子红饰杨六郎，盖天红饰八贤王。

锦艺园组班以来，盖天红对小步云就觉得有点如芒在背。太谷沙村救场出演

---

[1] 壳郎猪：指形体长大但未上膘的猪。

《琥珀珠》，小步云已显其身手不凡；徐沟二月二，更有了"盖天红不如果子"的传闻。王步云认真反省之后，深感众愿难违，更兼果子红胜而不骄，对自己更加敬重。人心都是肉长的，他不再固执，诚心诚意辅佐小步云，联袂演出，让小步云在多出戏中为其配戏。比如《辕门斩子》中的赵德芳，《斩黄袍》中的高怀德，甚至《芦花》中反串李氏，等等。如此一来，一老一少、一师一徒、一男一女，相映成趣，愈来愈叫人们看得过瘾、熨帖。

高手扶红人，盖天红和果子红的这本《六郎斩子》看得人们如痴如醉，叫好声一个接一个，一直叫到打了尾声还没停息。

锦艺园收场，双聚梨园开锣，看台上的贵宾要赴请饮宴。看台上一"抽签"，戏场的人便站不住了。

看戏的散了，唱戏的慌了。《金沙滩》是十三红的拿手戏，要唱有唱，要做有做。可任凭你再红火，使尽浑身解数，也唤不住回家待客的观众来——当然，没了观众演的人也就有意无意地泄了气。

留在场上看戏的，本想人少吃偏饭，静静地享受一番；岂料事与愿违，忍耐不住，便喊出了"男的不如女的，十三红不如果子"的倒好来。

最后一天，两班调换着重演正唱戏。十三红和排场红先演《六郎斩子》。明眼人从艺名便能看出端倪，所谓排场红，徒具排场而已。长着个健壮的好身材，五官周正，粗眉大眼，扮起妆来富态；可动弹起来拖泥带水，甚而不免丢盔撂甲。嗓门宽厚，声音洪亮，可唱起来不大搭调，离皮散骨，越卖劲越刺耳。有了这些缺陷，塑造的人物就无须再贬了。十三红如此搭档，与果子红、盖天红唱对台，一个地下，一个天上，便只有输的分儿了。

再说锦艺园的《金沙滩》。果子红与盖天红分别扮演前后场杨继业。保驾宋王出京城时，父子九员将，威风凛凛，浩浩荡荡，果子红的一板唱就把人们镇住了。挨到困木笼，盖天红更充分发挥了其演唱优势，人们越听越看越上瘾。接下来武打，邱家的跌扑滚翻，更是精悍利落独此一家，别处少见。全剧在全场欢呼雀跃的热烈气氛中收场，给依依不舍、流连忘返的人们心中留下了深深的印象。十三红以往的辉煌一扫而光，果子红成为中路梆子不可动摇的须生一杆旗。

果子红之所以能压倒十三红，原因是多方面的。首先是广告宣传的影响，在观众心目中有了先入为主的优势；其次，刘笃忠为孟、冀二兄弟款待的宾朋，吃谁向着谁，尤其冀与丁新婚宴尔，成为酒席宴前不可避免的引人话题；第三，丁步云既有"得胜狸猫赛如虎"的自信，更多"萝卜快了更洗泥"的自珍、自律、自励与自谦；第四，盖天红的明智，"顶不住逆风即转舵"，把对小步云的压抑改变为扶持，红上加红红更红；第五，对台戏既是个人单项赛，也是多项全能赛，更是团体实力赛。就须生一门而论，十三红绝对冠军无疑，而论全面则不然。果子红能唱《花子拾金》，能扮演《狐狸缘》的大姑姑、老姑姑、四姑姑、愣小子，十三红你能吗？搭档下手排场红能及盖天红的十之三二吗？如若加上邱家班的武行与阵容强大、行头耀眼，你双聚梨园文武场面的那点优势又何足道？况且，人们对果子红——中路梆子第一女须生这一新鲜事物的猎奇，谁又能左右得了！此外，演出时间上的巧妙安排，确实令人不能不承认孟、冀哥俩营销谋略的高明。

表面看是两班戏的对台，实质是冀、孟才略的施展，结局是果子红的锦艺园胜了，十三红的双聚梨园败了。对于看热闹的庶民百姓而言，谁个胜负无关痛痒，他们只为大饱耳目之福，美美地过把戏瘾。

刘笃忠县长兼村长，为上河头故里父老乡亲争得了令人妒羡的体面和光彩，何愁名利双收？

唯独苦了十三红。文武全才，本来一帆风顺，有口皆碑，打遍东西二口、府南、晋中无敌手，如今却偏偏败在一个女流名下。逃不过的丢人现眼，熬不尽的懊恼沮丧，自此一蹶不振，终日郁郁寡欢，继而毒瘾日胜一日。终在一九三〇年初，猝死于赶戏途中，年仅三十六岁。

恻隐之心，世人皆同。众口传言果子红把十三红气死了，丁步云纵有千手又何以堵万夫之口？

十三红[1]之死，实非个案。某些禀赋甚高之人顺畅走来，未经扎磨[2]，气量不大，似乎总落得个不想落得却又躲避不及的悲剧结局，但这又何尝不在逻辑之中？有鉴于此，十三红之死与丁步云何干？但愿后来人引以为鉴。

---

[1] 十三红：此系老十三红张锦云。其后还有其徒小十三红郭云山、韩俊山以及自认为其徒弟的阎贵锁等。

[2] 扎磨：指挫折磨难。

八　鸣盛楼亮相初遇任记者
　　小胡村分娩不顺起风波

　　"盖天红不如果子""盖了十三红"的传闻从徐沟、文水不胫而走，十里八乡、府南诸县寻上门来写戏的络绎不绝，锦艺园自然成为晋中班社一杆旗；而果子红在中路梆子里，第一女须生的地位得到了公认。

　　此时的果子红身怀六甲，已有了妊娠反应，她深知子贵母荣的道理；然而演艺上的走红，激励她把一门心思放在戏上，不仅不声张，还设法掩饰，唯恐让人发现。

　　冀午斋是避不开的。前房连生四子，似都与他无关，那是女人的事；但此番步云怀孕他却百般呵护，一再劝其中止演出。怎奈屡劝无效，故而只能在饮食起居方面煞费苦心。"三伏防中暑，秋凉避风寒"自不必说，猪羊牛肉、鸡鸭蛋奶，已成家常便饭吃腻了口；山珍野味、猴头燕窝、海参鱼翅，只要能弄到手的，挥金如土在所不惜。

　　步云与冀午斋结合实违其初衷，但人心都是肉长的，对方无微不至的倾心关护，让她深切感受到：男人真的是女人身后的一座山，也应是头上的一层天。一年来由结婚而相爱，艺术长进，人生幸福，她将带着大肚演出的疲劳抛之脑后。探骊获珠，众人的夸赞引诱着她，停不住了早该收刹的脚步。

　　九月十九是南海观世音出家的日子，平遥小胡村赶会就选在这非同一般的黄道吉日。

　　步云新婚时未与冀午斋回老家，春节虽说和家人一起度过，但未有上台一展风采的机会。眼下锦艺园献演助兴，既是果子红露脸的绝好时机，也不能不说是冀午斋的另类衣锦还乡。而在小胡村，冀氏宗族、乡梓父老，知道要在家门口欣赏自家人的好戏,相看上门新媳、艺界名伶,其心其情其兴致,可想而知。

毫无悬念,丁步云在家门口大获殊荣、盛赞。

按说这下该是驻足休养的时候了,然而初尝人生甘甜的步云不能自已,更有朋友撺掇张罗——乘胜而进,跻身省城。于是,经过一番准备,月底,以果子红丁步云领衔的锦艺园,便在八旗会馆鸣盛楼粉墨登场了。

八旗会馆建于清朝中叶。当时,来往于山西太原的旗人甚多,为方便计,遂于省城中心的校尉营专门辟建楼馆,供其驻足、洽谈生意与集会活动。因专为旗人服务,故名八旗会馆。又因住宿者多为东北、山东、河北满民,故也别称旗奉鲁燕会馆。

清末,该馆不再显赫,为了生存也接待除旗人以外之客商。梨园子弟经常出没登场,以至名为会馆,实为剧场。约于民国十七年(1928),业已名不符实的八旗会馆索性更名为鸣盛楼,成为省城太原名著一时的戏园。

锦艺园进入鸣盛楼,椅披椅垫、幔帐帘幕更换一新,苏绣真丝锦艺园字号醒目。上戏则以果子红为核心,群星捧月,绿叶红花,交相辉映。锦艺园尤其在剧目更新上别出心裁。原本由拉面红与说书红两须生排演的《渭水河》,改为由果子红与狮子黑分别扮演周文王与姜子牙。

广告宣传也是十分重要的一环,除派出人马到处散发传单、张贴戏报外,还聘请报社记者写专访等。开化寺同升鞋帽店带东掌柜[1]任秀峰,以业余记者身份参与其中,倾心撰文,鼎力相助,后成为锦艺园常客、冀班主与果子红之挚友。

前期铺垫得好,锦艺园果然一炮打响,连演半月直至封箱。主要剧目有:果子红的《花子拾金》《骂阎》《走山》《斩子》《桑园会》《捉放曹》《渭水河》《烈女传》《八件衣》《法门寺》《春秋笔》《斩黄袍》《牧羊卷》《满床笏》等等。另有狮子黑的《炮烙柱》《功宴》《匕首见》,乔金仙的《教子》《芦花》,盖天红的《哭灵堂》《下河东》,三儿生的《折桂斧》《琥珀珠》,说书红的《双罗衫》《取北原》,天贵旦的《六月雪》《鲛绡帕》,秋富生的《花亭》,福义丑的《盗杯》,邱凤英等全武行的《塔子沟》《白水滩》等等。

是年,国内十七省发生洪灾,受灾民众竟达一亿之多,政府号召各地募捐救助。太原组成水灾救济会,除动员市民捐募款项衣物外,还组织了一次颇具规模的义演。太原与晋中六大戏班齐集南仓巷山西大戏院,正在鸣盛楼的锦艺园当然不会错过。果子红带领盖天红、说书红、狮子黑、毛毛旦、三儿生、奴子生等参与其

---

[1] 带东掌柜:东家兼经理。

中，系实力最强、人数最多的一班。此外尚有小十二红刘宝山、五月鲜刘明山、狮子黑张玉玺、牛头黑王林山、二百五曹振国、筱桂桃杨丹卿、葫芦丑侯七子、金大丑闫顺成、秃儿旦郭栋梁、蛮亲常兴业、马来元、刘芝兰、筱金凤等业界名流。数十位名角儿汇聚一堂，各怀绝技，争相献演，切磋技艺，相互交流，又为果子红创造了一次独领风骚之余还能博采众长的绝好机会。

早年在泰山庙卖唱的小果果，如今成为了赫赫有名的果子红，这让人们在对她感到亲切之余，愈加钦佩和赞赏。由是，街谈巷议不绝于耳，官绅商户乃至平民，蜂拥而至戏院，以至一票难求。

东米市粮店小掌柜汪康，是丁步云特邀的看客，在台下分享了原属于她的荣誉与喜悦；散戏时，他上台向步云当面祝贺，但大庭广众难能尽意。次日在西夹巷专会步云，畅诉离情别绪。步云面对心仪知己动情相劝："康哥，小妹无能，对不住哥你，事到如今，我也不是祝英台，你也别做梁山伯，尽早选得一房贤嫂，我将为哥送上虔心的祝福。"

已然的兄妹，不弃的知己，虽藕断丝连却清清白白。二人相慕相敬，相怜相助，终身无悔。

省城演出名利双收，果子红感慨良多。但已近临产阶段，何处分娩？巧云、爱云、小玉珍，执意要她留在太原——这样奶奶和她们都好照顾她。可作为冀门新妇的步云，大礼为重，丈夫在自己身上不遗余力百般付出，岂能不给他留点大男人的脸面？回冀家是步云的唯一选择。巧云等万难割舍，爷爷奶奶也放心不下，便让姐妹们一同返回小胡村了。

胎儿是二人相亲相爱的结晶，步云当然希望是男儿，以确立自己在冀家的位置。冀午斋则两可，因为前房已生四子。无论男女，名字却必不可少。二人商定，男则补全五行叫冀垚；如若是女，便取名冀蕊——小子窝里的女姣姣、千金小姐、心爱之花。

临盆时分，天空飘着小雪。冀午斋隔窗窥探，心急火燎，踱步徘徊，大汗淋漓；段氏大姐在佛龛前焚香祷告；三、四小婶子陪侍左右；巧云等在隔壁焦急等待；老娘婆挽袖赤胳膊对坐等待。

步云又惊又慌，紧张过度，不等瓜熟蒂落，便有强烈宫缩，胎胞先破，羊水早溢。胎儿超大，且呈横位，一肢先出，难以复正。

老娘婆即便在他人协助下，也是拉又拉不出，送又送不回，束手无措。

步云精疲力竭，吼喊声愈发微弱，呻吟声已听不清，几近休克。

千钧一发，老娘婆要主事人定夺：要小的还是要大的？冀午斋毫不犹豫当机立断：一定要保住大人！

就这样，为了保全母亲性命，只能舍弃胎儿了。一个躁动着急欲出世的小小生灵，刹那间毁灭了。没有哭喊，没见天地，无声无息地走了，匆匆忙忙。

步云挣扎着苏醒过来，急于一睹婴儿，岂料已成奢望。母子难得相见，只留疲惫与悲伤……步云陷入了极度的绝望之中。

老娘婆打好包裹，接了由喜变丧的工钱，临行前少不了一番虚套，但也留下一句实话："空月子得当实月子坐，不敢大意。"

众人百般安抚，冀午斋也不便实话直说，只道："留得青山在，不怕没柴烧。不用怄气焦心，身子要紧。"

步云焉能平静？思前想后，茫然若失。怨天，怨地，怨人？只能怨恨自己天生薄命，看来此生只能是当戏子了。

但她哪有闲心坐这个空月子？！戏艺功夫一日不能间断。巧云等再三相劝，她不听，姐妹只好顺从她，一起到五里开外的梁赵村郭葆初琴师家吊嗓子唱票。人们一听果子红来了，听唱的、看戏的，更多的是凑热闹的，都来了，轰动全村，气氛之热烈，不亚于一般戏场。

欣赏艺术之余，消息灵通的知情者难免闲言碎语，想当然地寄予同情地添油加醋，甚而无中生有，一股劲地往前房大老婆身上泼脏水：什么买通老娘婆故意掐死胎儿剪掉小鸡鸡呀，钩破子宫叫她终身不孕呀……

三人成虎。诸多无根之论流传开来，以讹传讹，灌到步云耳朵里，使她从将信将疑至耿耿于怀。由于缺乏生理与医卫常识，便胡乱猜测，这不能不说是时代的悲哀。

试想封建时代，皇帝三宫六院七十二妃嫔，朝臣富户妻妾成群，司空见惯，不足为奇。冀午斋仅一妻一妾，这在当时并不违伦常，更不犯法。大房段氏有点醋意，应属情理之中，若断言段氏恶意为之，未免有"莫须有"之嫌——其焉有此等反封建先知先觉之思想以及反抗"三从四德"之胆略？

从医学角度分析，钩破子宫而未危及生命，岂非无稽之谈？营养过剩，运动剧烈，心理紧张，宫缩过强，胎位不正等，应是导致步云难产的根本原因。这也是育龄妇女值得汲取的教训。

刚刚步入顺境，殊荣盈身的果子红，年轻而倔强，热望之后的冷酷现实，似冰与火的淬烤，令她感情冲乱了理智，一气之下不辞而别。姐妹们同她在她小姑子家待了一夜后便乘上火车返回太原了。

冀午斋满以为步云在妹妹家住两天缓缓神就会回来，岂料她不辞而别。当其闻讯赶往梁赵，继而追到车站，却只是扑了个空。

九　段振英屈己慰人舍冀焱
　　乔冬元蓄意泄愤压果子

　　冀午斋闻讯赶到梁赵，落了个马后炮，追至火车站，仍然扑了个空，返回家后不知如何是好。大老婆给他出主意道："你不用茶的了，快去太原打劝打劝。你还晓不得：夫妻不记隔夜仇。"

　　"好，听你的。"冀午斋应声即走。

　　"站住，你不能空人去呀！"

　　"身上有钱，去了太原想买甚买甚。"

　　"不行。买甚也不如把他带上。"段氏边说边拉过四儿，"俺娃跟上你爹，去太原府开开眼、见见大。记住一见你丁姨就叫她妈，她保准给你好多好多好吃的。"

　　"我不想去。"

　　"不想去也得去。听话，你妈给你说的记住了没有？"段氏以大压小，不允他自作主张。冀午斋亦深感女人用心良苦。

　　"记住了。"四儿言不由衷应诺着，用衣袖擦拭着眼中沁出的泪珠。

　　"你见了人家一定不能说大话，要多说小话、好话、软话。实在不行就住上几天，哪怕住得过了大年！这家里有老人们还有我哩，你就放心地走吧！"段氏一番叮嘱，让冀午斋心里滋味百出，顿觉说什么也难以尽意。

　　在贤妻良母的目送下，父子们上路了。出了太原火车站，买了几样糕点，直奔西夹巷寓所，只见丁老太太和小姐妹们在忙年活，剁人人、剪花花。老人耳不聋眼不花，反应灵敏："午斋来了，好啊！"

　　"老人家你好！四儿，快给老奶奶磕头。"冀午斋把礼品放在板箱上，拉住四儿给老人跪叩。

"快不用。"老人扶住将跪的孩子,"好娃娃,多机灵。几岁了?"

"六岁了,属老鼠的。"

"噢,还知道是属鼠的,小老鼠。果果,看这娃多亲!"

"四儿,快叫——"冀午斋指令着。

"妈!"四儿慢慢蹭到步云身边。

巧云插问:"谁教你的?"

"俺妈教我的。"

孩子的天真无邪,把大家都逗乐了,缓解了不少难言的尴尬。

"兰兰,还有你俩,咱们回我房里去。"老太太与巧云收拾起活儿出去了。

冀午斋拿了两样点心给爱云和玉珍:"拿过去和奶奶一起吃。"

"谢谢二姐夫!"爱云使了个眼色,与玉珍走了。

步云把四儿领到糕点前,解开纸绳:"想吃啥自己拿。"

四儿两眼盯着父亲,没敢动手。

"愣着做甚?你妈叫你吃你就吃嘛。"

得到父亲的许可,四儿饱尝美味去了。

"悠着点,喝口水,不敢吃多了啊!"步云倒了两杯水,分别端给了孩子和大人,"是人家叫你来的?"

"她也叫来,我也要来。"

"那孩子呢?"

"你问他吧。"

"四儿!"

"妈。"

"谁叫你来的?"

"俺妈——俺大妈。"

"叫你来做啥?"

"叫我来叫你妈。"

"还有啥?"

"叫你妈能吃好吃的。"

一个小孩子把两个大人逗得亲近了许多,之前的风波自然也不了了之了。

"步云,咱们回吧!"

"我不回。"

"那我也不回。"

"不回你就住着。这是你的家,谁能不让你住?不过你就不怕家里人们——还有老人……"

"谁也不怕,除了你。"

"呀呀呀,说得跟真的似的。"

"真的假的,得见实的,你走着看。"

"好,咱们就走着瞧。"

"不过,可不能误了正月初六清源的台口。"

"我为啥要误?老天爷生下我就是个唱戏的,我不唱戏,务干何事?"

"这我就放心了。"

……

妇唱夫随,冀午斋与丁家老小一起过了个也算轻松且别有快意的大年。初四一大早便起程回太谷,忙着准备出台了。

正月初六,清源南营留赶开市会,人们正好趁走亲戚、赶会看戏凑热闹。点起火,放鞭炮,滴滴金、锅子火[1];添置笸箩簸箕、镰锄锹钁,买羊羔,抱猪娃……一年之计在于春。男男女女,老老少少,各取所需,眉开眼笑。叫卖声声,别有意味:"打灯起火滴滴金,扳不倒的是泥人人。""琉璃圪蹦是琉璃货,前晌买下后晌破。"气氛之热烈、和谐与融洽,任何时候都无法与之相比。

锦艺园的府南中路梆子首屈一指名不虚传。十四红乔冬元,城关南营留人,故又名南营红。正当而立之年,心高气傲,在自家门口登台献艺,怎能不大大地显显身手、露露脸面?他自幼家贫,生计难支,却整天思谋着要靠唱戏糊口、解闷。方圆数十里凡有赶会唱戏,即徒步前往,绝不疏误,尤其崇拜盖天红。十六岁那年的正月初六,家乡三官庙赶开市会,也叫火药会,平定戏班来演出助兴,他跑到下处找到主事人要跟班。班主燕惫旦叫他唱两句,他把自己会的《哭灵堂》《渭水河》《下河东》《胡迪骂阎》《八郎捎书》《斩黄袍》唱了一段又一段,唱上没个完。惊动了全班人,围得里三层外三层;哪来这么好的嗓子?与盖天红一般无二!就这样跟了班,一跟便跟到了东四处。乔冬元在东四处唱红了,就回乡搭了荣梨园,去年看到戏班不兴盛了,便跳槽来到锦艺园。铁嗓子加上肯卖力,二三十岁正当行,除了盖天红,把谁也不放在眼里,竟敢和十三红扛膀子,所以有了艺名十四红。家乡人总觉得他心高气傲,动弹不规矩,叫吼起来冲倒人,所以又给他起了绰号

---

[1] 滴滴金、锅子火:均为烟花爆竹名。

凉五红。天赋铁嗓子也罢,凉五偏强也罢,反正他搭班就搭字号班,还得唱头套,份子饭也数他多。有人眼气,有人讽刺,他却自鸣得意:"凉红吃凉饭,少了咱不干。"他的铁嗓子是众人公认的,在西门外唱《杀院》,五里外的西马峪,就能听见二性垛板:"我为你盖下乌龙院,我为你盖下望月楼。我为你东西二院全盖下,买下的丫鬟叫艳秋……"他演戏十分认真,有一回与筱桂桃唱《汾河湾》,二人扮夫妻,撕扯在一起,他把对方的胳膊拽脱了臼,筱桂桃回到后台竟然哭得不止。他倒能不以长者自居,主动为其按揉复位,并当面认错。

乔冬元还颇具即兴才能。四锁黑是蒲籍老前辈玉印黑的次子、二八黑的内弟,他和乔冬元同庚同脾性,都是艺高胆大、目中无人。他对半路出家的十四红大不以为然,思思谋谋总想让他在台上丢丢丑。同演《捉放曹》时,四锁黑找到了机会。开场时陈宫与曹操相随而上,四句二性轮唱,本是"江阳辙":

> 曹操:八月中秋桂花香,
> 陈宫:行人路上马蹄忙。
> 曹操:坐在雕鞍用目望,
> 陈宫:见一位老丈站路旁。

四锁黑起唱故意改为"怀来辙":"八月十五桂花开。"十四红一听,知是对方有意刁难,他不慌不忙,老艺人即兴编词的本领他学得可不少——过门一完,随唱:"行人路上马往来。"四锁接唱:"坐在雕鞍用目睐。"十四红以"见一位老丈站土台"切住。

临场改辙,别具一格,自然顺畅,天衣无缝,赢得观众连连喝彩。四锁黑卸妆后主动找十四红道歉,不过他不承认有意而为,只说上场急促,忙中出错。十四红心知肚明,暗笑其小雀欺老鹰,不自量力;但也佩服其敢作敢当,能硬能软,两人握手言和。

对于步云,从他在荣梨园相识她的第一天起便结下了疙瘩——那天他上厕所回来坐在门外,步云没看见他,也就没当面拜认。他以为她人小鬼大,不把他放在眼里,故而怎么看她怎么不顺眼。这么一来,弄得小步云觉得他脾气怪,不敢接近,对面碰上也要绕开。

他更看不惯小步云整天围着三儿生"三大爷长、三大爷短",见了毛毛旦、天贵旦,也嘴甜得像抹了蜂蜜,好像唯独看不起他这个自学成才的凉红。

进了锦艺园,见连自己都服气的盖天红也肯去辅佐小步云,更是气不过。"盖天红不如果子"？说到大天塌下来他也不相信。凭啥哩？就凭她是个女的，胆大不要脸？不懂规矩胡改乱改瞎毬改，又是秧歌又是戏，又是皮黄蹦蹦，又是河北梆子，南路北路杂八路；又是篓头红，又是疙瘩红，又是金梅子，又是万人迷，又是秋富儿，更有大要命、二要命，哪里还有盖天红的一点味道？简直就是杂八凑、四不像。打的不能打，拉的不能拉，她自以为日能，把山西梆子糟蹋了！

这天有人给他掏耳朵时说，冀午斋请客送礼，催上后生们专门给果子红捧场。他越思越想越气不顺，非要为他心中的老大——盖天红打抱不平，出口恶气不可，绝不能让她个外路家小妮子在本乡地面横行霸道——有天没日了。这回到了家门口，一定得叫她知道马王爷长着几只眼。他请左邻右舍、乡亲父老小后生，在"五美园""四海春"大吃二喝，打明亮响，就是要叫果子红跌倒爬不起来。

这一下让乡亲们都觉得冬元子成名不忘本，看得起庄户们，人好艺好德行好。

十四红自搭台子自打摇，自以为光明正大，并不避人。丁巧云听到不少风声，嘱咐妹妹多加小心。步云明知与十四红有说不清的隔膜——他常常投来睥睨甚或仇视的目光，如今到了人家家门口，肯定不会轻易放过自己。然而人在戏班，身不由己，纵然是火坑也得往进跳。

老天也好像专门和人做对，立春已过，大雪封门，初五夜场就是果子红的《南天门》。拣戏的人一再解释："听说冒出个果子红，却想先看一眼，到底红不红。"多此一举的"此地无银"，心怀鬼胎暴露无遗。

《南天门》是《走雪山》的本戏，说的是明代天启年间的故事。奸宦魏忠贤独断专权，天官曹进龙奏本弹劾，反获灭门之罪。老仆曹福保护小姐玉莲逃出罗网，欲往山西大同府翁爹处诉冤。行至广华山南天门，狂风暴雪大作，寸步难行。曹福将衣食皆给玉莲，自己冻饿而死。幸有八仙奉旨点化，大同府派兵接走玉莲，曹福也魂归仙境。

当戏演至南天门一节时，果子红所扮老曹福把外衣脱下，披在玉莲姑娘身上，自己忍着饥寒，浑身颤抖，以至神昏僵死。此段须表演抽搐痉挛、翻白吊眼、垂鼻柱、大傻笑，以及跌死人跤等高难度动作或绝技。步云戏生功浅，又遇风雪寒冻，能坚持下来已属不易，可被十四红收买的看客岂肯善罢甘休！于是"不毬行，使不得"等脏话频频，直闹到打了尾声。

武德胜在前台安顿观众，三儿生还有盖天红在后台抚慰步云。果子红没怨言，更没哭泣，只说自己戏没演好，对不住大家。

十四红见盖天红也动了真情，他声色不露，也没幸灾乐祸，二话没说就回家去了。

起唱开锣不利,第二天日场帽儿戏是秋富生与筱桂桃的《花亭》,接下来是彦章黑、大珠旦与拉面红的《明公断》压轴,大轴戏是果子红、十四红的《斩子》。

昨晚果子红演罢《南天门》,回到下处躺倒就睡,盖上厚被子也冷得不行。冀午斋给冲了姜糖水,趁热服下,稍有好转。二日天明步云装作没事的样子,挺着上了台。谁知扎上靠就有点晃悠,身不由己。她心里明白,"上场对子坐场诗",无论如何也得咬住牙往下扛,可她念起来就不得劲。挨到八王千岁到来——十四红盛气凌人——按照人物身份及规定情境,似也不算过分,可"紧流水"对唱:

六郎:我的儿子我要斩。
八王:本御在此你不能。
六郎:要斩要斩实要斩。
八王:不能不能实不能。
六郎:我要斩。
八王:你不能。
六郎:我要斩。
八王:你不能!

十四红一句比一句声高,一句比一句语快,甚至不等果子红唱完他就插口,简直叫人喘不过气来。此时十四红的"基本观众"开始造势了:号喝倒好如潮,一浪高过一浪。

"果子红不毬行,怼!"
"冬元子就是好,好!"
"女的不如男的,十四红压倒果子!"
"女红不如男红,果子不如凉红!"
"果子红烂果子,不如咱南营冬元子!"

被煽动起来的人群,好歹难分,卷入了"怼"声大潮之中,少数行家实难左右此等局势。

承事掌班都捏着一把汗,唯恐果子红沉不住,打了半工子,受罚挨宰;冀午斋更是心如刀绞,但也干着急没良策。

果子红心中有数,遇乱不慌,该咋演还咋演。交印时的六十多句乱弹抑扬有度，快慢得当，梆板清楚稳健，甚至末尾"定把辽邦一扫平"，拔嗓子[1]带大清场。尽管未能挽回大局，却也让人挑不出差错，更抓不住足以杀价的把柄。

人们的心总算放到肚里了，不得不佩服果子红道行不浅，就连盖天红也对她刮目相看，同时感觉十四红未免不近人情。而十四红仍觉得不够过瘾，恶气还没吐尽。

果子红病倒了，浑身滚烫，沉睡不起，水米难进。冀午斋和巧云姐妹围侍左右。不少人都来探望，并对她寄予同情。

武德胜与三儿生敦促冀午斋："女人家刚坐了空月子，心里身上都不熨帖，怎么能禁得住这么折腾？赶紧送回太谷住医院吧！"

冀午斋正准备安排车辆，果子红醒过来了——原来她并未昏迷，只是想深思一番，不愿人打扰。

演出当中，在众人担心其承受不了的那危急时刻，她确实产生过那么一闪念：恨不能夺过宫人怀中凹面金铜，一下捅了他十四红！但一转念，想到戏价和戏班一干人，邪念便立即打消了。

回到下处痛定思痛——戏班是自家的，自己又是头号，身份非同一般。别人挟嫌报复，借戏泄愤，也许自有理由；而自己却找不出任何理由，可以恣意妄为。

风雪寒冻演唱《南天门》之类的情形，戏班司空见惯。老天要下不由人，人家点戏也由不得你，你吃这碗饭，就得受这份罪。

唱《斩子》，嗓子不得劲，叫人家压倒了，又能怨谁？人生世上就是在争，唱戏更是谁也不让谁。咱压倒盖天红，人家大名家老脸往哪儿搁？如今十四红压倒咱，只能恨自己功夫浅、没本事。

若要公道打转颠倒。步云翻来覆去左思右想，彻底想通了。自己身上有比一般人更重的担子，怎么可以随意想撂就撂？有病得挺着，戏班绝不能离。她婉言谢绝大家的好意："我也是个唱戏的，和大伙儿一样，哪有那么娇嫩？哪有那么金贵？你们的情我心领了，大家该干啥干啥去吧，让我也再好好睡上个懒觉。"

几句看似轻松其实分量山重的由衷表述，堵住了大家的嘴，大家再无话可说了。果子红在人们心目中的地位愈来愈无可替代，尤其是盖天红、说书红等老前辈，深感这一年轻女伶的非同一般。冀午斋则更是对她另眼相觑，钦佩有加。

---

[1] 拔嗓子：晋剧的一种独特唱法，指演员唱到最后拖腔无限延长，同时上翻八度，旨在唤醒观众，以获得满堂喝彩。

十　秉公论高师饶恕小弟子
　　表虔心孝女难报再造恩

果子红受十四红压制不怒不怨，抱病随班不矜不娇，在人们心目中的形象愈显高大。十四红虽说恶气未尽，仍愤愤不平，却亦暗自佩服她，久之，不觉恶气已散。至此，锦艺园上下一心，士气大振，进入巩固发展的黄金阶段。

时值民国十八年（1929），中原大混乱。世道多舛，兵荒马乱，经济萧条，民不聊生；锦艺园尚能维持，台口接连不断，确属少有。

民国十九年（1930）农历五月初五，交城卦山天宁寺传统庙会，临近戏班一概不请，偏偏找到七八十里外的太谷锦艺园，非请果子红不可。

赶戏须连夜出发，说书红高文翰与弟子刘桂英、程玉英同乘一辆轿车。老人抱着他的心肝宝贝哈巴狗小黑，一为辟邪，二图解闷，爱不释手，又亲又吻又对话，视如至亲。

初夏，弯月徐风。驶出太谷，路平车稳。因为玉英白天执意改唱旦角而挨了师傅的打，此时师傅也有些内疚，于是便又苦口婆心开导起来：

"你刚刚十岁便投我膝下，按照你的身材、长相让你唱红，那可是三大门之首呀！我已把《崇祯显魂》《杀府》《二进宫》传授给你，你演得也不赖，人们都夸你像个小果子红，你却谋住要改旦角。我也清楚，你是个姑娘，长得也好看，打扮起来更袭人。可咱唱戏的跟只凭卖相的不一样，挣钱靠的是艺儿呀！唱红的唱红的，就数唱红的吃香，做甚能比得了唱红？再说学那三出戏，你下了多少苦工，文武全有，不容易呀！师傅不害你，你就听师傅的吧！把小黑给我抱好了，可不敢打盹，慢慢地思谋去吧！"

说书红说得累了，小玉英听得也腻了。子夜已过，天气凉爽宜人，麦穗芳香阵阵扑鼻，单调的骡蹄嗒嗒声像在不住地催眠众人。说书红鼾声由低而高，时断时续，起落无序。"交响乐"烘托渲染着小玉英的孤寂，她不由自主也随着进入了甜蜜的梦乡。

忽然，小黑的惨叫与玉英子的"妈呀！"一声惊动了梦境内外的人们。赶车的急拉缰绳与刹车皮条，牲口停住了，人们这才发现在车轮下的小黑已身首异处。说书红弄清原委，二话没说，一脚便将小玉英蹬下车辕。桂英也跟着跳了下来，迷迷糊糊的她，看见不叫不动的小黑，惊叫道："师傅，你快来看，怎么小黑的脑袋和身子分成两圪节了？"

说书红火气不打一处来："好你个造孽鬼，你竟敢把气往它身上撒，它是个牲畜呀！惹你来？你是我的徒弟？你是徒天！教你唱红，偏要唱旦，我害你哩？"数落一句打一拳，越打越来气，越打越手重。

赶车的费尽浑身力气也拉不开，小玉英却一声不吭，直到看见果子红走近才喊了起来："二姨妈，救命呀！"

"哎，这是咋哩？逮住强盗了！住手。"果子红假气真生，把说书红劝止住了，"好我的老兄长哩，你怎么能往死里打孩子呀！"

"它也是条命呀，明里黑里陪伴着我……"老人热泪盈眶，两眼直盯着轧成两截尚在颤动的宝贝，泣不成声。

"可这也是条命呀！"果子红紧紧抱住钻进怀中的玉英，"再怎么样，难道她还不如一条狗？"

"我教她唱红，唱得好好的，她非要描眉打扮唱旦不可。好心当作驴肝肺啊！我前辈子造下甚孽了？"

"前辈子造孽没造孽谁知道，今辈子你打死她就不怕造孽？快不用气了，都快气成老糊涂了。不就是只狗嘛，去了地头，我给你买条比它好的。快都上车，这才过了孟封，还有二十来里路哩。玉英子不用怕，师傅不会再打你了。你也得听师傅的话，不管唱红唱旦，唱好才算。"

鸡鸣犬吠羊咩咩，东方泛起鱼肚白，夏日晨曦与田野麦浪，有效地消解着师徒们的纠葛。

到达交城已是日上三竿，前头不远即是卦山——群峰环列，形同卦象而得此名。

农历五月初五端阳节，既是诗人屈原的忌辰，也是祭祀瘟神，又称五瘟使者[1]的节日。

---

[1]　五瘟使者：春瘟张元伯、夏瘟刘元达、秋瘟赵公明、冬瘟钟仕贵、总管中瘟史文业。

名刹盛会，好戏助兴，求神还愿的、游山玩水的、购物尝鲜的、看唱取乐的，川流不息。

锦艺园在此演出五天十四场，几乎场场都有果子红。首场是她与狮子黑合演的《血诏带》（又名《曹操逼宫》、《逍遥津》）。果子红饰吉平，当她化妆完毕，静坐衣箱之上闭目养神时，冀午斋满头大汗赶至："步云，你要撑住呀！"

"出了啥事了？"

"老太太……昨日她……走了！"

祸从天降，晴天霹雳。从来不得病不求医的精干老人，怎么说走就走了？

戏不能不演，别人一时接不起来，改戏又来不及；再说合约是冲着果子红定的，悔约戏价怎么算？只好忤逆不孝了。人常言：忠孝难得两全。她不得不穿红挂绿、嬉笑逗唱……

冀午斋与巧云、爱云直奔郑村。刘凤祥总管，装裹寿器、纸作孝幡一应俱全，灵棚宴席也已备好。左邻右舍、亲朋好友，帮忙的、吊祭的，人虽多却秩序井然。

午斋与巧云、爱云换穿孝服，灵前泣血稽颡，号啕大恸，悲伤感人。

丁凤章把冀午斋拉进屋内，翁婿对坐，倾诉哀肠："自打你们正月初四走后，增旺就不着家了，一句话也没留下，左打听右寻找也不见踪影。想着也许过两天就回来了，就没惊动你们，况且惊动也没用。谁想快半年了，活不见人，死不见尸。唉，都是她惯的。书不念，买卖不做，庄稼地里更不去，一心想要当兵，我估计十有八九是跟上队伍走了。阎锡山扩军，叫喊什么保境安民。到头来他的境好像算是保住了，可民却不得安生。

"养儿防老一场空，她想不开，急火攻心，夹气伤肝，一口气上不来就走了。倒也痛快，她没受罪，人们没遭累。差一岁七十，也该走了。人活百岁也得死，谁也得走这一步，先死的容易后死的难呀！"丁凤章说到动情处，老泪纵横。

"爷爷，你老人家可得想开些。步云有戏回不来，你原谅她吧！"

"她不回来对，戏比啥也要紧。走的已经走了，人死不能还阳，回来也没用。"

"你老一定保重，我们招呼不上，你一个人……"

"我一个人更好办。虽然做不了饭，但有凤祥，有汪康，再不行还有饭铺，你们放心吧。"

五天后发丧，棺罩夺目，哀乐动人，送葬的络绎不绝。除了拉灵缺少孝子算一点遗憾外，排场不在村人之下。

入土为安次日复二[1]之后，冀午斋等返回戏班，向步云一五一十作了交代。

奶奶的过世勾起果子红不少回忆，小时挨骂遭打，成人懂事后才晓得那叫幸福！奶奶对自己是克勤克俭，对晚辈是宽严相济，多好的老人呀！一天也没累人，一句话也没说就自己走了。留下爷爷孤苦一人怎么过？爷爷一辈子忙忙碌碌置家业闹世界，苦受了不少，可没孤独过呀！饭也不会做，吃喝还讲究，靠凤祥爷爷汪康哥都不是长久之计。下饭铺不是没钱，是他心疼不舍得，再接回戏班来更不是办法。

步云自己寻思不出好法子，与冀午斋商量也无结果，只好等封箱之后，再去和老人一起细作计较。

恰如步云所想，丁凤章跟前一下没了两个亲人，的确承受不了了，身体一日不如一日。好在刘与汪都把他当作家人一样关照体贴，又是开导又是安抚，吃住确也无大不适。

其实丁凤章哪里用得着人开导，哪个人又能安抚得了他？过了老伴百天，心身颇感不自由，他意识到大限已到。他是个能人，也算个厉害人，思思谋谋赚钱，但生财有道，绝不坑人骗人。事到如今，首先想到的是要像老伴一样，尽量不累人、少累人；再有就是家产，不能给孩子们留下麻烦，好人赖人自己一人承当。传宗接代、接续香烟的人没了，三个女娃都是唱戏的，都是人家的人，与其给了她们，倒不如给了自己看得上的朋友。

刘凤祥是老相识，土地交给他放心。汪康虽说年轻，可挺有心计，也有良心，粮店托靠给他，不会有大闪失。下余的五间表砖房院，原本是冀午斋出钱买的，留给果果，也算是还债，也算是点偏心。纵然日后有人评说不公，我也认了。

丁凤章主意打定，不再犹豫，生怕等不到她们回来当面交代后事，不得不强己所难——平生唯一的一次提笔为文。情知啰啰唆唆，错别字连篇，但自以为逻辑上无懈可击、滴水不漏。

九月二十六日，锦艺园在平遥罗城唱完，将下余无多的台口让出，准备提前封箱。事也凑巧，正在安顿，太原来人急报丁凤章病重。冀午斋交代完武德胜和三儿生等，便与步云姐妹一起赶往郑村。

丁凤章躺在炕上，已是有出气没入气，见了亲人微微笑了一笑，似乎在庆幸老天爷赐予了他爷孙们最后相见的机会。他不愿给晚辈留下痛苦的记忆，用了好大力气，从枕下抽出预先写好的遗书交给了步云，缓了缓气，用尽全力说道："节省，

---

[1] 次日复二：出殡后第二天孝子们都要去坟前烧化祭奠一番。

不浪费造孽！三天……八抬……"声音听不到了，一双失去光华的眼睛，从容而安详地合上，两只手没有全部展开，分别做着三与八的手势。

亲友同恸，众人皆哀。步云扑在爷爷身上，任谁也拉不起来。

"不用硬拉，让她痛痛快快哭一哭吧！"刘凤祥的媳妇李白妮一边劝阻众人，一边安慰步云，"果果俺娃想哭就放开哭，把积攒的气都哭出来，窝在肚里会憋出病的。"差不多一袋烟的工夫，步云已声音沙哑、眼泪流尽。李奶奶把她搀到自己房中，让她躺在炕上，进一步抚慰道："多好的老人，挣了一辈子大钱，自己连个小子儿也舍不得花。躺倒后知道不行了，再三叮咛我：只放三天，放多也没用，麻烦众人；再说，死人不张口，一天吃五斗！就怕浪费。这，咱们不能听他的，至少也得放七天。六十七岁的老人，丧事也是喜事，得排场热闹些。俺娃也不用太过伤心，急坏自己的身子，谁能替得了？"

步云陷入深深的悲痛之中。

刘凤祥少不了还任总管，礼房则靠给了汪康。冀午斋返回平遥去准备。

棺椁在家停放了七天，吊孝的祭奠的来的来走的走，从没间断。孙竹林、老顺保、三光子，还有班社中的不少人，先是闹票儿，后三天唱大戏……

平遥小胡村更是兴师动众，来了十来辆轿车，白人白马白旗号，拉着白鹤仙鹿、金童玉女、摇钱树、聚宝盆、金银斗、刮金板等各种纸扎、各类孝幡，食盒祭礼多得数不完。

农历十月初三，出殡的场面更是气势非凡。二龙杠，三十二抬，巧云、步云、爱云三女披麻戴孝，代子拄杖拉灵。大小锣鼓、笛管笙箫，送行人见首不见尾，看热闹的夹道而列。

丁凤章活着有人缘，死了更排场，众口一音：全村第一份儿！

轰轰烈烈的丧喜事终了，老人入土为安，步云却久久走不出哀伤的心境。怀胎十月，母子未能一见，空月子中枉听闲言碎语；接踵而至的是，弟弟失踪、奶奶与爷爷弃世。不足一年没了四个亲人，实可谓祸不单行。

恨天天不应，怨地地无声，眼泪只能往自己肚里流。凄凉与悲伤的情绪笼罩着她，一时难以自拔，岂不知还有更大的灾难等待着她呢！

十一　冀税官虚荣惹事入囹圄
　　　未亡人含悲忍辱送夫君

　　再说一九三〇年五月，阎锡山联合冯玉祥等讨伐蒋介石，以河南为主战场展开中原大战，后因种种原因遭到重创。溃败的队伍匆忙向北撤退，冯玉祥的西北军有不少失去联络的散兵，最后聚集在晋中、太谷、榆次一带。阎锡山对友军予以礼遇，发给盘缠，让他们搭乘西去列车返回西安。

　　二十啷当岁的丁增旺，经历了混战，不愿重归太原，也混入这批人流之中，远赴西安。凭借在丁老爷子身边的耳濡目染，他后来也做起了小本杂货生意，立业成家，过起了虽也小富却难安康的平民生活。

　　再说西北军既失主帅，又断给养，一些兵痞就在山西大肆抢劫。苛捐杂税本已令商贾难以承受，这一来更是雪上加霜。

　　乱世灾乡，冀午斋不知收敛，好荣喜耀，装大显能，自惹公愤，遭商户们联手抗税。新税款难收，旧亏空无补，包税人难辞其咎，依法按贪污论处。

　　祸从天降，只会唱戏的果子红，哪里晓得衙门的门朝哪儿开。她想到了省城好友，曾经为之撰文造势的记者任秀峰，希图能以刀笔为器，具状力辩。岂知事与愿违，冀午斋终因罪责难免，锒铛入狱，押解太原服刑；而任氏也因此有了落井下石、别有图谋之嫌。

　　兵荒马乱，台口冷落，戏班度日维艰；但为了官司，果子红只好撇下不管，与家人商讨对策。大家异口同言：无论花多少钱也得把人捞出来。说来容易做着难，动辄就得花大钱。谁家攒着金银细软贴身内财？纵然有也不肯轻露。眼前能看到的，一亩六分祖坟绝不能动，老人和兄弟们占的房产也腾不出来，能变卖的只有冀午斋自己准备筹建新院的砖瓦木石和空基。

有了指项，果子红便上下疏通，里外打点。她本来不擅抛头露面，但为了救人，如今也顾不得许多，七处搬人拱客[1]。好在她有点名气、人缘，人们还都同情买账。人情加金钱，拱动了衙门，终于同意交款保释。

三弟凤山、四弟凤池，用戏班的轿车把大哥凤仪冀午斋接出牢门。他像变了一个人，一路上寡言少语，二位兄弟也不敢多嘴。

路过太谷，到锦艺园下处把车放下。戏班正在剧院演出，半年来台口不景气，果子红又跑关系又探监，一有台口便赶忙登台演出。武德胜、三儿生等，较以往更不遗余力，维持着营业差事。冀午斋何尝不惦记自己的事业，何尝不想见见众人，何尝不想与心上女人倾诉冤屈；然而他又心灰意冷，在门口稍作停留，便急速离开，生怕熟人看见。他是个大脸汉，爱虚荣，把面子看得比命还要紧。

兄弟三人坐上火车，到了平遥车站，等到天黑，才步行回到小胡村。在村外，他停下脚步，深深叹了口气，自己与自己说了一句话："唉！总算又回来了！"

一进家门，段氏不顾老小们在场，抱住丈夫痛哭不止。

冀午斋想先看看老爹。此时，三弟不能再瞒了："咱爹因为你税款亏空，就愁下了病；后来听说你进去了，一气之下，卧炕不起，没药可救。临赶咽气叮咛我们，要等到你出来，他再入土为安。"冀午斋一听此话顿觉五雷轰顶、天旋地转，众人搀扶着他，挪进屋内，他一头倒在炕上。他想到的、要说的太多太多，但却未能倾吐一言。

冀午斋自长大成人后，自以为能耐，大半生离乡背井闯世界，不畏艰难，不惧风险，拉帮结友，伺机钻营，事业从无到有，由小而大，但他万万没想到自己会落得个这般下场。

全家人不敢打扰他，想让他静静地好好歇缓歇缓——来日方长，翌日慢慢再叙。谁知他竟不声不响、不翻不动，悄悄然魂归九泉。

子夜刚过，段氏一声号啕惊动了全家。鸡未叫，天未明，男男女女老老少少呜咽着，揭开了丧礼的序幕——四十有七，不能算短命，确也称不上寿长。

近些年来，他因包税而暴发，腰缠万贯，高朋满座；到太谷脚踏城颤，花天酒地。沾光的人称赞其侠肝义胆、乐善好施、富而不骄；受累的则指斥他地痞无赖、恶霸流氓。花无百日红，一转眼间，欠税入狱，赔款出牢，无声无息，猝然离世。

盖棺似乎可以定论。斯人已逝，人们不得不重新审视，继而反思自省。

冀顺魁、冀凤仪父子二人一同发落，帮忙人不请自到，丧事之隆重，十里八

---

[1] 七处搬人拱客：指到处找人（疏通关系）。

乡，前所罕见。孝子贤孙披麻戴孝，拄杖拉灵者长蛇成阵，亲朋好友、宗族邻里吊祭送行者不计其数，就连看热闹的人也似海如潮。

果子红煞费苦心，用尽九牛二虎之力救得丈夫出狱，渴望重新开始平民安康生活，岂料从他出狱后至咽气前都未能一见。这真是天大的遗恨。她领着似懂非懂的小四儿冀焱，执意要护送到坟茔，她要亲手添一抔黄土，哭诉几声，让他泉下有知。然而家人族长百般规劝阻拦：家有家法，族有族规，女人不得送殡，更不许近坟。

因为她是女人，连最后一次安抚丈夫的权利与自由也被剥夺了。

果子红呀丁步云，自六年前，三光子引荐冀氏以来，从相见到相认，从拒绝到接纳，从结合到怜爱，从同行到同心，从创业到敬业，爱情的阳光刚刚灿烂，幸福的生活刚刚开头……

事实上，丁步云之所以能成为果子红，锦艺园当功不可没。那么专为其承办者冀氏，更应该分享其荣……

但其实从一九三〇年到一九三四年，果子红人生多舛，在这短短的三四年中，竟痛失六位亲人，直令她摧肝裂胆。杀人的老天，操弄早到的严冬，雪封冰冻，挟着层层乌云笼罩了整个世界；浊地浑天，寒潮与黑暗何日是个尽头？

第四章　须生大王

一　吴会长三点《芦花》泄私怨
　　任秀峰鼎力周旋返太原

　　在冀午斋出殡时，还发生过一场小小纠纷。任秀峰自与冀、丁夫妇相识以来，多次参与锦艺园活动，故与当地商界交情不薄。

　　当任秀峰携重礼前往吊祭时，却被十五岁的大少爷冀鑫拦在门外，并欲骂其"乘机陷害，欺兄霸嫂"。好在众人竭力相劝，未曾出口。当年二十八岁的任秀峰，大庭广众受此奇耻大辱，千口莫辩，耿耿于怀。返至太谷，锦艺园不便前往，便来到有颇多交往的太谷商会。恰逢副会长吴某正筹备老母三周年祭祀大典。

　　吴与冀之前因税收之事反目成仇，正伺机报复，于是伪造出冀午斋入狱之前，业已与他签订由果子红领衔唱堂会之合约。

　　冀出殡次日，上坟复二已毕，果子红姐妹正准备返回太原，吴会长由随从引领破门而入，并问："丁老板、冀二奶奶，看样子要出远门了？"

　　"你是？"

　　"这是太谷商会吴大会长。"随从仆仗主威。

　　"不知吴会长到此有何贵干？"

　　"冀班主入狱坐牢之前，曾与敝人约好演唱堂会之事。"

　　"什么堂会？"

　　"今日乃高堂三周年祭祀大典，特邀丁老板领衔赴约。"

　　"他从没提起过此事呀？"

　　"现有文约在此，并付过一半定金，请丁老板仔细查看。"吴会长拿出预先做好的文书递上。

　　果子红情知其有备而来，合约的内容与真假已无实际意义，只得满口应承：

"无须什么合约文书，不就是要唱戏吗？会长捧场，我怎能不识抬举。"

"痛快，只是丁老板刚刚办完丧事……"

"我是个唱戏的女人，哪能讲究得了那么许多！"

"这就好，那咱们一路同行？"

"也好。"

堂会场面、气势恢宏，点的戏是《芦花》，由丁氏姐妹主演。

唱堂会与唱大戏对演员来说没有什么区别，该怎么唱就怎么唱。一出戏很快演完了，看戏的都说果子红就是好，有些人甚至揉眼擦泪。

果子红刚回后台，管事人跑上来向果子红说道："唱得真好，他二姑说没看全，麻烦丁老板再唱一回吧！"

"这《芦花》是唱红的重头戏……"

没等丁巧云把话说完，果子红插话："不用说了，唱就唱吧。"

重打锣鼓重开戏，一切依旧。

果子红唱完第二遍刚要卸妆，管事人又微笑着迎了上来："老舅舅刚来，八十大几了，非要看果子红的《芦花》不可。您缓一缓，喝口水。"

丁巧云按捺不住了。果子红示意姐姐一忍再忍，千万不可闹翻——你在人家门上，谁怕谁？

三次《芦花》唱完了，吴会长亲自走到果子红跟前，皮笑肉不笑地说道："丁老板，好功夫，名不虚传。时辰还没到，得劳累丁老板再来一出。《芦花》也行，《斩子》也行，《空城计》也行，衣裳行头也用不着换，比像清唱来，反正就是填个空空。你说，总不能叫人们干等的吧！"

果子红强压心头怒火恳求道："吴会长，既是填空子、等时分，你看让他人顶替一下好不好？"

"不好。人们要的就是你果子红，他们谁也顶替不了。"

"你这是专心要人的命呀！"丁巧云实在憋不住了。

"我没和你说，你叫唤甚？我花钱买你唱戏，我想叫谁唱，我想要唱啥，谁敢说半个不字！"

"我今天就说不！"果子红忍无可忍，"我唱戏靠嗓子，吃饭靠唱戏。今日嗓子唱坏，明日靠啥吃饭？与其来日饿死，倒不如眼下遂了会长心愿。我不唱了，爱杀爱剐，爱上公堂，随你的便。"

吴会长哑口无言，倒气不出。台上台下鸦雀无声，空气都要凝固了。

"二位冷静。"任秀峰不知从何处走上台来，"吴会长、丁老板，万万不可激动,有话慢慢说。花钱买戏,似乎天经地义。不过,既然丁老板委实承受不了,吴会长也就不可过分勉强。你为母行孝,三周年祭奠;她刚刚送走亲人,伤痛未平。二位俱处哀悼之中,岂可再增不快?不就是等候时辰嘛,作为旁观者,鄙人建议演奏一曲哀乐八音会,严肃庄重,似更加切题。吴会长,你看如何?"

《晋阳日报》虽非省府机关喉舌,却是阎锡山的心腹耳目。省城任大记者的账,太谷小县吴会长不得不买。

一曲哀乐奏罢,堂会总算得以收场;但这屈辱已给果子红的心灵深处留下了深深的伤痕。

丁巧云打心里感激任记者的挺身相救:"任记者没有忌恨小冀鑫年轻人的粗鲁无礼,眼下又能出面解危,实在感谢不尽。"

"唇舌之劳,区区小事,何足挂齿?"

"任记者神通真大。"果子红说道,"看来我等在太谷难再立脚,日后回到太原,恐怕少不了还得打扰。"

"能为丁老板效劳,实乃鄙人三生有幸,届时任某定当一力周旋。"

一拍即合,十分投机。任秀峰随同丁家姐妹与戏班人员一同回到锦艺园。

步云召集来大家暂时作了安顿:

"诸位老前辈、老师傅,兄弟姐妹们!冀午斋撇下咱们,只顾他自己一人走了!小冀鑫尚年幼,虽然酷爱戏曲,但不愿从事此行业,再说他也管理不了。不过,锦艺园不能散,也散不了。恳求诸位相信我丁步云,只要一口气在,就一定和大伙儿千方百计把它撑下去。眼下能演一场算一场,千万不要走散。我回太原与任记者想办法去闹腾,一旦有了着落,就告知大家。恳请诸位耐心等候我的信儿吧!"

不少人都觉得这不过是句顺情话。一个女人家有多大能耐?任记者有人家自家的生意买卖,还捎带的记者营干,哪能把咱放在心上!十有八九没指望了。但相处一场不易,果子红就是果子红,天大的苦,地大的冤,能撑得住,还惦记着咱们,够意思了。果子红要去太原,这也许是最后一别,于是大伙儿硬是把果子红等送上火车,众人含着眼泪依依不舍。

汽笛鸣响,车轮转动,果子红探出身来,频频拱手向众人告别。

一路上,果子红向任秀峰畅谈了重组锦艺园的打算。任频频点头,明确表示愿与之同心同德、携手并肩重振声威。

任秀峰,小名丙午,属马,大号依山。光绪三十二年(1906)出生于忻州令归农家。父亲任殿鳌,长年在清源城玉泉涌醋坊跑生意。母亲智氏,终日吃斋念佛,人称智善人。任秀峰只念了三年私塾，便跟着村人步行四百余里，经代州，出雁门，到达长城脚下绥远省的南大门——丰镇。

据传这里是薛刚反唐避难与起兵之地，也是其后来征西屯兵的据点。城东一里有石元山，因为纪念薛刚夫妇，更名为薛刚山、红娘山。至今尚有饮马河与马蹄岩、脚印岩、旗杆岩、试鞭石等遗迹。清人王士禛赋有七律赞颂：

峰头古寨旧遗痕，唐将名声今尚存。
马道半留驰射迹，阵云无复战兵屯。
英雄堪壮山河色，姓字空传父老音。
岭外夕阳回照处，寒流日夜潺溪声。

丰镇地处晋、冀、蒙交界处，曾为绥远省会。当年平绥铁路以此为终点，从津、京、张运往绥、宁、甘、新的大宗货物都存放于此。实乃西北货物集散之要地，联结口内外的重要枢纽，也是众多商人与走西口者驻足的重镇。

对于丰镇的发展，忻州人当有开天拓地之功。民谣"先有万合隆，后有丰镇城"即为佐证——万合隆创始人谢祖光是忻州人。商业十大行——钱、粮、油、绸、当、铁、木、药、估、缸之金字招牌，百分之七十皆是忻州东家，故丰镇又有"小忻州"之称，城中忻州巷至今仍在。

任秀峰十五岁背井离乡来到丰镇，在德和祥绸缎庄当学徒，提茶端饭，扫地铺床，没明没黑伺候掌柜，打杂全包，苦力活也少干不了。尤其需要付出血汗的是，骑自行车到四百里开外的张家口驮货，一路上风餐露宿他不以为苦。不进货时，他打里照外站拦柜，还坚持每天天不亮起来，念书、写字、打算盘。中午掌柜午睡，他练毛笔字：天地玄黄，宇宙洪荒……他暗下决心，坚持不懈，一心要学得真本领出人头地。

苦熬五年，母亲年老体衰叫他回来，他便到距忻州不远的太原西校尉营开起了同升帽店，后发展成为太原绸缎庄，当起了带东掌柜。凭着能说会道、能写会算又擅交际，他不久就兼任忻州会馆买办经理，进入太原商会。

《晋阳日报》社长梁硕光，是阎锡山都督府参议员。总理事梁汝舟，字巨川，其号航标乃阎锡山亲赐，以其能发挥航标功能之故。此二梁皆系阎之心腹高参。所有报人，自上而下皆忻州老乡，故而任秀峰弄张记者证，可谓手到擒来。

冀午斋领着果子红跻身鸣盛楼时，任原本只想结交名流，写点小文章，做点小生意，求点小名利。至于果子红后来求其代写申辩状，他确有此能力，也有一定的活动能量和相当背景，但他也就是帮帮忙而已。而冀家人出于想当然的逻辑，指斥其挟私陷害、欺兄霸嫂，似属冤枉。一则他已有妻室，他的实力与理想，也尚未到冀午斋的程度；二则他看中的是果子红的名与艺，以及背后可能的利，但绝对不会迷恋她缺乏女人味的仪容；再者，家庭封建礼教的严格，母亲大善人的吃斋念佛，让他给自己早已画就了不可逾越的底线。但小冀鑫关键的一击，以及果子红为了支撑锦艺园，迫不及待地一拉，或许倒促使他萌生出得陇望蜀的念头。

二 丁果仙大名唱响太原府
　　三连襟同力重组锦艺园

果子红一年痛失六亲人，尤其是丈夫冀午斋，蹲监半年，自己为救他倾家荡产，保释出狱后却未能再见一面，只字没留，猝然弃世。亲亡家破，人财两空，祈天不应，求地不灵，更遭仇人欺辱。值此危难时刻，任秀峰来到了她的面前，她宛若茫茫苦海之溺者，得遇挪亚方舟。

而任秀峰情知自己至多是一束稻草而已，真正的方舟，应是果子红她自己。

果子红从戏文中晓得一个道理：打虎亲兄弟，上阵父子兵。而她自己全无此等关系，只能在姐妹们身上打主意。

眼前火烧眉毛的，莫过于下处与戏箱。任秀峰为她找到了号称"六大股之一"的郭子泉。此人原籍太原北郊人称戏窝子的上兰村，他从小受票儿班的熏染，对戏曲产生了浓厚的兴趣。因先天条件等原因，未能在舞台中央占据一席之地，却不乏组织管理能力，与刘玉富、张宝魁、姚法礼、刘文才等成立六大股戏班，并承揽演出业务。年过四十有三，丧偶多年，领着八岁的女儿秋香，相依为命，又当老子又当妈。听说果子红有意租赁戏箱，他与股东们商妥，带着多余的一套戏箱领着女儿进了锦艺园。又在开化寺左近的西夹道，觅得一座大院，说服果子红、狮子黑和邱德才一大家，与自己合伙买下。这期间，又与正好需要戏班补空的山西大剧院联系妥当。

事情办得出乎意料的顺当，连果子红也没弄清楚其中的奥妙——正像程咬金不知道自己还有把天下无敌的宣花斧一样。

留在太谷锦艺园的人们接到消息，欢呼雀跃。不过有个别活泛人如十四红者，已经远走高飞。盖天红也正在犹豫，消息传来，他立马召集众人，整装出发；在征得果子红同意后，他把两个徒弟乔金仙、玉仙二姐妹也带了进来。

乔金仙是汾阳城里人，一九一八年生。父亲能拉会唱，爱煞中路梆子，便将十二岁的金仙和她九岁的妹妹玉仙一同送到盖天红门下。姐姐秀丽可人学旦角，妹妹身高面丰攻须生。金仙天赋聪颖，扮相俊俏，丰姿绰约，嗓音清亮，调韵婉转，擅于活学前辈专长，如万人迷、天贵旦唱的《断桥》中"十不该""十炉香"等。她的戏情真意切，激动人心，深得城乡观众和内行专家的赞赏。

在太原演出不同在乡下，除了要撒传单和张贴五色粉连纸的大海报外，还要在《晋阳日报》和《山西日报》上刊登演出预告。

果子红的艺名叫惯了，人们都觉得不错，可任秀峰玩味来玩味去，总感到俗气，不够高雅。他求教于人称太原齐白石的柯璜以及大学者郭象升等名宿，又查询京剧大腕的雅号，得知梅兰芳开蒙师傅名吴凌仙。吴凌仙的师傅时小福乃《同光名伶十三绝》[1] 之一，其弟子皆以仙字排名，如张云仙、陈霓仙、陈桐仙、江顺仙、王逸仙、吴蔼仙、张紫仙、秦燕仙等。任秀峰遂选定"丁果仙"一名。

郭子泉领着人收拾下处，布置戏台，果子红跟着一边动弹，一边不失时机穿针引线，当起了姐姐丁巧云的红娘。中年丧偶的郭子泉，带着个女儿，洗衣做饭，缝裂补绽，有苦难言。如今大名人果子红亲自说媒，又是其亲如同胞的姐姐，还是名伶大姑娘，想也不敢想，梦也梦不见，何乐不为？

难得的是丁巧云，原先已有恋人，是个姓潘的南方才子，因近日接到母亲来电而回乡尽孝。巧云不便跟从，志同道合的一对情侣，不得不忍痛割舍，天各一方。这个三十出头的大女，正处于肝肠寸断的失恋之中，一时难以挣脱意惹情牵的困境。

只知道唱戏的果子红，如今却要为媒作伐成全别人。好在姐姐向来由她摆布。她实话实说：咱小女人想成事，离不了大男人。巧云禁不住她三番五次地开导，加之体谅妹妹的难处，乖乖地顺从了妹妹的这一决定。当然，郭子泉本人真情实意、无微不至的关爱，以及后婚男儿不同于年轻人的魅力，一来二去，也打动了三十一岁的大姑娘。巧云终与大自己一轮的二婚男人做了结发夫妻。

---

[1] 《同光名伶十三绝》：指清代大画家沈蓉圃所绘的一幅戏剧人物工笔写生画像。其中有老生程长庚饰《群英会》中的鲁肃，卢胜奎饰《战北原》中的诸葛亮，张胜奎饰《一捧雪》中的莫成，杨月楼饰《四郎探母》中的杨延辉，武生谭鑫培饰《恶虎村》中的黄天霸，小生徐小香饰《群英会》中的周瑜，旦角梅巧玲饰《雁门关》中的萧太后，时小福饰《桑园会》中的罗敷，余紫云饰《彩楼配》中的王宝钏，朱莲芬饰《玉簪记》中的陈妙常，老旦郝兰田饰《行路训子》中的康氏，丑角刘赶三饰《探亲家》中的乡下妈妈，杨鸣玉饰《思志诚》中的闵天亮。

姐姐的难题解决了，妹妹就不在话下。任秀峰如期完成了物色对象的任务：阎锡山督军府电信局朱德荣，少校团级军官，新近死了老婆，留下个十五六的大小子，自己经常出门在外，家里需要有人招呼。

爱云二十五岁，容貌出众，身材窈窕，说啥也不愿给四十多的老当兵的当填房。但由不得她，两个姐姐，软磨硬泡、现身说法，终于为其订了婚。

剩下来的小玉珍，十七大八，出落得如花似玉，如今已成了大名鼎鼎的十三旦。当年三光子的聚梨园在榆次龙柏村演出，玉珍家三个闺女俩小子，人多地少养活不了，爹妈一商议，就把她送给了唱戏的，丁巧云收她为徒弟。后来在冀午斋家前前后后、断断续续住了四五年，与比她小一岁的大少爷冀鑫常在一起玩耍，青梅竹马，两小无猜，好得跟亲姐弟一般。大人们也都愿意，三场对面六眼会通，吃了订婚饭。谁知苍天杀人，冀午斋一死，四离五散，冀鑫与玉珍纵然有意，也无力回天；虽说藕断丝连，但毕竟旧情难续。步云一时给她找不到十分合适的主儿，故而只得暂时作罢。

在山西大剧院的首演时间为十二月十五日，太谷人马提前三天到齐，太原新加入的人员也为数不少。

十三红本姓阎，小名贵锁，大号登椿，灵石县静升村朝阳堡人，光绪十五年（1889）出生。从小离不了戏曲，年方十一，背着私塾先生和父母，跟随戏班跑到张家口，投师学艺两年，登台扮演《八义图》中的程婴，嗓音清亮，扮相端庄，赢得满堂喝彩。观众当场为他鸣放爆竹，给他披红挂花，送他艺名十三红。三年之后他返回老家，在本乡地面多处搭班。近日正游走在太原街巷，意欲觅得栖身之处，得悉锦艺园招人，便找到了丁果仙。一番畅叙，丁果仙对他颇为赏识，将他留在班内。十三红戏文颇丰，交结广泛，为人厚道，处事谦和，甘为果子红拉二套，并兼做其过门教师。《走山》《杀府》《舍饭》《甘露寺》等，果子红多得其真传，受益匪浅。

秋富生本名杜锦生，太谷孟高人，自幼入科二锦艺园，后拜子都生为师，也得过三儿生的真传。勤学苦练，技艺颇丰，戏路较宽，穷生、巾生、靠架武生都有相当造诣；尤其唱腔高挑潇洒，别具风韵。同行与票友无不慕仿其"高文举坐花亭自思自想——美英姐姐呀！"的唱段。果子红在《四郎探母》等演唱中，也多有吸收他的高挑韵味。

吃瓜黑王富贵，乳名愣福，一八九八年出生于榆次永康，六岁父母双亡，投到徐沟东辽西姐姐家。为自食其力，八岁即到寿阳忠义园学徒。十二岁染上天花，艺童同患者夭亡十人之多，他有幸保住性命，却落下满脸疤痕，声带也受损，失去了作为台柱演员的必备条件。于是转行二花脸，苦练摔跟头、跌下把的硬功。《吃瓜》是其代表作，故得此艺名。

鹿儿红王庆云，徐沟县张楚王人，一八九五年生，排行老六，乳名六儿。当地"六""鹿"同音，为求雅意，故艺名鹿儿红。九岁入榆次乾梨园娃娃班，师承说书红。体魄魁梧，眉浓眼大，功夫精到，文武双全，唱念做派俱佳，靴子、鞭子、翅子、梢子与刀枪把子皆见功力。他演《五雷阵》甩大幡，幡一丈五尺长，旧戏台窄狭，又有油灯与帘幔，纸幡满台飞舞，不缠不绞，无碍台上设施，甩的同时，他还要表演放叉、乌龙绞柱，功夫奇绝，实属罕见。此外，他在《上天台》《溪皇庄》《表功》《观阵》中的表演也皆高人一筹。丁果仙演《南天门》，绝少不了请他出演曹福这一冻饿而死的高难度角色。

在接纳名艺人的同时，小艺童也收了不少，丁艳香、丁艳霞、丁拉弟、王玉珍、郭秋香等等，其中不乏超群拔萃之才。

丁艳霞原名袁翠香，寿阳人，一九二六年生。父亲在太原开化寺经营车马大店，全家都爱戏，她常跟着大人们去鸣盛楼、大中市等剧场看戏。后被丁果仙看中，收为义女时尚不足八岁。因其特别惹人喜欢，常常留住丁家，以便随时传教。她悟性极高，刚满十岁，即能登台演唱《花亭》《赐环》等小戏，颇得观众好评。

王玉珍，后名花艳君，本系孤儿，身世不明。年方六岁，人贩子领着在太原校府营三合店落脚，被店家女老板杨素贞买下，给未婚姑娘邱凤英做了干闺女，以姑侄相称。后凤英与王凤鸣成婚，改称舅母，取名王玉珍。整日跟随大舅邱德才、二舅邱树山等苦练刀马技艺。

经过重组的锦艺园，行头艳丽，阵容整齐，剧目丰富，名家各有拿手戏。

丁果仙：《花子拾金》《走山》《杀府》《捉放曹》《反徐州》《双罗衫》《蝴蝶杯》等。

盖天红：《下河东》《金沙滩》《取西川》《北天门》《芦花》等。

狮子黑：《炮烙柱》《匕首见》《打渔杀家》《草坡》《功宴》等。

乔金仙：《教子》《芦花》《桑园会》《金水桥》《永寿庵》《满床笏》等。

十三旦：《杀院》《戏凤》《少华山》《万佛衣》等。

奴子生：《折桂斧》《卖水》《日月图》《富贵图》等。

秋富生：《花亭》《汲水》《百花亭》等。

福义丑：《三岔口》《盗杯》《吃瓜》等。

丁巧云：《阴阳报》《烈女传》《森罗殿》等。

由于广造声势，观众成群结队争购戏票，导致一票难求。连演半月，反响空前。这期间，人们强烈要求果子红唱《芦花》，步云不得不演出两场；但由于此剧对步云的刺激太大，心病难医，自此之后，步云很少再演此剧。

三 天地坛一双情侣乔迁喜
　　新美园三对新人燕尔欢

　　果子红在太谷难以立脚，回太原实属必然选择，一来有家，二来又有了一个依靠。对于任秀峰这个人，她第一次在鸣盛楼认识时，以为人家是大文人，自己是小戏子，高不可攀，不过托其写写文章、造造声势罢了；后来在太谷，得其在"三点《芦花》"时为自己解脱困境，也只感恩不尽；回到太原租戏箱、买下处、联系剧院、刊登广告，尤其是选取丁果仙的名号，都是人家办的，还让自己结识了不少大学者、老秀才。原来唱戏觉得装龙像龙、装虎像虎，装甚像甚、装谁像谁就足够了，经高人一点拨，才晓得如果只有形象，没有神韵，完完全全一个没心没肺的泥胎、木偶、稻草人，若要出神入化有灵气，离开文化不行。就连起名字也一样，果果是奶奶起的，步云是爷爷挑的，果子红是观众送的，都挺好，但和丁果仙一比，天地之别。不光"丁果仙"三字有了仙风道骨的味道，还让她知道了京剧有《同光名伶十三绝》……自己是文盲，也是戏盲，知道的太少了，不知道的太多了，太需要知识了。打心眼儿里觉得文化高明、高雅、高奥、高不可测，时时处处离不开；于是也就深深感到任秀峰对自己太重要了，好像离开人家，自己就不能活似的。由当初的高攀、利用、感恩、依靠，发展到如今的爱慕乃至追求。

　　而任秀峰对果子红，起初也只是想高攀大腕，求点小名，取点小利，并无更多非分之想。一则已有妻室；二则实力有限；再者，对方不苟言笑，概不诱人。然而在相处的过程中，越来越觉得其不同一般。"言必信，行必果"，一切以大局为重，即使是面对爱情：为了爱情服毒自杀，却又遵从爷爷嫁于冀家。一般人会大感不解，而他完全解得其中奥妙，且肃然起敬——他看到了她的孝行以及要唱戏成名的决心。

收留阎贵锁、乔金仙，求贤若渴，爱才如命。为巧云、爱云做媒，敢作敢当，有舍有得。神灵一般的威信，磁石一般的聚力，仁人大爱，恩德化人，在他的心目中，描画着对对方美好的印象。原来的丁步云，如今越看越顺心，越看越入眼，好像换了名也换了个模样，真是情人眼里出西施，她一下成了无可挑剔的完人。

强烈的占有欲，令他不能平静，这时"已婚"成了他的心病与大忌。如实相告，对方已因做妾苦不堪言，焉能再蹈覆辙？假若和发妻离婚，于心何忍！况且父母岂能容得？思之再三，只能暂且隐瞒，但求木能成舟，得过今日，再说明天。

丁果仙是急性人，事已至此，不能再拖，对方不提她先说，直来直去：愿意就做夫妻，不怕别人说三道四；不行还交朋友，一如既往，全当没说。当然也并非这么简单，她也问询过对方的身世家庭。任秀峰除已有家室之外，其余一一以实相告。丁果仙既没追根究底，更没从旁查考。其实以当时情形而言，恐怕任秀峰即使明言，她也不会求全责备。

二人一拍即合，夫妻关系确立。此时，步云除先前已收的艳香、艳霞、拉弟等义女外，身边还带着冀家的小四儿。任秀峰虽未明言嫌弃，但丁果仙已感未免于人不便。

自打接过六岁的小四儿后，步云对他呵护有加，不是亲生，胜过亲生。寒来暑往，五易春秋，平日让四儿随他大哥在太谷念书，每逢礼拜与节假便接回家来共享天伦之乐。如今一旦分离，何时才能得见？难舍难分，却不得不分。四儿上学之后，自睡一床，不用母亲照管；临别前夜，丁果仙与四儿同睡，絮叨了不知多少真话假话、实话虚话，哄孩子连哄自己。娃娃听得异常认真，她自己却强颜欢笑，喜中藏悲，可怜天下慈母心，而她更是如此的不同一般。

次日一早，武德胜把浑身上下打扮一新的四儿接走，带着一大包替洗衣物、文房四宝，以及孩子爱吃的南糖糕点。丁果仙亲自送上火车，直到飞转的铁轮从眼中消失。情不自禁的哽咽抽泣，难以言表的隐痛伤心，有谁能知晓，又能向谁倾诉！

紧接着要办的事是住房。丁果仙认定此乃百年大计，非自己亲手操办不可。让任秀峰办别的行，要么不花他的钱，要么花也是花小钱；靠他置房产，花大钱、办大事，百分百办不成，还保不住坏事。

前段时间，她跟随任秀峰求人办事，懂得了不少门门道道，得知中原混战以来，太原房价涨了不少，但还不算高。常言道"买涨不买落"，不敢等待。尽管刚买了下处，还欠着债，但知道自己能挣得来。看好一处，就大着胆子和人家说死了，还放了点定金。心中有了底，才和任秀峰摊牌："咱们成家立业离不开房子，你打算咋办？"

"房子还不容易，租上两间不就行了。"

"咱可是要安家落户，你当是露水夫妻打临时？"

"那就买上一两间。"

"一两间怎么能够？难免人来客往。"

"客栈旅馆有的是。"

"我要教徒弟、买戏箱。"

"那不有西夹道吗？"

"西夹道是伙里的，咱不能沾人家的便宜。"

"那你说咋办？"

"我踅摸了好几天，看好天地坛二巷十四号，一处五间正房的四合院。"

"那得多少钱？"

"三千六百六十大洋，连交易税下来，满打满算四千。"

"我的妈呀！砸劈我的骨髓也拿不出来。再说，听人讲鲁迅先生在北平买的四合院才两千。"

"咱管不了人家鲁迅、北平，咱就是要在太原。"

"太原也行，你唱戏我做生意，用不了三年五载。"

"咱等不了那三五年，就是要在当下。"

"那你叫我咋办？绸缎庄不能卖吧？还得流通，能空出几个钱来？就凭你一个人……"

"就凭我一个人也要买。叫我说，你就不用脚踩两只船了。如今你是班主，就跟我一块闹戏吧！"

"我能干啥？一点用处也没有。"

"用处大着呢，你是大学生。"

"谁说我是大学生？不过念过三冬天。"

"三冬天也比我文盲强呀！你还可以找大文人。"

"这么多年，我费心耗力，就学会个做买卖。"

"做买卖不就图个赚钱。想发大财我不敢夸海口、说大话，若就吃穿二字，我独自一人全包，不用你发愁，快再不用三心二意了。"

  任秀峰万万没想到这女人如此翻天覆地能折腾。原来给她找剧院、起名字，只不过帮忙而已，真要跟上她闹戏，那才叫活见鬼呢！自己从小走丰镇、跑平津，千辛万苦学会做生意；回太原鞋帽店升级绸缎庄，又是商会，又是报馆，刚刚混出个人样儿来，前程似锦，荣华在望，如今这女人却要他把商铺卖掉，那可是他的命根子呀！千日打柴一火烧，岂能忍心得下？

可如今自己已和人家登上了同一条船，不进则退，还有翻的危险。对方板上钉钉，说一不二，看来不跟着人家，硬着头皮往前撑，怕是不行了。但他说啥也下不了这个决心，总还想给自己留点周旋的余地。于是恳求道："你再容我一天两天，让我再好好考虑考虑。"

"三天五天十天八天随你的便，一定要考虑合适，我绝不强逼于你。万一想不通，你就还做你的买卖，我一个人想办法，免得日后害心病，这世上又没卖后悔药的！"

丁果仙一旦打定主意，决不轻易更改，这让一般人看来，真有点还没过河就想拆桥的意思。

任秀峰一夜无眠，辗转反侧，冥思苦想，实在也是没招了，不得不按照对方的部署来。这对于他，无异一场革命：他将由带东掌柜、一展手的当家的，蜕变为唱戏女人的秘书、吃软饭的小男人。不过对他来说，换个角度一想也就想通了：退居二线，毕竟还是男人，虽算不得一家之主，但财权她不会要。有吃有穿有钱花，不担担子不管事，又省心又轻闲又掌财权，未尝不是理想活法。妥协也是一种精神，也是一种胜利，况且自己的投资，充其量尚不足一半，其余皆由对方补齐，在省城能有如此房产，也可算名利双收。

天地坛距省督军府东侧百丈之遥，原是明代晋王所建祭祀天地之神坛，位于王宫城之外、府城之内西南角落。天坛、地坛本应分别建筑，各依其时举行祭祀活动；但因地狭，天坛与地坛建于一处。每年夏至前夕，晋王都须香汤沐浴，忌荤吃素，于次日太阳出山之时，登临地坛祭祀后土，祈求风调雨顺、五谷丰登。冬至时则祭祀皇天，祝祷国泰民安、红运长久。

天地坛后因改朝换代，年久废弃。民众在空基上陆续修盖住宅，形成一街五巷之格局，为方便起见，仍称之为天地坛。

正街不正，东南—西北走向，五条小巷分布两侧。一二三巷位于东北侧，四五巷在西南侧。丁果仙选中的是二巷十四号。

二巷在正街中段，长不足百米，宽只六尺，住有三十余户。十四号坐北朝南，五间正房，三间厢房，院井宽绰，一座假山，数株玫瑰、石榴。在省城太原，能承得起该房产者，应属中等以上富户。

选好婚房，一切就绪，婚庆选定坐落在开化寺南口向西百米，开化寺西街与东米市街衔接地段的新美园举行。是日，以丁果仙、任秀峰为主，另有丁巧云与郭子泉、丁爱云与朱德荣，一共三对新人。新美园对面是饮誉晋阳的著名药店"济生馆"，匾额乃傅山亲笔所书，独营傅山秘方"济生膏"等名药。新美园原名四美园,是清末太原府著名的妓院,文人墨客、风流雅士常来常往。清末作家魏秀仁,字子安,所著言情小说《花月痕》,闻名海内,其素材多出于此。民国初年这里改为高级饭店,成为票友名家以戏会友的俱乐部。

参与庆贺的除双方家眷亲友之外,锦艺园众人是主体,还有市内名宿。刘凤祥与汪康既因了往日的情分,又因了近日筹款资助丁果仙而被待为上宾。

总共开了六桌,席面丰盛,八大碟、四大碗,外带涮锅子。老白汾、二锅头、竹叶青、葡萄红,还有老黄酒,应有尽有。大家各取所好,一个个喝得酩酊大醉,全然没有了规矩。酒席宴前闹开了"洞房",这边让喝交杯酒,那厢又叫讲故事,当然重点是在丁任一对新人身上。

酒兴所致,平时不苟言笑的说书红,也加入了号哄行列:"我说果果,你告告老哥,是人家先寻你来,还是你先寻人家来?"

"老兄长、老前辈,你老从来不喝酒,怎么今日也说起醉话来了?"

"这叫酒不醉人人自醉呀!俗话说:三天地里没大小,公公见了唤大嫂。我咋就不能哄哄你这个新媳妇了?"

"好。要我告你,你得答应我个条件。"

"甚条件?只要我能办到的。"

"你得收我当徒弟,教我十本大戏。"

"你是大红人,我不敢。"

"你是不愿,不是不敢。"

"好,我收。你可得请我喝头脑,吃烧卖、帽盒子哩!"

"行,一言为定。"

"决不反悔。说你的吧!"

"要说我俩吧,实在是我离不开人家……"

众人三三两两哄嚷议论起来,有的说她实在,有的说她太傻。

巧云、爱云都责怪她:"怎么能把心里藏的话都抖搂出来?"

她大大咧咧地回道:"心里咋想,嘴里咋说;真话不让说,假话该咋说?"

巧云、爱云引火烧身,人们把她们也捎带得卷了进来……

婚宴闹上没有完,店主也不便下逐客令,这可都是名人呀!一直到黄昏,人家要准备晚宴了才算结束。

随后,郭子泉、任秀峰、朱德荣三连襟合股组班,办理了注册登记手续,以丁果仙为首的一班人马、两块招牌——锦艺园,又名步云剧团,在省城太原诞生了。

四 阎长官三颗鸡蛋巧跳舞
　　果子红六席拜师清和元

　　新美园宴会既是三对新人的婚庆，也是丁步云回太原后首战告捷的小结与犒赏，更是下一战役无声的动员。而清和元拜师则是为实施新计划迈出的实质性的一步。

　　一九三一年"九一八事变"，日本人入侵东三省，进而侵扰华北。

　　太原绥靖公署门口，叠垒沙袋，架设机枪，如临大敌。市民惶惶不可终日，何谈正常的文化娱乐与唱戏演出？剧团内部大多数人也六神无主、迷惘无措。

　　丁果仙却与众不同，作为一团之主，她想到"雁无头不飞"，日子难过也得过，越是人们看不见希望的紧要关头，自己越不能乱了方寸。翻转过来一想，此时何尝不是充实提高的大好机会；所以新美园婚庆，说书红酒席宴上开玩笑时，她顺势提出拜师实是早有谋划。

　　丁果仙拜师宴选在清和元举办。清和元位于南仓巷中段，三晋闻名，历史悠久。传说明末清初，阳曲一回民在此搭棚摆摊，经营羊肉杂割汤，为人虽谦诚，生意却冷淡。住在傅家巷的傅山先生常来光顾，出于同情，便将为救治病入膏肓的母亲而发明的以羊肉、藕根、黄芪、山药、酒糟、煨面、良姜、羊尾油为主料的八珍汤秘方传授给他，同时为其亲书"清和元"三个大字、"杂割头脑"四个小字的牌匾。据传此悬挂棚口的牌匾，按顺序可读作"杂割清和元头脑"，似以示忠于大明王朝，对元和清充满仇恨。据说傅山同时还特意嘱告人们打着灯笼早早去吃，一则让人们早起早锻炼，二则是名为收滋补之效，实则暗示"没有明了"与"天不欲明人欲明"之意。

　　至于"头脑"，早在宋元时代即有以此为名的食品，《水浒传》中有"赶碗头脑"之语可以为证。不过傅山发明之"八珍头脑",似当与其不同。

喝头脑时,宜佐以腌韭作为引子,并稍饮温热黄酒,可收暖胃补脾之功效。与其配套的辅助干粮有烧卖、帽盒子。

烧卖也称烧梅,由包子发展而来。开水泼面,装以羊肉、西葫芦等馅,包成状似石榴样,顶端不封口,向外张开犹如梅花之蕊,故名。

帽盒子是一种烤制面饼。面无须发酵,加入适量椒盐,捏成两片合在一起,烤制后呈中空圆柱形,似帽,故名。一般不单吃,而是将其掰成小块,泡入头脑汤中,入口咸香耐嚼,颇类西安羊肉泡馍。

自傅山授技之后,小店声名鹊起,食客踊跃,生意兴隆,财源茂盛,遂拆棚建楼。

丁果仙的拜师仪式设在清和元的二楼。二楼正厅悬挂"丁果仙拜师说书红"红布彩字的横幅,下面供奉老郎祖师爷神位。六张楠木方桌围坐来宾,以锦艺园前辈艺人为主,并有一些社会名流、报社记者莅临。

说书红的装扮全由丁果仙敬奉,上下一新。头戴水獭皮帽,身穿胡青纺绸长袍,外套黑缎马褂,足蹬千层底直贡呢棉鞋。在丁果仙与小玉英的左右扶护下,说书红健步入席,众皆起立鼓掌相迎。

任秀峰司仪,拜师仪式正式进入程序。首先全体起立,向祖师爷三鞠躬;继而弟子拜师三跪九叩,同时参照儒家规矩献上"六礼",各有所寓:

一、芹(青)菜:勤奋好学,业精于勤;

二、莲子:苦心教学,连连高升;

三、红豆:红运高照,红运当头;

四、大枣:早日高中,修成正果;

五、桂圆:蟾宫折桂,功德圆满;

六、干瘦肉条:以表弟子赤心。

说书红一一接过礼品,回赠十个亲抄剧本:《一捧雪》《取北原》《天水关》《汾河湾》《三疑计》《清风亭》《女中孝》《四进士》《双罗衫》《击鼓骂曹》,而后笑着说道:"果子如今已红遍府南,名扬晋中,却倒偏偏要拜老朽为师,这就是她高人一等的地方,说她厉害也就在这里。她能把别人的一点长处,都搜罗到手,化作己有,变成本事。她不死学,收在肚里,自消自化,化在心上,动在情上。唱戏没情,和泥胎木偶稻草人有何两样?玉英子,从今往后,你就不要唤丁二姨,叫二姐就行了。按说,老规矩应是先来的为大,她本该唤你师姐,现如今咱求实际,破破格,还是你叫她二姐顺口。果子,你的辈分看似低了,其实倒是显得你人品高了。"

丁果仙插话道："我就愿意当晚辈，你教玉英子不是说：占大占大，必定有差；当小当小，必定有好嘛！"

"算你乖巧。还得记住'艺好不抵人好，翘尾巴不如夹尾巴好'。就算你是朵牡丹，没枝没叶也不行。你艺儿再多再高再好，也不可小看别人，如果你平时把人踩在脚底下，上了台就避不住帽翅折了、髯口乱了、马鞭子掉了、胡胡弦断了、鼓板楗子快了、跑流程的慢了……闹腾上你几回，你的名声也就该扫了地了。当角儿难，当名角儿更难。你还年轻，我知道你还有个心病，要叫我说呀，生儿育女不如收养弟子。儿女无非养老送终、披麻戴孝，但你入土为安，也就沤成粪了；教徒弟可大不一样，你的艺术就能百世流芳，万年不朽了。"

"这才叫一日为师，终身为父啊！"老学究柯璜话音未落，众人掌声四起。

丁果仙为师傅与宾客斟酒："多谢众位光临赐教。请大家举杯共饮，实在不成敬意。"

"为名徒拜名师干杯！"

"为高师收高徒干杯！"

"祝福果子红红上加红。"

拜师仪式圆满结束。丁果仙、任秀峰和小玉英把说书红扶上黄包车，目送车子远去，凝眺良久。

五　应邀请赴平百代灌唱片
　　分两路会师东口大练兵

　　丁果仙拜说书红为师之后，出于太原形势所迫，决意离开。为保险起见，她打发任秀峰，利用他在北路一带以至平津不乏乡亲故旧的优势，前往打探考察，自己则抓紧临行前的准备工作。除采买添置必要的行头和印制广告传单之外，主要工作是剧目加工，尤其是说书红赠送的那十大本剧目。

　　老艺人拉戏路与如今导演排戏截然不同，主要是交代化妆、穿戴、锣鼓家具、唱腔板式以及上下场和舞台位置，重点在记清角色间相互交流的接口，至于道白、唱词与表情动作等，都是官词官乱弹，家常旧规矩。

　　戏曲是演员说唱表演给观众欣赏的综合艺术，因当时演员和观众双方都缺乏文化，故重心不在文辞，而在于故事情节与唱念做打等四功五法的绝技表演。

　　戏班行业内部，都有约定俗成的统一或自定规矩，文武场有底有号有预令，可以看得清听得懂。演员与伴奏的沟通，有时也靠暗号或者手势：伸出四个指头表示平板四股眼；三个指头夹板；两个指头向上是二性，向下是二流水；食指表示介板；小指示小流水等等。另外要加快速度，则说马前或提起鞋来；想拖延时间，则言马后或用手指捏撮住点；以手拍头暗示要帽子头家伙点[1]；以四指拍头暗示四股头等等。

　　由于不同班社师承不同，一些规矩也不尽相同，故而新人搭班上戏前，一定要沟通踏套一番，相互都要辅济，就高不就低，同保"一颗菜"。这种排演流程，逼迫艺人不得不靠实践来提高、来适应，同时也锻炼了艺人即兴发挥的能力，使他们

---

[1]　帽子头家伙点：武场打击乐专用名词。

学会了再创造。

说书红就是用上述方法，在演出不景气的一冬天为丁果仙排出了十出大戏，当然，重点关键地方少不了他苦心耗力真传亲授。如《四进士》中宋士杰携义女杨素贞拦路喊冤告状的念白做派，《女中孝》中被背的公公在媳妇脸前拍打泥鞋尘土的细腻表演，以及《双罗衫》中老家人姚达惊慌之中耍弄茶盘茶碗的绝活技巧等等。

一九三六年春节刚过，北平传来佳音：法国百代公司特邀山西中路梆子须生大王丁果仙灌制唱片。漫漫黑夜，朝阳东升，得知这一消息的众人无不欢呼雀跃。

为了减少花销，兵分两路。一路由丁果仙挑选精干文武场面六名和丁巧云、乔金仙两员配角，乘火车出娘子关直达北平。一路由郭子泉、乔国瑞等带领步云剧团即锦艺园的其余人等向北开拔。任秀峰则须兼顾两头。

第一站忻州是任秀峰的老家，练兵三天，旗开得胜。之后经代县过雁门到大同，边走边演，皆受欢迎。

越过外长城即抵丰镇——任秀峰发迹之处，旧地重游，故友相逢，感慨良多。酬酢答谢，献艺上门，资助不绝，名利双收，令锦艺园士气空前振奋。

丁果仙在北平灌唱片，绝不同于平常演出，有咳嗽气喘等杂音不行，道白唱腔稍有差池更不行。练了灌，灌了洗，洗了灌，三番五次，五次三番，差点把嗓子唱哑打了半工[1]。

其实正式灌制起来倒也爽快，仅仅三月十七日、十九日、二十二日三天，《打金枝》、《八件衣》、《斩黄袍》、《反徐州》、《空城计》、《芦花》、《表刘流》、《花子拾金》、《拣柴》、《走雪山》（丁巧云配演）、《满床笏》（乔金仙配演）、《飞熊传》等十一出戏，总计十四个唱段全部完成。

丁果仙喜出望外——拿到了不菲的酬金；然而，谁知道名与利的丰收背后有着多少艰辛与酸楚。

怀着先苦而后甜的心情，丁果仙等一路赶往东垣。

四月一日，两路人马顺利会师张家口——察哈尔省首府。此乃至关重要之一站——这里晋裔聚居，晋商云集，晋戏繁荣，是公认的晋中名角镀金之地。演出能否成功，关系着丁果仙与一干人马的甘苦顺逆、喜忧荣辱乃至成败兴亡。

---

[1] 打了半工：半途而废之意。

六　汇张垣果子与桃《双巧配》
　　映氍毹名伶联袂一炮红

张家口又称东垣或东口，是燕京北大门，蒙汉等众多民族贸易交往之中心，历史十分悠久。城内摊铺栉比，商贾云集；堡外驼阵万匹，穹庐千帐。京张、京绥铁路通车之后，俄、法、英、美商人相继出现，使这里成为欧亚贸易通道，"百货之所灌输，商旅之所归途"。尤以皮革毛绒影响为大："天下皮裘经此输入海内外，四方皮市由此定价而后交易，成为享誉世界之皮都。"

由皮毛而茶麻绸缎，经由"张（家口）库（仑）大道"，进入蒙俄与东欧市场，使得"张库大道"得以媲美"丝绸之路"。因而张家口有了陆路商埠、国际都会之称。

晋中富商陆续前来，开设钱庄、票号、银行，晋中、太原、忻州等地的山西人越聚越多。随之，三晋文化，尤其是晋阳文化，如祁太秧歌、中路梆子与北路梆子等也被带到了这里。俗语说："东口到西口，喇嘛庙到包头。"（西口指归化和绥远，今日之呼和浩特）。喇嘛庙指多伦，东口本有不少戏班但因供不应求，形成卖方市场，故而外来戏班、演员日增，又因获利可观而发展迅速，以至于形成"戏窝子"，成了名角镀金之场所。

当时，掌控一方、左右戏界的是后起之秀筱桂桃。

筱桂桃本名杨丹卿，又名杨生秀，乳名金兰，河北宣化人。父亲杨正魁是裁缝高手，因为业务关系，经常来往于戏园，幼小的金兰见戏入迷，废寝忘食。父亲忍痛将其送入怀安县治柴沟堡刘考戏班，拜时称山西梆子四大名旦之一[1]的筱吉仙张

---

[1]　山西梆子四大名旦其余三位是李子健、刘明山、王玉山。

宝魁为师。

筱桂桃腿短身矮，体不匀称，脸长眼大，容貌平常；然而既有名师严教，自己又勤奋好学，刻苦求索，终得以博采兼收。师娘刘少珍文武双全，是其偶像。师娘的《杀宫》《辛安驿》《杀四门》都令她念念不忘；尤其师娘在《英节烈》中，前演酒店女子陈秀英，后女扮男装王富刚，着实令她倾倒。师弟筱桂林，本名孙文升，虽投师在先，且系同岁，却生日较晚。二人合演的《小放牛》《七星庙》《双锁山》《破洪州》等剧目，也令筱桂桃大受启迪。

出师之后，筱桂桃入张家口吉庆园，又有幸遇上花女子李桂林，对她所演《杀院》《明公断》《血手印》等戏多加指点，并叮嘱她艺不压身，多多益善，精里求精。

后转搭翠峰园，子都生杨登科视其如入室弟子。杨是小玉石娃娃刘玉富同乡同馆的拜把兄弟，刘所收徒弟皆由杨教，如筱金婵、筱金枝、筱金梅、筱金娥、筱金凤等"筱金"字辈坤伶。杨见桂桃机灵聪敏，不耻多问，故而教诲不辍，亲授《断桥》《走山》《杀庙》《鲛绡帕》等戏，令桂桃受益匪浅。日后每逢提及杨师，她总感慨不已："那才是我真正的恩师！"

入住荣梨园时，她遇到二女子王桂香和三儿生孟珍卿两位名宿。她前台跑彩女，后台看化妆，回到下处端茶送水不离左右，耳濡目染，明学暗偷，有三年之久，因为她知道这是她一生中难遇的良机。《富贵图》《祥麟镜》《女写状》《双巧配》《少华山》等戏，经名师点化，遂成精品。有人说她是三儿生的徒弟，她甘心自认："艺儿是三大爷给的！"

继而又搭班晋宏园，大牛牛田淑珍、二牛牛田桂珍教她《清风亭》《九件衣》《对花枪》《汴梁图》等，她也由流程、配角走到中央，成了台柱子。

晋中走红后，装着满肚子戏的她返回张垣，后随刘玉富及其弟子闯荡京津，在"吉祥""北洋"等处"安营扎寨"，连演数月。有心栽花，筱金梅、筱金枝崭露头角；无心插柳，筱桂桃以浑身戏文，精湛技艺，誉满长城内外，乃至冒出"山西梆子皇后"之传闻。由此她结识了李子健、李世芳父子。她的代表剧目，正好是李子健拿手之作品，她一再求教，李悉心指点，遂皆成看家精品。高人教化，拨雾见日，她欣然悟得艺在精而不在多，一戏精深，触类旁通。高人的谆谆教诲，令她受用无穷。

通过李世芳，她拜会了梅、程大师，与名票欢聚交流，取长补短，竟引得百代唱片公司上门，为其灌制唱片，尤其是祁太秧歌的唱片，令她声誉鹊起。

再后载誉"还乡"，在东口成了"首屈一指"，无人抗衡。后经赵步桥提议，她与九岁红等组成桂荣社，在聚贤楼大戏院开锣。岂料天不助人，日寇侵华，东口经贸萧条，演艺随之日衰。彷徨之际，得悉果子红在北平灌制唱片，她急欲邀其前来，以挽颓势。谁知不谋而合，丁果仙竟然自己送上门来。

这对于筱桂桃来说，无异于旱禾逢甘霖，劫难遇菩萨，喜从天降。于是乎，"果助桃势"，"桃借果威"，仗着人众势强、艺高胆大，两班人马在城关内外、十里八乡大造声势——四处贴戏报，轮番撒传单；尤其重要的是，在察哈尔省《国民新报》刊登巨幅广告："山西中路梆子须生大王丁果仙与旦角皇后筱桂桃联袂献艺，于四月四日，在聚乐大戏院首场演出：筱桂桃杨丹卿与九岁红白果子任瑞梅《芦花记》、盖天红王步云《森罗殿》、彦章黑萧亮与果子红丁果仙《双罗衫》……"

桃儿加果子，名流荟萃；两班合一班，阵容强大。人们虽说生活艰难，但毕竟机会难逢，前来观赏者络绎不绝，大家空前踊跃。尤其山西老乡、晋中商贾，携眷而至，以至演出时城中十室九空。

筱桂桃班的九岁红，本名任瑞梅，又名任廉如，汾阳人，大筱桂桃两岁，小丁果仙七岁。自幼拜黄芽韭郝斗明为师，出科后先在晋中，后到东西二口及平津等地闯荡搭班，获益良多。其容貌端庄，扮相大方，嗓音清亮，喷口有力，梆板真切，一招一式动作潇洒，一颦一笑表情细腻，刻画人物有血有肉，声情并茂，引人入胜。其阅历丰富，能戏颇多，常演剧目有《斩子》《空城计》《取成都》《生死牌》等，《哭灵堂》还由百代公司灌过唱片。

很久以来，九岁红一直仰慕果子红其艺其人，因之刻意模仿，竟得以形神兼似，并取艺名为白果子。此番幸能与丁果仙同台，可谓夙愿得偿。

首场演出时，剧场座无虚席，连通道内都站满了人。乡戏乡音，令满堂轰动，人人忘情。一念一鼓掌，一唱一喝彩，真可谓"一个果子一个桃，一招一式一个好"。

连演半月，场场爆满。剧目主要有《北天门》《南天门》《明公断》《满床笏》《英节烈》《法门寺》《烈女传》《回龙阁》《哭灵堂》《斩黄袍》《双巧配》《合凤裙》《空城计》《献地图》《杀院》《斩子》《铡判官》等等。

应观众的强烈要求，最后筱桂桃与果子红合演《单衣顺母》。该戏听来陌生，其实就是《芦花》。闵损，字子骞，春秋时期鲁国人，是孔子的著名弟子，家住山东费县汪沟镇闵家寨村。早年丧母，父亲续弦李氏，又生二子。后母妒恨闵损，以芦花为其填充冬衣。父子出行，命损驾车，见其畏寒不堪，遂怒而鞭之。芦花飞絮，其父才得以察知真情。父执意休妻，子骞跪求父曰："母在一子寒，母去三子单。"继母闻言，发誓痛改前非，于是合家言欢。有诗赞曰：闵氏有贤郎，何曾怨晚娘？尊前留母在，三子免风霜。此故事众口相传，百世不绝。后编入《二十四孝》，并改编成戏剧，称之为《单衣顺亲》，又谓《单衣顺母》或《芦衣顺母》，《芦花》系其俗名。

张家口演出的成功，筱桂桃起了举足轻重的作用；而丁果仙也在当地民众，尤其是晋籍乡亲的心目中，留下了深深的印记。

"一个果子一个桃"，两强相加，高高兴兴相会、愉愉快快合作，利益均分，于重重阴霾之中闪出一线光明，为丁果仙挺进平津壮大了胆气，鼓足了兴头。

七　访师友众星捧月名流赞
　　宾轻主桃果反目纠葛多

　　对于北平，筱桂桃已是常客；而丁果仙不久前刚刚在此灌过唱片，并荣获晋剧须生大王桂冠。二人合班重返旧地，自然不乏故知，李子健就是其中之一。他本太谷朝阳人氏，常姓，小名端亲。太谷方言中，"端亲"有含在嘴里怕化，端在手中怕摔的掌上珍宝之意。他眉清目秀，身材修长，扮相妩媚，从小入科二锦霓园娃娃班，底功扎实。在府十县崭露头角之后，与其兄蛮亲（大名常兴业，正旦）辗转塞北东西二口、宣包京津等地，结识了晋、京、冀等地剧界名家，取长补短，戏文与技艺日臻娴熟，颇具超人魅力。传闻"蛮亲端亲，挖肺抓心"，可见二人演艺之动人。

　　河北梆子演员李翠凤慕其才貌，与之结缘，并以全部家产作陪，招其入赘。之后其改姓为李，取名子健。其子福哥儿，大名世芳，成为梅兰芳大师得意高足，因与京剧名宿关系甚洽，各大剧场也皆待之若上宾。

　　广和楼是京城四大戏园[1]之一，位于大前门外不远之路东，初建于明代。本系唐宋以来江南巨族、京津富贾，"一门七进士，叔侄五翰林"之查家休闲养身的私人园林，后改作营业茶楼，名之曰广和查楼。著名班社、大腕高手经常在此演出。据传康熙皇帝竟然也被引动慕名前来。由于剧场设施高雅，演员戏文技艺超群，康熙帝竟挥毫泼墨，御书戏联以赠：

　　　　日月灯、江海油、风雷鼓板，天地间一番戏场；

---

[1] 京城四大戏园：广和楼、广德楼、华乐楼与第一舞台。

尧舜旦、文武末、莽操丑净，古今来许多角色。

后广和楼由"白薯大王"王静斋购得，改名广和戏楼，在台柱上又添一联：

学君臣，学父子，学夫妇，学朋友，汇千古忠孝节义，重重演出，漫道逢场作戏；

或富贵，或贫贱，或喜怒，或哀乐，将一时离合悲欢，细细看来，管叫拍案叫奇。

梅兰芳大师终身念念不忘"广和戏楼"，因为他的艺术生涯就是从这儿开始的。当年，年仅十岁的梅兰芳即在此戏院上演了他的启蒙剧目《长生殿·鹊桥密誓》，他扮演主角织女，其出色的旦角表演，令他一举成名。

广和楼今天张灯结彩，彩旗飘飘，高悬两巨幅横标："本院重金特聘山西梆子""首次来平献艺公演佳剧"。之间夹着金光闪闪、耀眼夺目的描金大字"须生大王丁果仙暨旦角王后筱桂桃"。下面精心设计，十分艺术地排列着丁果仙、筱桂桃、乔金仙、盖天红、毛毛旦、三儿生、狮子黑、九岁红、十三旦、晋阳红、丁巧云等等的剧照和生活照，主次分明，光彩照人。

演出前，李子健父子引领丁、筱等观看了谭、马、梅、程等名流的精彩表演。同时，李子健较为详细地谈了自己的亲身体会："咱们的戏方言土语太重，外地人听不懂——腿短走不远。出了外头就得改，尤其是到了这京城地面，人家都说咱老西儿'哪依呀哈嗨'，半天听不懂一个字，也不知到底唱的是个啥。完全模仿人家京白京腔京调，不要说来不了，来了也不行。我琢磨来琢磨去觉得：要念北京的字，发咱们地方的音，把各地方的音设法糅合进来，外人听得懂，老乡也不酸牙。如《空城计》'自幼儿学艺在卧龙'，'自'字不能卷舌，'学艺'要分节断开，'在卧龙'的龙要'嗯嗯嗯'高高低低一波三折，跟上音乐走依韵行腔，不要'哪呀哈'！还有三与山、四与是、自与至、黄和花、红和风、春和冲、仙跟香、何跟侯、云跟荣等等，一定得发准音，咬清字。

"另外，咱们的唱词不大讲究，太俗的水词儿，最好能改一改。我给大家请来大剧作家翁偶虹翁先生，他本名麟声，偶红、藕虹、怡翁、碧野都是他的笔名。北京人，京剧老票友，对咱们的山西梆子很感兴趣，尤其是对花脸，先生说咱的狮子黑乔国瑞嗓子好，像京剧的钱金福，而老狮子黑张玉玺做功细，像善于揣摩的郝寿臣。

"翁先生现任中华戏曲专科学校编剧兼导演，还是戏曲改良委员会的主任，编过《锁麟囊》《响马传》《大闹天宫》等名剧，金少山、马连良、梅兰芳、程砚秋等不少大家都演过。我父子们演的《百花点将》，是先生看了山西梆子的《百花亭》和昆曲《百花赠剑》，专为程砚秋老板写的《女儿心》——结构紧凑，剧情合理，特别好在文武带打——我看见好，就搬演过来了。

"我认为翁先生真称得上是戏剧大家，肚里的戏文再不能深厚了，我从人家身上得到太多太多的东西。我今天给老乡介绍了，有啥不清楚的就请教，先生没架子，不用怕。"

"'不用怕。'"翁先生接过话茬，"就这一句准确无误，其余皆属言过其实。"

"哎呀翁大师，我是个老粗儿、土包子，说话没戥秤，你可不能细抠掐，一股劲往邪里扯呀！"李子健赶忙插话。

"你哪里是土包子？你早已是京油子了！我充其量只能算个教书匠、书呆子，真正称得起戏曲大家的应是李老板，我给人家认弟子，还不知收与不收矣！"

"不收不收，绝不敢收。那你的老师是孔孟二圣，哪能要我这个《三疑计》上的书童？"

两人一唱一和，把大伙儿逗得哄堂大笑，继而掌声久久不息，大家都要求先生指点一二。

翁师概括地讲了一些常识性的注意事项，例如剧本为一剧之本，一言一行、一招一式都应有依据；剧中人与人的交流，必须弄清主从关系；演员在台上的一切言行，都是为表达主题，启发观众，尽好地完成高台教化的功能。

最后，应丁、筱二人的强烈要求，翁先生题词如下：

山右梆子瑰宝，坤伶仙果桂桃；
燕京氍毹献艺，给养精神佳肴。

丁果仙首次来北平演出，得高人指点，大开眼界，受益匪浅。她太聪明了——前些时灌唱片来不及，"水词儿""地方语"等等，留下不少遗憾；这回演出，现改现学，争取立竿见影，不错过千载难逢的良机。她将老艺人十二红、十三红、说书红、盖天红等的好唱腔、好音法、好韵味，揉在一起，化为己有。为了做到吐字真、交代清，字正腔圆，丁果仙通过丈夫任秀峰向高人求教，起码做到了词句意思正确，顺口流畅，杜绝外人听不懂的方言土语；讲究"平上去入"，"唇齿舌喉"

四声五音运用准确,坚决将"哪咿呀哈"的拖腔改为以末字的尾音为依据延续的唱法。

筱桂桃自担总管一职,甘挑重担,不辞辛劳,四处登门拜访剧界名宿、晋商巨贾以及军政要员,送请帖,递红包,起早搭黑,还不能耽误演出。

首日两场演出《走雪山》《双巧配》,座无虚席,全场轰动。继而《满床笏》《捉放曹》《阴阳报》《反徐州》《法门寺》《蝴蝶杯》等剧目,也都赢得一致好评。

一日,演出《四进士》至第五场,丁果仙扮宋士杰,刚上场,突然发现下面坐着马连良先生,心急着慌,乱了方寸,竟然把丁旦叫成了刘二混。对方愣怔,一时不知所措,想了好一阵才说道:"宋伯伯,我是丁旦,不是刘二混!"

观众大哗。丁果仙已知叫错,但她平时演出,台词与原本常有出入,因而也养成了极强的应急能力,故不慌不忙,想了补救措施。正好对方也自改台词,给她创造了衔接的条件。

她提起衣袖擦擦双眼,然后走近对方仔细端详一番,自怨自责道:"哎呀!你看我老汉真的老眼昏花,走得匆忙,竟然连丁旦娃娃也认他不出,真来的糊涂!"

如此一来,天衣无缝,观众不仅难挑破绽,反而认为改得合理。

散戏之后,一般来宾礼节性地打个招呼便各自离去,唯独马连良来到后台连声夸赞:"改得好,改得好!非常符合当时的规定情境和人物的身份与心理。"

"哎哟!马先生快别夸了,都是因为我一上场就看见您在,心慌意乱,把台词忘记了,人也叫错了,没办法胡诌了几句。"丁果仙边卸妆边解释。

"高,着实的高人一筹。你这本子……"

"是我的过门师父说书红高文翰教的,听他说这也是先生您的本子。这么一来,您老该是我的隔山过门师父了。"

"不敢,不敢,倒是确如你师父所说。您如果感兴趣的话,欢迎到我们扶风社看看去。"

"太好了,太好了,早就想去!"

马连良请丁果仙观看了专为她演的《四进士》,的确不同凡响。

马连良说:"咱俩戏路基本相同,你在《反徐州》中演的徐达,比我在《广泰花》中的丰富多彩,更能引人入胜。"

锣鼓听音,说话听声。丁果仙顿然醒悟到对方是有意而为之,于是十分痛快地说道:"马先生如果喜欢的话,我专门再安排一场。"

"那敢情好呀!一言为定。"

很快，马连良派人将《四进士》连同《失空斩》剧本一并送到丁果仙手中。丁也以《反徐州》手抄本作为礼尚往来之回赠。

《反徐州》讲的是，元末，徐州完颜鲁王之子完颜龙，仗势欺人，无恶不作。行围狩猎擅闯民宅，剁去花云妻之手，剜掉民妇白氏之眼。盐贩郭光清被枷号示众，其友侯伯卿将家传珍宝串龙珠典当，不慎当票被鲁王获得，反诬当铺掌柜康茂才偷窃。知州徐达审理此案，花云之母引媳妇与白氏等击鼓鸣冤。百姓忍无可忍，逼求徐达率众造反。后得梵王宫僧人相助，徐达大败官兵，诛杀完颜父子。

该剧原因剧中人物徐、郭、侯、康与完颜均勾红脸，故也名《五红图》。

马连良请老友、编剧吴幻荪与主要演员一同观看了丁果仙为其演出的《反徐州》。后此剧又经整理改编，取名《串龙珠》，马连良将其再次搬上舞台。剧中马连良饰徐达，郝寿臣饰完颜龙，张君秋饰花云之妻剁手旦，芙蓉旦饰剜眼民妇白氏，马富禄饰花云之母，叶盛兰饰康茂才，李满福饰侯伯卿，马春樵饰郭光清。这是后话。

《反徐州》由于剧情紧凑，人物个性鲜明，更因当时中华民族深陷水深火热之中，剧中人物抵御外侮、奋勇杀敌的爱国主义情愫激奋人心，引人共鸣，以至引来万民争看，广和楼人流如潮。

日本人闻讯，指责此剧有反日内容，给北平当局施压，当局只得下令禁演。于是，班社不得不转移到天津法国租界的中国大戏院演出。演出场场爆满，大饱了津门观众的眼福。但这也引起了日本人对丁果仙的不满——百般干扰，令丁果仙难以为继。

筱桂桃为了丁果仙，也为了自己走红平津，抛头露面，百般周旋，使出浑身解数，费尽九牛二虎之力，纵然邀得剧界甚或政要名流、晋商富贾光临，助兴捧场，一时得以轰动京城；但终归大势已去，一介草民无力回天，虚名之后是入不敷出的难堪。

班社内部对整天请客送礼，只图个人虚名，不顾众人死活的做法，日渐生厌，人们满腹牢骚，闲言四起。班社里干活的不给工钱，伙食也越来越差。一些瘾君子们找不到来项，难以度日，乔金仙竟然在演出中烟瘾大发，导致精神失常，只好让其父母将其接走。她十五岁的妹妹乔玉仙，痛哭流涕，执意要随姐姐一起回去。丁果仙怕引起连锁反应，百般哄劝才算留住。

筱桂桃原本是"蛮妮子（奴婢）掌钥匙——管家做不得主"，她却偏偏自不量力，不经商量就自作主张；到头来天不助人，落得个猪八戒照镜子——两面不像人。众人指戳她脊梁骨，她自己也有苦难言。

丁果仙意识到依靠别人、坐吃现成的滋味不好受,当机立断,中止合作,决定自己出头。岂不知筱桂桃已与天津新欣戏院约好,筱桂桃再三央求丁果仙履行和新欣戏院的约定,但却未得丁果仙同意。

高高兴兴相会,愉愉快快合作,煊煊赫赫演出,吵吵闹闹离分。两败俱伤,反目成仇,这给丁果仙下一步的津门演出,埋下了隐患。

八　一颗星新欣北洋两院抢
　　离津门多处冷枪不住发

北平演出难以为继，筱桂桃为了挽回颓势，早与天津新欣戏院口头约定了演出事宜。不料丁果仙执意与其分手，断然拒绝新欣戏院，转派任秀峰亲赴天津另行联络，筱桂桃一再恳求，无济于事。

早些年曾经有人假冒果子红之名，在天津招摇过市，大唱山西梆子，以假乱真。如今真人献艺，当然十分受欢迎。通过天津山西会馆，丁果仙选中当时第一等的北洋戏院，正式签订演出合约。

"北洋"与"新欣"同时大搞宣传，刊登广告，上演着一个女儿许两家的闹剧。争抢果子红，成了满城市民街谈巷议的头条新闻。

"北洋"既凭财大气粗，又仗真丁果仙在握，便展开宣传攻势，约请资深学者撰写评介文章，连续刊载于天津《庸报》。现选录一二。

　　近由张家口方面到平之山西梆子班，自半月前即有来津演出之消息。兹据确讯，该班已接受北洋之约，订于本月十四日（星期四）来洋露演四天八场。台柱为坤伶须生丁果仙，又名果子红。其他主要演员，计有小桂花、盖天红、十三旦、乔金仙、九岁红、十三红、丁巧云、狮子黑、奴子生、陈桂楼、邱凤英、邱德才、三元丑、京武旦、金珠丑、徐良黑、大珠旦、吃瓜黑、丁艳霞、京武生、侯秃子、福寿旦、娃娃生、活舌生、丁艳香、草上飞、大刀红等等，内中艺名奇奇怪怪，为梨园所仅见。

　　闻该班为一纯粹山西梆子班，所演各剧，多属全本大套者，此次来津，戏码已排定如次……

文中还有乔金仙的名字，是因为此文发表之前，乔金仙尚在正常演出，不久即犯病，由其父母接回汾阳老家疗养。

关于山西梆子班来津演出消息，初传在北洋登台，旋又有改在新欣之讯。据昨确讯，该班决定仍露演于北洋戏院。原来坤伶果子红领导之戏班名锦艺园，在太原演唱。三月间曾应百代公司之聘，到平灌片。后为在张家口出演之桂荣山西梆子班所闻，乃派人先期结邀，加入该班，在张露演一期，又偕同到平二十日。近因条件不合，果子红遂退出该班。本市北洋所约者，系直接与果子红方面接洽，已定合同。

新欣方面系与桂荣社接洽，因该社仍希望果子红回去帮忙，故即满口承应新欣之约，新欣方面于是亦将果子红出演之预告贴出，以致闹成北洋与新欣争抢果子红之笑话。现果子红已于昨午到津，其山西梆子班底，准于今日到齐，明日（十五）出演北洋，笔者昨晤果子红及其班主任秀峰君。据谈：彼等所主办之锦艺园梆子班，已成立十余年，此次来津，尚属初次。主角即果子红。因在六年前，本市曾来一唱山西梆子戏曰果子红者（亦为坤伶老生），故此，特标以"真正"二字，以资识别。

果子红所领导之锦艺园，连场面在内，共约五十余人。主要角色有小旦十三旦、青衣丁巧云、青衣丁艳霞（以上为坤伶）、小旦毛毛旦、老生十三红、老生大刀红、文武花脸八百黑、架子花脸狮子黑、武花脸徐良黑、文武小丑爱成丑等等。明日登台，早晚分演《朱痕记》《双巧配》两本。

果子红最近在北平曾灌《空城计》《南天门》《九件衣》《斩黄袍》《打金枝》《捉放曹》《花子拾金》等七出梆子唱片，唱腔颇新颖别致，下月内即可制成出现在平津市上。

透过上文，可以约略窥得丁果仙与筱桂桃分手反目之端倪。

由于争抢果子红之轰动，评介文章之翔实，更兼果子红才艺卓绝，以及班底之雄强，演出效果之理想，自不必赘述。兹将天津《益世报》所载《闲话山西梆子班》（刘光臣撰稿）选录如下。

山西梆子名坤伶老生果子红（丁果仙）自领导其锦艺园全体演员在本市北洋戏院登台以来，颇被一般人所注意。故上座当称不恶，尤以晚场情况最活跃。

　　山西梆子之唱腔，初听似不入耳，细聆之亦觉有味，其做工之细腻，尤能惹人注意，有研究之价值，不可忽视也。

　　果子红之声誉，早已传遍沽上，主要配角在男伶方面，如毛毛旦（王云山）之青衣花衫，十三红（阎贵锁）之老生，狮子黑（乔根林，即乔国瑞）之文武大花面，奴子生（温兆林）之小生，邱德才之文武花脸；在女伶方面，如丁巧云之青衣，十三旦（任玉珍）之青衣兼文武花彩，邱凤英（邱德才之妹）之文武小生，陈桂楼之文武花旦，晋阳红之须生等等，俱属目前山西梆子班中第一流人物，而毛毛旦、狮子黑、奴子生、十三红诸人，资望尤老，狮子黑有活曹操之称，其技艺不凡，可想而知矣。

　　该班初来津时，全体均寓法租界中和栈，由山西会馆天庆楼包饭。现为办事方便起见，果子红同任秀峰移惠中饭店，丁巧云仍寓中和栈，班底则分住北洋戏院后院与仁丰里两处，并在北洋后院，新立锅灶，自办伙食，生活异常朴实。

　　合同原定四天八场，剧目有《阴阳报》《南天门》《满床笏》《朱痕记》《法门寺》《金沙滩》《捉放曹》《双巧配》等。因演出效果出乎预料的理想，戏院老板把果子红戏班当成了摇钱树，执意挽留，演出不得不延长十天有余。

　　后丁果仙惊悉山西家乡遭受洪灾，急欲返回北平义演募捐以赈灾荒，便婉言谢绝对方延期演出之提议，引起老板不快，结算时有意加扣一大笔房钱水电等开销。

　　以往，因演出不佳扣戏价的情况司空见惯，不足为奇。演出界内部有句行话，戏约上写的不算钱，只能叫非钱或飞钱，即不是钱，或是长了翅膀，随时可能飞走的钱。

　　演出效果极好但老板赚钱赚得心迷眼红、无端抠掐的事故，对丁果仙来说还是第一次。不过，刀把在人家手里，只好任人宰割。众人皆心知肚明，却无可奈何，只得强颜欢笑离开了"北洋"。

　　岂料临到火车站，冒出一帮"拦路打劫者"来，声称要见丁老板。丁果仙与任秀峰上前周旋："弟兄们有什么过不去的地方，请讲当面。"

　　"你就是丁大老板？"对方指着任秀峰说道。

　　"实在不敢当，在下是丁果仙。"

　　"噢？是个女的，挺会说话，跟唱戏似的。听说你唱得挺好，赚了不少。"

　　"全凭津门父老抬爱。"

"你怎么就知道自己发财高兴，却晓不得别人赔本的难堪。"

丁果仙发觉这些话十分耳熟，似乎与筱桂桃争吵时的言语如出一辙。

任秀峰与她暗自嘀咕，想请山西会馆来人调停。丁果仙心想，此地不比太谷，唯恐请来观音大士，没有芭蕉扇也过不了火焰山。非钱不过火[1]，花钱买安然。老人们常言：出门在外，平安是福；破了财，免了灾。出点钱能平平安安走脱，就算是不幸中的大幸。

对方的口气可不是一小苤苤：把在天津所赚、拿到手的全部留下——就这似乎还不够足意，因为他们不太相信北洋戏院老板的所作所为。

她又一次亲身领教了所谓地头蛇的霸道与威风，暗自吞下不得不吞咽的辛酸苦水。强抖精神把大伙儿检点上火车，掏出一片红心，有气无力地开导再三，忍之又忍。天下乌鸦一般黑呀！

阴霾笼罩着大地，心胸满是忧愁与焦虑的块垒。北平，等待着她的，又会是怎样的局面？

---

[1] 非钱不过火：非付钱不可的意思。

九　借重债辞京师颓势难挽
　　排窘困沪上行载誉而归

　　北平有虚名无实惠，天津本来名利双收，谁料时运不佳，老板克扣，小人打劫，仍然落得两手空空。

　　处于窘困之中的丁果仙，急欲返平义演，赈济灾荒，献上一份赤子之心；然而日伪当局，唯恐其借机造势，拒而不允。

　　无所收益，坐吃山空。万般无奈下，任秀峰相约郭子泉求助于山西会馆代为交涉。经一再疏通，终于以坐商作保得以驻入前门之外距"广和"不远的广德戏院。

　　娱乐场馆集中于前门，乃与清廷"京师内城永禁开设戏馆"之令有关。前门既在内城之外，又离内城极近，人口稠密，商业繁华，娱乐馆所便在此处兴起。

　　"广德"位于大栅栏街三十九号，建于嘉庆元年（1796），历史悠久，或可与法国巴黎歌剧院和俄罗斯莫斯科大剧院相提并论。青砖黄瓦，雕梁画栋，垂挂绣花门帘，一派古色古香。京戏祖师爷程长庚、余三胜、梅巧玲等，就是在此施展才艺而迅速走红的，因而这里成为公认之宝地。之后，富连成、双庆社、斌庆社等名班社，也都先后在这里登台献艺，人气兴旺，可见一斑。

　　筹备就绪，仍按上次在"广和"的套路演出。同时，为扩大影响，还特邀在平的同行名伶筱金梅、筱金枝姐妹助阵。但谁也没有想到，购票者稀稀落落，剧场内星星点点，尤其前面几排甲票座位，竟然以泥人木偶代替了观众。如此这般怎不叫人啼笑皆非！

　　原来，本次返平，戏班众人一股脑儿地忙于疏通当局，忽略了商贾士绅，既未登门拜客，也没挨户送票。真可谓安顿了山神，冷淡了土地。以某颜料行大老板为首的一帮劣绅，不仅出损招，阻挠他人观赏，还散布谣言。其心肠之狠毒，手段之卑鄙，实实令人发指。

　　面对意想不到的事故，丁果仙思虑再三：如重新请客道歉，一来心潮难平，再者财力不济；况且经此搅乱，唯恐一时难以反正。故而当机立断，不再耗时费钱，进行无效周旋。

　　上回在北平虽说无多实惠，可人们总还觉得轰轰烈烈、荣荣耀耀；此番竟连虚名也难保住。遭受如此冷遇、欺凌，戏班士气大伤，人心浮动。

　　戏班经济处于入不敷出的状况，伙食大不如前。饭量大、爱挑食者难以果腹，竟然找到山西面食馆赊账甚或行乞。店主倒也慈悲大方，当众言明：只要是锦艺园的，每人一份馄饨，免费。大伙儿对乡亲老板千恩万谢。丁果仙也顾不得丢脸难堪，亲自登门致歉，并以真情相告，实话直说。对方则一再表白，你大名角儿为山西人争得荣耀，咱们老乡沾光不浅，一点小意思，何足挂齿。

　　进退维谷之际，一些人竟叨念起了筱桂桃：快人快语，敢作敢当；反倒把怨气撒到任秀峰身上：住宾馆，吃小灶，搞特殊，遇上麻烦没捏的[1]。丁果仙不打自痛，五内俱焚，越来越感到形势的严峻，看来北平不宜久留。

　　返回太原也非易事，钱从何来？看到丁果仙左右为难，郭子泉岂能袖手旁观？他挺身而出，找到山西会馆的主事，用戏箱活押作保，借得一笔款项，解了燃眉之急。搭乘火车，经保定、正定、石门、阳泉，戏班一路边走边演，终于九月中旬安抵太原。

　　丁果仙带领锦艺园，历时半年之久，闯荡同、张、平、津，遭遇聚散欢悲，饱尝酸甜苦辣。对她本人来说，人生顺逆，皆存机会。至于众人的甘苦喜怨，只能顺其自然。

　　省城热心戏曲的民众，思念日久，急欲重睹须生大王果子红之风采。尤其所灌唱片《空城计》《南天门》《花子拾金》等的华美上市，更令人对丁果仙产生了高山仰止的崇敬。

　　为报答父老乡亲之厚爱，锦艺园于九月二十二日起，在山西大戏院隆重登台，除上演《打金枝》《蝴蝶杯》等旧戏外，更有新排剧目《搜孤救孤》《妲己朝凤》等，又一次轰动省城。广大观众同声赞颂，老戏迷更是热情有加，果子红、锦艺园在众人的抬爱下，闪现出耀眼的光环。不菲的戏票收入，多少缓解了捉襟见肘的窘迫——转眼即至封箱时节，人们的工钱总算有了着落。

　　祸不单行，喜也双降。百代公司来函，再次邀请丁果仙赴沪灌片。

---

[1] 没捏的：没作为之意。

此时正值抗日战争全面爆发的前夕，形势万分危急，法资百代公司却能逍遥于乱局之外。由于果子红唱片畅销走俏，触动其大发横财的中枢神经，为了不错失良机，特邀丁果仙亲往上海租界"十里洋场"。

国难当头，人心惶惶。丁果仙思来想去，作为一名戏子，抗战自无能力；年方二十八岁，实属演唱的黄金阶段，时不再来。留住声音，也就留住了年华，机遇难逢，不该错过。

可丁果仙也清楚，眼下经济实在困难，全班出动花销太大，即使光带文武场面，也难支撑。债台已经高垒，再借唯恐钱到不了手，却落个颜面扫地！唯一可行的出路是投靠唐风剧社。

于是她找到了盖天红："师傅，求你来了！"

"啊呀呀！天津北平红得不能再红的须生大王，求我做甚？"

"快不用提了，你老啥不清楚，要不是人家山西会馆好心救驾，恐怕就趴场潦倒在北平了！"

"啥也不用说了，一句话，全都是日本鬼子害的！"

"如今我实在没圈圈跳了，求求你老人家作作难，收留我，一起去上海。"

"作甚难？锦缎上绣牡丹——我们还求你不得呢！"

"你一个人能做得了主？"

"能。"

"那一言为定。"

"一言为定。"

丁果仙为了艺术不惜丢脸折腰，屈驾求人，说好搭唐风剧社的班，一同前往上海。当她心怀喜悦，回到家里，正好郭子泉两口子也在，她一五一十一说，郭子泉夸她想得周到。任秀峰稍一思谋，提出异议："不行！你平时口口声声为了大伙儿长短，如今去上海，谁不想？你却扔下大家，自顾自去了，人们会怎么说你？"

"咱不是钱紧嘛！"

郭子泉接口说道："齐年月尽[1]，人们的工钱、北平的借款？"

"走了一步说一步，回来再说。"

两人各说各的理，相持不下。丁果仙左右为难，但也觉着任秀峰说的有道理；只得恳求姐姐，说服姐夫，总算让他们勉强同意了。她又找到盖天红道歉，打了退堂鼓。不管怎样，腊月二十三前，她终于带着锦艺园全班人马赶到了上海。

---

[1] 齐年月尽：年底与月终之意。

自打《南京条约》签订之后，上海成为对外通商五口之一，其后，几万亩中心地域划作了英法美等租界。

锦艺园住进法租界——住的尖顶洋楼，吃的中西合餐，一天起早搭黑忙到深夜，人们也高高兴兴毫无怨言。

外国人不过大年，戏班的人自己包的吃了饺子，照样不耽误灌唱片。光丁果仙就灌有《胡迪骂阎》《葵花峪》《斩子》《法门寺》《芦花》《牧羊卷》《捉放曹》《取成都》《花子拾金·折桂斧》《花子拾金·教子》等十个戏二十一段之多。

唱片灌完之后，又想尽办法搞了些业务演出，当地老乡与戏迷反映也还不错，甚至一些名流也光临惠顾。

见识了上海滩上碧眼金发的异族与西装革履的达官显贵们的花天酒地、醉生梦死，丁果仙不禁感慨万千，真可谓：弱女满怀亡国恨，隔墙忍辱唱《芦花》。唱戏的弱女艺伶与一般小老百姓，迫于生计之无奈，而那些"富且贵"，怎能逃脱祸国的谴责。

在上海热热闹闹过了十五，吃了当地的大汤圆儿，再也不敢久留了——上海开销非同一般，演出费与片酬加在一起，才刚够维持，多一天也留恋不得。山西梆子腿短，南方人听不懂，沿路也难演出，于是直返太原。

丁果仙带领锦艺园艰难赴沪，献唱灌片，载誉荣归，为在黄浦江畔宣传山西梆子做出了贡献，也给后人留下了宝贵的精神财富与文化遗产；自己也留驻了音容笑貌、妙龄年华。同时，一介"匹妇"的心灵深处，也因此刻下了诸多不可磨灭的印记。

与欢悦荣光伴随的，是经济压力的加重和内部矛盾的激增，此行也为日后郭子泉与任秀峰的反目埋下了伏笔。

第五章　国难当头

一　逼债务二连襟刀兵相见
　　遭连累大名角对簿公堂

　　上海滩灌制唱片归来，郭子泉回到家里，北平山西会馆催债的信函电报堆满桌案，本在预料之中，便拿了找任秀峰去。锦艺园注册股东为三连襟，这只是个形式，实际上从投资到管理，全是任秀峰一人。而任秀峰自从跟丁果仙进了锦艺园，后有靠山，前有喽兵，似乎比原来的带东掌柜还威风荣耀、省心自在。平津一路，他已显出见荣誉就上、遇困难就趴，不负责任、贪图享乐的迹象。北平遭困束手无策，上海灌片执意全班前往，即是例证。

　　由上海回来，任秀峰将在赴沪前所说过的"工钱借款回来再说"的话，似乎忘了个一干二净。如今见郭子泉找上门来，他好像还觉得有点意外，装得若无其事一般，放下手中花盆说道："姐夫亲自登门，有啥要紧事情？"

　　"呀，真是贵人多忘事！呐，这是北平的来信和电报，你仔细看吧！"郭子泉边说边掏出催件递上。

　　"看啥，你说的还能有假？"

　　"那你说咋办？"

　　"等演出下来再还不迟。"

　　"一来人家催得要命，二来咱们的人没钱不来，咋演出？"

　　"那你说叫我咋办？"

　　"你是当家的，我算老几？"

　　"你是老大呀！你叫我咋办我咋办。"

　　"叫你还钱。"

　　"班里没钱，我脚底也刨不出元宝来！"

"照你这么说，是想赖住不还了？"

"咋能赖住不还？！不过你总得容我两天吧！"

"容你几天？两天，这可是你说的啊！"

"两天怎么行？"

"那到底几天，说句准话。"

"三月五月，这不是个小数呀！"

"不行。"

"不行那就半月十天。"

"十天。记住你说的话啊！"郭子泉说罢走了。

任秀峰跟着走出门去，算是送客。之后返回院内自言自语："过了一天算一天，到时候再说。"继续拾掇起他的花盆来。

过了十天，郭子泉又来了。任秀峰正莳弄花土，赶忙迎上前去："啊呀，姐夫，我本想把这土闹完，就去找你，想不到你又捷足先登了，对不起，实在对不起。"

"自家人何必这样客气？说正事吧。"

"对，说正事。我跟人家她做了汇报，十分重视。你看，这不还没着家，正在外头联络哩！她闹不起人来，我能有啥办法？"

"我说啥来，你就不用等人们，想自己的办法吧！"

"我能有啥办法？"

"这房子总是你的吧！"

"啊？！你逼我卖房子？"

"第一没逼，第二也不是非得要卖，我不过给你提点提点，办不办由你。"

"噢，我明白了，典当。"

"明白了就好，我再等你两天。"

"行，行。"

看任秀峰十分干脆痛快，郭子泉转身走了，觉得好像有点眉目了。

任秀峰知道躲不过去，但仔细估算一遍，这是一条不见刀子不见血却杀人要命的死路呀！人常说："若要富，开当铺。""九出十三归。"如果当十元钱的东西，只能拿到九元。每月还得出一元的利息，当期三月已满，赎取就须付出十三元钱，利率高达百分之四十四点四四。假如到期不赎或赎不起，则称之为断当，所当物件即归当铺所有。当户为躲利息，总是把财物价格估压得极低。其实这样一来，不仅所得资金相应减少，而且，万一断当，当铺获利愈加可观，典当者损失愈惨。

将好好一个家送去任人家宰割,他怎能忍心得下?所以也不与丁果仙商议,拖了一天又一天,耍起了"邋遢计"来。

过了两天,郭子泉从旁打听,得知他概无动静,肺都快气炸了。压火又起火,他顺手提了把锈蚀得掉了皮的烂匕首来找任秀峰,想着吓唬吓唬他也许就有希望了,因为他情知任秀峰是个胆小鬼。

郭子泉进了门,看见任秀峰正要栽石榴,气就不打一处来,但他暗自克制:无论如何不能发作。

任秀峰十分从容淡定:"来来来,大姐夫来得正好,快帮一把,扶正些,让我把土倒上,咱俩慢慢地再仔细商谈。"

郭子泉一百个没奈何,暗暗藏好匕首,听从指挥。

"姐夫,你是个明白人。你比我年纪大,涉世深,有城府,十分懂得人情世理。俗话说:亲上亲,数连襟,打断骨头连着筋。你凭良心说,你是和我任秀峰近,还是和山西会馆近?别人不清底,姐夫你还不清底?这天地坛咱花了多少钱?为了这钱她逼得我把绸缎庄三不值二卖了几个钱?现如今你又逼得我典当,该典多少钱呀?典少了不够;典多了,咱们得让人家宰割多少?这点子钱咱可是半辈子卖苦卖力、流血流汗挣来的呀!万一挣不来钱,付不够钱,赎不回来,多少钱都得白扔了啊!"

"钱钱钱,你就知道钱。"

"你要的不就是钱嘛!"

"啊,你的钱是钱,人家的钱就不是钱?"

"咱毕竟是连襟呀!"

"连襟就不讲理了?连襟也是人!是人值钱,还是钱值钱?"

"离了钱不能活呀,好我的姐夫,你可怜可怜妹夫吧,我求你哩!"任秀峰边说边往下蹲。

"你少演戏,老子不吃这一套!"郭子泉看到对方如此耍赖,实在憋不住了。

任秀峰见软的无效,就想抓对方的"把子":"哎,你当谁的老子?"

"就当你老子。不要脸不是人的个鬼东西……"

"你骂谁?"

"就骂你。"说着,郭子泉亮出匕首。

任秀峰先是一怔,吓傻了。郭子泉感到自己的手段生效了。谁知对方清醒过来,眼疾手快,一把夺过匕首,大喊:"杀人哩!救命呀!"

郭子泉岂肯善罢甘休,快步扑向对方。任秀峰心慌手乱,只顾招架,不料失手刺伤了对方臂膀。

郭子泉似未觉疼，穷追对方不放，两个人围绕假山跑起了圆场。

丁果仙在睡梦中被喊声惊醒，翻身下地，趿拉着鞋，边穿上衣边往外跑："放开，住手！"一句颇似戏中台词的断喝，打乱了二人的追逐节奏。任秀峰趁机扔下匕首，钻进屋内，把门倒关起来。

丁果仙拾起匕首朝内斥责："你倒能耐了，胆大了，拿上刀子杀起人来了！"

任秀峰隔门嘟囔："是他先杀的！"

丁果仙走近郭子泉，见鲜红的血从衣袖里流了出来："姐夫，快上医院吧！"

"用不着！"郭子泉瞪了丁果仙一眼，转身便走。他对丁的争名好胜、自不量力是有看法的。

丁果仙赶出门去，街上已不见姐夫踪影，返回院内，叫任秀峰开门："你以为躲了就没事了？"

"我不躲，他还不把我捅了！"

"人家走了，快开门，血都从袖筒里流出来啦，快，咱们看看去。"

任秀峰开门出来，四下寻看后说道："我不去！躲还躲不开，咋还自己送上门，我怕……"

丁果仙仔细寻思，也是。仇人相见，万一再有个三长两短……她独自一人前往西夹道。巧云见妹妹风风火火前来便问："出啥事了？"妹妹向姐姐简述一遍。巧云故作镇静，劝妹妹不必心急上火。说罢二人相跟着到附近医院与卫生所找了个遍，也没找着郭子泉。

岂不知郭子泉顾不上流血疼痛，竟直奔警察局报案，在两姐妹找人的当儿，警察已把任秀峰传去。经询问对质，记录在案后，便转移至法院立案处理。

半月过后开庭，公开审判，锦艺园的大多数人都来了。

法官向原、被告及旁听人员宣布了纪律，之后先让原告郭子泉陈述诉状案由及请求。接着是被告任秀峰答辩，他只说了一句"是他先动的手"，便哑口无言了。

旁听席上的锦艺园众人按捺不住了，你一言我一语，争先恐后，矛头都对准了任秀峰。

"就知道自家享福，住宾馆，吃小灶，不管大伙儿的死活。"

"困在北京走不了，你一展手的当家圪蹴了，要不是人家大姨父，还不把人们都闪乎了？"

"你想去上海，指上爷爷化布施，打上大家的旗号吓唬人。穿衣吃饭量家当，去不起，咱不去，让人家几个去，能灌了片子就行了嘛！你倒是看发落人不嫌纸扎多,花钱败财不心疼。"

"俺不去上海能行,不吃不喝不穿不戴不能活呀!"

"为了咱们,人家郭老板押上衣箱借下款。好借好还,再借不难。做人得守信用。怎么能脑袋钻进裤裆里——死不要脸!"

"你往常胆子比老鼠还小,树叶儿掉下来怕砸破脑袋。今日怎么反倒动起刀子来了?"

"血债血还,欠钱还钱,不能轻饶了他。"

"无论如何不能让大姨父夹在中间,两头受气,再挨刀子!"

打葫芦衅瓢[1]。听着众人气愤地数落任秀峰,丁果仙脸上红一阵,白一阵,苦水往肚里咽,有话不能说。

法官再次征求任秀峰的意见,他原本一肚怨言不敢说,只好拐弯抹角、言不由衷地说:"大伙儿说的都对,都是我任秀峰一人的不对!不过,刀子是他带来的。"

最后,法官宣布判决:"第一,任秀峰用匕首刺伤郭子泉,应属防卫过当。本人认罪态度较好,依法予以免刑,判拘押十五天。第二,郭子泉为戏班借款,证据确凿,被告也确认,限被告一月内还清。第三,诉讼费由被告承担。此判双方如有不服,可在十五天内向上一级法院提起上诉。现在审判结束,将被告收押。"

大家见法警将任秀峰带走后,才三三两两、嘀嘀咕咕离开了现场。

丁果仙坐着没动,法官过来劝她回家想开些,办法总比困难多。她从内心感激法官的特意关照,深表谢意后,独自一人步行回到天地坛。一路之上埋下头,移动着好像不属于自己的两条无力的腿。目不旁视,耳不进声,只觉得脊背上冷飕飕热辣辣的,不知有多少人在无情地指戳着,指戳着自己。

回到家里,她一头倒在炕上,号啕吼喊声被褥阻挡回来,又钻进了自己的耳朵里。热泪浸透了枕头,好久好久,没吃也没喝,就这么翻来转去,终于熬到了鸡叫。

空空荡荡的四堵墙,包围着孤零零的她,冥思苦想,扪心自问,这众叛亲离的结果是自己咎由自取,怨不得任秀峰,更怨不得大家。一切的一切,只能怨自己,胜利时利令智昏,遇难时没了主张。事到如今,哭天喊地,谁是你的救世主?自己跌倒,只能自己往起爬。

她把房约地契翻腾出来,疾步走到当铺,四千元的房地产业,估当了两千元,

---

[1] 打葫芦衅瓢:指桑骂槐之意。

拿到手的仅仅一千八百元。不过，也足够还债和开发工钱了。

人常言无债一身轻，可她没有丝毫轻松的感觉。三番五次去法院疏通，有钱买得鬼推磨——提前释放，不难找到合适的理由。她领着自己的男人，强作笑颜走出了拘留所。

二 回令归后妻求名不求实
　　守孝道前房离婚不离家

　　平津的逆遇，加之不妥当的勉强沪上之行，使戏班的经济陷入困境。积债难还，导致众叛亲离。颜面尽失的对质、含沙射影的嘲讽，让丁果仙威望扫地。她没有怨天尤人，而是振作精神，典当房产，力图挽回危局。

　　然而，典当岂肯容人？！为了如期赎当，她不择高下，四处搭班。岂料天不助人，日寇侵华日益猖獗，中华民族危在旦夕，百姓度日维艰，演出收入不佳可想而知。

　　无论是作为当事人，还是作为丈夫任秀峰都不能、不忍目睹自己心仪钦佩的名人妻子奔波辛劳。于是他征得妻子的同意，回忻州老家筹款。

　　他与丁自从相识相恋直至完婚以来，每逢大时大节，便以外出为借口回家一转，略尽儿子、丈夫与父亲的义务。一则怕丁觉察，二则也怕家人看出破绽。两头撒谎，做人不易，捣鬼更难。但纸里包不住火，总有"露真形"的时候。

　　这次回来，礼物不在多少，亲人相见比啥都高兴。接风洗尘，安排饮食，直至夜深人静，挑亮油灯，亲人对座，任秀峰才将与丁果仙自相遇相识直到如今，前前后后件件宗宗，有增有减、有掩有遮，倒腾了个好似干干净净，交代了个真如清清楚楚，也是涕泪俱下、泣不成声。任谁也难觉察出丝毫虚假。亲人感动之至，怜悯之心油然而生。

　　父亲任殿鳌，虽说是个小本生意人，却着实见过大世面，近年因年迈体衰，且有点小病，回到家中调养，让小儿丙郎去清源醋坊顶替，捎带锻炼。听了大儿诉说苦衷，安慰道："生米已然做成熟饭，不用悔，更不用气，都没用。人与人谁寻谁，谁靠谁，谁也不由谁。都是前生前世造就的，都是老天爷爷安排的。万般命注定,半点不由人,都得认,不认也不行!不是一家人,不进一家门;进了一家门,就是一家人。家和万事兴,饶为贵,忍为高。忍忍忍,饶饶饶,忍字就比饶字高;饶字头上三把土(饶繁体字为饒),忍字心上一把刀。记住一个忍字,谁也不能怨怪谁。相帮相扶,互忍互让,谁也不能圪搅。小日本鬼子还祸害不过来呢!国民党跟共产党还讲了和,咱自己一家人,还再闹个甚!

"丙午(任秀峰乳名),都是你的不对。人家她姐夫,押了箱子借下钱,全为你们解困,谢还谢不过来,怎能不还人家?怎还动刀子?谁教你来?你不要命了!

"再说典当的事,也是你不对。要典要当也得先动咱们家里的。太原府的房子多金贵?多不容易?挨宰不说,到时赎不起,不就全完了!他妈,快把咱攒下的一齐全翻腾出来。"

知子莫如父。儿子有出息,光宗耀祖长了脸,远亲近邻都羡慕,夸还夸不完,哪有求全责备的道理?上述看似训斥的话,其实全是袒护。

任秀峰一副愁眉苦脸样儿,心里却在偷笑。

老太太让已经掌了钥匙的媳妇取出金银细软,放在儿子面前:"你爹说的全对。若要公道,打转颠倒。为人在世,越难越得对得住天地良心。甚时候也不能做损人利己的事。妈晨昏三叩首,早晚一炷香,吃斋念佛,积德行善,图啥?不就是求老天爷神灵暗中保佑,全家平安。没祸就是福。

"听你说人家果子红也是个苦人,如今成了名人,你能娶到人家,人家不嫌乎咱,就是天照顾。咱可不能亏了人家。

"成芳,人家进了咱的门,咱都要笑脸迎接。万一人家有点不如意,咱也一定得忍,像你爹说的,心上扎上刀子也得忍住!"

真不愧是智善人,的确修炼有成,对大是小非都能自悟自省,始终一副平和安定的慈悲样儿。

媳妇田成芳把熟睡的孩子放在炕上,然后表态:"我听爹妈的。他爹你也不用作难,人家有本事,能看上你,就是你配得上她。你们好好地过吧,我不碍你们的事。我信命,我有爹妈和咱娃娃,咋也能活,你不用惦记。我活是任家的人,死是任家的鬼。"说到痛心处,哽咽抽泣起来,一把鼻涕一把泪。

任秀峰哭了。

二老也揉了揉眼睛。

"快不用哭了,你看咱继亮子,一眨眼倒三岁了,有了苗苗不愁长,你是咱家的第一有功人,要沉住气。她果子红也是个女人,能把你怎么样?再说还有我们在你跟前,放宽心,想开些,回去吧。"老父亲让媳妇抱上孩子,叫儿子招呼着回自己屋去了。

一夜无话。

二日天明，任秀峰背着沉甸甸的褡裢口袋，高高兴兴地返回了太原，向丁果仙复述得比实情更加圆满，但有关田成芳的事，一概省略，不露蛛丝马迹。

患难见真情，无债一身轻，丁果仙对丈夫的不满自然消融了许多。

民国二十六年（1937），山西又遭大旱，京剧四大名旦之一的程砚秋同俞振飞率秋声社，汇合程继仙、李多奎、哈宝山、侯喜瑞、李四广、钟鸣岐等京剧界名宿，来太原举行赈灾义演。七月二日开始，演出《碧玉簪》《花舫缘》《金锁记》等剧目。同时参与义演的还有晋南舒明贵等，演出蒲州梆子《铁冠图》。

七月十日，来并的京剧界名宿惊闻卢沟桥事变爆发，急欲离并返京。去年丁果仙在京演出时，得程砚秋等名流推介，这次为尽地主之谊，她与梅花国剧社社长谢竹溪以及社会知名人士李枫桥等，共同举办宴会，为同仁饯行。

"七七事变"激发了全国人民的抗日热潮，在中国共产党的领导下，山西进步人士组成"山西抗日救国同盟会"，阎锡山怕触怒日本人，指令更名为"山西牺牲救国同盟会"，简称"牺盟会"，他自己兼任会长。自此，山西建立了特殊形式的抗日民族统一战线，阎锡山在拥蒋的前提下，基本上确立了联共抗日的路线。

山西抗日救亡运动蓬勃发展，一时成为抗日呼声最高的模范省，全国二十余省市的数千名进步青年，慕名前来参加军政训练。

日军占领平津之后，一路直指山西，阎锡山亲赴雁门关内太和岭口指挥晋北会战。八路军英勇奋战，与国民党军密切配合，取得抗战以来中国军队的第一个大胜利——平型关大捷。

面对愈来愈严峻的形势，庶民百姓深感不安，弃家逃难者日胜一日。生活全无正常秩序，演艺更是难以维持。任秀峰动员爱妻尽早离开太原回老家避难。丁果仙认为日本人就在北面，回忻州不是自投罗网吗？任秀峰给她分析说，日本鬼子能有几个？大城市还占不过来，哪能顾得上村村寨寨！丁果仙于是将院门钥匙交给汪康，决定八月十八日夫妻相携回忻州令归。

回乡路上，任秀峰心潮翻滚，如何面对父母？如何面对爱妻？又如何面对发妻？临近村口，他冷静下来做最后定夺：绝不能早揭真相，否则一发不可收拾，更酿后患。领她回到家中，生米做成熟饭，木已成舟，再怎易改？！

发妻田成芳，原本是父母包办的，大己九岁，她若不干，岂不更好！爹娘二老骂也好打也好，实乃呵护儿子，反倒成了解铃之人。至于丁果仙，大吵大闹是肯定的，也是应该的，但也不过发泄一通罢了。打量她不会家丑外扬，自己的锣鼓让人敲。就是这番主意。怕还是怕，担心也还担心；然而，既以定下对策，便不再瞻前顾后了。

令归村村名很有来头。据说明朝开国大将常遇春童年时随父乞讨来到秀容（即忻州），饿得心慌，见地上有一瓜皮，正欲捡起，遭一群顽童呵斥，并将其手踩住骂道："穷小子，宁叫狗啃也不叫你吃！"小遇春暗中发誓："有朝一日发达，定将这秀容杀个鸡犬不留！"

长大成人之后，他投在朱元璋麾下，冲锋陷阵，勇猛杀敌，遂成朱元璋得力大将。有次追杀元兵至此，旧恨重萌，一饮而醉，睡梦之中竟然喊出"杀进秀容，鸡犬不留"的呓语。部下得令，立即展开屠杀。顿时，人们哭爹喊娘，号啕四起。吼叫声惊醒梦中人，他急忙询问出了何事。侍卫以实相告，他惊恐不已，立即下令收兵归营。后人便将此地唤作令归了。

一个图谋报复的错念，一句酒后梦中的呓语，所造成的悲惨结局，令人不寒而栗。血的教训，总是令人刻骨铭心，永世不忘。

如今，日寇入侵，他们禽兽般伤天害理、灭绝人性的恶行，诚可谓罄竹难书，必定遗臭万年。

令归位于忻州县城正东三十余里，当年乃系不足千人之小村。任家在村里算得上数一数二的大户：良田三四十亩；三合半大院，正房七间，东房四间，南房三间，西厢是一间邻街的大门道。

丁、任两口在县城下了火车，雇得马车一辆，来至家门。闻讯赶来帮忙与围观的民众的隆重劲，颇不亚于平素操办红白喜事。

七月，盛夏暑热，二老双亲与抱着孩子的媳妇，早已等候多时。骄阳落山鸡上架，看门犬因人多混杂而难以履行自己的职守——停止了狂吠。

青壮年七手八脚帮忙搬卸完大包小裹，马车领赏离去。丁果仙与任秀峰向热情欢迎、主动帮忙的父老乡亲频频点头作揖，深致谢意。众人不由自主、三三两两议论不休。

"果子红，丁果仙，大名角儿，就是不一般。"

"丙午从小儿就有出息，到大有本事，还有福气。前头捧得聚宝盆，后首移回摇钱树。"

"全凭人家智善人，成天价烧香磕头，虔诚祷告，行善积德，修行造化。"

"这一下任殿鳌可真的熬出来了，要财有财，要名有名，盖了村，盖了县，盖了天了！"

"不过你看这世道，盖了啥又能咋？日本鬼子闹害得不叫你活呀！"

"可不就是嘛，要是太原府能好好地唱戏，人家还用逃难，往村里躲？"

"村里也不保险，听说老阎已经去了雁门关了。"

"东洋鬼子，简直是一群饿狼。"

……

毕竟不是新婚大喜，乡邻看见人家进了院回了屋，谁也不好意思再跟进去，尤其在这荒乱年月。人们叨叙着各自回家了。

丁果仙把孝敬二老的礼物一一奉上，并与丈夫一起呼爹唤娘，而后跪在地上，着着实实叩了仨头。

老人高兴得合不上嘴，赶忙把媳妇搀扶起来，顺手递上早已备好的红包——该是两块现大洋，算是第一次上门的见面礼。

丁果仙转眼看到抱了孩子站在旁边的妇女，似有点不解地问道："这位是？"

她这一问全家都愣怔了。任秀峰一时想不出话来，支支吾吾。母亲只好救驾解围："果仙，妈告你说，她叫成芳，她比你大一轮，也是属鸡的；这不是娃娃也三岁了，你们就以姐妹相称吧！"

"啊？任秀峰，你这个大骗子！"丁果仙蒙了，一时间缓不上气来。

家人除了慌忙抚慰而外，全然不知如何是好。老父亲扑上前去，给了儿子一记狠狠的耳光："灰鬼！谁教你骗人来？你啥时候学会骗人来？我叫你骗，老子叫你骗！"举起大烟袋锅子连打带骂。

躲的躲，拉的拉，全家人滚成一团。

"老东西，你还有病，不想活了？"智善人一反素日的绵善，一把拽住老伴。

老头子一边喘气一边训斥："你给我跪下！"

丙午乖乖地跪在地中央。

"你为啥不告人家？"

"我怕……"

"怕啥？"

"怕她……"

"她是麻胡还是老虎？吃人哩！你还算个男人？你还算个人？说，你到底怕甚？"

"怕她不高兴，不要我了。"

"现在她高兴了？她要你这个大骗子？"

"我错了，我不是人！"任秀峰自打嘴巴。

"不用打了。"母亲和媳妇心疼。

"打！往死里打！不要假眉三道。"父亲见儿子要停手，便加重了语气喝道。

"爹，你老不用动真气，小心气坏身体。再说光打也解决不了问题。"丁果仙无奈地上前解劝。

"唉，果仙媳妇说得在理。那你说说，这问题咋解决好？"

"我能有啥主意？我万万没想到，我是一万个没奈何呀！"丁果仙悲从中来，不禁泪如雨下。

"俺娃哭吧，都哭出来，不要憋在肚里。成芳，你把娃抱回去吧，免得受惊。"

田成芳抱着孩子回屋去了。

任秀峰边抚慰妻子边为其擦泪："我对不起你，你叫我咋我就咋，只是你不要离弃我！"

"如今我是离不得，聚不得，生不得，死不得呀！"

"你不能死……"

"人们一个一个都会怎么说我呀！"

母亲着急："他爹，你倒是拿个主意呀！"

父亲的确胸有成竹："打你上回走了之后，我就知道总会有今天。没事不能找事，有事不能怕事。如今是民国，只许一夫一妻；不过民不告官不管，有大小婆姨的人也不稀罕。但咱家不行。果仙是名人，不顾名不行；成芳是庶民，没实惠难活。所以咱只能果仙你这厢求名不求实，成芳她那边离婚不离家。不用急，你们回去慢慢地寻思。"

任秀峰拉着丁果仙回到早已屋暖炕热的西正房，少不了再央求一番。解铃还须系铃人，一场由任秀峰自酿自导自演的家庭危机，终以"求名不求实，离婚不离家"的独特方式，收得似也"几全几美"的效果。

第二天，任秀峰与田成芳到县法院办理了离婚手续，并托人在《晋阳日报》刊登了"与田成芳离异，和丁果仙正式结为夫妻"的声明。

特色的家庭，"一家两制"，和好如初。在隐隐约约的枪炮轰鸣声中，高高兴兴、团团圆圆过了个别有意味的中秋佳节。

三 罹大难国共合作抗倭寇
　　组新班丁董合股求生存

　　平型关大捷，并未能阻止日寇兽行。十月初，日寇正式下达攻取太原的命令。十月八日，崞县晋绥守军绝大部分殉难，县城失守。十月十三日，在忻州正北五十里的忻口，双方对峙。日军板垣征四郎率第五师团、察哈尔派遣兵团以及日伪蒙古九个骑兵师，兵力总计七万人。我方以第二战区司令长官阎锡山为总指挥，朱德、卫立煌、黄绍竑副之，指挥中央军、晋绥军与八路军，总计二十余万人。

　　激战开始，敌人出动飞机、坦克，重炮轰击，步步逼近。双方都发起冲锋，相持成胶着状态。此时日方竟灭绝人性，发射毒瓦斯与燃烧弹，我方阵地一片火海。

　　此时，八路军在敌后与两翼展开游击战，破坏敌人交通运输，切断其补给与增援；夜袭代县阳明堡机场，炸毁敌机二十余架，歼灭日军百余人。

　　双方相持半月，各有伤亡。不料日寇由东线突击夹攻。我军兵力薄弱，很快从井陉、娘子关、平定、阳泉、寿阳一路溃退下来。

　　阎锡山下令撤军。十一月二日，日军占领忻口，继续向南开进，包围太原。十一月八日，傅作义率兵巷战，因兵力悬殊，奉命带领所剩两千余人向西山突围，太原沦陷。

　　太原会战与淞沪、徐州、武汉会战并称中国抗日四大会战，持续月余，消灭敌方有生力量三万余人，我方丧亡十万之众。打破了日军一月灭亡山西、三月灭亡全中国的神话；创立了国共两党团结一致、协同作战的光辉典范；有效地配合了淞沪战役，大大地钳制了日本帝国主义疯狂侵华的兽行。

　　令归距忻口不足六十里，飞机轰炸，大炮攻击，看得见听得真。日军攻下忻口，占领忻州，铁蹄未停，直逼太原。令归当地并没见到日本鬼子的踪影。后来听说日寇攻占太原时,杀了不少庶民百姓,丁果仙和任秀峰在庆幸自己躲过大劫的同时,又为无辜死难的同胞而痛惜,愈加痛恨日本帝国主义。此外,也不能不联想到,日后在日寇的统治与践踏下,亡国奴生活的屈辱与艰难。

国难当前,特色家庭内部少了许多摩擦,添了不少和谐。成芳进门已十年有余,担水和泥,劈柴捣炭,碾米磨面,做饭洗碗,一应家务都由她承担;缝新补旧等女人细活更不在话下;看孩子只是捎办——能走动的继亮像个尾巴跟在娘身后,既不用娘操心,也不耽误娘手上的活计。

任秀峰除奔波于忻州太原打探消息外,挑水等的重活则由他分担了;尽管女人心疼他肩痛腰酸,也不好意思代替。

丁果仙倒真有点新媳妇的味道——家务活干不了,有心也帮不上,甚或只能越帮越忙;家人也不忍心让人家名角动手,看孩子便成了她的正业。她也十分喜欢继亮,继亮当然也十分愿意跟她。成芳善解人意,克己从人,看在眼里一狠心,干脆让孩子叫人家妈,自己反倒成了大妈,讨得个皆大欢喜。

非常时期,非常环境,非常家庭,非常善良的人们为自己营造了非常的和谐。

成芳的忍耐与包容,应归功于娘家的管教、婆母的培植。异族入侵,兵荒马乱;新女人插足,雪上加霜,这都没有动摇她人生在世的基本理念。在收入减少、人口增加的情势下,她不叫苦不嫌累,该咋过咋过,该做甚做甚。熬年年,蒸枣糕,包饺子,煮元宵;二月二龙抬头吃春饼,三月三清明节上老坟,四月四日拜菩萨,五月初五送粽子……

家和万事顺,日子过得快,转眼到了六月六看谷秀的大夏天,好在令归靠近五台清凉山,并不是太热。

此时,丁果仙已完全适应了令归农村与特色家庭的生活,甚而觉得颇似世外桃源。不过太原的家和自己的艺术,随着时光的推移更让她牵肠挂肚。

恰在这时,太原的鼓师冯万福寻到她说,日伪政府早已成立,社会也趋于安定,不少戏班出台了;董凤来老板想组班,但缺领头人,特派他来接洽。

丁果仙与任秀峰商议,总窝在村里坐吃山空也不是个事,于是决定返市搭班。家里老的小的恋恋不舍,成芳提议带上继亮。丁果仙说孩子还小,等该上学时再说。

三六九出门不用问人。阴历六月初九,正好天晴日朗,丁果仙与任秀峰告别全家老小,随同冯万福回到太原。

丁果仙找到汪康拿了钥匙,顺便互叙年来情况,知对方也已成家,战事激烈,未遭大难,可算万幸;但又对未能参加婚礼颇感遗憾。

董凤来，寿阳人，在太原小铁匠巷有处四合大院，正房五间，东西厢房各三间，南房五间——东一间门道，西一间厕所，正中三间做厨房，开起了饭店；又买回十来岁的幼童，并为其延授艺——从晋南请来蒲州老艺人乔梦熊教文武小生戏，另有花艳君的启蒙老师水仙花郭双喜专教小旦青衣。

饭店请的都是好厨师，有两位擅长祁太等地的晋中名食，另外还有一名南方人专做海味甜点。因为十分讲究，自然价格不菲。

饭店来客踊跃，生意兴隆，当然和这批色艺皆佳的女伶不无关系。其中挂头牌的要数：文武小生董小楼、小旦董小凤、青衣董彩凤、须生董翠红。因花旦董桂花超群出类，还被专门送至鸣盛楼深造，拜筱吉仙为师，故改名筱桂花。

文武场均系一专多能的独人班。鼓师人称顺子师傅，打板兼下手。琴师吴师傅，拉胡胡，又能弹三弦，还得吹唢呐。不可或缺的木头梆子，只好由乔、郭两位师傅或男女老板兼理。

如此"窝儿班"，主要是为来客唱小戏，也能出去唱堂会，搭班演大戏。

董凤来老两口看到女儿们都十七大八、二十出头，再这样下去不是长久之计，便想出了承办戏班的主意。

丁果仙自京津沪归来后，又经历诉讼，众叛亲离，威信扫地，就连姐姐丁巧云也随丈夫郭子泉搭了张宝魁的银梨园；兼之经济拮据，再无独自承班的实力。董凤来主动邀请她合股组班，她求之不得，于是一拍即合。遂带领艳香、艳霞诸弟子一同进入戏班。

丁果仙有名，董凤来财厚，优势互补，确也难得。为了叫得响，打得远，戏班取名步云剧社，除欲一鸣惊人之外，须生泰斗领衔也是剧社的实际情况。

一年多了，人们都想看看果子红，尤其是戏迷，早已望穿秋水。加之日伪梨园分会为了达到笼络人心、稳定社会的目的而对步云剧社演出事宜推波助澜，在这种情况下，太原观众一时的踊跃是可想而知的了。

四　天无日《太君辞朝》遭禁演
　　逃异乡《火烧绵山》誉满城

　　丁果仙与董家班组成步云剧社,演出半月之后,上座率一天不如一天。一则人们争看果子红出于稀罕,看过一遍,再无新戏,便不再来了;二则班底薄弱,名角不多,冷场也在预料之中。

　　再者,日伪当局审查剧目极严,但凡内容为抗御外敌入侵或反对朝政,具有民族民主精神的戏,如《风波亭》《铁冠图》《打渔杀家》《反徐州》等都在禁演之列。为了吸引观众,丁果仙反串老旦,演出的《太君辞朝》,竟然也被禁演。据称该剧有影射日本皇军之嫌——可见鬼子外强中干,以至到了风声鹤唳的境地。

　　韩国某浪人仗着精通日语,甘为日寇效劳,兼任中华大戏院经理,他首先利用入场券,玩起了卖彩票的花招,导致其他家也争相效仿。所谓卖彩票,即将座位编排成号,在有关人员监督下,每场都选定一些中奖号码,然后当众将其装入事先预备好的特制口袋内,悬挂于台口一侧,勾引得众人概不他视,哪有心思看戏,更何谈欣赏艺术?从开场到散戏,嘈杂哄闹不绝于耳,一旦熬到吹响尾声,监督人打开那个神奇的口袋,公布中奖号码,当场兑现,全场轰动,闹剧达到了高潮。中奖者狂呼雀跃,落空者依依不舍——钦羡着他人的甜蜜,翻拣着自己的无奈。演出纯粹变成了赌博,剧场毫无秩序可言,让真正欣赏艺术者不堪忍受。

　　打彩碰运气,花几角钱买一张票,中了头彩可兑三五十元,末奖也能拿到几张入场券,下次再来。这其实是一种变相的赌博,当绝大多数购票者是抱着赌一把的心理而来时,当他们风闻某些作弊的内幕并发现蛛丝马迹时,他们的愤怒该向何处宣泄?

　　卖彩票既属赌博性质,就不可能有真正的公开公正——炮制者中饱私囊,中奖的绝对是极个别，绝大多数只能是上当受骗。演出的艺人虽说从中也得到一点微薄的利益，但随着观众的觉醒，最终受害的还是演出班社。

就在此时，日伪宪兵大队长、汉奸陈国英，强逼丁果仙成立俱乐部，把省城的戏班通通拉扯进来，挣下钱是他的，赔了钱他不管。没理可讲，不干还不行。丁果仙只好装病成天价窝在家里没事干。憋气之至，为解闷便学着抽起料子[1]来，以至染上毒瘾不能自解。

国不国，家不家，人不人，鬼不鬼，生不生，死不死，想干的不让你干，不想干的非干不行，看来太原待不下去了。

丁果仙与丈夫商议，将步云剧社交由董家经管，夫妻俩于一九三九年春节之后便又去了张家口。此地由太原、晋中来的艺人不少，毛毛旦、盖天红、一千红、九岁红、水上漂、南定银、金铃黑、冀素梅、吉凤贞等，都是老熟人，对丁果仙的到来，极表欢迎。同台演出了金铃黑的《捉放曹》、吉凤贞的《走雪山》、九岁红的《斩子》等。

南定银是平遥人，出科太谷小万福园，专攻须生，擅长衰派，功底扎实，戏路宽绰，嗓音圆润，唱腔独特，时高时低，常唱常新，当地人戏称"难定音"。

她比曾经是平遥媳妇的丁果仙小三岁，算是近老乡，她非常崇仰丁果仙，为尽乡亲兼东道之宜，恳求与之合唱《火烧绵山》。

尤其令丁果仙欣慰的是，恩师孙竹林正与三盏灯等在察哈尔省由孤儿院改办的戏班任教，成果赢人。他们排演的既有启蒙小戏《走山》《教子》《花亭》《赐环》《游花园》《见皇姑》等，也有生杀大戏《出棠邑》《牧虎关》《三疑计》《八义图》《春秋笔》等。戏班名"易风移俗社"，分大小两班，全部为男童，分别以"风""俗"二字嵌入学员名姓中间，颇有点别出心裁。日伪蒙疆政府将其当作得力的宣传工具，专门批准民乐会馆供其演出。对戏班而言，既能卖票，又有补贴，戏装行头、刀枪把子也能购置一新。

特别值得一提的是，他们把传统的毫无遮拦的"出将""入相"、一桌二椅的简单舞台布置，改革成三道幕布大封闭的镜框式台面。文武场也都隐蔽起来，拣场的不见了，演员也不再饮场[2]……所有这些大胆的创举，有效地净化并美化了舞台，在当时是十分值得提倡与学习的。

京剧武戏套路的引进与糅合是他们另一引人注目的亮点。他们请来京剧艺人排练《长坂坡》《战宛城》等戏，唱腔念白仍为山西梆子原味，而身段动作与武打招

---

[1] 料子：即毒品。
[2] 饮场：指演员在演出中喝水。

数，却完全是京剧的做派。文场用山西梆子四大件伴奏，武场则采取京剧打击乐器与锣鼓经和曲牌。相互配合，默契自如，一点儿也不觉得别扭。这些令丁果仙大开眼界，深受启发，诚属意外之收获。

丁果仙在此尽管很受欢迎，但毕竟不似当年风光，且与筱桂桃尚未和解，而筱又是张垣举足轻重的人物，故而不愿多加盘桓，见好即收，不久便辞别众同仁去往北平。

在广德戏院演出的刘玉富，获悉丁果仙到来，亲自登门拜访，恳请其加入自己的班社。有筱金枝、筱宝梅与子都生等理想搭档，丁果仙欣然应诺。

《戏剧报》老记者胡开文闻讯前来采访，并撰写了题为《果子红来京》的短文发表："山西梆子真正果子红——须生大王丁果仙，前曾来京公演，极博欢迎。现已两年有余矣！近率全班演员，在张家口南营坊同德大戏院公演，尤博佳评。经决定，于月中由张来京，在广德长期演白天，并在中和、开明、吉祥、长安等戏园演夜场。山西同乡及李世芳父李子健等均准备盛大排场。"

广告戏报一出，上次"须生大王"的轰动效应，如今再次发生，演出效果与票房收入自然十分可观。

演出月余，场场爆满，却不料刘玉富忽带了金梅、金枝等主要人员和全部收入不辞而别。

有了上次与筱桂桃反目的教训与经验，这回丁果仙非常冷静，她懂了志不同道不合不可与谋之理，反倒觉得虽少了应享收益，但也少了许多龌龊懊恼，乃至无谓的精神损伤。她当机立断，让任秀峰速返太原，接来步云剧社全班人马。正巧程玉英也躲难至此，二人异地相逢，格外亲切："果子姐，日本鬼子欺侮得不能活了，师傅叫我来找你，想在这里求条生路，你看行不行？"

"我正想着你呢，这里的戏迷也常念叨你，说你十四岁就唱红了北平城，现如今该唱红全中国了！"

"看你把我说的，都上了天了！快不用逗我了。"

"谁让你是我妹妹！不过也不全是逗笑。你该懂得，唱戏要是没个好搭档，真就好比男人没个好女人，女人没个好男人一样，越唱越没劲，要多憋气有多憋气。如今你来了就好了，咱俩好好演练演练，真不愁唱红北平城。"

"越红越引得鬼子来呀！"

"不用怕，鬼子也学精了，他也怕作恶太过，中国人杀他，前两天就有两个日本鬼子的脑袋挂在电杆上了。"

步云剧社加上程玉英，在广德楼一连演了三个多月。丁果仙与程玉英的合作珠联璧合、完美无瑕。街头巷尾，议论纷纷，说蒋介石断送了北平，日本鬼子毁害了北平，山西的两个女伶唱红了北平。她二人在台上总扮一对夫妻，因此，有不明就里者上台献花，祝福他夫妻二人幸福美满、白头偕老。

演出之余，丁果仙还向马连良、谭富英等请教。《四郎探母》"叫小番"的高调，就采自谭派音韵。

有一回丁果仙在下处练唱，模仿谭富英"坐宫盗令"，竟引来不少戏迷票友围观倾听，都以为是谭老板亲来演唱。

这次来北平，原本只为避难，想不到反是名利双收、技艺提高，真可谓"无心插柳"，意外之喜。

五　众名伶赈灾义演救百姓
　　董太师遇险不惊保残生

　　丁果仙唱红北平,载誉回并,此消息不胫而走,日伪政府焉能不知？新民会即组织所谓"慰问演出",实则与"拉官戏"无异,只不过时间长、路途远,给点补贴而已。所谓新民会,是名副其实的汉奸组织,旨在宣扬"日中亲善""东亚新秩序"。总部设在北平,华北各地均有分支机构。山西新民总会下设太原新民公会,省城所有剧团皆隶属其下之梨园分会。本次慰问演出,以新化剧院为底班,狮子黑、梁小云、冀美莲、郭凤英等名角尽到,指令丁果仙领衔。从太原出发,先后到榆次、太谷、祁县、平遥、介休、汾阳、孝义、文水、交城、清源、徐沟等十余县巡回演唱,历时一月有余。主要剧目不外乎《捉放曹》《蝴蝶杯》《明公断》《打金枝》《百花赠剑》等。

　　民国三十年（1941）,老天爷一反常态,十年九旱的山西晋中、太原盆地,刚到夏天就下起了连阴雨。在太原,汾河决堤,咆哮的洪水,裹挟着泥沙与树木涌进城西。从上北关到大南关与老军营一带,房倒屋塌,一片汪洋。无家可归之人数以万计。灾民扶老携幼,流浪街头,哀号不断。本是骄阳似火的夏日,却给人满目凄凉。这对于标榜"王道乐土"的日伪政府来说也是一个莫大的讽刺。

　　专管赈灾济民的筹赈会,借着筹钱募捐,大张旗鼓"拉官戏"、搞义演,从中渔利。戏班景况虽都不佳,又遇阴雨连绵,看戏的人少得可怜,收入不抵开支；然而,接到义演的通知,艺人们出于对同胞的深情,也争先恐后地参加,以狮子黑为首的新化剧院更是全力以赴。

　　步云剧社早已名存实亡,为了生活,丁果仙只要演出就搭狮子黑的班,这次也不例外。她与狮子黑、梁小云、冀美莲演《满床笏》,与郭凤英演《双罗衫》。刘仙玲与郭兰英，当时年仅一十三岁，分别扮演《二堂舍子》中的沉香和《断桥》中的白娘子。

参与义演的还有外来的河北梆子戏班，演的是《广泰庄》，又名《三请徐达》，是一出以武打见长的戏。

这一天，细雨蒙蒙，南仓巷山西大戏院门外戏报醒目。专门雇来的女招待，涂脂抹粉，娇声嗲气，用妖艳风姿引诱着过往行人。卖香烟、瓜子和冰糖葫芦的小贩，吆喝、说唱着游来转去。一阵鞭炮声后，好戏开场了。帽儿戏演完，大轴戏是《凤仪亭》。狮子黑饰董卓，郭凤英饰吕布，貂蝉与王允分别由任玉珍和董翠红扮演。

当戏演到《小宴》之后，郭凤英回到后台，趁空抱起孩子喂奶。前台狮子黑正摆设《大宴》，就在此时，轰隆一声巨响，随着屋顶下坠的冲击波，飞灰扬尘疾速四散，涌向后台，呛得人喘不过气来。哭爹喊娘的号啕与惨叫，吼醒了吓呆了的人们，台上台下乱作一团，大家慌不择路，东躲西藏。

后台的人一齐拥到前台一看，观众席头顶上的天花板开了个巨大的天窗，前三四排已被随雨水坠下的砖瓦泥块覆盖，凡能动弹的皆拼命向出口涌。台上的看到前方无路可走，又担心顶棚继续坍塌，便疾速奔往后台。力大胆壮的急中生智，把后窗子砸开，跳了出去，随后一个个跟着效法，总算找到了一条生路。

窗外恰好是清和元饭庄的后院，大伙儿定了定神，清点人数时，唯独不见班主狮子黑。没有了他老人家，就像失去了主心骨，人们急得四处寻找。"根林大爷！""根林大爷！"喊声与回音回荡在戏院内外。有个年轻人返身钻进台上，但见坐在太师椅上的"董卓"，稳如泰山，未曾移动半步，只是白脸庞上蒙了一层厚厚的灰土。

站在雨地里的艺人们，看到从后窗户爬出来的"董卓"，虽变了模样，但亦安然无恙，悬起来的心方才落下。

次日凌晨，清理现场的工作仍在继续，砸伤的七八十人，重者送进医院，轻的回家自养。十多副装殓了尸首的棺木停放在街上，等着被抬上马车运走。过往行人与围观者无不掩面抹泪。

戏班的人死里存生，也算不幸中之万幸。

旧难未解，又添新灾，赈济戏唱成了发丧曲。死伤者的安葬、医药费用尚难支付，遭受洪涝的难民又靠什么安抚？

丁果仙本场无戏，惊闻噩耗，立即前往新化下处，探慰狮子黑这位多年的老搭档、好帮手、良师益友："老兄长，戏里有句词叫大难不死必有后福。你老人家真个叫福大命大造化大呀！"

"是福不是祸，是祸躲不过。我当时坐在太师椅上，还真的想得清清楚楚、明明白白：该你死，想跑也跑不了，要不咱怎能动也没动？看来阎王爷不想收留咱！"

"不收留，咱就活着，能活一天算一天。"

"这世道，活的和死了有啥差别？"

"你老兄说对了。汾河开了口子也罢，戏院塌了顶子也罢，当权的执政的，有钱的管事的，只要心里还存着点儿老百姓，何至于此？这是天灾？"

"全是人祸！日本鬼子加汉奸狗杂种们，哪一个心疼老百姓的死活？"

"这亡国奴的日子，何时是个尽头？"

"咱们死不了等着瞧，恶人总会有恶报。"

"对，如今不报，时辰不到；迟早一天，总会有他们的好下场的！"

六　托丈夫当掌柜开办粮店
　　是名伶犹母亲感动群生

因为是名伶，有号召力，一有义演，总少不了丁果仙，直至义演耗去了她的大半时间，成为她避之不及的差事。家里除了夫妻两口外，还有艳香、艳霞、拉弟、招弟等四五个娃娃，忻州令归的一家老小也须供养，自己又染上了毒品，没奈何，她必须拼命赚钱。除了到处搭班唱戏，还在东门外开了个"德义兴"粮油杂货店——任秀峰自幼经商，也正好可发挥其专长。公爹在清源醋坊已熬成跑外掌柜，常来太原销货，两厢关照，十分方便。

如今丁果仙是省城赫赫有名的人物，几乎成了太原的名片。还因为她平易近人，不摆架子；乐善好施，有求必应，采访者、求助者踏破门槛。有位署名老张的记者，撰写的文章《并垣访果子红记——山西梆子中的余叔岩[1]的近况》，颇为真实地反映了丁果仙此时的境况：

> 此次因公务到了一趟太原，访问了有余叔岩之称的果子红。
> 来前不知道她的住址，从一位车夫口中知道她住在天地坛二巷十四号。
> 和她说起山西梆子的前途，夫妇二人都非常慨叹：如果照现在情形延长下去，恐怕几年后，山西梆子的精品，便消失殆尽了。至于为何如此衰落，其原因有数条。第一，因山西梆子很少有人成立科班，大都是师徒传授，这是一个很大的原因。第二，山西梆子角色，老角为男性，近皆死亡，现有名角多为女性，女子无一生不嫁者，何况坤角更为社会人士追逐之形象，故一旦成名，便

---

[1] 余叔岩：1890年生于北京，京剧艺术家，是"新谭派"代表人物。其人乐善好施，常助人为乐。

立有人捧她，如果双方同意，便立即嫁他，一出嫁便无机会出演了。其艺术便也随之而淹没。第三，山西梆子无高人指导改良。之前不知保存，亦不知自己改善，于是流至今日之精品，意亦丧失。有此三大原因，于是危机大矣！假使再不设法整理，前途就不可设想了。

听她说：现在山西梆子名角，全部退隐或死亡，她想在太原组织一个整齐的班子，都很难成功，猜想一个光杆牡丹怎能演唱呢？

在笔者和她谈话的时候，又有三四女子找她来了。她并不认识她们，而她们却说是当年的同伴，曾经在某某地同台演出过。现在困在太原，请帮忙救济。她立刻便拿出五十元来交给她们了。事后听她说，这种求靠帮助的事在她家是常有的，每次总是五十元、一百元不等。不但山西梆子的来找，便是北京相识的皮黄班底，危困在太原的，也是经常来找。她这种救济贫苦同行的善行，已为当地各级人等十分称赞。

她在太原的名气，的确很大，连车夫都知道她的住址，是与北京的余叔岩一样，所往来的朋友也都是社会知名人士，所以她的名誉，一天比一天高起来，偶一出演便疯狂了整个太原。

她除演戏外，在太原还开了个粮油店，贩卖山西老醋。她的丈夫不但是一位学识充足的青年，并且是一位经商能手。她由十八岁起，在太原总是演大轴。日前太原有一场义务戏，共演三天，一位京角坤伶老生，非要演大轴。果子红现在对争名之心早无，所以允许某坤角演大轴。结果头一天果子红演完压轴，观众纷纷跑堂。第二天，某坤伶便放弃了大轴欲，而由果子红演大轴。

她曾对笔者说：现在我对这种事毫不注意，只要派我的戏，在开场演，我也愿意，绝无虚名欲了。

由她的话中，我知道她现在已俱灰心，这也和年龄和环境有关系。

曾几何时，她是那样地迷恋戏曲艺术，勤学苦练、不畏艰辛、废寝忘食、锲而不舍，身怀六甲仍不辞氍毹；广采博收，精益求精，功成名就仍追求不止，投师学艺，不耻下问。为了艺术他闯荡平津沪上，遭受欺凌，忍辱求全，以至债台高筑，和亲人对簿公堂，落得名声扫地，众叛亲离。

值此内忧外患、自身难保的艰难时刻，她虽万念俱灰，却仍克己助人，匡危济国，异乎常人的高风亮节，令人肃然起敬。

在其逝世数十年之后，曾经得到她救助的周志刚老人，临终前向山西日报社记者口述的故事，由记者么少颖和泪整理成《名伶与母亲》的文章，尤其令人动容。

兹将发表于2009年3月30日《山西日报》的文章照抄如下。

名伶与母亲

  曾在梨园的周志刚先生日前因病辞世，老人生前曾动情地讲述一个故事。笔者听之泪下，几日后即匆匆整理成文。

  为保持原味，文中仍用第一人称。

  一九四一年，岁暮天寒。将近一个月，太原的气温都在零下二十度左右。街巷积雪久久未见消融。绝大多数商家关门歇业，往常直到"小年"才停演的各大戏班也早已"封箱"。

  大水巷开明戏院后台，来自北平的中华戏曲专科学校的年青艺人们此时陷入了巨大的愁苦之中。年前学校被迫停办之后，"四小名旦"之一的大师哥宋德珠牵头成立"颖光社"，带领李和曾、王金璐、李玉茹等崭露头角的师哥师姐们演出于长江沿岸，据说票房尚好。玉字班贺玉钦（中华戏校共有"德、和、金、玉、永"五科学生，周志刚先生属"永字班"，原名周永刚）也组织了一个"校友社"，带着我们近五十名师弟师妹沿着黄河跑开了码头。冬初到达太原，不久即面临困境。太平洋战役爆发之后，太原百姓看戏的热情日渐消退，此地京剧观众本就不多，开明戏院已基本无人光顾。五十人中的大多数未带棉衣，只有一件绒衣御寒。天天两顿棒子面粥（此地叫"糊糊"）下肚，饿得连说话的力气也没有了。原来只在戏里听到的"饥寒交迫""末路穷途"这些台词，眼下是真真切切体会到了。贺玉钦在半个月前就想带领我们返北平，可是"望家乡，去路远"，这迢迢千里归程，五十人的盘缠又在哪里？进退无路又告贷无门的贺玉钦"载不动"这"许多愁"，终于发起了低烧。

  这时我忽然想起离开北平时，父亲曾告诉我，太原有个张旭初。当年他浪迹平津时和家父过从甚密，听说他现在当上了太原梨园公会的会长。如在太原碰到沟坎，不妨寻他扶助。贺玉钦让张金梁等三位师哥陪我前去求告这位张会长，看来也只能是撞撞大运了。

  张旭初好像已经知道我们身在绝境，未等我们说完即站起身来说："我们走，去小濮府。"乍一听，我当时就想，莫不是张会长要带我们到什么高官贵府上淘些"银两"吗？其实，小濮府只是一条小街。他在一所很不显眼的门楼前收住脚步，指着门内对我们悄声说道："丁果仙，丁老板。"原来这里是名满三晋的一代名伶丁果仙的宅第,我此时忽然想起一句街头谚语来:"丁果仙演男不像女,梅兰芳扮女不似男。"看来太原的百姓是把这位梆子坤生和梨园巨子梅兰芳等量齐观的。当我们进入极不宽绰的庭院时,屋里传出了"那时节插翅也难逃"的唱腔,那是余叔岩的《战樊城》中的一句,看来她还在用功。

张旭初一声"丁老板"算是告进,屋内京剧唱段戛然而止,一位瘦瘦的汉子掀起了厚厚的棉门帘。于是,我们第一次看到卸了妆的丁果仙。可能是屋内不太暖和,她仍着一袭棉袍,脚踏一双棉套鞋,只说了一个字:"请。"张旭初坐在八仙桌的另一侧,我们四个坐在了丁果仙身旁的一条长凳上。张旭初按照她在师门的顺序叫了一声"二姐",就伴着火炉上水壶的嘶嘶声开始了叙述。张会长好口才,说起来声情并茂,关节处竟然几处哽咽。然而我们却没有闻得丁先生有一声回应,只见她正襟危坐,面如秋水,似女僧入定,但我们知道她在专心倾听。只是在张旭初喝水时,她才向我们投来悲悯的一瞥,目光极为明亮。

在北平时,我们听说梨园全部坤生中,只有两位绝少"雌音",一位是孟小冬,一位就是这位丁果仙。来到太原不久,就听到了"看一次丁果仙,可有半月夸口"的说法,等我们到大众戏院看了她的《太白醉写》和《渭水河》之后,不能不赞叹她的"美妙绝伦"了,明白了这位容貌不算俊美、嗓子不算嘹亮的女艺人赢得万千宠爱的原委。当你置身戏院,耳听着她那苍凉而清亮的唱念,眼瞅着她那潇洒而精致的做表,每一个细处都布满着诗情画意,每出戏都能给你制作出一番大气象来,你不痴迷都难。可眼前这位一脸禅意的中年女子,我怎么也不能把此时的她和舞台上的周文王和李白联系起来。这是同一个人吗?

张会长已说完,示意我们先行告退。看来他十分了解这位梨园的擎旗者,他已确认丁果仙必出手救助。我们站起身来,向丁先生施礼告别。这时,又是那位瘦瘦的汉子快步掀开门帘,我们似乎听到张旭初对他含混的称呼,他姓武姓吴还是排行第五,我们都不知道,反正我们从那里起开始叫他"五叔"。当我们走近院门时,只听门帘响动,丁先生款款而出。此时月挂中天,清辉满院,她披着一身月光走到我们跟前,轻声说了一句:"难为孩子们。"此时我却从她脸上读到了歉意和愧疚。这是从何而起啊?本来是我们不知天高地厚,误撞深池,完全是我们咎由自取啊!我琢磨,丁果仙或许是悟出了天道,才有了这大悲悯和越位担当。归途中,张金梁师哥说起大众戏院前厅的那块匾额,为上面"皓月清辉"四个字叫绝。也真是,不管这块赞誉丁果仙的牌子出自何人之手，无论艺术舞台还是社会舞台，对于丁果仙来说，以"皓月清辉"四字对她进行描述可谓妙到毫巅。回到开明戏院，师哥师姐们都在等候消息。时近午夜，张旭初和五叔才带来丁先生的决定："义演三日。"这是天大的喜讯，但贺玉钦还是担忧：虽然说"德不孤，必有邻"，狮子黑、筱桂桃等大牌名角能否招之即来？国难当头，饥寒中的古城百姓还能有心情看戏吗？就这样，近五十号人围着火炉直坐到天亮。早晨有雾，雾散后，只见太原的街巷已贴出《赈济戏校童伶返平义演》的海报，丁果仙、狮子黑、筱桂桃等名家的名字赫然在列，三天戏码是《吕布与貂蝉》《八件衣》和"折子戏专场"。十点刚过，大水巷和毗邻的小水巷即水泄不通。我们正在打扫戏院门前积雪，只见售票窗口人头攒动，已是一票难求。

　　早听开明戏院的值更大爷说过，从高官巨贾到贩夫走卒，丁果仙的戏迷队伍可谓浩浩荡荡，但绝大多数深解艺中三昧。三日义演，我们配演戏中家院、兵卒、宫女、丫鬟等，陪丁果仙等一路演下来，才知道此言不虚。就拿掌声来说，与别处就大不相同。这掌声来得急躁，走得迅疾，观众似乎唯恐耽搁了丁果仙那一板一腔、一字一句，甚至一顾一盼、一笑一颦。这位外来的女子不知何时得到天助，令古城观众痴迷若是，也可算是梨园一件奇事。

　　第四天是张会长组织太原京剧票友公演《四进士》，我被派演"顾读"。演毕卸妆时，五叔来告知，义演大获成功，次日中午为我们饯行，后天傍晚返北平的车票已经购妥。站在我身后的贺玉钦竟然失声痛哭，他才二十一岁，这"两重天"般的大悲喜他实在经受不起。

　　位于南仓巷的"清和元"饭庄，餐厅整齐而洁净，五张桌子旁围坐着我们这些衣着单薄而又褴褛的年轻人。五叔朗声说道："丁老板在这里为大伙饯行，她太累了，让我（他一直把"我"说成"鹅"）代她陪侍诸位。兵荒马乱，饭菜不甚精致，请慢用。"五叔这个"慢用"肯定是错了，多日饥馑的年轻人已是虎咽狼吞，那吃相实在不堪，好在五叔知根底，他发现饭菜消耗甚快，多次奔到灶间催促。

　　就在包子上桌时，五叔向贺玉钦低声说了句什么就离席而去。席毕，只见他率领七八条汉子肩扛着成捆的衣物鱼贯而入，堆到柜台上咚咚作响。此时我们又听到了五叔第二次简洁的演讲："丁老板给每人张罗了一身行头，黑斜纹布的帽袄裤靴共四件。时间紧，活不细，分大中小三号，请大家按身量领取。"此时，他不忘幽默一把，"请各位小姐屏风后更衣。"角落里倒是摆放着四扇屏风，但师姐师妹们和我们一样，已是"可怜身上衣正单"，早已无衣可更，眼下只能是"增衣"了，而"增衣何须屏风后"，顷刻之间，餐厅里已是黑压压一片。

次日晚七点，半圆寒月天如水。车站月台上，我们的给养刚刚领取完毕，每人四个夹肉烧饼，还有一只大萝卜。五叔手持钱袋，在每个人包烧饼的油纸上拍下两块大洋。我们很清楚，一块大洋已经是平常百姓人家半个月的生计。

有人发现，先生丁果仙正站在月台廊柱下，安详地看着五叔发放盘缠，我们快步拥了过去。只听贺玉钦发一声喊，近五十名身着黑色衣帽的年轻艺人们向这位崇高的救赎者深深地鞠了一躬。此时，我又发现了她瞬间的局促和不安。许多年后我才知道，那是母亲对儿女永远的抱愧，那是只有尊者才有的伟大谦卑。

列车已经慢慢启动，我们都挤到了临近月台的一侧。五叔他们高扬右手，只有丁先生看着我们袖手轻移，那不是充满威仪的虎步龙骧，怎么看也是母亲慈爱的脚步。

七　庆生辰多谢众家好姐妹
　　赴张垣初识新秀牛桂英

年年难过年年过。熬过了民国三十一年（1942）的春节，丁果仙接到了赵步桥由张家口捎来的信，邀请她三月春暖之后去东口合作演出。说实话，丁果仙的钱也花得所剩无几，再者她也想躲避义演应差，正想出去赚点花销。如今她对名已无欲望，于艺也失去了兴趣，唯独离不开银钱，人活着不吃不穿不行呀！

近年丁果仙没有了班社，常在新化剧院搭班演出，新结交的姐妹们，除刘俊英、冀美莲、梁小云、郭凤英、郭兰英、郭美英和任玉玲等外，还有之前步云剧社的董家姐妹董桂花、董翠红、董小楼；一年前在北平合作过的刘玉富太太筱金梅与妹妹筱金枝；从小拜师丁巧云，与二姨妈日夜相处、形影不离的任玉珍等，姐妹们个个情深谊厚。其中郭凤英还是由丁果仙为其牵红线当媒人，才与如意郎君李子茂结婚生子的。而筱金梅对其丈夫在与丁合作途中，不辞而别，带人离去的做法，一直心存愧疚；时过境迁，今又重逢，借机化解前嫌，其情更是非同一般。十三旦任玉珍，自从郭、任两家对簿公堂、反目成仇之后，师母丁巧云随夫另搭鸣盛楼张宝魁戏班，她却仍跟二姨妈一起演出，可见其与二姨妈的情谊。

姐妹们听说领头人又要走东口的消息，一个个恋恋不舍。兵荒马乱，朝不保夕，如今一别，不知何日能重逢。于是商议好于三月初五，为丁大师隆重庆贺三十四岁的生辰。

她们想对了，这也成了丁果仙一生中，唯一的一次生日庆典。

提起生辰，对于丁果仙实在是一种极大的刺激，甚至于是折磨。她不能不回想当年，亲父早丧，生母不知下落；也不能不想起收养自己的爷爷奶奶以及前夫与那未曾谋面的胎儿；姐姐反目不再来往，妹妹婚姻不顺心——她的男人后来跟随阎锡山跑到克难坡，撇下她独自一人带着三个孩子苦度时光，因积劳成疾，已于去年含恨离开人世。

再看眼前，国难当头，百姓们处在水深火热中，遭欺受辱，今日不知明日。想到这儿，丁果仙愁肠百结，五内俱焚，哪有一丝欢乐的心绪。

不过，人们也都心知肚明，凑到一起，七嘴八舌，专拣好听的说。丁本人也顺遂大伙儿强颜欢笑，惆怅的心绪，一时间便都冲淡了。再加上一群天真无邪、无忧无虑、无所顾忌的孩子们的到来，使笑声也多了起来。最小的孩子要数冀美莲养女冀萍，时年八岁，到了老二姨家，恰如小秦英上了金銮殿，满眼的稀罕。楠木家具，古色古香——太师椅、八仙桌、梳妆台、穿衣镜；瓷壶壶、茶碗碗，马蹄表滴滴答答，收音机自拉自唱；就连炕上的大盖板，火台炕沿上镶的木边框，也都油漆得红红绿绿，擦抹得闪亮铮光。一切的一切都和自己家的不一样。比自己大不了多少的孩子，艳香、艳霞、拉弟、招弟、兰英、美英，都唤人家姨姨，尽管心中不解，却也高兴非常。尤其在照相时，老二姨让自己坐在她前头的正当中，幼小的心灵生发出优越感与自豪感，这一切令她终生难忘。

这一天，姐妹们设想的所谓隆重庆典，其实异常简单。既没有什么程序仪式，更没有大吃二喝，只不过大伙儿凑到一起，闲聊了些无关痛痒的开心话。至关紧要的中心事件是，照一张临别留念"全家福"。

照相的是开明照相馆的老相与刘玉珍师傅。他说说笑笑安排指挥着，先让主角坐定，然后依亲疏长幼，胖瘦高低，一一妥当安排。

一切就绪，清点人员时才发现不见任玉珍。刘师傅开玩笑，他说少了谁也不能少了十三旦这个要紧人："大家稍等，待小的马上前去迎请。"

正说笑间，十三旦哭丧着脸来了，浮肿的眼睛好像还噙着晶莹的泪珠。二姨妈少不了抚慰一番，才知道她是因为劝说、恳求丁巧云师母同来遭拒，又受男人张俊民的奚落，争辩不休所至。姐妹们也都安慰她，顺便让出空缺。她自己越是克制越是缓不过神来，直到按下快门——最终还是将愁眉苦脸噘着的嘴，永远定格在照片上面。

丁果仙生日过后，赵步桥派人将她接到张家口同德戏院。名为戏院，实际上就是个席棚子，因坐落在桥西南营房，所以人们管这儿叫南营房戏院。设施虽很简陋，但戏却十分叫座——戏班阵容整齐，名角云集，现又请来须生大王加盟，观戏者自是争先恐后，大家无不佩服班主赵步桥的"日能"。

赵步桥，徐沟县城东南坊人，宣统二年（1910）出生，幼时入孟封小荣梨园学艺，专攻武行，与北田旦、王正魁是同馆。本人五短身材，其貌不扬，技艺也较平常；但头脑好使胆子大，趁国难当头，荒年乱世，勾结日伪倒贩毒品，大发横财。接管了几处戏院，置买了多副戏箱，承戏班，耍名角儿，挥金如土，花天酒地。因他与丁果仙既有荣梨园的情分，又和冀午斋在徐沟包税时曾有些干系，所以他对比自己大一岁的"老乡与师姐"分外亲切。

同德戏院的确名家荟萃，有刘明山、刘宝山、刘玉山、王玉山、彦章黑、金铃黑、九岁红、白翠香、刘玉蝉、刘艳秋、刘艳琴等等，还有年仅十八岁的牛桂英。

牛桂英是榆次县小张义村人，民国十四年（1925）出生。因家贫无着，六岁便做了童养媳，挨打受骂，一场大病之后，骨瘦如柴，男方主动解除婚约。后拜弹四弦的票友梁柱为师，三年期满，又投师二牛旦李庭柱，主攻须生，兼演他门。扮相俊秀，做派大方，唱腔委婉，戏路子宽，胆量也大，缺啥能补啥，概不丢丑。演过《下河东》的郎娃子、《苟家滩》的娃娃兵、《观阵》的徐茂公、《回荆州》的诸葛亮、《十万金》的李翠莲、《梅绛袭》的狐仙女以及《狐狸缘》的三姑姑、大姑姑、老姑姑和四姑姑等。

她天赋过人，机灵开窍，爱动脑筋。接触的前辈名宿较多，善博采众长，老艺人们也都愿意与其配戏，这也让她受益匪浅：和十四红演《九件衣》，跟毛毛旦演《卖水》，与刘少贞演《翠屏山》，同张美琴演《走雪山》。

在晋中地面崭露头角之后，又走西口，到包头，闯归化，得与盖天红王步云、筱桂林孙文生、四儿红南定银等高手同台演出，技艺更有长进。后被赵步桥看中，请到"同德"挂头牌，专门让刘宝山、筱桂桃等为其配戏，很快便唱红东口。在赵的强求之下，牛桂英做了其二房太太。

这次赵步桥不惜重金，千里迢迢邀请山西梆子须生大王丁果仙加盟，其目的不言自明——与牛桂英搭档，为牛桂英镀金，在大力度捧牛桂英的同时，获取更高的票房利润。

大腕同台，相得益彰，牛桂英与丁果仙确实是天造地就的一对理想搭档。虽说丁比牛年长十六岁，但二人的天赋、身世、阅历、追求有许多相似之处，尤其对戏曲艺术的酷爱、钻研，都几乎到了痴迷的程度。吃透剧情，把握角色，细腻刻画，浑身技艺溶化到规定情境之中，装谁像谁，演啥像啥，实乃同道中极其罕见的一对演员。

丁果仙演戏不拘台词，不受传统程式束缚，自由挥洒，落落大方。牛桂英年纪不大，功力尚浅，但对丁的戏路与做派十分欣赏，不耻求教，暗下功夫，很快便适应了老丁的生活化即兴表演。你生活化，我也生活化，相互诱发，水涨船高，达到双赢。《打金枝》《八件衣》《九件衣》《清风亭》《坐楼杀惜》《忠保国》《女中孝》等戏总能博得全场轰动的强烈效果。特别是二人反串《芦花》，更是惊爆全场，誉满东口。

丁果仙是公认的剧界泰斗，对艺术的追求自然是精益求精；而对于众人，她亦给予无微不至的关怀，这源于她多年的修养。虽然她曾多次表白"唱戏只为混的赚钱"，但那只不过是万念俱灰时的无奈，抑或牢骚之后的发泄，一旦环境条件许可，演艺配合默契，其固有的表演欲望与对戏剧的热爱便不由自主地生发出来。

她深知不少艺人年关难过，急需救济，便主动向班主提出加演两场反串戏。其中一场是她有所避忌却因观众渴求而不得不演的《芦花》。剧中她演李氏，牛桂英饰闵德仁。数九寒天的塞外，滴水成冰，寒风刺骨，她脱下自己的珍珠毛小皮马夹，硬让桂英穿上。她说怕自己演青衣，穿厚了显得肥胖不好看，而桂英身体单薄，穿少了太瘦弱与员外身份不符。其实牛桂英心里明白："她主要是怕我没耐力，禁不得冷冻风寒。"

演出效果超出预期的理想，大伙儿称心如意，由衷感激丁大师的仁爱关怀。

在东口连续演出半年之久，又一次风靡了北国商城。赵步桥的大投入获得大收益，丁果仙也赚了不少，足以与家人过个丰盛的大年了，绰绰有余，不愁安度一段时光。对于年轻的牛桂英来说，更是获益良多。无论演出，无论为人，老丁的一白一韵、一招一式，一言一行、一思一虑，无不令小牛玩味不尽，钦佩不已。这就为后来二人的长期合作奠定了厚实的基础。

八　国不国抗战剧蓬勃发展
　　　家不家避战乱风卷冬蓬

　　日本帝国主义的侵略，给中国人民带来深重的灾难，激发起中华儿女的抗战热潮，国共又一次合作，枪口一致对外。

　　抗战初期，阎锡山尤为积极，组织牺盟会，决心抗日，赢得抗战前沿模范称号。全国进步青年、知名人士纷纷涌向太原，其中，从德国留学归来的中共地下党杜任之，以学者教授与太原绥靖公署参事等公开身份策动抗日，组建西北剧社，亲任名誉社长，编演抗战救亡剧本。在其组织与领导下的文艺宣传大大促进了抗日运动的高涨。

　　"晋西事变"，阎锡山消极抗日，积极反共，蓬勃发展的抗战剧运一时阻滞。但八路军的戏剧工作者顽强斗争，成为开辟敌后根据地戏曲运动的拓荒者。欧阳山尊、丁玲、光未然、李伯钊等剧界名家亲临山西，组织带领"战火""战斗""长城""七月"等剧社游击演艺队，活跃在晋中敌占区边沿地带，深入挺进到敌后游击区，开展宣传教育群众的活动。大量的街头剧、活报剧、时装文明戏，以及利用各种旧戏曲班底演出的新编戏曲或秧歌，都起到了革命文艺应有的先锋鼓动作用。

　　就在此时，丁果仙又一次应赵步桥之邀，赴张垣演出三月有余。这期间她陪同赵、牛夫妇请客赴宴，从日伪政要、巨商富贾口中听到的新闻时事不在少数：日本偷袭珍珠港，美国被迫参战，第二次世界大战到了关键时刻；边区根据地演艺活动五花八门、如火如荼，王聪文、邓友山、曹正国、雷补枝、郭云山、王艳芬等艺人投奔了抗战剧社。

　　在丁果仙看来，艺人们跑到边区当八路，那估计是因为生活所逼没法子。咱自己只要登台演唱，还不发愁挣几个吃饭钱。再说了，拖家带口一大堆，跑到荒山怎么活？不到迫不得已，她是不能走这一步的。

在张家口演了三个多月，收入十分可观。一直以来，她就想收留些流浪街头没有人管的孩子，办个娃娃科班，就像当年奶生堂一样。回到太原去郑村踅摸了一遍，与任秀峰仔细一估算，各方面条件都不具备，主要是资金实力还远远不足。想着容易做起来难呀！

此时，太原形势更不安然，八路军的大炮时不时向城内三圣庵等处发射，轰炸日伪电信局、发电厂。为了躲避战乱与抓差拉官戏，她只好与丈夫带着徒弟们一起回忻州老家了。

面对长期以来居无定所、有志难酬的现状，她不禁仰天长叹：看不透的世道呀，明天又将如何？啥时是个尽头？

第六章 复兴无望

一　阎锡山热衷掌控文宣队
　　丁果仙无奈暂附刘芝兰

　　一九四五年八月十五日，日本向全世界宣布无条件投降，中国人民浴血奋战，取得了抗日战争的伟大胜利。

　　阎锡山由克难坡回到太原，与已经投降的日军太原司令商妥，命令各据点本应缴械投降的日军，仍然荷枪实弹，对抗八路军与地方武装。成立民族革命同志会歌剧协会与太原市戏剧改进委员会，将省城所有戏剧文艺团体皆掌控于手中。

　　当时的中路梆子班社较常活动者有：

　　狮子黑组建的众梨园，即新化剧院。主要演职人员有狮子黑、冀美莲、梁小云、刘文才、段玉明、任玉珍、郭凤英、董翠红、任玉玲以及申天福、郭鹏飞等，活动场所在东夹道。

　　张宝魁的新民剧院，后改称文宣七队。主要演职人员有筱吉仙、张美琴、筱桂君、筱桂芬、二百五、梁文仁、福义丑、十四红、郭秋香以及润生师傅、白晋山等，活动于鸣盛楼。

　　姚法礼的文宣八队。主要演员有花艳君、邱德才、邱树山、邱凤英、丁巧云、周瑜生、韩俊山、董小楼、雷小春等，驻扎在大南门外复兴大舞台。

　　刘玉富的唐风剧社。主要演员有小玉石娃娃、筱金梅、筱金枝、九岁红、南路生、子都生、四锁黑等，演出于上肖墙光明影剧院。

　　文宣三队原为第二战区司令长官部文化宣传第三队，早在民国三十三年（1944）就在阎锡山管辖区的隰县成立了，队长丁碧天，即刘芝兰。返回太原后，改为民族革命同志会文化宣传第三队。主要人员有鹿儿红王庆云、小三儿生郑雅楼、北田旦王增山、眉毛丑宋茂林、十三旦任玉珍、赵月楼、冯少臣、筱桂梅、筱桂燕、刘仙玲、王桂仙等。后转入西北俱乐部，队部设在南仓巷复胜戏院。

此外，尚有京剧、话剧、歌舞等团体。

如此众多的文艺戏剧班社，皆由太原市戏剧改进委员会及其下属民族革命同志歌剧协会统管。市长白志沂亲任会长，具体事务主要由歌剧协会理事长智锐管理，重点在于管控剧目。对剧目的具体要求为：有关戡乱复兴者，宣扬兵农合一者，宣传共党残暴者，弘扬民族文化富有教育意义者。

刘芝兰依仗义父阎锡山的权势，晋升少校军衔，穿军靴、挂手枪，威风八面。但她毕竟是唱戏的，要想造势，还得靠艺术骨干。果子红是公认的当之无愧的晋剧泰斗，刘芝兰想方设法要将其拉到自己麾下，不惜"三顾茅庐"，甚至不择手段要引荐丁果仙认阎锡山为义父。

丁果仙一直以来回避政治，不问政治，但是人生在世，要脱开政治谈何容易。前些年不少人投向边区根据地，她不是没有动过心思。但山西太原本来就是土皇帝阎锡山的天下。日本人来了他打了几下，见势不妙，拔腿就跑，躲到晋西克难坡。日本鬼子一投降，他又回来了，原官不动，无降有升，真可谓"有福之人不用忙"。而八路军一股劲地打游击，面对面地跟小日本对着干，到头来又有什么结果呢？唉，有理没处讲，有苦无处诉啊！

活了半辈子，思来想去，丁果仙还是弄不明白。不过自古至今，世道何时公平过？咱就是个唱戏的，何必管那么多？还是自己的老主意，为了生活，谁来了也得唱戏。

对于刘芝兰攀高结贵，她大不以为然；但人生在世，各有主意。人家如今高升了、抖威了，还登门请咱搭班，说明还看得起咱，至少也还用得着咱。跟谁唱也是唱，何况人家班底硬整，不少老人也都合得来。于是丁果仙便答应了刘芝兰的恳求，加入了文宣三队。

二 登报刊阎代主席亲抚慰
　　假称病须生泰斗息舞台

刘芝兰与丈夫歌剧协会理事长智锐,为了效忠义父阎长官,鼓动太原市市长兼戏剧改进委员会会长白志沂,充分发挥政治宣传之功能,将慰问劳军义务演出安排得满满当当,全市戏剧团体一律参与。这下无论谁家也少不了要聘请须生泰斗丁果仙领衔。当时状况可从以下选录的一些新闻广告中窥得一斑。

民国三十四年（1945）九月十二日,《复兴日报》：

> 本报讯：长官部文化宣传第三队已由队长丁碧天率领全部队员抵并。倾闻随部分会为慰劳还省干队,定自本月十三日起,十六日止,每日下午七时至十一时,假中校尉营铭胜楼（即鸣盛楼）出演四场。关于看戏程序计：第一日为首脑部各单位,第二日为随部工作团旨机关,第三第四两日均为部队。本市名伶丁果仙、筱桂桃等名人,亦均事先发动参加,并于第五天（十七日）起售票,公演四天,现正在筹备中云。

> 又讯,随部分会,为特慰劳返省之抗战有功员兵,特由民革室于本月十二日召开太原市分会民族革命同志会文化宣传第三队、工委会训练组、副官处、警备司令部、宪兵司令部、太原市警察局,及丁果仙、刘俊英、筱桂桃、任玉珍、筱金枝、张宝魁、张美琴开会,由民革室雷良如同志主持,研讨如下：自本日起中校尉营铭胜楼剧院联合公演三日。每天上午十二时至下午四时为第一场。下午七时至十一时半为第二场。第一日第一场演出节目为《七星庙》《回龙阁》《富贵图》,参与单位为烘训会内勤队、卫士队、流工队、防卫队、铁

纪团。

第二场演出节目为《忠报国》《满床笏》《反徐州》《汴梁图》。参与单位为高干责任会及工作委员会所属各组、室、厅、处、社、课。凡参与者，所持之入场券与证明纸，由随部分会发给。秩序由警备司令部、宪兵司令部、警察局共同负责，届时定有一番盛况云。

又讯，抗战胜利，当局为铭记起见，特将前鸣盛楼改为铭胜楼。

民国三十四年（1945）九月十九日，《复兴日报》：

本报特讯：本市全体名坤伶等，为慰劳抗战胜利还省之官员战士，联合举行之慰劳公演，十六日晚场后，已顺利结束。昨演售票剧，各演员精神显已不及前四之振奋，足征还省官员战士欢迎情绪之热烈。前日剧报虽仍列丁果仙之名，但仍辍演，闻该伶经七场之努力演唱，疲乏不克登台云。

民国三十四年（1945）十二月十七日，《复兴日报》：

本报讯：名伶丁果仙等，前曾奉准联合第二、第三两歌剧院各演员等，为省立戏剧学校筹募服装道具基金义务演戏六天，极博观众好评。现又奉准自今日（十七）起，续演三天，戏码业已决定，为《串龙珠》《阴阳报》及《清风亭》等。

该会为便利观众起见，特备包厢席，大包厢国币二千五百元，小包厢一千二百元。并定明日（十八）招待首脑部各级干部，特在日场演出，除包厢及楼上客票售卖外，楼下座位一律作为招待干部之用，概不售票，希各界注意，勿失良机。

民国三十五年（1946）一月十四日，《复兴日报》演出广告：

太原市公共体育设施等筹募经费大公演（一月十五日）。
民众歌剧一院（大水巷）与民众歌剧二院（校尉营）……
民众歌剧三院（开化寺）日场：段子明、崔元梅《游龙戏凤》，冀美莲、任玉珍《佘塘关》，严翠红、筱金枝《大劈棺》，丁果仙、狮子黑《空城计》。夜场：晋阳红、吴凤英《斩子》，冀美莲、任玉珍《双锁山》，筱金枝、严翠红《汴梁图》，丁果仙、狮子黑《捉放曹》。

民国三十五年（1946）一月十七日，《民众日报》报道：

　　慰劳筑碉工友游艺大会，十六日下午五时许，假民众歌剧二院举行……由名伶丁果仙、丁碧天、狮子黑等合演晋剧《九件衣》，唱做俱佳，颇得观众好评，至晚九时，始尽欢而散。

民国三十五年（1946）一月二十七日，《民众日报》：

　　本报讯：丁碧天、丁果仙，为本市剧团从业员，献演义务戏三天，已志前报。兹悉演期改自今日起至二十九日止，均为夜场，所有各场剧码，业已排定如下：二十七日全本《北天门》，二十八日全本《四进士》，二十九日全本《捉放曹》带《宿店》。

民国三十五年（1946）一月二十九日，《民众日报》：

　　简讯：本市歌剧协会日前发起之救济剧团班底义务戏，特许免税演唱，昨日起在民众歌剧二、三院，分班举行三日，观众踊跃。
　　晋剧名伶丁果仙为歌剧三院演义务戏，颇受社会人士欢迎，叫座力之佳不减。该伶连日演出拿手戏，收入帮助班底剧人渡过难关，同人非常感激。

民国三十五年（1946）六月六日，《民众日报》：

　　本市讯：本市地方剧团全体团员，为庆祝《太原晚报》复刊，特于今日起，在第三剧院公演三日。剧目演员均极硬整，该团丁步云女士（即丁果仙），近日不常登台，今亦毅然参加，并定今日午晚主演双剧，并为配合报人职责，午场演《一笔定太平》（即《太白醉写》），晚演《春秋笔》。七日演《阴阳报》，八日演《芦花记》，均为丁步云女士之拿手杰作。

演出广告：

太原市开化寺东夹道,民众歌剧三院:丁果仙、刘俊英、筱金枝、冀美莲、严翠红、董素兰、李瑞珍、狮子黑、武巧英、刘文才、崔元梅、闫艾成、袁银花、两点红、吴凤英、张俊梅、张爱琴、何尚仁、姚玉鹿、武宝成、张俊花、假二娃、刘宝俊、李喜龙、刘艳芳、刘长胜。

六月六日白天好戏:……《布换花》《卖水》,刘俊英《汾河湾》,丁果仙《一笔定太平》。夜场佳剧:……《善恶观》(即《三世修》)、《春秋笔》。

六月七日与六日戏同。

六月八日白天好戏:……《金马门》《祥麟镜》。夜场佳剧:……《走雪山》《游花园》《打金枝》,丁果仙、刘俊英《芦花记》。

民国三十五年(1946)七月二十日,《民众日报》:

民革社讯:本市青年俱乐部,已决定于二十一日上午八时,假大水巷民众歌剧一院召开成立大会,会后由丁果仙领衔文宣八队演出晋剧《打金枝》《黄鹤楼》,余兴相继即游艺公演六天。

演出广告:

七月二十三日起,文宣八队全体队员大公演。

地址:海子边民众公园内民众影剧院。

第一场:周瑜生、王翠兰、王桂兰、杨月琴、八百黑、鸡毛丑《伐子都》《斩子》《梅绛褒》。

第二场:丁果仙、刘俊英、周瑜生《女写状》《下河东》《血手印》《回龙阁》。

先期售票。票价:第一场甲400元,乙270元,附加在外;第二场甲1000元,乙700元,附加在外。

民国三十五年(1946)七月三十日,《民族日报》:

民革社讯:文宣八队为筹募服装道具,已请准假民众影剧院公演晋剧一期,并特邀名伶丁果仙、刘俊英于每日夜场献艺。迄二十九日业公演完毕,后闻或将续演两日。获讯，该队不日即移往新南门外在建之复兴大舞台戏院。

民国三十五年（1946）九月一日至四日，《民众日报》与《复兴时报》演出广告：

  庆祝"九一"记者节游艺会。
  主办者：太原市记者公会。
  歌剧第三院：三儿生、王翠兰《女写状》，李瑞珍、冀美莲《洞房》，筱金枝、武巧英《游花园》，筱桂琴、马金兰、任玉珍《断桥》，丁碧天、严翠红、筱桂燕《汴梁图》，丁果仙、刘俊英《清风亭》。
  票价：甲2000元，乙1500元，丙800元，厢票1200元。

民国三十五年（1946）九月十四日，《民众日报》：

  简讯：并垣第一座烘炉台完成，式样亦如克难建筑者，唯规模较大，系二层宫殿式角楼。昨晚首次演唱，集戏界名伶徐廉[1]、丁果仙担任节目，唱做之佳，其乃戏剧烘炉之"焦炭"。

民国三十五年（1946）九月十七日，《复兴日报》演出广告：

  上党救灾难民游艺会，特聘丁果仙、刘俊英领衔地方剧团全体团员演出。九月十七日《串龙珠》，十八日《清风亭》，十九日《阴阳报》。阵容整齐，机会难得。
  票价：特票3000元，甲票2000元，乙票1000元。

民国三十五年（1946）十一月十一日，《民众日报》演出广告：

  十一月十一日白天演兵农节慰劳戏，停止售票。夜场演民众卅五周年纪念，停止售票。

民国三十六年（1947）一月三日，《复兴日报》：

---

[1] 徐廉：又名金丽君，系阎锡山公办第二战区文化抗敌协会歌剧（京剧）队（后更名为山西省歌剧队）之主要演员。

本报讯：本省私立云山高中，为募集基金计，将于本月四日起，假民众第三院连续公演一星期，闻已聘定丁果仙等晋剧名伶登台云。

云山高级中学募集基金游艺会露布：特烦本市第三剧院晋剧名伶大公演。

全体演员：须生泰斗丁果仙、筱金枝、冀美莲、严翠红、狮子黑、段子明、刘文才、李瑞珍、任玉玲、崔元梅、袁银花。

精彩剧目：一月四日《捉放曹》、五日《清风亭》、六日《春秋笔》、七日《宋江杀楼》、八日《九件衣》。九、十两日剧目，容俟续登。

票价：甲种5100元，乙种3400元，以上先期售票。丙种1700元，以上临时售票。

民国三十六年（1947）三月十三日，《复兴日报》：

本报讯：本省"军人服务处"为谋求军人福利，予军人以正当娱乐及活动起见，将于短期内筹设"军人俱乐部"。至于活动基金，已决定自十四日起至二十日止，由坤伶丁果仙等假二院演剧募集，筹集款数预计500万元左右。

民国三十六年（1947）四月十四日，《复兴日报》：

民众社讯：本省隰县、大宁、永和等县旅并同乡，特组成"救济难民协会"，予以救济。拟于十五、十六、十七三日假光明影剧院，特邀丁果仙、刘俊英、任玉玲、周瑜生及民宣四队筱桂梅等演出《北天门》《日月图》《取北原》等佳剧云。[1]

以上资料并非全部，就已多到令人生厌。

由以上资料似可以归纳出如下结论：

第一，戏剧团体完全由歌剧协会等权力机构所掌控，已蜕化为政治宣传乃至筹集资金的工具；

第二，频繁的义演侵占了艺伶正常业务演出的时间；

第三，无论何种义演、谁家参与，丁果仙皆首当其冲，致使其心身劳损已经到

---

[1] 上述报刊资讯摘自《晋韵留芳·民国时期报载丁果仙文献辑录》。

了不得不辍演的程度；

第四，票价飞涨。不到半年工夫，已由普通甲票400元、丁果仙参演1000元，涨至5100元。由此也可想到通货膨胀的惊人、平民生活的艰难。

三 避义演应赵步桥连番请
赴北平与牛桂英再合作

　　丁果仙与刘芝兰的身世阅历有不少相似之处，但她俩不是一路人。丁果仙不赞成她，更不羡慕她；但却不能不正视她，甚至不得不依附她。

　　刘芝兰，本名丁碧天，原籍北京，民国五年（1916）生。幼年丧父，生活无着，母亲将其卖与张宝魁戏班，刘少贞收她为义女，遂改姓刘。随班学艺，颇有长进；之后入徐沟小自成园，取名志兰，后改为芝兰。在说书红、大珠旦、黄兔子等名家的提携下，历时数年，主攻刀马花旦，技艺不凡。天生丽质，扮相漂亮，嗓音清脆，唱腔委婉，功夫扎实，动作洒脱，表演细腻，真情动人。

　　后来又搭祁县固邑韩国华的同乐园，与盖天红、乔金仙、奴子生等同台演出，受益匪浅。有一回，在榆次西门外大仙爷庙唱《双巧配》，她扮薛金钗，盖天红饰孟尝君，奴子生演冯谖，满堂师傅打板，占元财主操琴，名流荟萃，配合得当，彩声不断，轰动全城。

　　自此刘芝兰走一处红一处，一举成名，人们都说她沾了大仙爷的光。

　　日寇侵占晋中，她随从撤退的军政界大队人马避难晋西隰县，博得阎锡山喜欢，收为义女，授予少校军衔，任职第二战区长官部文化宣传第三队队长。

　　刘芝兰容貌出众，技艺不凡，处事圆融，追随者不在少数。第三队主要成员有：

　　小三儿生郑雅楼，乳名圪针子，太谷县韩村人。从小入胡万义小万福园娃娃班，后拜三儿生孟珍卿为师，颇得真传，人称小三儿生。身材苗条，长相灵秀，功底坚实，文武兼备，腿功、腰功、靴子功、翎子功、扇子功、椅子功样样拿手。身段潇洒，表演投入，尤长于在平淡之处动人心怀。常演的靠架武功戏有《淮都关》

《黄鹤楼》《塔子沟》等，扮相威武慑人，能令观者连连叫绝。他与夫人小十三旦刘云仙合演的对儿戏《女写状》《七星庙》《双锁山》等，更显风流倜傥。《折桂斧》则得乃师亲传，他人难比。

小二百五王银柱，太原县晋祠镇赤桥村人，光绪三十三年（1907）生。出科小万福园，与郑雅楼同馆，生性刚烈，铁心赤胆，练功顽强吃苦，做戏十分投入。"两张卯桌上摔壳子"，有股不要命的愣劲，众人送其绰号二百五。因前有老二百五曾正国，所以他就成为小二百五。他本人也认，故而此绰号流传开来。又因其出生地盛产草纸，人们也称其为草纸黑。后来拜师彦章黑，学得不少真传，《看兵书》的脸谱与唱做皆由此继承而来。该员扮相魁梧，嗓音洪亮，功底坚实，做派讲究，文武全才，确系同行中之翘楚。

刘仙玲，祖籍河北束鹿，民国十八年（1929）生于一户贫困农家。四岁时为同乡刘勇聚收养，随其女刘桂英（说书红大弟子）学艺。八岁入榆次戏班，拜北田旦王增山为师，后搭三百儿王永年的"三变化"班，早场木偶，午场梆子，晚场皮影。十三岁与刘桂英同到张家口柴沟堡，入侯德全戏班，专工小旦，擅演《柜中缘》《拾玉镯》《游花园》等戏，走红口外。抗战胜利后返回榆次，仍搭王永年戏班，主演《蝴蝶杯》《双巧配》《五女兴唐》等大戏。不久与王桂燕、王桂仙等加入刘芝兰文宣三队。

赵月楼，原名赵福生，民国七年（1918）出生，河北清苑县人。自幼入保定莲花池科班，学京剧兼河北梆子，师从崔福奎，专攻武生。抗战期间来到太原，搭筱吉仙鸣盛楼，改唱中路梆子。光复后入文宣三队，专演武戏，尤以猴戏见长，深得戏迷观众赞扬。

何云燕，乳名爱梅子，系祁县城关首富何家后裔，民国二十三年（1934）生。因家道衰落，九岁入榆次王金科戏班学艺，师从李根元。后经王永年引荐到文宣三队，又拜刘芝兰为师。学艺吃苦，演戏认真，天生蛾眉杏眼，灵慧有神。时年十三四岁，已能登台演出《捡柴》《起解》《合凤裙》等小戏，颇得内行好评，人称大眼花旦。

丁果仙最看重的要数武蕙仙，她本姓关，民国十年（1921）生于归绥。父丧，母改嫁皮货商武三明，年仅五岁的她与表妹随继父来到交城，更名武蕙芬，表妹叫武一英。母亲在武家做妾，寄人篱下，备受欺凌，后不堪忍受，离家出走，自此杳无音讯。

武家有四女，大女出嫁后，蕙芬与一英被送往祁县同梨园学戏，拜鹿儿红为师，技艺日有所进。一英顽皮捣蛋，惹人喜欢，众人便给起了个绰号"三捣蛋"——

因其行三。二姐蕙芬虽然生性温柔，走路还怕踩死蚂蚁，但受妹妹"牵连"，都叫她"二捣蛋"，久而久之，竟然成了她的艺名。

有一回，小蕙芬在榆次西湖井戏园唱《四进士》，人们都说她像果子红。这引起了丁果仙的注意，专程去观看，发现她确实身手不凡，于是便将她与巩继仙等一起收为入室弟子，并为其改名为武蕙仙，包吃包住，悉心传艺整整三年。而且三年中凡演出，师傅都要将份银三七分（当时学徒是不付钱的）。学徒期满，惠仙为感师恩，卖掉自己心爱的银手镯，在清和园设宴谢师。

武蕙芬后入刘芝兰文宣三队，丁师对她格外关照，尽量让她登台出场，自己则在后台揭起门帘细瞧，演完后再一一指点，边讲解边示范，引得旁观者羡慕不已。

丁果仙平时应邀搭班，一律每场大洋百元，概不白尽义务。若遇到阎长官亲自点名出场慰劳部队，她必定戏价翻番，两百银圆一场，且须预付一半，下余之款，于演出至半时全部付清，概不赊欠。她觉得有钱能挣，为何不挣？不挣白不挣，挣了也白挣。不过需要说明的是，她所收戏价，并非一己独得，随从鼓师、琴师等，档次不同，人人有份。

有次西北俱乐部慰劳陆空将士，演出《民主与革命》，实即《串龙珠》，由丁果仙主演。她让武蕙仙演前半本徐达，结果台下"怼！"上没完。之后丁果仙亲自上场，也没有稳住阵脚，台上台下议论纷纷。武蕙仙痛哭流涕不知所措，丁果仙急匆匆卸完妆，一声不吭，拂袖而去。

次日，《复兴日报》报道：

> 昨晚西北俱乐部一场盛大娱乐晚会演唱晋剧，慰劳陆空将士。节目为《断桥》、《汴梁图》、《打金枝》、《民主与革命》（《串龙珠》）。集晋剧名伶于一堂，竞露技艺，极尽精彩热烈，欢呼与掌声连连轰起，观众情绪近似疯狂之冲动。最后一出原定丁果仙出演，然前两场为乃徒武蕙仙顶替，频使观众空喜。临末丁伶始出应场，终未尽失观众所望，惜时晚戏节散乱，群情已大扫兴。

丁果仙看完此讯，不禁长叹，欲哭无泪，五味杂呈，为什么提携一个后生如此之难呢？不知从何说起，只能块垒腹中。

原以为抗战胜利了，摘去了亡国奴帽子，不再受欺侮了，谁料仍然战乱不止，天日无光。阎锡山推行"兵农合一""三自传训""自白转生"，搜公粮，抓壮丁，弄得人心惶惶，天无宁日。

为了躲避义演与战乱，丁果仙再次应赵步桥之邀请，前往北平与牛桂英合作。

原来"八一五"抗战胜利，中华光复，八路军从日本人手里直接解放了张家口，人民翻身做主，大汉奸赵步桥畏惧人民惩罚，乘乱逃离东口，潜往北平，继续经营戏班。为了保证票房收益，他恳请丁果仙前来领衔。

须生大王果子红誉满平津，名不虚传，观众渴望已久。广德戏院戏报：丁果仙大反串演出《万佛衣》（亦即《狐狸缘》）。戏报一出，甲乙丙三类戏票被抢购一空。丁果仙扮演小旦四姑姑，花枝招展，妖艳多姿，一颦一笑，无不动情。一向男性味十足、不露女相的果子红须生泰斗，俨然成了蛾眉粉黛、杨柳细腰、莲步轻移、妩媚诱人的仙子。

牛桂英扮演小丑书童，鼻梁上眉宇间画着三个不大不小的白圈圈套黑圈圈，一撮红绳系的小黑辫直竖朝天，活脱脱傻小子一个。

如此一媚一丑一出场，用不着"唱做念舞"，已经引逗得全场哄堂大笑，演出效果自然无须赘言。

果子红虽系赫赫名角，却十分平易近人，无半点拿五装六的俗气。只要是观众要求，她一定有求必应。尤其是演《花子拾金》，她绝不嫌麻烦受累，认真演艺，一丝不苟。她反串三花脸讨饭乞儿，手里提的打狗棍，腋间夹着破砂锅，唱完"表刘流"之后，一人顶三角演唱《捡柴》，一忽儿天贵旦的乳娘，一忽儿毛毛旦的姜秋莲，一忽儿三儿生的李春发，学谁像谁，做甚像甚，人们看得如痴如醉，乐得前俯后仰，不住叫绝。

在天津中国大戏院演出《杀院》，丁果仙扮宋江，牛桂英饰阎婆惜。当演到阎氏有意羞辱丈夫，当面说出自己结交的情人张文远，并娇声嗲气喊叫"三哥哥！"的时候，台下有个观众竟然高声答应："哎！"一时全场哄笑，牛桂英也跟着笑了。这时本来咬牙切齿、捶胸顿足的宋江，也憋不住笑了。按说笑场属于事故，但人们没叫倒好，反倒更热闹了。

果子红早已声誉斐然，加之有牛桂英的默契配合，再一次轰动了津门。早些年因争抢果子红闹得不可开交的"北洋"和"新欣"都来邀约。"相逢一笑泯恩仇"，大家都是生意人，买卖不记仇，和气生财，彼此兼顾，大家都好，何乐而不为？

前些年与如今，同样的情势，却有着截然相反的结局，丁果仙不能不佩服赵步桥左右逢源的能力、高人一筹的谋划。

有赵步桥打里照外，又有牛桂英棋逢对手，丁果仙的演艺生涯，倒像进入令人心安的顺境。

一眨眼的工夫三个多月过去了,任秀峰的电报已经来过三遍,一次比一次急迫:白市长命她速回太原!

　　市长有令,焉敢违抗。丁果仙与赵、牛夫妇及众同仁一一道别之后,乘上了返回太原的火车。

四　白市长屈驾登门牵红线
　　丁义母割爱嫁女甚违心

　　丁果仙由北平返回太原，任秀峰带着家中的专职车夫孟师傅蹬着三轮车接她回天地坛，少不了接风洗尘。看到丈夫非同寻常、格外殷勤的姿态，丁果仙不禁问道："哎，我来问你，是不是假传圣旨？"

　　"我哪敢呀！"

　　"他们怎么知道我在天津？"

　　"人家鼻子底下没嘴？再说我也不敢不告呀！"

　　"他们来过？"

　　"你走了，谁还来？有人来也是传我的。"

　　"谁传你了？"

　　"能有谁？先是刘芝兰，紧跟着是她男人智锐，最后白市长也派人来传。"

　　"你去了？"

　　"甚话？我能不去？"

　　"问你甚来？"

　　"三人问的差不多，都问你躲到哪儿了。伤兵将士还有老百姓，都要看你的戏。你再不回来，就是造他们的反！"

　　"你说得也太玄了。"

　　"是人家说的。白市长一再叮咛：阎长官都点你的名了，再不回来，就以通匪论。"

　　夫妻俩正谈叙间，刘芝兰在院中喊道："丁老板回来了吗？"

　　"回来了！"任秀峰顾不得请示随口答应，然后转向夫人，"你看这……"

夫妇二人把来客迎接进屋，任秀峰斟茶点烟完毕说道："刘队长，你们谈，我给咱准备去。"

"你忙你的去吧，我和丁老板也是闲聊。"说完，刘芝兰转头望向丁果仙。

"刘大队长屈驾光临寒舍，有何国事军情？"

"你呀你呀！快不用尿泡打人了。上了台演戏，下了台还演的啥戏？"

"生就的骨头长就的肉，戏子猴一个，没移改了。刘队长海涵海涵。"

"别老队长队长的，我如今是戏子猴变成小老鼠，钻在风箱里两头受气呀！"

"你受谁的气，谁敢气你？"

"上头训我把你放跑了，下头叫喊快揭不开锅了。离了你果子红，我的日子没法过呀！"

"你喧得把天也快塌下来了。"

"真的。我不哄你老大姐，智锐的关我就过不了。"

"他是你男人，你怕他个甚？"

"智锐可和你秀峰不一样。"看到任秀峰进来，她又补上一句，"老姐夫，你说是不是？"

任秀峰把一大盘黄中带绿的毛豆放在二人面前："你们边吃边聊。我呀，天生的奴才还不够格，哪能和智理事长相比哩！"

"别听他的，一天到晚尽胡说。快，该做甚做去吧！"

任秀峰没再吱声，笑了笑出去了。

"老姐姐，真的，智锐也顶不住，白市长催了可不是一次两次。你回来了，就好办了。你好好休息，我走了。"

"吃了饭再走嘛。"

"饭就便宜了。"任秀峰也过来招呼。

"改天再来……"

丁果仙抓了一把毛豆包在小手绢中，塞到刘芝兰口袋里。

一番客气过后，客走主安。

第二天上午，一辆帆布平顶小汽车停在天地坛二巷十四号门口，太原市市长白志沂在马弁护从下走进了院中。任秀峰、丁果仙夫妇闻声，急忙出来将其迎进屋，让座斟茶递烟，忙得不亦乐乎。

"白市长屈驾亲临寒舍有何指教？"丁果仙在左首坐下，试探着问道。

"丁老板回来就好，焉敢指教。"

"市长叫回来，小人岂敢违令！"

"你再不回来，我的日子过不下去了，人们要把我骂死了！"

"三自传训，自白转生，谁还敢骂你大市长？"

"骂得太多了。什么'坏了心的白志沂，家家户户饿肚皮''吃的二两红大米，想看果子也没戏'。"

"我一个小戏子有啥用？谁稀罕？"

"都稀罕。抽抽顺风烟，逛逛海子边；吃吃清和元，看看丁果仙。"

"尽胡编。肚皮填不饱，看丁果仙顶啥用？"

"曹操望梅能止渴，百姓看果子也能解饥呀！"

"白市长，快不用逗我这文盲了。你不会是专逗我笑来的吧？一定有什么紧要事哩。"

"百姓、将士看戏，看你果子红就是最要紧的事。最近我还看了你的弟子丁艳霞演的《赠剑》《金麟记》，才貌双全好小生，真叫有其师必有其徒，有其母必有其女呀！"

"能得到白市长夸奖，真是我们两辈子的福气。"

"不过，女大不中留！"

"啊？！莫非白市长——有合适的主儿？"

"还真有一个。"

"谁呀？是你——的什么人？一家子？"

"要说一家子吧，又远了点，人家是太谷的，我是灵丘人；不过都是太原白居易的后代。"

"白什么？"

"李素英家男人白俊臣的侄儿白玉林。"

"白玉林？做啥的？"

"算个大买卖人，也是搞戏的。"

"步云你还问啥？有白市长作伐，咱还有啥不放心的。"着急好半天插不上嘴的任秀峰找到了机会。

"你看我这猪脑子！好了，就按白市长说的办。"丁果仙似也猛然开窍。

"现在讲民主，你们再商议商议。"

"有啥商议的，你说咋办就咋办。"

"我也似乎有点太……"

"太什么？太关心我们小老百姓了。"

"过奖过奖，我该告辞了。"白市长站起身来。

丁任两口故作挽留。

白市长在马弁的护卫下乘车远去。

丁任夫妇回到屋内,任秀峰有点按捺不住了:"步云呀步云,这是白志沂白市长,你当是刘媒婆!"

"那咱就不用问讯问讯?"

"哪儿问讯不了?不过问也没用。"

"唉,既在矮檐下,哪能不低头。"

"再说哩,市长能看上的人,错不了。"

"倒也是,白俊臣、李素英两口子就挺好的。"

经过侧面打问得知:白玉林,太谷胡村人,民国二年(1913)生,属牛。已有妻室,女人叫要秀英,比他大一岁,不生育,故收养两女,大的叫桂英,二的叫来香。本人在榆次做生意,兼搞戏班,颇善经营,人缘也好。

丁果仙回复白市长,热事热办。

中秋节前,义母主婚,在榆次大摆酒席,丁艳霞与白玉林喜结良缘。丁果仙与白市长也成了别样的儿女亲家。

艳香比艳霞大一岁,已经二十出头,容貌一般,才艺也较平常。早在光复之前,赵月楼之妻筱桂芳病亡。中年丧妻,人生一大不幸,月楼自是伤痛不已。

丁果仙对赵月楼十分欣赏,觉得他相貌端正、仪表堂堂,通情达理、处事大方;尤其武功出众,演戏认真,造诣颇高,是公认的武行头牌。出于同情与仰慕,便让艳香为月楼续弦。两人纵然年岁悬殊了些,却也琴瑟和鸣。不满一年竟喜得爱子,取名贵宝,也算称心如意。

再有就是拉弟,也已二八年华,长相不佳,且天生缺乏艺术细胞。最初扮演《三娘教子》娃娃生时,不敢出台,人们硬推她出去,突辘子的鼓点就没踩准,二性起唱找不到插口,一句"薛英哥在南学常把书念"的上句子,竟然能连唱三遍。大伙儿一股劲地大声提词,她没有听见,却像无事人一般,人急她不急,半点没往心里去。

你嫌她笨拙,可就偏有喜欢她的人——琴师郭鹏飞就替儿子相中了这个老实疙瘩。他懂得古人云:美女是祸水,无才便是德。再者,不用多花彩礼,还交结了名人亲家。名、利、人全收,何乐不为?于是主动提亲,丁果仙焉有不应允的道理。

如此这般,一来二去,芳龄十六的丁拉弟,便与比自己小一岁的郭鹏飞次子大仁换了四色礼,吃了订婚饭,结成了花红伴侣。

三个花花闺女都有了各自的头主,但客观地讲,没有一个是十分称心合意的,尤其是艳霞。丁果仙不能不觉得歉疚，可是又能有什么法子？她也暗自埋怨这些死不开窍的傻丫头，如若春心早动，选定了自己的如意郎君、知心伴侣，作为养母的她无论如何也不会像爷爷一样狠心阻拦，棒打鸳鸯。

五 挂头牌饰唐王誉满"新化"
动真情串八戒轰动省城

  任何事物皆有其两重性，名人也有不同常人的难处。丁果仙作为中路梆子公认的翘楚，演出业务频繁，且无法逃避，由不得自己，以致身心劳顿；只幸好参演之处都有旗鼓相当的搭配与底班。文宣三队自不必赘述。应邀到新化剧院，一本《满床笏》，三院的名牌全展亮出来，丁果仙饰唐代宗，梁小云饰沈后，冀美莲饰升平公主，狮子黑与十一生饰郭家父子，艾成丑饰七子；申天福司鼓，郭鹏飞操琴，一个赛一个，丁点没弹剥，真可谓盖了帽了。

  丁果仙与筱金梅合演的《走山》《采桑》《汾河湾》《清风亭》，与筱金枝的《戏凤》《杀院》《日月图》等，也都是城乡观众百看不厌的名角好戏。

  铭胜楼二院，筱吉仙志谋高远，锐意创新，且信息灵通，人脉广博。由天津请来舞美专家胡玉昌，设计制作机关布景，追光灯、天花锦、哈哈镜、腾云驾雾、天外飞人，不同凡响。新奇怪异，五彩缤纷，应有尽有，满台生辉。同时别出心裁，请张宝魁等依据古典名著、神话故事，编排连台本戏数十本。

  《封神榜》，丁果仙扮演姜子牙，筱桂芬饰苏妲己，丁巧云饰姜皇后，邱德才饰殷纣王，茹玉书饰梅伯。

  《八仙过海》，丁果仙扮演吕洞宾，韩俊山饰韩湘子，邱德才饰汉钟离，刘文才饰蓝采和，梁文仁饰铁拐李，王福义饰张果老，刘喜祥饰曹国舅，十三旦饰何仙姑，邱凤英饰鱼儿精，邱树山饰老鳖。

  家喻户晓、妇孺皆知的故事，编排为行当齐全、文武带打的本子，再加上名家荟萃，自然令人耳目一新。在时局混乱、战祸连连的非常时期，非常的剧目与非常的演艺，吸引了非常多人的注意，消减了非常多的百姓的忧烦，以至连演数月，场场不空。

　　这其中最令人赏心悦目的是《西游记》——由张宝魁根据同名小说改编而成。《西游记》原著是明代作家吴承恩。故事叙述唐玄奘奉唐太宗李世民旨意，去西天取经，徒弟孙悟空、猪八戒与沙和尚同心同德、扶持保护，一路之上风沙迷途、妖怪劫道，遭逢九九八十一难，在菩萨与佛的暗佑下遇难呈祥，历尽千辛万苦，才最终到达西天圣地，取得真经，修成正果。

　　《西游记》连台本戏由张宝魁一手编排，虽说也是官词官乱弹，但毕竟有原著做参考，比一般传统剧目还是丰富文雅得多。

　　在该剧中，丁果仙一般扮演正角，如太上老君、唐太宗、唐玄奘等，而真正引人注目的要数她扮的猪八戒。由她反串彩唱的这一角色，由于主观与客观的原因，显得其他角色如小三儿生的唐僧、赵月楼的孙悟空、邱德才的沙和尚、吃瓜黑的牛魔王、十三旦的白骨精等，都大为逊色。

　　《西游记》故事流传广泛，家喻户晓，妇孺皆知，所以看戏的人们将精力更多地集中于对各路名家技艺的欣赏，以及机关、道具、灯光给人的新奇感受。

　　丁大师扮演猪八戒，本身就是一大新闻，人人争睹——且看她腆着个圆鼓鼓的光肚皮，拱着个莲蓬样长嘴巴，耷拉着两片蒲扇大耳朵。五短身材，顽劣粗野，傻呵呵自报家门："俺老猪原本玉皇大帝帐下天蓬元帅，主管星汉银河之事。只因贪酒陶醉，调戏嫦娥仙子，触犯天条，被打下凡尘，却又错投猪胎，故而造就这般尊容。蒙观音菩萨不弃，赐俺法号悟能。来到高老庄招亲，喜得岳丈三女翠兰。夫耕妇织，勤俭度日，确也和顺安康。不料孙猴将俺降服，唐师收为二弟子，教俺戒绝五荤三厌，别名八戒。是俺苦学诚修，练就天罡三十六变身秘术，力大无穷，腾云驾雾。你且看这称手兵器九齿钉耙，其来历着实非凡也！"接着开唱：

　　　　"此乃是九冶九锻真冰铁，
　　　　琢磨成九龄九钉光皎洁。
　　　　老君爷亲手掌神锤，
　　　　祝融帝殷勤添炭屑。
　　　　五方五斋心用尽，
　　　　六丁六甲费周折。
　　　　俺老猪一挥威风烈，
　　　　且看它妖魔鬼怪个个皆服帖！"

猪八戒是一个内心丰富、性格复杂，需多侧面概括的艺术典型。他有主流的一面，性情温顺、心善嘴甜、力大耐劳。在高老庄时，替老泰山扫地通沟、搬砖运瓦、筑土打墙、耕田耙地、种麦插秧，尽心尽力。随从唐师之后也能遵循严诫、顾全大局、爱护师友。他是个心直口快之人。如在万寿山听道童讲吃人参果，口里忍不住流涎，便央孙悟空："弄得一个尝新！"一口吞下之后，见孙悟空与沙和尚二人还在品尝，便问道："滋味如何？"回之："你也吃过，何须再问？"他却说："吃得匆忙了些儿，不若你等细嚼慢咽，尝出个中滋味。我竟不知有核无核，便吞了下去！哥哥，你应为人为彻，再弄几个来，叫为弟细细吃吃。"憨直可爱。

他贪吃乃因肯卖力，饭量大。一顿吃三五斗米饭，早点也须百八个烧饼。四五个圪丁添饭，七八名童仆上汤，一来一往如流星赶月；而他则一口一碗，囫囵吞下，宛若风卷残云。吃饱犹未尽意，临走还把馒头、米饭等没好歹地通通笼入袖中，真可谓吃不了兜着走。

他贪吃却不择食，只为填饱肚皮而已，令人同情可怜，而无厌恶之感，故而如来佛封其为净坛使者。

他贪睡而不择住所，无论草窝、树杈、沙滩也好，罅隙也罢，就便一躺，随遇而安，酣然入睡，鼾声如雷。劳累困乏至如此程度，怎能不令人于同情原谅之余，油然而生怜悯恻隐之心。

他贪色成性，不分人神妖怪，只要是女色，他便两眼发直，垂涎三尺，迷恋不已。但他淫而未乱，温柔随顺、和颜悦色，总能哄得女人开心。若在取经团队四人之中让女性选择心仪对象投票，老猪怕是要独占鳌头。

就是这样一个贪吃、贪睡、贪色、贪财、贪图安逸、贪生怕死的猪八戒，从不掩饰他对人性欲望的追求；但同时，他又憨直拙朴，绝不虚伪，俨然婴儿一般，概无半点"存天理灭人欲"封建理学的道貌岸然。

有了这样深刻的理解，丁果仙又通过准确的把握、夸张的表演、细腻的刻画，终于活脱脱地塑造出了集神、人、猪为一体的"这一个"——可观、可赏、可心、可爱、可笑、可气、可谅、可解、可亲、可叹，尤可品玩寻味，而断无厌恶憎恨之态。

这，其实又何尝不是平平常常普普通通小老百姓、红尘凡人的化身与其世俗生活之写照。

六　施仁爱为花艳君当配角
　　念金兰代邱凤英做主婚

　　早在锦艺园时，丁果仙曾与比自己大一岁的王少仙和比自己小两岁的邱凤英金兰三结义。王工青衣，邱工武生兼刀马，都是丁的好搭档、好伙伴。

　　王少仙由锦艺园转鸣盛楼，成为挂头牌的正工青衣。配合丁果仙演《走山》，王饰曹玉莲，丁饰曹福。合演《清风亭》，王饰周秀英，丁饰张元秀。在《北天门》中，丁饰杨延辉，王前饰铁镜公主，后演孟金榜。

　　阎锡山高官安佩兰常来包厢看戏，相中了王少仙，强求为妾。色艺超群的当红青衣做了三姨太之后，身不由己，息演舞台。

　　在《铁公鸡》中，丁果仙饰向荣，邱凤英扮张嘉祥。合演《铁弓缘》（也名《英杰烈》或《真假王富刚》），丁饰匡忠，邱扮陈秀英。

　　邱凤英丈夫王凤鸣，在演《杨香武三盗九龙杯》，从三张桌子上翻下时，被恶少用白灰撒眼摔伤，吐血而亡。她后给富贾做妾，备受凌辱，夹气伤肝，致成臌症，一命呜呼。临终前将年仅十三岁的养女小玉珍，托孤于丁二姐。

　　失去怙恃的小玉珍，在义母邱凤英之母杨老太太及舅舅邱德才、邱树山养育下，勤学苦练，持之以恒，终不负众望，一出《三娘教子》，艺惊戏界。又逢王少仙嫁人，筱桂桃回了东口，更因了丁二姨的关照，于是便脱颖而出，成了头套青衣，艺名花艳君。

　　丁果仙不嫌麻烦，屈尊配戏，花艳君受益匪浅。在长期的演出实践中，她终于悟出演艺的真谛在于忘我——把自己变成戏中的人物。

　　有一次演《走山》时，丁果仙扮老家人曹福，拔撩子赶路，不慎将罗帽甩在了地上，内行叫推了头，应属事故。可花艳君不慌不忙弯下腰捡了起来，用手拍了拍，还要用嘴再吹上几次，之后别在腰带上。因为她从从容容，有招有式、有模有样，所以场面上便能依其动作节奏，垫上相应的锣鼓家具。之后她哼哼哈哈叫起板来，继续演唱，好像原本如此，似乎谁也没看出什么破绽，当然也不会喊叫倒好，反而觉得在情理之中，甚至后来还有不少人效法。

在《清风亭》中，丁演张元秀，花扮周秀英。当认出张继宝就是自己十三年前舍去的亲生儿子时，周秀英指使其躲到清风亭中。张老公寻儿赶至，发现后挥杖欲打，周秀英上前拦阻。张老气愤不过说道："你与我滚开！老汉我管教自己的儿子，与你这过路之人有何相干？"先是一甩，继而用拐杖往地上狠狠地一戳，谁料丁果仙竟然真的戳在了花艳君的脚趾上，疼得她忍不住叫出声来。台上人真情实做，台下人看得解恨，情不自禁，喝彩声脱口而出。

丁果仙扮演《坐窑》中的穷书生吕蒙正，更是惟妙惟肖，酸气十足。书生腋下夹着个破砂锅，顶风冒雪归来。花艳君饰娘子柳月娥，问书生可曾讨要得什么食物。书生怨从中来："这样的大风大雪，你让本丈夫何处去讨，何处去要？""你不讨不要，难道不吃不喝？似你这灶无灰烬、家徒四壁、面无一把、米无半撮，叫为妻我与你怎样个做法？""你整日价不勤不奋不劳不作，白吃白喝白坐白等，百无聊赖，一事无成，我要你何为？要你何用！"只见他书生说到急处，双手举起砂锅气急败坏地往下一摔，顿时碎片横飞，溅在女人脸上眼中，痛得花艳君声泪俱下；也激发了观众对这穷酸文人丈夫的讥笑、嘲讽乃至憎恨，同时也为无端受责的柔弱女人而感愤愤不平。

忘戏编词更是丁果仙的一大创造。有次与花艳君演《四进士》，她饰宋士杰，花饰杨素贞。当得知杨的大伯子廷椿、刁嫂田氏与杨的胞兄串通一气，毒杀杨的丈夫并霸占其家产时，宋慈心大发，收其做义女，代为告状。不料途遇丁旦，贪酒误事，错过升堂。回到家中如实相告，惹得义女怨声不息："全只为我不是你亲生女儿，假若是你亲生女儿，你便酒也不吃了，堂也误不了，状子也就上去了！""我早就晓得你有这样几句怨言。儿啊，为父且来问你，我家女儿你胆大，还是胆小？""胆大怎说，胆小怎讲？""儿若胆小，便是怯告，也就罢了。""女儿我若是胆大呢？""随父击鼓鸣冤。""哎呀，爹爹呀！孩儿若是胆小，也定然不会前来越衙告状。""好啊，随父走！"原本此处父女二人相随快步圆场即到。谁知她却不然，在十四锤之后，唱起了散板大流水："手拉上女儿往前走，紧跟为父莫停留。行步来在大堂口，冒死敢把状子投。"其中还夹了"女儿走"与"快快随父来"之类的道白。她现编现唱顺口诌来；作为配角，花艳君也不得不随声附和，即兴创作。

之后,大家都认为加得合情合理,十分贴切,于是便保存下来,一直流传至今。

在大师丁二姨妈的拖带下,花艳君亲感实受,心窍大开,一跃成为名副其实的头牌。才艺俱佳,十七大八,谈婚论嫁自然而然。郭子泉、丁巧云夫妇穿针引线,甘为红娘。男方是班主兼账房的姚法礼。

姚法礼,晋北繁峙人氏,书香门第,中学毕业,年方三十出头,温文尔雅,一表人才。曾随阎锡山逃至克难坡,参加民族革命同志会文化宣传第三队,并任刘芝兰副手。光复返回太原,自立文宣八队,不久又加入张宝魁新民剧院,成为六大股东之一,并兼管账房财务。前妻因病去世。

家人与二姨都觉相当。花自蜚声艺坛以来,引来不少阔佬恶少、劣绅贪官垂涎骚扰,城防司令就极欲借机将其强纳为妾。她不甘被人摆布,更不愿自毁前程;但一时又难以觅得知音。势不容人,因而权衡利弊后,确定下这桩婚姻。

作为二姨妈的丁果仙,代表已亡人义妹邱凤英,为其女主办婚礼义不容辞。在新美园包了四桌酒席,到场的有花艳君的姥姥杨素贞、舅舅邱德才、邱树山全家,以及丁果仙这方面的巧云、步云两姐妹,郭子泉与任秀峰二连襟,还有姚法礼老家代表。此外,筱吉仙、张美琴、冀美莲、狮子黑、任玉珍等同仁好友也都前来祝贺道喜。

姚、花二人经他人匆匆撮合,仓促成就花烛之喜,虽说不太般配理想,却也互敬互爱,妇唱夫随,双方都得到了婚姻与家庭的温馨。花艳君身世不明,但并不少家失教——孝敬翁姑,和睦妯娌,博得了家人欢喜,成为公认的贤媳、贤妻。而三十出头的后婚男儿姚法礼,知书达理、性情温顺,尤能似兄长般呵护少妻,体贴入微。除此之外,识文断字的他,能拉会唱,热爱戏曲,肯在对方身上下功夫。对于近乎文盲的爱妻,耐心解疑释惑,对爱妻深入领会戏文,把握规定情境,进而细致刻画、准确塑造人物,起到了不可取代的关键作用。

而丁家两姐妹、郭任二连襟在同台演戏与成就花、姚夫妇百年好合的过程中,也尽释前嫌,重归于好。

七　上海滩梅李师徒成绝唱
　　并州城梨园同道吊乡贤

　　民国三十六年（1947）元旦刚过，为给本省云山高级中学募集基金，丁果仙等晋剧名伶，正在新化三院举行义演，李世芳在青岛罹难的噩耗传来，众皆惊怔。

　　李子健父子对家乡山西戏剧的关照和影响太大了，就连丁果仙，每赴张家口或京、津，都少不了打扰求助。对方是有求必应，关怀备至。通过其引荐，丁果仙还结识了诸多京剧名宿，受益匪浅，没齿难忘。

　　李世芳受教于梅兰芳大师，是其得意门生，名列京剧"四小名旦"之首，是山西人的骄傲。

　　世芳乳名福哥儿，本名李福禄，民国十年（1921）生于包头。十岁随父李子健到北平，入富连成社学艺，工青衣花衫。师从肖长华、苏雨卿等，与叶盛章合演《酒正》红极一时。后拜尚小云为师，因扮相酷似梅兰芳，故有小梅兰芳之誉，继而被梅大师收在麾下。得大师亲授真传，更如虎生翼，被推为"童伶主席"时年方一十五岁。两年后被投票公选为"四小名旦"之首，其余三名为宋德珠、毛世来、张君秋。之后世芳组建承芳社，挑班演出于平、津、沪等地，名声大噪。

　　民国三十五年（1946）底，应邀赴沪演出，与师重逢，不胜欣喜，梅师再度言传身教。这期间一家美国影片公司邀约他赴美拍摄舞台艺术片，他却久拖不决。又值春节临近，家中喜报连拍：夫人生下第三个女儿，盼其速归，阖家欢度佳节。

　　世芳此次南行收入不佳，心情烦闷，在给家人的复信中竟然写道："这次来上海没挣下什么钱，心中很不是滋味，我没脸回北平了，不如死了的好！"

　　梅师闻知，劝其想开一些，并说："天无绝人之路。咱爷俩再合作两场，无论挣多挣少，你全带回家去。"

世芳感激涕零又十分不安："太辛苦师傅您了，我……"

梅师急忙打断道："就这么定了，打起精神，准备演出。"

师生合演的两场戏是《金山寺》与《廉锦枫》。演出结束，世芳归心似箭，急欲生翅飞回北平。岂料机票早已售罄。同仁杨宝森预先订购了两张，因夫人身体不适，转给了马富禄夫妇，后知世芳离沪心切，便又将票转给了世芳。

此前，世芳曾代表梅师到医院探视因飞机失事重伤住院的张春华。对方惊魂未定，心有余悸，极力劝他尽量不搭飞机。孰料此话竟成二人分手诀别之语。

元月五日，天刚蒙蒙亮，梅家三兄妹葆琛、葆玥、葆玖，以及好友张盛利，同乘梅师专用汽车，至龙华机场，目送世芳登上霸王号一二一班机。

原定起飞时间为早上七点，一美国佬携带金条甚多，强求提前至五点，当局无奈，只得逐一通知乘客。万万没有想到，飞至青岛上空，天起大雾，驾驶员无法辨别方向，终于误撞崂山，机毁人亡，全部五十一人无一幸免。

正值演出中的梅兰芳惊悉噩耗，悲痛万分，立即委托张盛利专程前往失事地点，汇同青岛梨园公会搜寻认尸。同时组织义演募捐，以慰其家人。

头年年初，李世芳应阎锡山长官部之邀，亲率承芳剧社袁世海、陈少霖、王玉敏等四十余人来并，参加"庆祝抗战胜利山西光复游艺会"，在大水巷承庆园演出《霸王别姬》《百花公主》《廉锦枫》《宇宙锋》《凤还巢》《贵妃醉酒》《探母回令》《木兰从军》等剧目，深得广大观众与剧界专家称赞。丁果仙与狮子黑等相识故旧纷纷前往观瞻祝贺，相互交流，同台献艺，好不亲切。事过不足一年，英年鼎盛的旷世奇才，竟然流星般倏忽陨灭，时年二十六岁。天人共悼，遐迩同悲。在丁果仙的倡导下，来给李世芳捐款的人络绎不绝。后丁果仙派任秀峰为代表，赶赴北平中山公园来今雨轩，参加梨园界隆重举行的公祭仪式，世芳遗骸安葬于陶然亭松柏庵"安苏湖义园"。

安顿完毕，任秀峰亲自登门慰唁李子健老人，奉上所捐款项，聊表乡亲同仁的情意。同时汇报了组建戏剧科班的有关事宜，宣读了阎锡山的手谕：值此晋剧日渐衰落，昔日之老艺人相继凋谢，后起之优秀诚如凤毛麟角之秋，有鉴于戏剧之教化宣传力能深入群众，关系国家文化教育甚巨，特核准任秀峰、丁果仙夫妇组织科班，教育晋剧后继人才，冀尽快筹备，以期早日告成。

任秀峰恳请李老先生方便时即返家乡，一则调养身心，更兼共商大计，办学育才。提携后进，指点迷津，不吝赐教，共臻晋剧繁荣，功莫大焉！老人当即慨然应诺。

岂料天不助人。半年之后，李先生禁不住白发人送黑发人的摧残，饮恨含悲魂归西境。继而战事日紧，政局动荡，丁果仙组建戏剧科班、办学育才之热望也随之化作了泡影。

八 田成芳小脚跋涉探亲子
瘾君子戒烟惊动阎主席

民国三十六年（1947）十二月二十九日，《平民日报》报道："晋剧硕果丁果仙女士，为剧界技艺超群之优秀人才，值此晋剧日渐衰落，昔日之老演员相继凋谢，后起诚如凤毛麟角之秋，阎兼主席（即阎锡山）有鉴于戏剧之教化宣传力能深入群众，关系国家文化教育甚巨，对丁女士之技艺特加褒奖，借以领导晋剧，奖掖后进。诚因丁女士之身体在幼年余力耗用，气血有亏，积劳致疾，兼主席特嘱先健全身体，再倡导晋剧，提拔后进人才，以期晋剧有所发展。原嘱其养病由兼主席津贴给养病费。

"丁女士除敬遵所嘱决心献志修养个人之身外，恭呈兼主席不愿支领津贴，滥费国家有用之资金。对自己觉得毫无微功献给社会国家，对兼主席之慈意却之不恭、受之有愧，特请示由个人献技自了。

"兹悉兼主席特准并授意检参室徐参事健三，及副官处、市政府、军警宪各有关部门，共同协助出演。

"副官处昨开会决定，由本月二十九日起至三十七年（1948）元月三日止，假南仓巷复胜大戏院公演五天，皆定为夜场，剧目特别硬整：第一日为《捉放曹》，由老伶狮子黑配饰曹操；二日为《四进士》，由三院名伶与文宣三队丁碧天队长等合演；三日《芦花记》；四日《舍饭认母》；五日《坐楼杀惜》等，以飨各界关心爱护女士之人士。闻决定此次演毕后，将有相当时期之修养暂不登台云。"

阎兼主席之"特别关怀褒奖""特别叮嘱保身健体""特别补给病费津贴"，以及"特别准许组建戏剧科班"，旨在显示其尊重名人、礼贤下士，究其根源，不外为巩固其在山西之统治。

丁果仙执意谢绝补贴，大有不为斗米折腰之气度。生财须有道，挣钱靠自己。此与先前义演要高价，不要白不要，要了也白要，看似矛盾，实乃丁女士之辩证之统一。

而不少人却对此大惑不解，尤其欲占其便宜、屡敲竹杠而不得者，横生妒意，分外眼红，乃至生出告"御状"一事。他们罗织罪状，要者有三：藐视领袖，义演加价，却拒收补给，其一；明知长官姓阎，却不听劝阻，专唱《骂阎》，其二；知法犯法，吸毒不戒，其三。

对此，阎主席自有决断："谢绝津贴，自食其力，大有不食嗟来之食之壮志，可褒可奖。义演要高价，则艺有所值。何况并非一己独吞，分赏手下，表明其精于管理，有难同当，有福共享，尔等甚当效法。

"说到《骂阎》，那是老戏，她十一岁登台就唱，十二红刘宝山早在北路更唱得众口齐夸。粗人外行望文生义，李代桃僵，情有可原；尔等舞文弄墨，岂可人云亦云？"

《骂阎》讲的是秀才胡迪为保国忠良岳飞申冤喊屈，怒打神像，并题壁留诗的故事。阎君归来见状，命狱卒提来审讯。秀才毫无惧色，反斥阎王枉居尊位，不辨善恶。于是阎君令小鬼领其遍览地狱，亲睹秦桧夫妻长跪受惩，岳家父子皆成正果。至此，胡迪心悦诚服，即颂阎君秉公执法，扬善惩恶，无愧神灵，光明正大。阎君也念其心怀忠贞，不畏强权，不知者不为过，免于处罚，送返还阳。可见这出戏是为阎君歌功颂德、树碑立传的。

至于吸毒，这倒的确应该管上一管。说办就办，待丁果仙此番演毕，阎主席准其息演休养，正好帮助她戒断毒瘾。仍托徐参事敦促太原市警察局办理：要派警员守候，但不可干扰丁女士生活自由。

戒毒生活开始了，警察昼夜站岗，一般不得轻易出门。满城传得神乎其神，有的说丁果仙被关禁闭了，也有的说叫逮走了；反正不准再登台唱戏，绝对千真万确。

传闻归传闻，对丁果仙来说，却无所谓。因为毒瘾早已不是什么秘密，演出中打半工，也不是一回两回了，自己何尝不想改掉？这回公家帮助戒瘾，并非什么丢人现眼之事。只是发起瘾来，生不如死，不得已也想少服一点。好在看守的警察眼睁眼闭，手下留情，毕竟是头等大名人，谁不喜爱！

足不出户，照样衣来伸手、饭来张口。老伴不离左右，还有十六岁的桂英，向奶奶学戏，同时也代养母丁艳霞行孝，叠被铺床，打水扫地。桂英聪明伶俐，嘴甜身勤，恰如钻在肚里的蛔虫，奶奶想到的，她早办到了，伺候得老人高高兴兴、熨熨帖帖。每当她看到奶奶呵欠连天，一把鼻涕一把泪时，她就匆匆跑到大姨奶家取回不时之需，立解奶奶苦痛；之后便能开启日课，得奶奶亲授真传。

过大年了，上峰无令，警员照常站岗，探视的、拜年的，比往年翻了几番。郑村刘凤祥、李白妮老两口领着儿子秋季、拴季与女儿秀兰，汪康与儿子捣蛋鬼庆喜子，榆次丁艳霞、白玉林夫妻抱着刚满百天的桂枝，赵月楼、丁艳香引的小贵宝，平遥郭大仁陪着女人丁拉弟，郭子泉、丁巧云引着忠福、秋香……

除此之外，戏界同仁、社会名士乃至军政要员等等，来的来走的走，络绎不绝，真可谓座上客常满，屋中难立锥；高官叫不来名和姓，戏迷票友数不清。

非常的年关，非常的拜望，非常的心情，非常的收支。压岁钱花了不少，而早已与奶奶形影不离的桂英和接来上学的继亮的拜年钱挣得数不清、藏不下，只得求二老代为保管。

还有一位谁也想不起的晚到者——忻州令归老家大姐田成芳。惊蛰一过，她日夜兼程，移动一双小脚，徒步跋涉一百四五十里，带着大包小裹，肩负双重任务，既为妹子丁果仙，更为亲儿继亮子。

妹子坐禁闭改料子，不是件小事。儿子来太原念书也已两年，以往一放假，总要回村住上段时间；而这个寒假一直不着面。想来或是丁妈怕他在村里遭冷受冻、沾染劣习，或是他丁妈不出门不登台，整天价关在家里孤苦闷烦，母子们多坐坐，增进情分，也能学点有用东西。

田成芳临行之前，婆母放话：把多日克省下来的胡麻油、好白面，给孩子炸点油食食，里头还上了不少蜂蜜。另外，给果仙包了些小兰花和罂粟壳，发起瘾来也好缓解缓解。

兵农合一以来，家家没粮吃，人人饿肚皮，平时挖野菜、刮树皮充饥。出远门走长路，怕顶不下来，蒸了两锅掺了糠的窝窝头，算是硬整干粮。

出门子开路条，得求村公所特派员批准，好说歹说，总算批了下来。独自一人上省城，她还是头一次。不过人们告她牢牢记住一条：出了村朝西南，碰到官道就没岔了。

老天开眼，日暖风和，一路上没甚打搅；进了省城也好问讯，天地坛二巷十四号，果子红大名人，没有不知道的。

到了门前却又作了大难，径直进去，人家要给个难堪，白瞪眼，可怎么收场？咱来，主要还是为了看孩子。找到学校？不行！一来人家不让你随便进去，二来对咱娃影响也不好。若在校门外等，一下学都往外跑，一律律的，怕认不出来，错过可就全完了。思来想去，还是在家门口保险。

时辰尚早，她找了个向阳背风处坐下，啃了口窝窝，又觍着脸进旁边人家讨了碗开水。一切就绪，两眼直盯着黑漆街门：戴大檐帽的警察，扛着枪门里门外出来进去，看来人们的传言不假，她确实关禁闭了。

正思索间，远处有个男生走来，她一眼便认了出来："亮子！"声音低得不能再低。孩子并没注意，她紧走两步，赶到跟前，一把拉住。

孩子愣怔了一下："妈！"

"不敢，叫大妈！"她把孩子拉到避风的地方。

"回家吧！"

"大妈不进去了。见上一面，看上一眼，就歇心了。"她端详着，抚摸着，上上下下，前前后后，倒好像不认识了似的。而后，从自己肩上取下蓝包袱，递到孩子手里："这是大妈和奶奶给俺娃炸的油食食，里头有蜂蜜，又甜又脆又酥，可不敢一顿吃多了，怕肚肚难受。"

她又从怀中掏出白布小包："这，给了你爹，是专给你妈办置的，千万不敢告外人啊！俺娃回去吧，大妈走了！"她边说边抱住孩子狠狠地亲了一口。

此时此刻此情此景，假若丁果仙听得见看得清，定然两母一儿抱作一团，或有语，或无声，都将催人泪下——"可怜天下慈母心"。

田成芳一步三回头，远去了。

"妈！"继亮子由不得吼了一声。

丁果仙从屋中赶了出来："哎！亮子，谁欺侮我娃了？啊，这些东西……"

"大妈送来的。"

"她人呢？"

"走了。"

"快叫你爸！秀峰！"

"一惊一乍的，出啥事了？"

"亮子他大妈来了又走了，快找找去。"

"哪儿找？太原城这么大，再说她要进来就不会走。算了吧！"

继亮把小包给了父亲："这是给你们的，大包是我的油食食。"

任秀峰打开小包一看："小兰花、罂粟壳，都是给你的。"

"一路风尘，'百里迢迢'，为了我……秀峰，把人家接来吧。"

"接来算个啥？再者说，咱还今日不保明日哩！"

"阎锡山不是说五千炮台能顶五十万大军。再说，八路军手榴弹加步枪，和日本人的飞机大炮不能比呀！"

"啥事情也说不定！"

"唉！"丁果仙一声长长的叹息，包含了不尽的潜台词：这是什么时光？这叫什么世道？

阎长官兼主席亲自部署禁闭戒毒，大造声势，煞是严明，然而不过是走形式，是做给世人看的应景文章。设若真正关心国计民生，何不坚决堵塞人为漏洞，彻底铲除滋生毒素之土壤？

九 子弟兵将士们英勇奋战
　　太原城军与民共迎曙光

　　阎锡山在二战区"强化政治","兵农合一""三自传训""自白转生",从农村到城镇,由社会至学校,搞军事训练,唱烘炉歌。反共宣传花花样样,乱七八糟,无奇不有。什么"兵农合一聚宝盆,自白转生换脑筋",什么"共党杀人如割草,八路来了都糟糕",什么"杀人放火,共产共妻"。

　　然而另一些民谣顺口溜却也在流传着:

　　　　三自传训,一场噩梦,
　　　　人人过关,胆战心惊。
　　　　乱棍打,洋枪崩,
　　　　三句话不对送了命!

　　　　兵农合一好,地里长满草;
　　　　男人抓了兵,婆姨跟人跑;
　　　　地里没收成,肚子咕咕叫。

　　　　妇女们搬砖修炮台,
　　　　男人们成天卸树儿;
　　　　大伏天日头晒得慌,
　　　　满地里寻不见阴凉凉。

> 兵农合一聚宝盆，
> 聚来聚去聚了个空：
> 锅也空，瓮也空，
> 谁家端了谁家穷，
> 张口只喝西北风。
>
> 走得远，跑得快，
> 就怕遇上脱鞋队。
> 勾子军，进了村，
> 稀饭烙饼直管送，
> 鸡飞狗叫人不宁。

民国三十七年（1948）后半年，阎锡山由整个山西龟缩至省城，解放军对太原形成合围的局势。

九月起，阎长官下令封城，严密防范，这反倒促使春节前后市民大逃亡，"河头"行当兴旺一时。所谓"河头"，即引人偷渡汾河的人。这些大发国难财的大多为兵痞流氓。引渡一人，少则三元两元（银圆），多则十元八元；而且只管引路，死活不保，以至有人图财害命。不幸被抓回的"偷渡者"，一律以通匪论处，会被立即枪决。

时至今日，丁果仙才醒悟到轻信了阎锡山，低估了八路军，没有及早逃躲回忻州老家，落得身困阎营，只得听天由命了。

眼前，飞空炮弹不长眼，街上警车乱抓人。警报不停地响，满城人心惶惶。最当紧的是吃粮，每人每月供不到十斤米面，吃水也要凭票排队。一块豆饼要十四五块白洋，葱蒜难得见面，油盐贵得吓人，红大米吃得人们都成了"雀儿眼"（即夜盲症）。

公家储备用尽，便想着法儿坑骗商户，开了机器印刷大小代金券、纸票子，实际上与打白条没有两样。

军队断粮饷，干部停了薪，平民百姓更是靠"画饼充饥"。困兽犹斗，陷入绝境的人们，没有几个还保持着理智。

阎锡山向南京政府要到几千吨大米，蒋介石派飞机由西安运来，起初还用降落伞，后来干脆直接往下扔。为抢大米，勾子军与中央军打起架来没人拉，被麻袋砸死的大有人在。

胆大的市民，乘黑夜到飞机场偷抢大米——那得通过三道铁丝和电网，因此被岗哨发现击毙的、触电死亡的不在少数。

大东关一户吴姓人家，男人被抓了壮丁，女人砸锅卖铁换粮食，全部家当折腾殆尽，黑夜睡了觉，把四个孩子全勒死，然后自己上了吊。

开化寺一个年轻摩登女人，吃了饼子没钱付，竟然以身相许。而老板却说啥也不敢接收，因为家中的妻儿老小还正发愁呢！

绥署有个下属人员，拿了处长给的一张午餐券到高干灶，猪肉白面吃了一碗又一碗，一直吃得趴在桌上起不来——撑死了！

当官的只贪享受，不顾阳寿，花天酒地，仗势欺人。挨着个儿、变着法儿调戏霸占女艺人——想叫谁陪，谁敢不陪？

一个军官叫辆东洋车[1]从绥署拉到大营盘，下车便走。拉洋车的向其要钱，恳求说："拉了这么远，好歹给两个！"

"我从湖南几千里地来你们山西，谁给我钱了？我是救你们来了，你还要钱，赗等着挨揍！"打了耳光还不算，车夫口袋也被掏了个光。

伤兵们缺医少药没吃的，到街上撒气，逢人便骂，看不顺眼就打；闯进戏院看戏，不舒心了，捡起半头砖便往台上扔；甚至成群结队到督军府衙门前，躺下一地，好劝歹说就是不走。官家没办法，只得把库存的一点白面拿出来。然而杯水车薪，无济于事。耍赖的、行乞的，充斥着南门外大街小巷，还有被剥光衣服从兵营中赶出来快咽气的。尸首到处都有，三天一小清，五天一大清，排子车拉，大卡车载，倒在荒郊野地，草草了事，黄土也没盖严实。三三五五饿犬叼的叼，啃的啃，大卸八块满世界，惨不忍睹。

后来，官家发现了，组织打狗队，狗吃人，人吃狗，于是乎卤汤中尽人发，包子里吃出指甲来……

普通百姓不能活，唱戏的艺人更难过。正常业务演出卖不出多少票，还让伤兵搅害得没法演；慰问军队的活动倒是越来越多。工钱全尽了义务，生活费也欠账不给。女伶备受凌辱，男的也逃不脱噩运。狮子黑乔国瑞，艺好班子硬，兵痞宣传队强拉其合伙，出演兵农戏。老人生性耿介，不愿同流合污，竟然被扣上通匪的帽子，关押了起来，虽遭百般威逼利诱，却宁死也不招承。丁果仙发动同仁与开化寺民众，联名上保，同时买通关节，才算保释了出来。

年轻貌美的坤伶王桂艳，被特警处副官看中，强行霸占。那副官在自己死到临

---

[1] 东洋车：即黄包车。

头时仍不放过她，召至身边寻欢作乐。炮弹打进大楼，桂艳急欲逃生，副官举起手枪威胁："再不老实，立马要了你的命！"年方十八的妙龄少女，鲜活的生命，竟为恶魔殉葬。知情的姐妹同馆痛心疾首，却也奈何不得！

炮如雷，弹若雨，硝烟弥漫，更有燃起的熊熊怒火。在冲天燎地的烈焰之中，殃社会、反人民的败类、恶魔化作灰烬，统治山西三十八年之久的"阎氏皇朝"也成为历史。

太原攻坚是全国解放战争中为时最长、战斗最烈、伤亡最大的城市攻坚战。阎锡山及其高干与追随者的顽固，实乃客观存在之前提，黄樵松起义的不遂人愿，也是一重要的因素；但起决定作用的则应该是中央军委的决策：为了钳制平、津反动势力，有利全国解决，将发起总攻的时间，由一九四八年十一月推迟至一九四九年一月。

一九四九年四月二十四日，太原解放了。光荣的太原城，掀开了新的一页。

丁果仙既经历了与其他市民相同的大难，又有着一般民众难以企及的大幸：银圆尚有，饥荒无多；名望犹存，受辱有限；虽然劳伤、毒痛累累，却也总算落得个囫囫囵囵的躯壳与家庭。

第七章 春天来了

一　宣传队兵营连队勤慰问
　　女戏子竟然成了艺术家

　　一九四九年四月二十四日,鲜艳的五星红旗插上太原城头。

　　太原城内外,二十余万父老乡亲欢呼雀跃。

　　然而,摆在新政权面前的,却是满目疮痍的烂摊子,残垣断壁,尸骨遍地,饥民与散兵充斥着大街小巷。

　　灭除战争余焰,刻不容缓。

　　为了解决尸横遍地,垃圾如山,交通受阻,臭气熏天的状况,政府采取以工代赈措施,充分发动民众,展开了人海战。一个劳力一天发给小米三至六斤;每辆大车每天拉运七至八趟,发给小米三十余斤。一场清理城市、整洁家园的人民战争,轰轰烈烈、热热闹闹展开了。不到一周时间,并州城面貌焕然一新。而参与生产自救的人们,高高兴兴解决了要人命的饥荒问题,积郁久久的忧思愁绪烟消云散。

　　为了解决眼下普遍的饥饿问题,生产自救委员会统一部署各级妇联,在医务人员的指导下,组织广大妇女开办粥厂。面黄肌瘦的人们,扶老携幼夹着粗瓷海碗,提着大罐小盒地赶来,嘴里还不住地吆喝:"八路军舍饭啦,快走啊!能吃顿饱饭了!"

　　杏花岭运动场上,支起十几口大铁锅,燃烧着的柴火噼啪作响,锅内熬稠了的小米粥,黄圪澄澄,热气腾腾。身穿白大褂的医生,耐心地解释着开导着:长时间饥饿,营养不良,肠胃功能都弱了,禁不得干硬食物;即使喝粥,也不可一次喝得过量,否则恐有危险。

　　掌勺的人边舀边说:"先来一勺,喝完了再来。不用急,也不用怕,多着哩!"

饥民们绷得快断的心弦松下来了。

"啊呀呀！救命观音菩萨，迟来两天，就叫阎王爷唤去了。"

"阎锡山、勾子军不让人活，毛主席、八路军把咱从鬼门关拉回来了，死不了啦！"

"游了半年多地狱，今日上了天堂了！"

解放军挨门逐户送柴粮，剧院戏班也吃上了白面、大米和新鲜的蔬菜。

粮店开门了，煤炭上市了，吃的烧的要啥有啥平价供应。再不用挤，再不用抢，再不用拿数十块银圆淘换豆饼、豆腐渣了。

《山西日报》、太原新华广播电台，传播着安民告示，以抚慰百姓：

> 吞粗粮、咽野菜、啃树皮的时代，随着阎锡山土皇朝的覆灭，一去不复返了。一个人人有饭吃，个个有活干，逐步丰衣足食的新太原、新社会已经拉开了序幕。

解放后的第五天下午，丁果仙接到军管会请她参加座谈会的通知。什么座谈会，请她做什么？尽管上面也写得清楚，可她心里总是七上八下。与任秀峰商议，也讨论不出个子丑寅卯。多少年来，自己对共产党、八路军没做过半点贡献，只顾自己挣钱，反而得到阎锡山的赏识和公开的表扬奖励。再说，共产党从骨子里就不喜欢地主老财，自己虽不太富，但比普通平民百姓宽松富裕得多，银圆现大洋数不清，还在地上摞着哩！尤其吸毒吃料子，那可更是官法所不容的呀！

一夜几乎没有合眼。第二天，一九四九年四月二十九日，这是她终生难忘的一天。一大早起来，头没梳，脸不洗，便从箱柜底翻出件过年打扫家顶工作服穿的大旗袍来，旧得不能再旧，脏得不能再脏，印花和污迹分不出谁是谁来。她穿在身上，对着落地穿衣镜，前前后后、左左右右，照了照，整了整，黑脸乱发，配上这副行头，颇觉自鸣得意：有点穷人的意思了！

早点没顾上，也没胃口吃，便匆匆赶到海子边万字楼。大房子里坐的二三十人，认识的居多，狮子黑、筱吉仙、冀美莲、梁小云等等。人们的目光齐刷刷地聚焦到她身上，都为她的装扮所吸引、所惊讶。有个熟人问她："丁老板，今日咋这副行头？""你没听说共产党喜欢穷人？"大家憋不住都想笑，有的甚至已笑出了声。她自己虽然紧张，却极力保持镇定，毕竟是大名鼎鼎、见过世面的演员，拣了个合适位置，与众家姐妹挤坐在一起。

军代表向大家宣讲了党和国家的政策方针，鼓励大家放下包袱，轻装前进，努力做一名好演员，一心一意为人民服好务。

丁果仙没抢头彩，怕捉不准有闪失。等到人们说得差不多了，她站起来做了深刻检讨："我过去没给党和国家做贡献，没参加八路，是大错特错的。还有嗜好没彻底改掉，也是不对的。今后一定痛改前非，重做新人，一心一意和大家在一起，一定为解放军和老百姓服好务，唱好戏，领导叫咱咋的就咋的。"

军代表带头鼓掌，人们的发言更热烈了。大家打消了顾虑，看见了光明，立即行动起来，献言献计，组建起演出班底，商定好庆祝"五一"、慰问劳军等宣传演出的大事。

一九四九年五月一日，是太原解放后第一个劳动节。从早到晚，街上都是浩浩荡荡的游行队伍，有解放军，太钢工人，商店、学校、街道人员，当然也少不了戏曲界敲锣打鼓、丝竹细乐的锦上添花。

游行队伍举着毛主席、朱总司令的画像以及巨幅横标，各人手中还挥舞着红红绿绿的三角形纸质小彩旗，大家时不时地喊着口号："共产党万岁！解放军万岁！毛主席万岁！"围观群众在游行队伍的带动下也高喊口号，声音震天动地，直冲云霄。

提水的、送茶的，比比皆是，热情洋溢。军民鱼水情，同是一家人；推翻旧世界，日月换新天。新城市、新太原，新社会、新生活，人们看见了新的希望。

宣传胜利，安定民心，戏剧界大动员。大家走上街头，说唱表演，文明秧歌、活报剧，形式不拘，红活火爆，各自发挥着应有的作用。

头等功臣解放军，怕扰民不进城；丁果仙便与省城名家深入十八兵团军营，即今大营盘、二营盘、三营盘，连续慰问演出三天。白日到医院，甚至伤病员房间，晚上在临时搭建的席棚台上演出。

抗日战争时，大家也经常被拉到兵营"劳军"，一些赤身露体不遮羞的兵痞粗言脏话乱骂娘，不堪入耳，有的甚至动手动脚；而眼前的解放军伤病员，睡在被子里的也都穿好衣裳，整整齐齐、规规矩矩。大家不得不感慨"三大纪律、八项注意"名不虚传，真不愧人民子弟兵的称号。

当报幕员说"省、市戏剧名家丁果仙等表演艺术家为同志们献艺"时，将士们雷鸣般的掌声经久不息。丁果仙激动得与姐妹们拥抱起来："我们成了艺术家了！不是戏子猴了？！"禁不住闪烁出喜悦的泪花。

演出的剧目是《打金枝》《忠报国》《回龙阁》《蝴蝶杯》等大本戏，还有名家个人的拿手折子戏：丁果仙与花艳君的《走山》《采桑》《汾河湾》，冀美莲与梁小云的《姑嫂比武》，筱吉仙的《盗仙草》，狮子黑的《嫁妹》，冀美莲与任玉玲的《赠剑》等等。广大指战员尽情地观赏名家们精湛娴熟的表演，实在是戎马倥偬生涯中难得的艺术享受。

在广大城乡军民热烈欢庆翻身解放的大喜日子里，反动势力不甘心灭亡，美蒋轰炸机窜入太原西北上空，扔下二十余颗重磅炸弹，西北炼钢厂、机车制造厂等工厂，连同宿舍民居，被炸得面目全非。

与此同时，暗藏的间谍特务蠢蠢欲动，制造谣言，说什么"美国飞虎队要把太原城炸平"！一时间搅得人心惶惶。

为此，政府决定加大宣传力度，安定民心。戏曲文艺奋勇上阵，随着解放军的宣传大卡车和文工队，喊口号，撒传单，表演文明秧歌、活报剧。围观群众自动加入其中，呼喊"打倒反动派！""拥护共产党！""解放全中国！""毛主席万岁、万万岁！"等口号，震天动地，余音不绝。

"东方红，太阳升，中国出了个毛泽东……""解放区的天是晴朗的天……""解放军和老百姓，鱼水一家亲……"，歌声与口号声汇成了一支雄壮的交响曲。

人头攒动，一张张欣喜若狂的笑脸，汇成一望无际的欢乐海洋。

太原，获得了新生，掀开了新的一页，生机勃勃，万象更新，兆示着前程似锦。

二　苟日新又日新新新剧团
　　编新戏演新角灿灿新篇

一九四九年七月六日，华北人民政府颁布《华北禁烟禁毒暂行办法》，规定限三月内，染有毒瘾者，向当地公安机关或区政府报告登记，并具结限期戒毒。

烟毒、赌博、娼妓，是旧社会遗留下来的三个毒瘤，害得多少人家破人亡。因此，"三禁"运动成为新政府狠抓的阶段性工作。

为了实行"三禁"，政府首先取缔了市内烟馆与赌场、妓院。同时严厉打击毒品犯，枪毙了罪大恶极的白万、屠老五等，大快人心。

丁果仙早在日伪时期就染上了毒瘾，解放后她热爱新社会，拥护新政府，也愿响应号召，戒烟守法；但因演出繁忙，身体孱弱，一时难以戒绝，登台前、卸妆后总得稍吸两口。有一次正好被巡夜的民警碰上，尽管明知丁果仙是名人，但奉命执法，怎敢擅自放任？于是连人带烟一同"请"进了派出所。

次日，公安局局长陶健向市委韩纯德书记做了汇报，常委们专门开会研究决定：丁果仙是党外民主人士，又是家喻户晓的大名人，不能简单粗暴对待，必须做好思想工作，让其心悦诚服。责成统战部部长李景文亲自妥善处理。

丁果仙坐了禁闭，纵然工作人员十分客气，但她心知肚明，自己知法犯法，罪过不轻，一股劲地表态、认错。当专车来接她时，她心惊胆战，以为是送她进戒毒所。她万万没有想到：李部长伫立恭迎，会议室摆着苹果、花生、香烟——贵宾般招待。

"我是知法犯法的罪人，对不起政府，对不起国家，对不起解放军，对不起人民！我不是人，亏心呀！"丁果仙作揖打躬地哭诉，泪如雨下。

李部长赶忙劝阻，拉她坐在椅子上，微笑着说道："这是韩书记和常委们的意思，派我请你来谈谈，说明一下昨晚的事情，希望你能在不影响身体和演出的情况下，争取在一年内逐渐把它戒了，现在就把烟具等原物奉还。"说着便把那副纯银制造的十分精美的烟枪和烟灯连同烟土交给她。

"我再不能给新政府长官们丢人了！"丁果仙说啥也不接收。

部长见她决心很大，也不便勉强："吸毒是旧社会遗留下来的恶习，你有如此决心，我们非常赞成。但无论如何不要操之过急，影响了演出任务啊！"

丁果仙表示一定完成好上级交代的任务。李部长把她送上小车，让司机送她回天地坛家里，并将烟具等物一同交到其丈夫任秀峰手中。

回到家后，她向丈夫复述了一天的经过，由衷地感谢政府和长官们的慈心善意、法外留情，决心要以实际行动响应号召，报效国家。很快，她与刘俊英、乔玉仙、孙福娥等组成民众剧团，积极投入到轰轰烈烈的宣传慰问与业务演出之中。

太原解放，部队南下，部队接管的交城剧团由军管会接收，驻进大南门外光明剧院，简易舞台，露天席棚，下处扎在骡马大店。此时又有赵月楼、郝金瑞（王金璐师兄）与马兆麟一家马秋仙（小果子）、马福仙、马玉仙等加入。一九五〇年一月，张焕带领人民剧社张翔、贾英、郭德玉、筱玉磬、曹正国等，也来到光明剧院，与之合并为一团。

一九五〇年六月，经张焕、王易风等动员，丁果仙与白晋山、陈晋元、陈晋萍等，也参加了光明剧院。

人马多了，班子硬了，便请太原市民盟主席、大文人王文光给起名"新新晋剧团"。"新新"引自《大学》："苟日新，日日新，又日新。"此系商朝开国君主成汤，刻在器皿上的箴言，意为如果能够一天新，就应保持天天新，新了还要更新——旨在激励人弃旧图新。

市里对新新剧团十分重视，让从五一电影院与和平剧院二者中优选其一入驻。经过试演，选定了"和平"。

和平剧院原本是阎锡山的中央饭店，战争期间，伤病员多得没处放，只得入住在那里。解放战争中炸塌了，修复后成为工人剧场，后改名和平剧院。

早在一九四九年，张焕带领的人民剧社在汾阳演出《新九件衣》《河伯娶妻》《三打祝家庄》等新戏，群众非常欢迎。后来与汾阳鼓锋剧团联欢，同台演出《杀府》，马玉楼饰伍员，张焕扮渔婆。接着又演《斩黄袍》，马玉楼饰赵匡胤，尹艳楼饰高怀德，王桂英饰陶三春。剧场效果都挺不错。当时张焕就看中了年仅十五岁的小须生马玉楼。来了太原之后，和丁果仙商议要不要，丁果仙说对机会看看再说。

一九五〇年春，新新晋剧团在介休张兰演出，剧团"外交"孟佩珍找到马玉楼父亲马守成说："果子红要见见孩儿，想让唱一唱。"马守成还没回话，马玉楼就抢着说："大大，我要见果子红，不到洪善挣大钱了。我要到好团跑流程，不到赖团当柱子。"

马守成父女去了张兰，上了后台，见人就作揖："给师傅们磕头了！"丁果仙提出让马玉楼演《下河东》。马玉楼初生牛犊不怕虎，说她敢演，是因为其实她并未正式演出过此戏。老戏《下河东》，没有青衣戏，主要是须生、二花脸。马玉楼演赵匡胤，闫天庆扮呼延赞，白晋山打板，马守成拉胡胡。小姑娘胆大，众人包涵，戏演得十分理想。丁果仙与张焕当场拍案。马家父女经过省里县里一番周折，就加入了新新晋剧团。

马守成领着女儿到了天地坛二巷十四号，见了丁果仙就说："闺女，快磕头！"马玉楼跪下边磕边喊："师娘！"丁果仙赶紧把孩子拉起。

马守成把一面感谢丁大师的大红丝绒锦旗送到丁果仙手里："丁老板，孩儿就交给你了，打她骂她全在你！"

"哎，新社会哪能允许打骂？只要孩儿好好学就行。"

"我下决心向师娘好好学习。"

从此以后，小玉楼就成了丁果仙家的常客，见做的就做，给吃的就吃，不偷懒不作假，实实在在，就像在自家一样。学的下功，教的认真，小玉楼成为丁老师的得意门生，马守成也当上了副团长，且是丁果仙的得力助手，引得众人羡慕不已。

和平剧院新新剧团是当时公认的一流班底。一九五〇年九月，山西省第一任省委书记程子华荣调中央，离任前韩纯德书记想让丁果仙欢送演出时唱《打金枝》。李景文部长说："咱们不能老《打金枝》，打上没完，这回咱们换个戏。多少年不见丁果仙唱'儿跪倒……'，咱调平遥的程玉英来，和她一起演《芦花》，好不好？"韩书记举双手赞成说好主意。

自从"三点《芦花》"之后，丁果仙很少唱该戏。因为它是她的心病，会勾起她多少伤心往事。然而今非昔比，忆往思今，她觉得再伤心也要演，并且要把它演好，毕竟，"三点"的时代已经一去不复返了！

因为准备得充分，又有玉英子配戏，这场《芦花》确实非同一般，鼓掌喝彩不计其数，流泪的乃至哭出声来的比比皆是。当然这与刚刚解放，好多家庭继母与前房子女不睦，矛盾难解的实际情况有关。

一九五〇年十一月，省文教厅派王易风、张焕、贾英、张宝魁等赴京参加文化部召开的全国戏曲工作会议。为了贯彻会议精神，一九五一年元月，太原市举行了首次新戏曲演出竞赛，晋剧、蒲剧、京剧三个主要剧种的七个演出团体，都积极参加。新新剧团演出的剧目是《孔雀胆》，人民剧团是《江汉渔歌》，新化剧团是《贞节坊》，民众剧团是《灞陵晓风》，山西蒲剧学社实验团是《忠烈坟》，山西省京剧工作团是《唇亡齿寒》，太铁京剧团是《易水曲》。此外，太原市曲艺联合会演出了新编曲艺段子：京剧大鼓、西河大鼓、河南坠子等。同时还举办了戏曲展览。

竞赛结束，评选出优秀编剧袁郁章及优秀演员丁果仙、于子元、王秀兰等二十余名。

这次竞赛演出，是对戏改工作成果的初步检阅，极大地调动了广大戏曲工作者的积极性，他们一致表态，决心为繁荣太原戏剧事业不断进取，争做贡献。

通过此次竞赛，有效地宣传了大力倡导编演新剧目的方针，掀起了竞相排演新编戏的热潮。

三 新政府发号召戏曲"三改" 聚名家齐义演抗美援朝

通过与玉英子合演《芦花》,又一次拨动了丁果仙想牛桂英的心弦——早年在东口、京津三度合作相当默契。去年桂英返里探亲,丁果仙与任秀峰夫妇亲登寓所造访,继而延请至家,茗酒款待,彼此融洽。于是牛桂英暂搭丁果仙所在的民众剧团,在大中剧场演出《走山》《采桑》《杀院》《女中孝》与《蝴蝶杯》等剧目,丁、牛配合默契,效果极好。

时隔一年,太原已今非昔比,百花齐放,各业俱兴,一派生机,文艺界尤其活跃。丁果仙当机立断,修就恳切邀请函,交付马守成与白晋山二位团副,让他们专程前往北京迎接牛桂英回乡。

这是一项看似容易实则艰巨的任务。其实在北平尚未解放前,张宝魁就派姚法礼去邀约过牛桂英,只因随后交通断绝,难以成行,只得留下六千元金圆券作为订金。去年牛桂英返并便前往人民剧院,与张美琴合作演出了《算粮》《见皇姑》《打金枝》等戏,算作对张宝魁的补偿,但对方并未放弃邀约她加盟的初衷。

与此同时,著名电影演员马骥,代表汾阳老家相约牛桂英参加鼓锋剧团。阳泉剧团郭凤英团长也连连寄书信、拍电报,对牛求之若渴。好在丁果仙的邀请函言辞恳切,马、白二团副又不辞辛劳亲往迎接,总算把意中人"抢"回团来。

丁果仙设宴招待,为一路劳顿匆匆归来的一新二老"三位副团长"接风洗尘。参加欢迎宴的还有太原市戏剧工作委员会派来驻团指导的贾英、宋万春二位领导。

一九五〇年十一月,在京召开的全国戏曲工作会议上,戏曲改进局局长田汉做了题为《为爱国主义的人民新戏曲而奋斗》的报告,副局长马彦祥、杨绍萱分别讲了有关艺人团结学习与剧本创作的问题。紧接着中央人民政府政务院发布了《关于戏曲改革工作的指示》，明确了戏改工作的方针政策。之后，各地"三改"（即改戏、改制、改人）轰轰烈烈展开。

太原市戏剧工作委员会，向下属戏曲团体派驻指导员，具体解决剧本创作、修改、审查与交流的问题，旧班社、行会师徒及养女制度改革的问题，旧艺人的团结教育等问题。

在指导员和团长的领导组织下，全团人心振奋，人人积极参加各项社会活动，认真联系实际，畅谈亲身经历，思想觉悟大有提高，纷纷要求以实际行动响应号召，排演新戏。作为刚刚入队的牛桂英，极欲感谢丁大姐的知遇之恩，为不辜负众望，主动提出排演《小女婿》，得到全团上下的一致赞成。

真应了那句"闲时学下忙时用"的古话。欢庆北平解放时，新戏竞相上演，其中就有《小女婿》。牛桂英看后觉得挺好，于是连看几场，并让丈夫赵步桥把剧中人物调度部位、表演身段动作等大致记录下来；又找到好友、名家小白玉霜，索要到了评剧脚本，准备排成晋剧，搬上舞台，这回恰好派上了用场。

经过紧张而充分的准备，《小女婿》下了排练室。一号人物杨香草由牛桂英扮演，二号角色田喜儿，一时选不出合适的男演员，只好让白桂英与李瑞珍轮换着演出。南玉英与筱桂琴饰婆母田大娘，王志义、李玉馨分别饰香草的父亲、母亲，张美效饰陈二。小女婿起初拟选十二岁的闫巨才，却因他个子太高，不得不换成小女演员张来月。

丁果仙反串彩旦媒婆陈快腿，戏并不多，可只要她一上场，气氛立即活跃起来。以保媒为生的快腿媒婆，身板瘦削挺拔，扭动细腰碎步如风，却也不误左瞅右瞥，寻找"猎物"。东家出来西家进，满嘴油腔滑调，简直巧舌如簧。她眉飞色舞，手画足摇，活脱脱一个旧社会的媒婆子，把观众的眼球牢牢吸引到她的身上。

旧演员排新戏，少髯口、没水袖，身子不是身子，手不是手，头不是头，足不是足。动作不能用程式，道白不能拿腔调，一时实难适应。然而，大家都憋足一股劲，不分分里分外，不管上班下班，相互指导，教学相长，终于突破难关，圆满完成了任务。这期间，赵步桥吃苦耐劳，积极表现，帮助演员适应现代戏舞台，发挥了十分重要的作用。

当年芳龄二十五的牛桂英，眉目秀丽，嗓音淳浓，扮相漂亮，身段袅娜；她认真的表演，准确的把握，细腻的刻画，赢得了台上台下的一致好评。

《小女婿》连演不衰，却也不是次次顺意。一次小小的意外，着实叫人忍俊不禁。有次在和平演出，剧中小女婿从梦中醒来本该有句台词："尿呀！"没想到来月姑娘真的进入梦乡了。牛桂英左等右等，可她就是静谧无声。人们急得大呼小叫:"来月!来月!"她这才迷迷糊糊坐了起来,揉着眼睛哼呼了两声,总算应付下来了。台下哄堂大笑,议论纷纷。可没有喊倒好的,也没提出异议的,好像戏里戏外都在情理之中。

这一天,牛桂英在前台演《小女婿》,赵步桥坐在大衣箱上,一边品茶,一边和人们闲聊。说话间上来两个警察,走到他面前问道:"你是赵步桥吗?"

赵步桥立马规规矩矩站好,耷拉下脑袋,低得不能再低地回了声:"是。"

"你被捕了!"警察宣读完逮捕令,给他戴上了手铐,押了下去。全后台人瞠目结舌,大眼瞪小眼,一动没动。

演出结束,卸妆完毕,指导员告诉了牛桂英。牛桂英强作镇定,但也已支撑不住。丁果仙急忙搀扶她坐定,抚慰再三:"一定要想开些,娃娃们离不了你呀!政府不会冤枉他的。"

"早就知道会有今天!"牛桂英似有准备,一百个无可奈何的样子。

据闻赵步桥被押回张家口,经过公审宣判:特务大汉奸。就地正法,立即执行。

一九五〇年,朝鲜战争爆发,不久,以美国为主的联合国军在仁川登陆,直接介入朝鲜内战。应朝鲜政府请求,中国人民志愿军跨过鸭绿江,奔赴前沿阵地,与朝鲜人民军并肩作战,援朝抗美,保家卫国,御敌于国门之外。

饱受日寇侵略蹂躏的中国人民,深深懂得"唇亡齿寒"的利害,河南豫剧演员常香玉率先捐献飞机一架,全国争相学习。

太原市抗美援朝运动,开展得既轰轰烈烈,又扎扎实实。丁果仙带领新新剧团走在文艺界的前列。新化、人民、晋声剧团的冀美莲、梁小云、任玉玲、张美琴、花艳君、刘仙玲、刘俊英、乔玉仙、筱果子、狮子黑等名家聚集杏花岭运动场,一齐登台,义演三天,个个都献出了各自的拿手好戏。

特别是"三三"《打金枝》(意为一个角色多个演员扮演),实乃名家荟萃:丁果仙、张美琴、筱果子、梁小云、刘俊英、花艳君、冀美莲、刘仙玲、筱桂芬、乔国瑞、曹正国、王银柱、孙福娥、李素英、任玉玲等等,争相献艺,令观众大饱眼福。另有八个参演剧团联合演出的《溪皇庄》,更是让观众惊喜不断。

参与演出的还有太原市曲艺联合会和天津鲜灵霞进步剧社,分别演出了新编曲艺段子和评剧《花为媒》。

与此同时,太铁京剧团、清徐大众剧团和孝义县皮影木偶剧团也都分别在省城剧场义演。

之后,丁果仙带头捐款捐物,并率领全团在杏花岭开展宣传工作,继而分头挨门逐户动员有钱出钱、有力出力。

四　赴北京有幸见到毛主席　观游行光荣登上天安门

经过初步审查，戏曲舞台上去除了内容反动、含有封建迷信以及色情或粗俗的剧目，舞台得到了净化。同时清除封建把持分子，改变艺术生产关系。私人领班改进为艺人合作形式的共和班，废弃不合理的把头管理，推行建立团务委员会。在经济上，实行"破锣制"，即按戏份"死份活批"的分配办法[1]，体现了按劳取酬的公平原则。

吸毒品、闹嗜好的现象不见了，艺人们工作稳定，生活改善，思想觉悟与社会地位有了很大的提高，再也不是下九流的戏子猴了。

然而，文化上仍没有翻身，文盲帽子还沉重地压在绝大多数艺人头上。不会看书读报，念不通剧本，识不得乐谱，排演新戏极其困难，这成为艺人们前进道路上的一大障碍。

一九五二年，全国开展扫盲运动，推广祁建华速成识字法。丁果仙带领全团响应号召，自己首先垂范。尽管排戏演戏、开会学习十分繁忙，但她废寝忘食，如饥似渴，争分夺秒，见缝插针地学认字。吃饭拿着筷子在桌上比画，睡觉用指头在身上书写。信纸毛边纸上写得密密麻麻，拆开纸烟盒正面写完翻转写。如同学艺一样，她认字也认到了走火入魔的程度。

凭着她的吃苦下功，更兼有任秀峰这位随时可问可教的老师的帮助，她进步很快，成绩骄人，考试名列前茅，还荣获奖状以及钢笔、日记本等奖品，还有毛主席《在延安文艺座谈会上的讲话》一书。

---

[1] 死份活批：员工收入既依据固定的份子，也结合个人演出场次来定。

扫盲尝到了甜头，她更大胆地向文化高峰攀登。首先是用学到的字，验证戏中句词、意思和声音是否正确，开口音、合口音、唇齿音、喉鼻音等等，应该怎样发声；进而求教于大画家柯璜、游介忱，人家"诲人不倦"，自己"学而不厌"。丁果仙还喜绘画兰花，狠下苦功，成绩不菲，作品成了其赠送亲友门生的最好礼物。

抗美援朝，"三改"扫盲，工作一个接着一个。为了提高剧团人员整体素质，丁果仙挤出时间抓业务，不失时机地带领新新剧团，于七月份赴临汾、运城等地，长途跋涉，巡回演出。在参观学习的同时，丁果仙也考虑到了扩大影响和经济收益的问题。尽管剧团改为民营公助，政府领导扶持，但人们的生活改善，主要得靠团里解决，不演戏钱从何来？

所以这次远行可谓一举多得，不仅训练了队伍，增加了收入，更使全团人员在与晋南名家阎逢春、王秀兰等的交流中大开了眼界，大家都深深感到了"蒲州名角儿地道货"之名不虚传。

晋南巡演顺利归来，全团又积极投入到全国首届戏曲观摩会演的准备中。组建代表团、添置购买服装道具，但重点还是在剧目的排练提高。

山西省代表团，以新新剧团为班底，省城各团名家为主体，如从阳泉市调来新声剧团的团长、著名小生郭凤英。主要剧目是《打金枝》，张美琴饰唐代宗，牛桂英饰沈后，郭凤英饰郭暧，刘仙玲饰升平公主，乔国瑞饰郭子仪。在《蝴蝶杯》中，丁果仙饰江夏田知县，梁小云饰田夫人，郭凤英饰田玉川，刘仙玲饰胡凤莲，张美琴饰胡彦，王银柱饰卢林，孙福娥扮卢世宽，梁文仁扮家郎，闫爱成扮董温；打板的是白晋山，拉胡胡的是田九云。此外，还有丁果仙与狮子黑合演的《捉放曹》，以及冀美莲与任玉玲合演的《赠剑》等小戏。

排练《蝴蝶杯》，花了大工本，下了大功夫。太原市戏剧工作委员会副主任张焕亲任总指挥、总导演，从剧本情节到舞台调度，改了又改，排了又排，足足折腾了一个多月。最后定稿彩排时，从开明照相馆请来掌柜刘玉珍以及高级技师王驿、闫乃堂、赵荣、薛通璞等全套人手，携带当时最先进的日本造拍摄器材。用床板在剧场搭起高台，演出完毕，从头到尾，一场挨一场地拍照。张总指挥调度，亮相定格后，由他自己高喊锣鼓经："嘟儿——巴打仓！"刘掌柜应声紧捏橡皮球。一次不成，再来二次，直到满意为止。有时一直滚缠到凌晨，人们累是累，但绝无怨言。

一切准备就绪，由副省长王中青为团长、演出代表为成员的山西省晋剧团（通过省政府研究决定，山西晋剧由此正式命名）开进了首都北京。

从一九五二年十月六日起，至十一月十四日止，历时四十天，全国二十三个剧种的三十七个剧团，总计一千六百名演职人员，共演出剧目八十二个之多。南腔北调，异彩纷呈，绝技奇能，高手林立，百花齐放，推陈出新，真可谓旷世空前的盛会，千载难逢的良机。

时值新中国成立三周年的喜庆日子，首都举行了隆重的集会游行，各行各业民众，排着方方正正的队伍，整整齐齐、浩浩荡荡。

山西省代表团高举"山西省晋剧团"的门旗和"百花齐放、推陈出新"的巨幅横标，雄赳赳气昂昂，行进在不见头尾的队伍之中。男的一律律的深蓝哔叽中山装，女的齐刷刷的粉红丝绸彩绣袄，下穿浅蓝哔叽百褶裙。人手一束鲜花，个个精神抖擞。当队伍迈着整齐的步伐走过天安门时，"毛主席万岁！""中国共产党万岁！""中华人民共和国万岁！""全世界劳动人民大团结万岁！"等口号响彻云霄。党和国家领导人，在城楼上挥手致意。喇叭中传出伟人的声音："人民万岁！""文艺工作者万岁！"

丁果仙与狮子黑、寒声紧挨着，站在观礼台上，激动之余，不由得想起早些年来北平的情形，真是天翻地覆，不由感慨万千，热泪盈眶，不知该说些什么才好。

国庆过后，天气骤冷，大会给参会者每人发一件麻绒领子蓝咔叽二大衣。这无异于雪中送炭。时髦的服饰，代表着新生的祖国母亲对儿女们的关怀，人人无不流露出喜悦、幸福和自豪的情感。

正式观摩会演开始了，山西代表团随团演员中，还有三个带孩子的：张美琴长女金玉尚未断奶，刘仙玲带着女儿兰兰，牛桂英的儿子二狗也仅四岁。大人们参加演出或活动，只好把孩子们留在住所——前门大栅栏山西会馆二楼，由张宝元老伴照管。

后来郭兰英要演出《明公断》，她饰秦香莲，小果子饰陈世美，王银柱饰包公。团里没有小演员，急抓兰兰与二狗上场。排练时郭兰英没来，由牛桂英代替。

正式演出时，郭兰英登台亮相，观众活跃异常，当陈世美不认前妻，并拔剑刺杀母子们时，小兰兰吓得浑身发抖，全场轰动。于是小兰兰"一举知名"，从此便不再留在宿舍熬煎，随母出入会场，独享破格殊荣。兄弟剧团名家对她也是抱了又抱亲了又亲，兰兰成为走红一时的山西知名小演员。

一分耕耘，一分收获，山西代表团参与会演十分成功。为此，文化部专门安排了一场在中南海怀仁堂的汇报演出。

当云南省代表团的滇剧《千里送京娘》落下帷幕之时，晋剧曲牌《剪绽花》奏出了山西特有的音韵。在悠扬的丝竹声中，丁果仙扮演的唐王从容出场，久履氍毹的她沉着镇静，用理智按捺住鹿撞的心跳，一举一动，一唱一白，皆在情境规范之中。兼之配角与音乐、舞美等全体人员的完美配合，使得全剧演出大获成功。

尾声结束，大幕复起，全场掌声雷动，经久不息。

是夜，丁果仙度过了一个不眠之夜。

闭幕会上，文化部副部长周扬做了总结报告，评奖委员会宣布了评选结果。《打金枝》《蝴蝶杯》分获二、三等集体奖，丁果仙荣获演员个人一等奖。

通过参加这次会演，丁果仙观摩了全国各大剧种名流的精彩表演。山外有山，天外有天，大开眼界，大长见识，大大地提高了审美能力，使她又燃起了追求艺术的欲望与决心，同时她也深深感到新旧社会的天渊之别。

四十天的赴京"赶考"，"得中"而归。省长裴丽生亲临火车站迎接，勉励大家艺无止境，希望戒骄戒躁，再接再厉，更上一层楼。

同年十二月六日，山西日报等新闻单位，在海子边会议室组织召开了"第一届全国戏曲观摩演出大会山西代表团晋剧演员座谈会"。主席王广文，记录员朱鸣。参加会议的人员有：

新新剧团团长丁果仙、副团长牛桂英、音乐工作者白晋山、演员马秋仙，人民剧团团长张宝魁、演员张美琴、演员刘仙玲，新化剧团团长冀美莲、演员乔国瑞、演员梁小云、演员任玉玲、演员李素英、演员阎爱成；晋声剧团团长刘俊英、演员王银柱、演员孙福娥、演员筱桂芬；阳泉市新声剧团团长郭凤英。

特邀出席的陕西省绥德专区嘉宾有：

专区文联主席党启锡，群众剧团演员雷明亮、田世雄。

主席致开幕词热情简练：各媒体特邀大家来座谈，目的是为了把大会精神贯彻下去，发扬光大。下面就请艺术家同志们谈谈自己在思想、政治、艺术各方面的收获和感想。

丁果仙领先发言，题目是《把我们的艺术贡献给人民》。

我们这次代表山西省的戏曲界工作者去北京参加了全国戏曲界团结的大会，感到十分光荣。经过这次大会，大家不只政治上提高了一步，同时也把咱山西的地方戏曲艺术献给全国兄弟剧种，从那里又学回许多宝贵的东西，这对推动咱山西省的戏剧改革工作有很大的帮助。

在北京住了五十多天，政府处处照顾我们，天天是汽车来，汽车往，简直就没走了几步路。寒流来了，马上给我们每人一床崭新雪白的棉被子；要下雪了，每人给我们发了一件新棉大衣。毛主席这样的照顾我们，就像闺女回到娘家一样，我真不知道该怎的个感激。想到自己这几年没有很好地做戏曲工作，真是惭愧万分。

在这次全国戏曲观摩大会上，我观看了全国兄弟剧种的七十多个戏，都是各有千秋。比如湘剧《琵琶上路》里的张广才，川剧《秋江》里的老艄公周企何，我感到演得非常好。尤其是饰老艄公的那个演员，今年四十二岁，扮出来真像八十多的老汉。可是他那精神却又像二十来岁的小伙子。表演水上行船，跳到水里扛船的情形，真不是普通的功夫。越剧演员范瑞娟，演起戏来舒舒服服、排排场场，就像一块缎子贴在那里，一点皱皱也没有。沪剧演员丁是娥，演《罗汉钱》里艾艾的母亲，表现出封建时代反抗婚姻压迫的那种情感，一点也不假。又如《思凡》那出戏，只是一个表演，他用高度的艺术把内心里的麻烦、苦闷的情感完全表现出来了。他们这种现实的表演手法，不是轻易来的，不和人民的生活感情结合，不下辛苦揣摸角色的性格，是无论如何做不到的。

在这许多戏里，看出我们各地方的民族艺术，都有各地方的民族风格。南方戏的扮装都很素净，却是非常好看。表演的身段也柔和，清净素雅，没有一个人出来七扭八歪，表现了南方文化的特点。咱们晋剧，也有它朴素浑厚的风格，可是多年来的老一套改进得不多，保守主义还存在得不少。今后要虚心地吸收各个兄弟剧种的优点，取人之长，补己之短，才能把咱们的晋剧向前推进一步。

再如音乐方面，南方的就比较柔和，咱们北方的性刚，锣鼓音硬，声音太乱。上海戏演《白毛女》，也随着剧情加强了音乐，可是一些也不乱。听说他们吸收了新音乐的办法，和新文艺工作者配合得好。这一点，也是我们做得不够的。这几年我们和新文艺工作者配合得不够，原因是我们没有虚心学习，今后一定要加强团结，互相学习，交流经验。

有一位从事艺术工作的苏联老大哥告诉我们说："中国的民族艺术很丰富，可惜还发挥得不多。"这一点是实在的。经过这次全国戏曲的大检阅，我觉得今后是会大大发扬的。我希望老艺人老前辈们把保存下来的老剧本，加以整理，在这些老剧本当中是有很多好东西的，我们要把它保留下来。我希望这次赴京演出的同志们在戏曲改进工作中要起带头作用，好好地培养我们的下一代，把我们祖上的遗产广泛地流传下去，我们要把毛主席热爱我们的精神，完全表现在艺术里去，交给人民，教育人民。

紧接着发言的还有冀美莲、牛桂英、张美琴、王银柱、梁小云、刘仙玲、郭凤英、乔国瑞、刘俊英、张宝魁、马秋仙、任玉玲、李素英、孙福娥、筱桂芬、阎爱成、任玉珍、白晋山等。

最后主席说:"大家谈得不少了,都很好,座谈到此为止。大家谈的,很快就会在报上发表、广播电台广播,这将会对全省戏曲工作者起很大的教育作用。"

第二天,《山西日报》、山西人民广播电台刊登、广播了这次座谈会的内容,街头闹市传唱着艺术家们的优美唱段,传颂着他们的动人事迹。

五　收义子汪康托孤小庆喜
　　赞英烈赴朝慰问志愿军

一九五三年初秋的一天，东米市粮店送面的找到丁果仙说："丁团长，这是我们汪掌柜的信，他病得不轻，让你抽空去一下。"他把信给了丁团长就走了。

丁果仙拆信一看，原来是封《遗书》：

步云：

　　我将不久于人世，只有一事相求——庆喜交给你了。我自幼分门另立，许坦祖产分清，不愿再麻烦二位兄长。但愿你能视为己出，从严管教，实乃我父子大幸也。感激涕零，一言难尽，来世有约。

汪康绝笔
癸巳孟秋

忍痛阅毕，欲哭不能，她强作镇静直奔米市。

汪康已是瘦得吓人，躺在炕上，气息奄奄。她握住他的手，热泪直流，良久。

"步云，今生有一红颜知己，我心足矣！所用的东西都安顿好了。"汪康微笑着双眼慢慢地合上了。

"爸，妈！"庆喜子一声高吼，紧紧地抱住了扑在汪康身上的丁果仙。

"我娃不哭了，让他安心走吧！"丁果仙找出装穿与白布，请来左邻右舍，拜托男女长者二人，分任内外总管，人手不乏，各有所事。

安排就绪，丁果仙回到家里，与任秀峰商妥：庆喜年方十五，不宜辍学，粮店依靠妹夫周熙明经营。

治丧完毕，任秀峰拿着汪康遗书去民政部门办理了收养手续，把庆喜接回天地坛一起生活。

转眼已至十月，太原市奉上级指示，组建中国人民第三届赴朝慰问团晋剧联合演出团，团长魏东河，副团长高剑云、冀美莲，以华北人民晋剧团（原太原新化剧团）为主体，太原市新新晋剧团部分演职人员参与。主要演员有丁果仙、冀美莲、梁小云、任玉珍、王银柱、李素英、段玉明、李爱花、冀萍等。后郭凤英也加入。

原来，晋剧团赴朝慰问的消息传到阳泉，郭凤英喜出望外。她立马以阳泉市人大代表的身份向上级提出申请，坚决要求参加。苦等数日，不见回复，她急中生智，打听好慰问团出发的时间和车次，便提前进入车站等候。

汽笛长鸣，西来的火车进站尚未停稳，她便疾步跳上车厢，挨个寻找。见了冀美莲，又找魏团长，不容分说地倾诉着理由。领导皆十分认同，却无权拍板。迫于停车时间有限，只好答应她到京后立即请示总团，并尽快通知她。

抗美援朝，中国人民志愿军浴血奋战三年，美国最终不得不在板门店签署停战协定。

然而只要侵略者野心不死，硝烟未散，战火也有随时重新引发的可能。一些人忧心忡忡，担心深入前线有生命危险。冀美莲的老妈就曾要求或大或小留下一个，以防万一；后拗不过年轻人的热情，才不得已含泪送别母女二人。而作为一名戏曲演员的郭凤英，却赤胆忠心，誓死报国，其诚其勇，着实令人敬佩。

精诚所至，金石为开。贺老总破格批准了她的请愿。山西省文化事业管理局派人专程前往阳泉，给她送去了立刻赴京的通知。

她与第三届赴朝慰问团一道，带着祖国人民的深情厚谊，搭乘呼啸的列车，顺利到达鸭绿江边。

将要迈出国门，却出了点小小的麻烦。海关检查十分严密，丁果仙随身携带的烟具被发现了——问题严重，连人带物一同被扣留。丁果仙赶忙主动交代了吸毒的历史，后经团领导交涉、作证，才算放行。

跨过鸭绿江，第一站是友邦朝鲜新义州。夹道欢迎的朝鲜男女老少，语言不通，服饰各异，却都是满脸的笑容。这是经历了血与火的考验的战斗情谊。

志愿军官兵手捧鲜花青草，敲着锅碗瓢盆，演奏出别样的欢迎乐曲。丁果仙一时忘掉了犯法被扣的懊恼以及一路风尘劳顿的疲惫，紧紧握住一双双消灭敌寇的大手。异域战场，亲人相逢，原来准备好的"台词"忘了个一干二净，临时急抓了些众人通用的套话："同志们辛苦了！祖国人民想念你们！"

当天晚上，安排在"自在洞"休息。所谓"自在洞"，就是战士们藏身的防空洞。丁果仙睡在土炕上,翻来覆去,一夜没合眼。不是因为人生地不熟,更不是因为床铺不舒适,唯一的缘由是自疚自责。自己的所作所为相比于友人亲人的,简直令自己无地自容。

天刚闪亮,她想到外面调剂调剂心绪,不料刚爬出洞口,就见全副武装的志愿军战士朝自己肃立敬礼。愣怔之后,她也还了举手礼,没有吭声,便退回洞中——想来人家在奉命保护自己,岂可擅自乱行,再犯错误。

朝鲜山多平地少,汽车成了流动舞台,车去不了的地方,便用床板就高搭个简易平台,而更多的是在山坳里打地摊演出。剧目有《打金枝》《蝴蝶杯》《三滴血》《百花亭》《黄鹤楼》《打渔杀家》等。

一次,丁果仙演《空城计》,冀萍扮演琴童。诸葛亮与司马懿的戏,让冀萍看得入迷了,惹得老丁很不高兴,下来便训:"同爱(冀萍小名),咱们来朝鲜是代表全国人民来慰问最可爱的人,你是演戏哩,还是看戏哩!"

"老二姨妈,我错了,我忘记了自己的神圣任务,以后再也不敢了!你打我吧。"

"这是新中国,你当是旧社会?旧社会我也没打过人,人也没因为戏打过我。演戏是假,可做假像真,装谁像谁,做甚务甚。你是琴童,可不是看戏的。"

"老二姨,你再不用生我的气了,我记下了。"

"记下就好。"

她就是这样,自己认真,也容不得别人不认真,尤其是年轻人,又是在这样的场合。

她很累,一天两场戏,场场离不了她,但她总是精神抖擞,烟瘾也没有发作——志愿军们的事迹激励着她。

为了满足更广大的志愿军官兵的需要,领导将剧团一分为二。原本人手不足,如此一来更不够用了。大家慰问英雄学英雄,一专多能,缺甚补甚。寒声跑龙套,任秀峰当配角,郭凤英打木头,丁果仙叠服装。干部、医生等等,一个个粉墨登场,志愿军也主动请缨,说演个兵兵卒卒是他们的本分。台上台下融为一体,气氛紧张而热烈。

有时一天要赶好几处场,接连不断的欢迎与欢送,手也握疼了,掌也拍麻了……这段时间她常觉得十分激动,在给志愿军日记本上题词留念时,竟然把"最可爱的人"写成"最爱人",闹了个大笑话。

观看演出的人群中,还有朝鲜人民军,在虽属停战但还有冷炮的日子里,他们既感激志愿军的并肩作战,更感激艺术家们奉献的精湛表演,于演出完毕时,主动与大家拥抱。这在当时是非常罕见的,尤其是女同志,甚至联想到旧社会二战区痞兵的暴行,不由得有点害怕;但冷静一想,也就缓过神来了——这是人家外国人的特别礼节。

瞻仰烈士墓,那里没有墓碑鲜花,也没有苍松翠柏;有的只是弹坑焦土和枯草残枝。一切的一切,都在控诉着侵略者、战争贩子的滔天罪行。

志愿军向慰问团讲述了毛岸英、杨根思、黄继光、邱少云与罗盛教等英雄的动人事迹。大家仿佛看到了指战员们为了和平舍生忘死,与敌人拼搏的悲壮场景,感受到了中华儿女保家卫国、不怕牺牲的英雄气概,同时也深深感到了战争的惨烈。

面对此情此景,丁果仙惭愧不已,想到自己被海关扣留的原因,自己都不能容忍自己——只有彻底悔过,重新做人,立功赎罪才对得起国家和人民。

罗盛教的父亲就是慰问团的成员,丁果仙陪同老人专程到平安南道成川郡"罗盛教村"访问。被救落水儿童崔莹的父亲领着大家,到"罗盛教山"与"罗盛教河",重温了当年英雄舍己救人的故事。当地人民为中国志愿军可歌可泣的事迹所感动,所以用英雄的名字命名山河与村庄,以铭记不忘。

丁果仙还与寒声、丁于夫妇到老乡家中拜访。尽管语言不通,但仇恨美帝、反对战争、热爱和平的心却是相通的。当他们口渴想要喝水时,却出现了难题。当地的人们都习惯喝冷水,他们不敢,怕坏了肚子麻烦。丁果仙施展自己的表演才华又拿瓢舀,又比画锅和木柴,无论如何,对方就是笑着打哈哈!倒是丁于用半通不通的朝鲜语,加上手指被烫的代价换来了开水。临别时,老乡依依不舍,送出很远很远,看得出他们对中国志愿军是真心的拥护与爱戴。

在朝鲜的五十多天,每天都像是在上一堂生动感人的国际主义与爱国主义教育课。

回国后,丁果仙又以山西人民晋剧团的名义,从天津出发去大同、张家口、柴沟堡等地,慰问归国的中国人民志愿军队伍。热烈的欢迎、真诚的笑脸与热情的款待,都给她留下了美好而深刻的记忆。

六　登台义演募钱助力戏训
　　桃李满园三年已见成效

　　一九五三年夏天，张宝魁带领人民晋剧团在汾阳县城演出。牙医、戏迷吕贵山把打板的申天福与其弟搞舞美的申天禄，还有骨头嘴（绰号）玉兰旦（艺名）张万顺请到家里。盛情款待后，让其女吕瑞珍拜玉兰旦为师。玉兰旦将其带回剧团向团长张宝魁推荐，获认可，于是吕瑞珍成为正式随团学员。

　　之后剧团又去冀村、东阳城等地演出，沿途相继收了田桂兰、张友莲、王桂英、刘增印、王玉珍、刘玉兰、张翠英、李友银、王培恒、张步兴、张步昌、代占寿等。回到太原，又有白庭芳、赵吉祥、魏凤英、魏福喜、武忠、许仁灿、吕铁城等加入。

　　马兆禄的姨父崔礼杰是拉二弦的，表姐崔元梅、桂梅都是该团知名旦角。人们都称二臭（兆禄乳名）是"崔家娃"，他随三表姐芝梅一起"考入"剧团。名义上说考，实际就是武功师傅云山捏了捏肩膀、膝盖，走了走，又唱了支抗美援朝"咳啦啦啦"歌，就算过了，临了还领了两个细月饼带回家中。

　　张宝魁的女儿桂娟、爱子狗子（乳名）张嘉盛、侄子张东海，当然就"近水楼台"了。

　　十八岁的南寒农民郝付，常来剧团掏茅粪，是个戏迷，想尽办法偷看排练演出。师傅们叫他喊上两句，结果一声"郭子仪……"就把人们叫惊了——嗓音好、咬字真，难得的正工花脸。不过记性不好悟性差，要唱个囫囵戏也真难。

　　二十多名随团学员，边练功边跑流程边排戏，都大有长进。年底向市领导汇报，在政府礼堂演出《二进宫》，赵吉祥饰杨博、郝付饰徐彦昭、张翠英饰李艳妃。《斩黄袍》中赵匡胤、高怀德、陶三春，分别由武忠、魏福喜、吕瑞珍扮演，剧场效果十分理想。

演出完毕，岳维藩市长、刘舒侠副市长和张焕局长，以及丁果仙、牛桂英、郭凤英等名家都上台接见演员，以资鼓励。

丁果仙竭力夸赞娃娃们演得真好，她很受感动，表示一定要奋起直追，向张宝魁大哥学习。

一九五四年春，新新晋剧团刊登广告，散发招生简章，大张旗鼓招收学员。报名者三百多人，在大濮府首先笔试政治。

接着智力测验三道题。第一，树上落着两只鸟，用弹弓打下一只，树上还有几只？第二，下雨水漫地，只有三个砖，若要走过去，怎能不湿鞋？第三，两米见方布，中间放支笔，身子不准挨上布，怎能把笔取出来？

最后由丁、牛、郭分行当专业面试。初步录取三十名，男女各半。有王克忠、高翠英、智玉莲、苗秀茂、王桂兰、李守义、李增禄、秦银环、郭锁香、薛维艺、薛林花、岳中香、陈洪武、赵志燕、王达成、李祖英、郭仁华、孙香林、田通宝、杨玉英、燕桂琴、李素卿等。

三个月后，在五一路市政府礼堂进行转正考试，主要是考基本功。绝大多数都通过了，只有极个别的没有转正，每月继续交十元钱的伙食费。

一九五五年，剧团改制为民营公助，在张焕局长建议下，新新、人民两团分别改为太原市晋剧一、二分团，他与张宝魁分别担任一、二分团团长。两个团的戏训班合二为一，名为太原市戏剧训练班。由市文化局领导委派宇青萍为主任，贾英与张铭负责教务。

经费仍由两团筹集，来源一是由剧团公积金中抽取一定份额；二是每周末，丁果仙、张宝魁分别登台，公演一场，戏要加价一角，俗称"红票"，收入归戏训班支用。

这种由丁、张二人发起，牛桂英、郭凤英、张美琴、花艳君、刘仙玲、申天福、白晋山等积极响应，剧团全体人员自觉自愿捐助，培养晋剧接班人的义举，受到了政府的表彰、社会公众的赞扬。此举也是十分值得后人铭记和效法的。

当时，大多学员家庭比较贫寒，补丁衣服没有替洗的；买不起新鞋，就穿着露着脚趾头的破鞋；袜子破了补，补了破，一补再补舍不得扔。

王克忠穿的是丁果仙的鞋，见他只有一条破被子，王少楼老师把自己从尼姑庵里带来的灰布褥子给他铺上。冬天没有棉帽子，孙竹林师爷便把自己的水獭皮耳朵帽给娃戴上。

起初，训练班条件十分简陋，吃住、练功、上课都在大濮府，阴暗潮湿又拥挤，十五个人一个宿舍，木板搭的地铺。白天练功时，把铺板摞起来，晚上睡觉时重新再铺。

后来人多了，搭起双人床上下铺。孩子们起早搭黑练了一天很累，晚上稀饭米汤喝得又多，睡着醒不来，睡在上铺的尿床漏下来，两个人同遭"水灾"。有时引得吵嘴打架，还得老师来解决。

冬天的日子真难过，光身子穿的烂棉衣，练功必须出汗，棉衣常是湿的，干不了。感觉难受事小，虱子繁殖猖狂事大。休息下来一有空，人人都打"歼灭战"，抓住虱子放在凡士林油空盒盒里，比赛看谁捉得多。

聪明灵气肯动脑筋的，发明了省心省工、干净彻底的先进工作法——"火龙抓"。把棉衣或棉裤架在泥火上方，向火中泼水，顿时热气蒸腾钻入衣服空档不留死角，被蒸蒙了的小虫子便自投火坑。当然杀灭的只是成虫，虮子照样存在，丝毫不碍。

时值国家实行粮食统购统销，定量供应。一般干部每人每月二十八斤，导演三十一斤，一般演员、演奏员三十四斤，武功四十一斤。小米稀饭能照见人；馒头一个四两干面，大得像个枕头；和子饭喝了一碗又一碗，撑得猫不下腰，还是饿煞人。

淘气鬼窜进灶房偷豆腐，用快刀四面割，大师傅很难发现；还有的听课时，把胳膊探过灶房和教室的泥巴隔墙，把大红枣抓出来大家分着享受。

星期天两顿饭，改善伙食，烧肉、丸子放开吃，有个学员竟然吃得撑得动不了啦。孙师爷赶快派人去丁老师家取药，丁老师不放心亲自跟了来。先看看孩子不要紧，帮着把消食药款款服下，完了便批评孙师爷和宋万春主任："娃娃们晓不得，你们也晓不得？拉面红是怎的把嗓子吃坏的！"二位不敢吭声。

"记住啊，饭是人家的，命是自家的。以后可不敢再发愣了。"丁果仙看见缓过来的学员，半开玩笑半数落。

办训练班，教师至关紧要，丁果仙有亲身经历，感受最深。她所聘用的不少是走红氍毹、享誉剧坛的名演员、老艺人，以及技艺精准的鼓师、琴师和新音乐工作者。如文功教师有水仙花郭双喜、玉兰旦张万顺、根根红马兆麟、太平红孙竹林、草上飞王福义、李世芳之母李芳茹、张宝魁大哥张宝元、白晋山夫人陈晋萍以及张美效、李晋泉、郭振麒、李玉磬、张瑞仙等。武功教师有王禄春、杨进禄、刘顺年、赵大雪、高祥云、谢子龙、张泽庭等。文武场面教师有田九云、白晋山、田九贵等。文化课有语文、历史，先只有郭也文、胡宝山、郭中福兼任。之后调来张丽仙、王俊卿、邰丽莉、贾青堂（兼）、石应德、朱绍曾、崔继惠、傅凤英、薛玉莲等专职教师。新文艺工作者如导演田野、田蓝玉，舞蹈李树林，音乐张一角等的加入，更进一步提高了教师队伍的素质。

延请王少楼及其姐姐王云凤，让丁果仙颇费了一番周折。云凤与少楼皆系北京剧坛翘楚，后云凤与晋中榆次籍富商结合，随夫辍演回乡。

王少楼与姐姐一同来到山西，因婚姻失意，度入空门，在榆次南关尼姑庵修行。

丁果仙凭三顾之诚，将王氏姐妹请出。她们传艺育才十分认真，教出的学生功夫扎实，身段讲究。张友莲、智玉莲与高翠英，皆深得王云凤亲授真传。

王少楼的严管更是出了名的。晚上查铺决不含糊。她要求学员睡觉必须系紧水龙带（代替练功带）。偷懒捣鬼的，想拿出水龙带头哄骗她，结果被掀开被子，真相大白，光屁股上少不了挨刀坯子，并且牵连全铺，一齐站起来。

每天早六点监督学员踢腿、下腰、跑圆场、拿大顶，出汗为止。个别做不到的，想出邪门歪招——用手蘸水抹在额头上，有时侥幸蒙混过关；但时日一久终于露馅，少不了一顿好打。不光打一个，挨个一齐打，谓之"打通堂"。

严师出高徒，学员们绝大多数都能达标过关。以拿顶为例，要求必须坚持三分钟以上，王克忠竟能挺到一个钟点零五分。

坐在椅子上把腿扳起，下面再衬一块立砖，能维持四十分钟者，她自己出钱一角奖励。一角钱，当时可买一碗老豆腐、两根麻叶儿。若遇她高兴了，还领学员到酱园巷她姐姐家，好茶好饭款待。

王少楼的耳鼓膜被男人打破，失聪疑心多。学生们给她打扫家，不晓得臭豆腐能吃，臭气难闻以为坏了，便扔进垃圾里。她觉得是故意报复她，连骂带打。孩子们受了屈边哭边解释，她更气不打一处来：胆敢当面顶撞老师，简直要造反了！她生了气，一去再不回。少不了丁果仙和张丽仙亲往尼姑庵说服动员。

孙竹林的严格另有一套。每天天不亮就敲门催起床。刚从家里来的小孩子，哪里禁得起如此惊吓？有天风大，刮得门板啪啪作响，都以为孙师爷又来敲门了，大伙儿一骨碌爬起来，左等右等等不来。半夜漆黑，不敢再睡，只好烤火闲聊待天明。

王禄春是大家公认、心服口服的好教师。只要是他领着跑圆场，或摆大旗指挥过小翻，学生们一个个都精神抖擞，浑身有使不完的劲。他虽不擅长靠，但绝不搪塞糊弄学员，到时一定请师兄李德春来。

李德春系尚小云荣春社科班出身，与李万春、李少春等皆春字辈名角，本是李铁英京剧团头路长靠武生。身段优美，干净利落，一招一式，无不诱人，也常来班指导。因之,后来的市戏校、实验团阵容整齐,流程把子过硬。

张宝魁来排《双锁山》,男小生台词记不住,把"丫头"念成"羊头",教上十遍八遍还是改不过来。张老师哭笑不得,开起玩笑来:"你呀你呀,原来看你是个珠宝,想不到成了酸枣,还是生了虫的!"经过耐心启发,最终还是收到了良好的效果。

刘致和给郝付排狮子黑的昆曲《草坡》,教了一遍又一遍,就是记不住词,急得大家都不知如何是好。他自己倒沉得住气,不慌不忙,不急不躁,不以为然,气得刘老师说:"哎呀郝付,我要能有你这份涵养,早入共产党了!"说归说,教归教,后来郝付终于成名,《草坡》也成为其代表作。

丁果仙、牛桂英、郭凤英都带班上课,丁来得最多。她总是先到宿舍、食堂、练功场地转个遍。之后看上课,查练功,抽空就教学生们竖起指头或点上香不眨眼地盯着看,锻炼眼功;或让练武功的仔细观察猫欲跳先蹲的姿势,要求有轻功,翻跟头落在木板上没响声。

她看到练功没台毯,立即派人去农村拉回一大车麦秸。见孩子们练侧翻、拿顶时手上压得全是坑,她吩咐住在太原的,自带小布垫;其余外地学员,她一人给发一个,后来又给换成毛毡的。

她还把自己多年积攒的白布拿出来,染上毛蓝色,做成无扣无领练功服。男孩子穿在身上,腰带一系,光头一剃,活脱脱一群小和尚,分外可人。

为了排练方便,因陋就简,就地取材,在灰渣坡上,用竹竿席片搭起简易小舞台,又能排戏,又好乘凉,大家给它起了个亲切的雅号——"竹荫台"。

张焕局长常来检查教学,教师与学生,爱他又怕他。让你说台词,让你做动作,让你过木头,让你念锣鼓经……好的鼓励,不对的纠正。他自己红、黑、生、旦、丑,昆乱不挡,文武场面转一遭,谁能糊弄得了?有次叫王培恒打板,念《打金枝》曲谱。小鬼没记住,还怪调皮,敢发赖:五……七……哼上没个完。大局长干气没法子,起火又压火,只好自己做示范。

政府和领导的关怀与支持,极大地鼓舞着戏位创始人,两人不仅竭力倾心教学,更献款捐物。丁果仙除给每个学员一套练功服外,还捐献出全副戏箱、一台风琴和两千元现金。张宝魁也捐献出部分戏装和一方台毯。

戏训班从无到有,由小而大,自低而高,离不开他们的勤劳智慧和创业恒心,以及崇高的奉献精神。

七　省会演《柳荫记》大展风采
　　献佳剧《闹公堂》非同一般

一九五四年，戏训班的成功，令丁果仙在戏曲事业中再度焕发出青春的光彩。

同年八月中旬，参加省、市文代会，与牛桂英、郭凤英反串《二进宫》，她扮演的李艳妃，婀娜多姿，楚楚动人。

紧接着赶排《柳荫记》，该剧是由袁雪芬与范瑞娟主演的上海越剧《梁山伯与祝英台》移植而来。她饰祝公远，牛桂英饰祝英台，郭凤英饰梁山伯，白桂英扮祝夫人，田希文扮马文才，高桂珍扮媒婆，刘淑俊与高笑梅分别扮演书童银心和四九。

剧中伴唱以戏训班学员为主，尾声词曲相当优美动听，给人们留下了深刻的印象。

>梁山伯、祝英台，草桥结拜，
>同窗共读整三载。
>长三载，两无猜，十八里相送，
>情谊深似海。
>长虹架桥，鲜花结彩，
>双双对对蝴蝶飞去复飞来。
>祝英台、梁山伯，青春常在，
>千年万代永远不分开。

白晋山初排搭架子，贾恒志导演细加工，最后由张焕指导合成。

白天业务演出，晚上加班排练，为了增强音乐效果烘托气氛，陈晋元自购材料，洋铁筒上蒙羊皮，自造特色大低胡，别有特色。

琴师田九云与鼓师白晋山一起设计音乐、唱腔。张焕自告奋勇包揽舞美，亲绘草图。集体创作，上下一心，集思广益，群策群力。《柳荫记》剧的生产，催生了导表演与音乐、舞美集体创造艺术的观念与制度。

十一月二十日至十二月九日，《柳荫记》参加山西省第二届戏曲会演，获得一致好评。

在大会开幕式上的发言，尤其能展示丁果仙的心理状态和精神面貌：

各位首长，各位代表同志们：

在今天这个大会上，我首先代表戏曲艺人祝贺大会的开幕。

我认为这个大会是很重要的，是在旧社会里想也想不到的。这是共产党和毛主席对我们的又一次教育。共产党、毛主席对我们的爱护是无微不至的！今天我们大家在这里开会，我想起了这些，心里很高兴，我想大家一定也都是很高兴的。

我决心在这次大会当中，虚心地学习，绝不骄傲自满，绝不保守。我相信，我们大家一定会很好地团结，一定会团结得像一个人一样。让我们的戏曲艺术，在党和毛主席的领导下，在"百花齐放、推陈出新"的方针指导下，像鲜花一样开得更美，以便能更好地为国家社会主义工业化服务。

最后，我预祝大会在中央文化部的关怀和省委、省政府的直接领导下胜利成功。敬祝大家身体永远健康！

丁果仙还主演了《八件衣·闹公堂》，此剧被公认为她继承、发展传统剧目的精品典范。

《八件衣》是山西梆子传统剧目，故事梗概如下。

书生张成玉欲上京赶考，苦于家贫无资，遂至舅父窦久成家告借。窦女秀英对表兄素有爱慕，故以衣衫八件相赠，内藏纹银十两并自己的红绣鞋一只，以表寸心。

县衙捕快白石岗原本歹徒，恶性未改，夜入乡绅马洪院内行窃，并将其家人马成杀死后逃出。马洪告官，杨知县办案心切，即命白石岗在三天之内缉拿凶犯归案。白自知内情，却假装无事，进入当铺闲聊，企图觅得替死鬼以便交差。适逢张成玉前来典当，白石岗乘机栽赃嫁祸于他，同时串通马洪当堂验证。杨知县因此断定张成玉图财害命无疑，成玉却负屈含冤拒不招供。杨知县恼怒难遏，命动大刑。白石岗借机暗下毒手，致使张成玉气绝身僵。

杨知县得悉，忙乱之中手足无措，只好命人将尸体弃之荒郊。乞儿张义将张成玉救活，同赴开封府大堂上告。

与此同时，窦家闻此噩耗，父女相随赶至县衙。秀英出示另一只绣鞋，证实表兄无辜，出于悲愤，当堂自刎。后经包公重审，真相大白，元凶白石岗伏法，杨知县也因失职误断而被革职。

本戏前部叙述案情发生过程，结尾又掺杂迷信荒诞成分。因此丁果仙很少演出全本，一般会"去芜取菁"只演出全剧的中间部分。

和一般公案戏不同的《八件衣》，脱出俗套，塑造了"这一个"出于好心却办下坏事的县官形象，其始终处于矛盾斗争的漩涡之中，既令人可气可恨，又令人可怜可惜。

从丁果仙的表演可明显看出杨知县心理变化的全过程。屈打张玉成是闹堂的起因，也是其失职误断、陷入悲剧的起点。丁果仙着意刻画杨知县年轻气盛、涉世不深、头脑简单、处事毛躁的性格弱点，让人感到他不同一般酷吏——他并不热衷严刑峻法。

当马洪在白石岗诱导下冒认赃物后，杨知县虽认定罪犯证据确凿，但仍想进一步得到本人招认。谁料成玉不仅不招，反而怒恨中来，指斥他贪享贿赂。杨县令素以"不贪赃昧法"为操守，岂能容忍如此大辱，恼羞成怒。

此时，丁果仙的动作语言清晰：双手急撑公案，肃然站立，怒目圆睁，颤抖着声音问道："多少？"声色俱厉的他本想挫败对方的无端指控，然而却因神态慌张，失却沉稳，反倒让张成玉以为看出了破绽，更助长了其反抗的勇气，于是干脆信口雌黄："一千不多，八百不少！"

丁果仙饰演的人物闻之如炸雷轰顶，倒吸一口气，脸色铁青，双唇抖动，欲辩而无相当词语。思索良久，才算搜出一句自以为得力的话来："本县受贿，你可是亲眼所见？"不想适得其反，张成玉以其人之道还治其人之身："本人杀人，县令大人你可亲眼见来？"

若是老练的官吏满可理直气壮地驳回："你杀人行凶，赃证俱在，何用本县亲见？而你诬本县受贿，有何凭证？"可是缺乏经验、感情冲动的年轻知县竟失去理智，被问得目瞪口呆，如同当头挨了一闷棍，身体难以支撑，身不由己地跌坐下去，支支吾吾起来："这个……"乃至稍做镇静，巡视堂前，似乎人人都在以嘲讽的眼神盯着自己。众目睽睽之下，岂可自损尊严？于是强作声势："来人，拉了下去与我打!"

　　这段戏中,她以"暴躁恼怒"为贯穿主线,准确把握杨知县所为纯属出于愤怒而非习性凶残。有些演员演至此一味吹胡子瞪眼,用以换取火爆的所谓效果;孰料人物被扭曲为面目狰狞、令人发指的反面角色。之后闹堂及随之而生发的悔过与极度歉疚的表演,便完全失却了合理的依据,人物性格的发展也就违背了惯常的脉理逻辑。

　　《闹公堂》是全剧的高潮。丁果仙的表演将杨知县的心理活动准确地展现出来。年轻气盛、头脑简单的杨知县,审案无方,恼羞成怒,以致将张成玉屈打致死。心存疑虑的杨知县,下场回衙,喘息未定,刚刚将纱帽摘下,忽听堂鼓又催,料定必与人命相关,心慌无智,手提纱帽便疾步堂口;但见窦久成、窦秀英父女怒目寒光,不由大吃一惊,刹住脚步。因心存内疚,不敢对视,转移目光,无意触及手中纱帽,进而联想到案情牵连浮沉,睹物心惊,竟发呆痴。而后,边看窦久成,边指手中帽,且看且指,且指且行,如此者三,之后慌忙转身入座。

　　这段无声的表演,一改多数演员心急慌张的匆忙动作,而为细腻刻画其心虚胆怯、惧怕丢官的心理状态,为下面的剧情发展,渲染出一触即发的紧张氛围。

　　接下来比对绣鞋是案情的关键。当窦秀英将绣鞋"啪"的一声扔在知县面前时,知县见一个小女子竟敢如此放肆侮辱自己,直气得浑身哆嗦。本欲大发雷霆,但诚恐再次铸成大错,于是强压怒火,在"捶头子"的锣鼓点中缓缓坐下。

　　冷静之后,欲在关键证物上大做文章。先是拿起绣鞋,向窦秀英狠狠一瞥,似有水落石出时与之算账的神气;然后"三翻鹞",第一翻右视,第二翻左盯,第三翻双手合对。"老八锤"的急促节奏,催逼着他翻来覆去比照一双绣鞋,最后合着"拦五锤"拃量尺寸大小。

　　随着锣鼓点和动作的转移,其面部神色由怒而惧,由惊而恐,两眼上翻,应着"捶头子"的最后一击,双手一松,绣鞋"啪"的一声掉地,人也软绵绵瘫了下来。

　　真相大白,冤案铸成,丁果仙并未按传统程式两手向后一拢,灰溜溜漫步下场;她走到女尸之前,垂头丧气地双手向前一摊,表示无可奈何,不料无意间碰到玉带,又惊恐万状、失魂落魄,掂掂玉带,看看女尸,趔趄着回到后台。

　　这一看似难度不大的创新,充分展示出杨知县已对未来下场有了悲观预感。而掂玉带下场与提纱帽上场又遥相呼应,不能不承认大师的匠心独运。同时也为下一场《行路》表现忧恐焦虑,做好了妥帖的铺垫。

　　还须提及,马兆麟饰的窦久成与牛桂英饰的窦秀英,绿叶托红花,相得益彰,也是不可或缺的一环。

八 《打金枝》精益求精拍电影 戏曲片技艺兼妙映神州

一九五二年的全国戏曲会演,一九五三年的出境赴朝慰问,使得以丁果仙为代表人物的晋剧在国内外声名鹊起,今非昔比。三十年代即被誉为山西中路梆子须生大王的丁果仙,也已升华为新型文艺工作者、戏剧表演艺术家。饱经风霜苦难,而今病魔毒瘾缠身,将届知天命之年的女伶,此时深感鼎盛辉煌即将转瞬而逝。

新生的中华人民共和国,经过三年艰苦奋斗,医治战争创伤,巩固人民政权,改善百姓生活,恢复国民经济,已进入以前苏联帮助兴建一百五十六个项目为中心,大搞工业化建设的"一五"时期,国民经济得以初步繁荣。

上海袁雪芬与范瑞娟合演的越剧《梁山伯与祝英台》,已于一九五三年拍成彩色电影艺术片。安徽严凤英主演的《天仙配》黄梅戏电影也在全国放映。

鉴于上述情况,省市领导接纳了群众将《打金枝》拍成电影的强烈要求。丁果仙亦深感韶光一去不返,机遇千载难逢。

一九五四年年末,长春电影制片厂派制片人和导演前来,与省、市领导洽谈拍摄《打金枝》艺术纪录片有关事宜。两相情愿,一拍即合。

《打金枝》拍电影确定之后,选派领导,组建创作班子,确定演员、演奏员阵容,诸多实质性问题,林林总总,含糊不得。

省文化局副局长寒声总负责,市文化局副局长张焕以副手总揽一切。剧本整理加工是寒声、张万一、王易风、张焕。音乐设计选定老专家兼新音乐工作者常苏民——不远千里由四川成都请回。导演刘国权,摄影韩仲良……

主要演员及班底以市新新剧团为主,唐王丁果仙、沈后牛桂英、郭暧郭凤英;华北人民晋剧团梁小云与冀萍,分别扮演郭夫人与升平公主;饰郭子仪的王正魁,属大同市晋剧团；太监是省人民晋剧团的三花脸梁文仁。

乐队武场：鼓师白晋山，马锣李锦文，木头张兰秀。铙钹丁继武已退休返乡，专程从清徐请回。小锣王增福由省人民晋剧团借来。

文场组合颇费周折，琴师刘柱公认首选，却因演出《双蝴蝶》，二十多曲《苦相思》，一时无人胜任。而刘根戍习惯"工尺谱"，对简谱不甚习惯。新化剧团程汝椿，曾任当铺账房先生，又管理过图书，从小拜程贻功为师，解放后在太谷新星剧团操琴，虽然音色节奏稍逊，但有精通乐谱的优势，便获人生难逢机遇，坐上了头把交椅。二弦闫忠和、三弦何守业、四弦王松林，皆原班人马，另加二胡田希文。为烘托气氛，又从省歌舞团借来小提琴燕存礼和大提琴韩成胤。

衣箱在原有基础上，又由省里拨款，添置了大量的古装与道具。

一九五五年四月，太原大地春暖花开，景色宜人。《打金枝》剧组全班人马乘火车直达吉林省会——长春。这里另是一派景象：冰雪覆盖的严冬。比太原宽两倍的马路两边，大树参天，树干粗壮，须二三人才能合抱。枝杈相交，遥想夏日林荫，应犹似天伞一般。

小轿车载着领导和丁果仙等名家，其余人员乘坐大客车，来至电影制片厂招待所。

电影《平原游击队》正在摄制之中，李向阳的扮演者、著名电影表演艺术家郭振清，就和《打金枝》剧组人员一同住在招待所的二楼上。

房间宽敞暖和，十分舒适，吃食虽以当地高粱米为主，但调剂一定的白面和大米，饭量不限，尽可管饱。在国家严格实行统购统销、定量供应的当年，人们已非常满意了。

此时小白玉霜的评剧《秦香莲》拍摄完毕，《打金枝》剧组进驻摄影棚——气势恢宏呀，足有国营工厂的好几个车间大。旁边的空场，比足球场都开阔得多。影棚内又是小轨道，又是脚手架，又是探照灯、摄影机，好像进了火车站的大货场。开了眼界的人们，满脑子的稀奇，不好言传，只好意会。

戏曲拍电影，尽管是纪录片，也和人们想象的完全不同。用外行的话说就是：舞台上演戏是活的，而拍电影是死的。演戏时，演员根据角色的规定情景，想咋演就咋演，尤其像丁果仙，从来不死啃本子，完全由自己随意发挥，并常即兴创造；而进了摄影棚，一切的一切都被导演严格固定下来，演员时时处处被限制在框框里，演奏员当然也随着备受"株连"了。

内行称电影为追的艺术，要求画面频繁迅速地转换。一盘胶带短短几分钟，又是远景，又是近景，又是全景，又是特写；又要推、拉、移、摇，又要俯、仰、升、降。概括起来就一句话，不允许你一个过门拖拖拉拉、自鸣得意弄上个没完。甚至于干脆就不让你弄。

隔行如隔山，演奏员想不通，演员也想不通，丁果仙尤难接受，与导演理论，且有过颇为激烈的争执，但最终还是得听导演和领导的。她将想不通的先放下，克服一切困难起到带头作用。"登殿"一场，唐王与沈后的对唱，首句上句"王坐江山非容易"结尾，直接下句帽子"回想起……"，之后插入"十三咳"，再接下句后半句，一气呵成，全无过门，就是她想出来的。领导满意，导演赞赏，文武场也不得不忍痛割爱。从此以后，反倒成了标本，一直沿用，直到如今。

她每天早早地起来就进了化妆室，她告诉大家自己是笨雀儿先飞。有了她做榜样，哪一个还敢迟疑怠慢！化妆完毕，一天到晚不卸，只能坐、站，不能躺、卧，吃饭时还需小心防范热气和出汗污染了脂粉。

拍电影要求尊重历史，贴近生活，戏装改换唐服，挂髯口变成贴胡须。这样一来，她从小习惯了的抒须、整冠、吹胡子、甩水袖等成套功夫都作废了。行为举止、手脚动作，从零开始，只好依靠仅有的折扇、玉带、短袖口等"发明"出些生活化的动作来。从早到黑，只要闲下来，就思谋比画，求人品评。

她凭着一股子韧劲，认真琢磨电影艺术的特点程式，对导演的要求由拒绝到认可，由不适应到习以为常，镜头前的她又举止潇洒、神态自如了。大家又一次感受到了她迎难而上、百折不挠、一丝不苟的敬业精神。

上镜头是她有生以来第一次，自然比当年灌唱片难了许多。有的镜头过了一遍又一遍，刘导演耐着性子，她更无丝毫怨言，像个老师面前的小学生，认真倾听导演的要求，并努力去做好。如"孤有心过府拜拜寿去"的表演动作，她用左手二指伸向前方的幅度，小了没气势，大了便出格，指头被取景框切了半截。就这么个简单的动作，达到电影艺术的要求竟如此之难，整个影片的拍摄难度由此可见一斑。

过了导演摄像关，还得过自己领导的关。在录制"年轻人一时火性起"唱段时，"按大礼本该申法纪"一句为表现唐王激情难遏，必须高亢激昂，但由于上述种种原因，老丁精力早已透支，无论如何总不如愿。张焕老内行站在一旁，和颜悦色要求"高些再高些"，结果越唱越高不上去，反而塌了下来，原本能唱到高音"3"，最终只好降至中音"6"了事！好在她低也能低出另一种韵味来。

她早已养成与自己过不去的习惯。唐王"孤坐江山非容易"，早先只是普通的平板上句唱法，是她反复琢磨玩味旦角"五花腔"，并与民间高人票友切磋，从而化生出后来的优美旋律——"改良须生五花腔"。她十分懂得"新"是艺术的生命，而"重"是艺术之大忌。在《打金枝》中，光她的流板就有五六处，原先全篇一律，太单调了。她自忖如此低俗，何以配得上"丁果仙"三字，更何谈什么须生大王？于是她睡的走的冥思苦想，着重改了三处。一是借鉴了蒲剧韵味，一是吸收了北路唱法，而最后也是最需要出彩的"叫驸马与孤王一同回宫去"，得来却有点"无心插柳"的意思。有天吃晚饭，她不知不觉顺口哼了这一句的唱腔，在场的寒声、张焕和刘导演听了，不约而同叫好，让她赶紧再唱一遍。她左哼哼右哈哈，就是还原不了初韵，真急死人了。后来硬是在大家的再三提示下才算回想起来。导演找到录音师傅立马落实到胶带上。后来仔细品味，才意识到这句公认绝妙的二性流板，是从晋中秧歌《算账》《看秧歌》中提纯衍化而来的。这句直到如今还在沿用，不过后来又添加了"皇儿呀！"的夹白。

"千斤道白四两唱"，尤其电影发行全国，她怕外地人听不明白，请来摄制组全体人员一起监听，结果就有个管照明的提出疑问："你让皇后劝女婿，怎么要'锅卷锅底'？皇宫里用这玩意儿干什么？"一时引得大家哄堂"苦"笑。原来是"各劝各的"听扭了！实在是老祖师们崇尚"蒲白"惹出的麻烦。

牛桂英"劝宫"一段，刘导演诙谐地称之为"总结报告"。近半个小时的演唱，必须服从大局掐掉一半。而三个同样的流板绕弦，既重复又很难准确表现人物变化着的情绪。丁果仙为这很是着急，睡在床上抽着烟，一边想一边哼，确定之后与牛桂英一起找程汝椿和白晋山，都说一个带点豫剧旋律，但不失山西醋味；一个是"三倒腔"的变通，既是老传统，又有新变革。请示张焕局长，局长当然双手赞成。

"总结报告"完毕，上镜头看样片时，发现沈后的一个珠穗子缠在了凤头上。原来牛桂英在休息时，嫌其坠着摇来摆去走动起来碍事，于是顺手绕在上面，拍片时忘记放了下来。不管责任在谁，反正还得重拍。牛桂英主动检讨：三百米长的进口胶带，稀缺而且金贵，自己应该赔偿。领导说她具有自我批评的勇气与精神。

丁与牛无须再多赘述，其余主要角色如娇生惯养的升平公主、韬光养晦的郭子仪及其老伴与爱子，也都要认真听取刘导演的阐述，其中不乏历史知识、表演艺术、电影功能，甚而哲学辩证；进而自己领会领悟，把握住各自所饰人物的特有性格，不演行当演人物。

即使是宫娥彩女等流程，也须摆脱舞台"不许有表情，但做活道具"的陈规；只要上镜头，必须进入角色，面部要有表情，却不可表演过头，以免喧宾夺主。

表演摄像与唱念录音完毕之后，还有个合成对口型的过程。耳中听，眼里看，不是早便是慢，比演双簧还难，真令人哭笑不得。原就因加班连轴转而疲惫不堪的人们，本以为能调剂一番，岂料比摄像和录音还累人。腹中有苦道不得，只能强忍，坚持就是胜利。有天晚上七点进影棚，直到第二天早上八点半才算收了工。十三四个小时的鏖战，全班人马只为了一个共同的目标：让晋剧流传后世。此时此刻，每一个人都只愿成为晋剧这座"高楼大厦"中的一柱一梁、只砖片瓦。

历经五个月紧张有序的辛勤劳作，《打金枝》电影艺术纪录片大功告成。看到自己一砖一瓦建起的"丰碑"，大家的激动之情难以言表，那些发自内心的笑容，永恒地留在了摄制剧组全体人员的合影上。

业内人士不无遗憾地慨叹：电影是门遗憾的艺术。它的优势在于随心所欲，自由剪接、重新编合，可以做到不完全依照时间顺序构架故事情节，倒叙穿插，比高度集中的舞台演出顺溜了许多。

但电影艺术和舞台艺术还是有差异的，比如作为一号人物的唐王，开片即登场亮相，这从电影角度来看，一下抓住了观众，有十足的冲击力，应属高超的导演手法。然而若在舞台如此演出本戏，头号角色在无足够铺垫的情况下贸然出场，无疑会被内行贬损为不入流的"凉棒"。

电影《打金枝》高度洗练，贴近生活，让观众更有亲切之感。

片头《紧煞鸡》与《剪绽花》曲牌天衣无缝的恰当连缀，并揉进西洋乐器做映衬，使得晋味更加醇浓，优美华丽，充分渲染出宫廷典雅高贵的气氛，达到了艺术形式与思想内容的完美统一。这份功劳应归功于地道山西梆子老音乐家常苏民。

不过也存在某些不足。首先是人员组合，鉴于当时国营、民办体制不一，政府和剧团实力有限，省人民晋剧团为了业务演出等客观情况，而未能将顶尖演奏人才贡献出来，在今天看来，未免有眼光短浅之嫌。

此外，对于郭子仪与升平公主的人选，似乎也有些不同的意见。

而在演唱艺术方面，郭暧"打宫"上场，"酒席宴前生了气"的唱腔，历来皆为"紧流水"，而电影却是说书形式的"慢介板"，显然与规定情境不符。抑或这是由于艺术观点的不同而造成的。

艺术似无是非对错之争，只不过各人欣赏口味、审美情趣不一，见仁见智罢了。

电影确可谓遗憾的艺术，一经定稿就再难改易。仅从此角度着眼，它就远不如舞台演出之自由，发现问题，下次改进，故能常演常新。

当然，更受当时经济薄弱的制约，大家都抱着为国家节约一分钱的态度和主人公精神。若在当今，推翻重来，又有何难？

总体上说来，此次长春之行毫无疑问是应当充分肯定的。当全体人员返回时，韩纯德市长代表省、市领导，专程前往北京迎接。正在北京参加全国首批演员讲习会的花艳君、程玉英、冀美莲、刘俊英、贾桂林、王秀兰、段二淼、吴婉芝等，也一同前往北京车站，接上丁、牛、郭等名家以及寒声、张焕等领导直奔西苑宾馆。酒席宴前，大家分享了《打金枝》拍成电影的喜悦。

回到太原，王大任副省长、胡亦仁副书记、刘舒侠副市长等领导，亲迎于车站，接至并州饭店南楼，举行了隆重的欢迎仪式，热烈祝贺拍片成功。

瑕不掩瑜，电影《打金枝》是山西戏剧史上的一座丰碑。放映全国，反响颇大：香港等地观众纷纷寄来信件、小纪念品等，祝贺演出拍摄成功，还有人想向丁、牛、郭等名角拜师学艺；不少兄弟剧种移植该剧，竞相上演。

值得注意的是，不少观众把唐王与郭暧的扮演者认作男性，这倒从另一侧面反映了丁果仙等塑造人物形象的到位与功力。

在太原放映时，人们亲切地戏称为"回娘家"。一日九场，座无虚席。街谈巷议，饭后茶余，城乡竞说《打金枝》。

《打金枝》在束鹿县丁家庄放映时，丁果红一眼就认出唐王的扮演者是自己的妹妹小果果，为此她回到娘家与弟弟成玉商议。

"没错，一定是。我和你一起去，有你的胎记豁唇，她能不认？"

"还是姐一人去好。如今她是名人，你这不是让她难堪吗？你们姐妹，两个女人好说话。再说路费盘缠也省一半呀！"

如此这般，丁果红找到太原天地坛。

丁果仙热情接待，但就是不认这门亲。原因也很简单：既然养父丁凤鸣嫌自己丧门星妨主，一年妨死两口人，何必相认再惹麻烦。其实她是不愿在自己的旧伤痛上再添新创口。

丁果红恳求无望，只好忍痛惜别。丁果仙拿出三百元人民币相赠，算是对当年养育的补偿。

九　观《屈原》赏《卖画》名宿齐赞　《空城计》《双罗衫》连出事端

从长影拍完电影《打金枝》回到太原，适逢社会主义改造高潮，丁果仙主动捐出解放剧院个人股份，并要求降低自己的工资，由工资改革后的每月四百元，一降再降，直至艺术一级二百七十元。

此时，太原市晋剧一分团为了更好地为人民、为社会主义服务，丰富上演剧目，提高宣传质量，决定移植秦腔《屈原》。丁果仙饰屈原，牛桂英饰婵娟，郭凤英饰宋玉，马玉楼饰张仪，白翠云饰南后，白桂英饰子兰，周佳云饰上官大夫靳尚，刘致和饰渔父；鼓师白晋山，操琴田九云。从角色到文武场面，人员搭配相当硬整。

这次排戏一改以往串戏、拉戏、套戏的旧做法，采用崭新的戏曲艺术生产流程。由洛林担纲导演，首先进行周详的阐述，从讲解剧本入手，进而分析人物，强调主题，要求演员置身剧本规定情境之中，设身处地琢磨自己此时此地应有之心情与言行举止。这对于从旧戏班过来的艺人们来说，完全是一种新观念、新秩序。

大家由不明白、不适应，到发生兴趣，进入角色，兴致正浓之时，洛导演因有重任中途退出，让人们实在有点悬在半空的感觉。张焕局长自有主张，立马请来杨明葆接手。丁果仙与白晋山等能者多劳——主动帮衬，更有张局长坐镇指挥，排导进行得十分顺利。正式演出时，不论专家还是观众，一律赞不绝口。

扮演屈原对丁果仙来说，应是一次重大的考验。她的文化程度不过"刚刚扫除文盲"，虽说过去也演过"醉写"中的李太白，但路道风格绝然不同。为了准确把握屈原的高雅和孤芳自赏，她在丈夫任秀峰的辅导下，反复领会剧情；并在此基础上，又选取自己比较熟悉的邓初民省长和省民盟主委王文光为模特，左推敲右琢磨，克服重重困难，最终让人们把替她悬起的心放了下来。尤其在《桔颂》一场，幕外雄壮优美的伴唱，烘托着她亢奋而饱满的歌喉，道出了《雷电颂》的主旨，充分展示了伟大诗人的爱国情操与浩然正气。

《屈原》的成功，让人们不得不再一次佩服她超人的毅力，以及擅于塑造"这一个"的高深造诣。

《屈原》也让省城文艺界与广大观众耳目一新，在提高人们欣赏水平与审美能力的同时，也推动了整个戏曲界的艺术改革。

自从一九五二年全国首届戏曲观摩大会之后，新中国出现了一场空前的戏曲大交流。省内外晋剧、蒲剧、北路梆子、上党梆子以及京剧、评剧、豫剧、川剧与昆曲等，你来我往，接连不断，省城舞台色彩斑斓，欣欣向荣。

大好形势逼人，太原市晋剧一分团接到市里通知：于一九五六年三月下旬，赴津、京等地巡回演出。丁果仙又是喜来又是急，喜的是有了再一次广泛学习交流的机会；急的是好搭档牛桂英正在朝鲜慰问志愿军。纵然你是须生大王，没有得力青衣配合，戏怎么演？

按说当时晋剧不乏青衣名角，但程玉英刚调晋中，欲借艰难。省团的刘俊英、梁小云都挺不错，可年纪偏高，这边又时间紧促，剧目繁多，让人短时间内完全拿下，确实有点强人所难。相比之下，花艳君年轻上进，又似自己亲生，未尝不是理想搭配；但她正在坐月子。如何是好，由领导安排吧。

张焕局长与杨秋实科长亲自登门，说明来意，花艳君求之不得，满口答应。之后，丁果仙带着剧本和小礼品登门看望："艳君，几天了？"

"刚满十天。"

"看这娃娃多好，既像爹来又像妈。这是姥姥的一点小意思。"丁果仙把一个小包递给花艳君，"小布头，绵绵的，好做尿片子。"

"二姨妈想得可周到哩！"

"我虽说没端弄过孩子，可也知道尿布的紧要。"

"多谢二姨妈。"

"领导交给了咱任务，咱就得把戏演好。你刚刚坐月子，不用着急，慢慢来。"丁果仙边说边把一大摞剧本交给了花艳君。

"二姨妈，你放心，我一定完成好上级交给的任务。"

"先就这七个本子，你捎捎带带看，不要累着身子。过上一段时间，咱们再拉一拉。"

一家人客客气气送走丁果仙，返回屋里，却掀起了一场半大不小的家庭风波。

"身体是本钱，累坏身子怎演戏？"大姑子首先开了一炮。

爱人姚法礼好发火："你可真是发起戏瘾不由人。生了大鬼，九天头上就登台，中了邪风，嘴脸肿得认不出来，要不是中医、西医、祖传秘方三管齐下，谁知道是个啥下场？如今你倒真是好了疮疤忘了疼！"

婆婆的话绵里藏针："演戏是公家的任务，你要求进步，表现积极是好事，咱坚决拥护。可朝廷还不用病人哩！女人坐月子，不是病可比病还当紧。就算你不顾自己，可也得顾顾孩子吧！"

"这是重要任务，又是二姨妈要咱合作，机会难得呀！再说也不是眼下就排，我自己会注意打兑的。"

家庭辩论就此不了了之。花艳君已经进入角色，看剧本遇上"拦路虎"，丈夫不管——完全出于保护妻子的一片好心；可花艳君倒勇气倍增，赌气学会了查字典。

过了半月，丁果仙与任秀峰来到花艳君家，一起说戏对台词。第一本是《打金枝》，全按电影上的一套做派来。花艳君并未参加电影的排演，其难度对她来说是明摆着的。好在二姨妈虽是个唱红的，可旦角的动作她也十分在行，一招一式，详详细细、规规矩矩、清清楚楚、一丝不苟地教她。一个戏就过了整整三天。

丁果仙大驾屈尊，说得明白，演得优美，教得耐心，却又一点也不含糊迁就。花艳君全身心投入戏中，学得认真，过得开心。老天爷给了她如此一生难遇的良机，她高兴得不知该怎样感谢回报二姨妈才好。

全家人的态度也来了个一百八十度的大转弯。热情接待，斟茶奉水，好茶好饭，就像招待至高无上的贵宾一般，原来的幽怨、冷漠早已不复存在了。

《南天门》的重点在《走山》。任秀峰根据丁果仙的意思进行了改编，又经张焕局长、刘舒侠市长加工，情节更加生动，文字一改俗套，相应的，对表演也提出了高难要求。丁果仙经过和刘国权、洛林、杨明葆等导演的合作，也学着些导演的道道，讲解剧情、分析人物，头头是道。

表演示范，身授言传，甩水袖、翻罗裙、跑圆场、走蹉步，比旦角还旦角。尤其讲究生活化。例如改编后加了玉莲用金钗换得一碗汤面，二人相让，不慎将面撒在地上的情节。扮演老曹福的丁果仙弯腰扑地，双手抓起往嘴里就塞，边吃边气，那表情惟妙惟肖，动人心肝。

《清风亭》以道白为主，少唱没舞，一般人犯难，而丁果仙却独有"用武"之处。当演到下雨行路，她说人们演周秀英，一直打着伞走"8"字，既单调，又不太符合实际。下雨刮风是人所公认的事，打着伞防雨淋，何不避风吹？双手撑伞，路滑泥泞，来个坐蹲有何不好！

花艳君照做一遍，以为老师该满意了，谁知其有火难发，笑着数落道："艳君呀艳君,你蹲坐的是泥水摊,可不是台毯呀!咋泥水就不往你身上手上沾?"说完她亲自示范一番:拄杖而行,失足滑跌,坐蹲于地,而后扶杖挣扎起来。双手往身上一抹,继而揪起路旁一把野草,擦过之后,浑身上下一看,全是泥水,要伞何用?于是气狠狠将它收了起来。

在一旁看戏的花艳君心悦诚服,由衷地钦仰二姨妈——艺术大师的匠心独运。

在剧中人张元秀与周秀英"认子"时,丁果仙的道白真够得上是声情并茂,戏味十足。

周秀英:请问老伯,今年多大年纪?
张元秀:我老汉小咧!
张继宝:你还小哩!十七了,十八了?
张元秀:我老汉,嘿!七十三了。
周秀英:噢,你七十三了。家中妈妈高寿?
张元秀:她,和老汉我同庚,都是属牛牛的。
周秀英:如此说来,也是七十三了。
张元秀:嗯,一点不假。
周秀英:照老伯你这么说来,我可就不爱听了。
张元秀:怎么你就不爱听了?
周秀英:方才老伯言道,家中妈妈七十三岁,这一顽童也已一十三了。
张元秀:一点不差!
周秀英:人常言妇道人家七七四十九,好像节令入了秋。这七十三刨去一十三,难道六十岁的老妈妈也能与你生儿不成?
张元秀:这个?
周秀英:怎么?
张元秀:噢噢噢,我老汉还有个二房哩。
周秀英:请问老伯,二房妈妈芳龄几何?
张元秀:年方二十一岁。
周秀英:老伯你越发的不像话了。二十一岁刨去一十三岁,难道八岁女娃就能生育不成?

张元秀被问得倒气不出。丁果仙告花艳君:这时候我要往你脚上捅一棍子,你可不能事先有了准备,那就不真实了。我要叫你防不胜防,不过你放心,保证伤不着你。

这一棍子虽说出彩,然而观众还是觉得她该为下不了台而难堪。谁料此时她竟冒出句死不讲理的"臭顶快"来:"有道是老天爷不灭我张门的后,我老汉要生哩,要养哩,你可就是管不住!"

一出简简单单的戏,把人们逗得哄堂大笑。张老汉没文化、少修养,朴实憨厚却又风趣幽默的个性让丁果仙琢磨透了,从而刻画得活灵活现、妙趣横生。

花艳君如痴如醉,从大师身上学到了用金钱淘换不来的"真才实艺"与敬业精神。

七个戏过完,在太原大中剧院先演一遍,效果出人意料的理想。

起程前,确定团长丁果仙,副团长郭凤英,书记石飞,艺委会除上述领导外,还吸收鼓师白晋山、陈晋元,琴师田九云、武立伟等。

首站天津,先后在中国大剧院、新华剧院和南市剧院演出,剧目有《打金枝》《清风亭》《反徐州》《北天门》《南天门》《法门寺》《凤仪亭》等。即便已过去整整二十年了,"北洋""新欣"争抢果子红的故事,在不少戏迷的心目中仍记忆犹新。过去的美好记忆,加之新人新戏新创意,倾倒广大观众乃至专家与领导,绝非奢望。

天津市文联、文化局设宴款待,组织游园联欢活动,观看了河北梆子剧团王玉磐和著名评剧演员鲜灵霞的演出,并进行了艺术交流。

当时,山西省的音乐工作者夏洪飞正在天津音乐学院深造,经其介绍,剧团到学校作了专场演出。上午帽儿戏马玉楼主演《斩子》,接下来是郭凤英的《汲水》,最后是丁果仙与花艳君的《走雪山》。全场观众自始至终情绪热烈。

中午,学院盛情款待大家,学院领导提出下午再演一场,并进行录制以作日后的教学资料用。这可难住了丁果仙,因为晚场还要在中国大剧院演出。一天连续主演三场,她的确承受不了。可是人家如此恳切相求,岂能拒绝?再三斟酌之后,想出了变通办法:郭凤英与马玉楼合演《调寇》,花艳君主演《教子》,她配演家院薛保。

"二姨妈,我怕……"花艳君不敢接受。

"你怕甚!"丁果仙明知故问。

"我是来给你配戏的,怎反倒让你来配我?"

"谁规定来,只能你给我配,就不能我给你配?"

"我实在担当不起。"

"有何担当不起,你演三娘王春娥,我扮家人老薛保,这是戏文写定的,也是行当决定的,既不是你争,也不是我让,这就叫合作。"

花艳君再无话可辩,心里热辣辣的,除了感激,更有压力。

技艺日臻成熟的花艳君,唱念表演声情并茂,引来师生们发自内心地鼓掌、喝彩。

丁果仙演配角,既不抢戏,也不让戏。挨到她的道白"搬把椅儿檐前坐,听三娘教子待如何"时,她真的搬了把椅子坐在台角。一般演员多溜场下去,否则无言无为之戏难堪呀!而她却聚精会神,面部表情随着三娘的言行相应变化。当三娘大段道白念完之后,她伸出大拇指,押着锣鼓点"比比太",心悦诚服地一举,手眼身法随意而为,简单得不能再简单,明白得不能再明白,却引得师生产生共鸣,并报之以此起彼伏的喝彩。

戏演毕,花艳君激动的心情难以平复。丁果仙深晓其意,满面堆笑说道:"艳君,怎么样?你叫了好,我也没白演。啥叫配合?配得好才结合,合得来才好配呀!"

丁果仙喜欢花艳君,一则缘于义妹邱凤英的托孤;再者艳君本人机灵开窍,和自己配合得当。丁果仙让艳君与自己同居一室,至于丈夫任秀峰,反倒置之"房外"了。

花艳君对二姨妈、丁大师崇仰感恩,除了在台上一心一意配好戏而外,到了台下端茶奉水、脱靴整衣,乃至铺床叠被、洗衣买饭等等都替二姨妈打理到了。演员讲究"三白",白袖、白领、白靴底。这些琐事花艳君从小就谨遵师命,决不敷衍;而今能在大师姨妈身上尽份孝心,也可算是告慰养母了。

此时,牛桂英完成了赴朝慰问任务,太原市文化局杨秋实科长奉命前往沈阳,与辽宁省文化局接洽,妥善安排了其在当地的公演和交流活动,之后杨科长又接上级任务:赴天津办理红风京剧团到太原落户事宜。恰逢丁果仙正在天津带团演出,于是杨科长便就又带领丁果仙在市内交流拜访。再说牛桂英得悉自己赴朝之后,花艳君与丁果仙配合得很好,她也就放心了。

赴天津演出产生轰动效应后,丁果仙一行又转赴北京。时值五一国际劳动节,首都将举办大规模游行,剧团应邀参与其中。是日,丁果仙与花艳君相携,又一次登上了天安门贵宾观礼台。

五月十七日,丁果仙与花艳君应邀参加了在中南海紫光阁召开的昆剧《十五贯》座谈会。紧接着又参加了中国剧协举行的欢迎粤剧名家马师曾与红线女香港归来的联欢会,并与花艳君合演了《走雪山》。又在广和、长安、民主等剧场演出,轰动效应不亚于津门。

在长安剧场演出《屈原》，牛桂英的角色婵娟由刘淑俊代演，并特邀原著作者郭沫若观看指导。丁果仙做了简单的介绍："剧本是西安剧作家姜炳泰根据您的原著改编的，我们从秦腔移植过来。我的屈原演得不好，请郭老多多批评指教。"

"不错不错。从改编到演出都很好，音乐舞美、服饰道具皆有创意，推陈出新大有成果，百尺竿头望再创辉煌。"郭老的鼓励，给了大家大胆改革的勇气。

在广和演出《卖画劈门》前，丁果仙找了全国剧协首脑张庚、郭汉城去请齐白石老人，随从的有任秀峰、花艳君、白桂英与李瑞珍。

西城区南锣鼓巷雨儿胡同十三号，高门大院，山水廊亭，鸟语花香。屋内书琴棋剑，琳琅满目。白石老人精神矍铄，谈笑风生，热情欢迎来客。山西籍入室弟子杨秀珍代师操劳，茗茶款待。任秀峰主动介绍自己是丁果仙的丈夫，果子红须生泰斗如何如何。若非丁果仙狠瞪他两眼，又不知他要出什么洋相。

约好白石老人届时亲临观看之后，丁果仙坐东宴请白石老人，席间十分和洽。宴后，众人将白石老人送回府第，主客合影留念。

第二天，白石老人在孙媳与杨秀珍的陪同下观看了《卖画劈门》，并上台当面向丁果仙祝贺：演艺娴熟，画作可嘉。

后应中央党校邀请，剧团在学校礼堂演出了《蝴蝶杯》。通常，前部交代情节的戏，都由二路须生代演，直至"五堂会审"，头套须生才出场。可这次丁果仙从头演到尾，她说前面不演，后头感情接不上。

在《投县》一场，丁果仙所饰田知县，不同意夫人明知故问，盘查渔家女子胡凤莲与自己儿子田玉川，同处一叶小舟，整夜如何度过；却又碍于未来儿媳在场，难以明言，只好通过眉目传情。丁果仙与花艳君的细腻表演，幽默诙谐，别有妙趣，不时博得台下阵阵掌声。

观看演出的都是高级干部，一位公安部部长提出请求：到公安礼堂再演一场。剧团应邀前往，演出效果极佳。剧目除《蝴蝶杯》外，又加了花艳君与刘致和合演的《秦香莲》。在新中国刚刚成立的五十年代，也有一些类似情况，所以看戏的干部和家属无不动容。

借古以鉴今。演出结束后，还组织了家属座谈会。大家在赞赏戏艺娴熟、表演动人之余，发自内心感叹，决心提高思想觉悟，捍卫妇女的权益，坚决抨击喜新厌旧、遗弃糟糠的不良行为，杜绝悲剧重演。

北京演出结束后，剧团应邀到中央人民广播电台，为丁果仙主演的《空城计》录音。当录至报子三报时，演员王子义因紧张过度，误念台词："禀师爷！诸葛亮倒退四十里。"

剧团中有人发现报错了，本应是"司马懿领兵倒退数十里"，可没敢吭声，而电台人员不太熟悉本剧，因而未能发现。

待到录完，有人说："二货（王子义乳名）哥，你出啥洋相？把司马懿换成诸葛亮？"

"不能吧！"王子义不信。

一回放，果然是错了。重录则时间不允许，只好作废。大家的酬金却都拿到了手，多少不一，最低也领了八元，下一顿馆子绰绰有余。

对于师兄王子义的失误，丁果仙没发一言。说有何用？只能怪自己，一路顺风顺水，胜利之中放松了警惕，没及时检点。

津、京演出，以大好形势下的小小不足画上了句号。返回途中，先是在河北保定，应邀参观了河北省戏曲学校。这学校开办不久，只有两个专业，一个是河北梆子，一个是晋剧。丁果仙由衷感慨：素有晋剧第二故乡的张家口，不愁后继无人了。之后演出《双罗衫》，竟然又出了意外——发生了一件不算太大也不算太小的事故。丁果仙饰姚达，郭凤英饰徐继祖。这出戏专门展露转茶碗的绝活，却偏偏杯子掉到台上。一向遇事不慌的丁果仙，这回却乱了套。强作镇静，硬住脸皮应付下来。一到后台，就找郭凤英理论，说她茶碗没放好。郭凤英却说她盘子没耍好。

小郭不仅不认错，反而说老丁自己耍不好埋怨别人，竟然委屈得哭泣不止。此时的老丁有气无处撒，便找到管道具的老箱倌张吉祥发起火来："好好的茶碗你磨它干啥？你闲得没事干，不会洗黑炭去！真丢死人了，你是专心要我的好看！"

张吉祥敢怒不敢言，干了一辈子也没受过如此窝囊气，有苦无处诉，便真的拿了块黑炭洗起来。

围观的人越来越多，丁果仙一筹莫展，只好躲回屋内自怨自艾——前气未消，更添后气。转茶碗绝技，看似一人行为，实须两人密切配合，这苦何处倾诉，找谁评说？只好听任苦泪往自己肚里流。

此后，张吉祥洗黑炭的故事不胫而走。

人无完人。这就是真实的丁果仙，美中欠足，才让人觉得可爱可亲，可怜可敬，可睹可议，可鉴可学。

两起事故按说无关大局，但对争强好胜、禁不得失败的丁果仙来说，无异当头一棒、五雷轰顶。接下来在石家庄、井陉、阳泉，她再也抖擞不起精神来了。

十　西巡日多事秋喜忧参半
　　　东返时形势变风雨欲来

一九五七年三月初，丁果仙以全国政协委员的身份，去北京参加全国政协二届三次会议，并即席发言：

主席、各位委员：

　　我听了周总理和李副总理的报告，以及陈副主席政协常务委员会的工作报告，我完全同意并拥护。

　　我是一个晋剧演员，愿就戏剧工作方面谈一谈。

　　一、百花齐放，百家争鸣

　　……为工农兵服务，为社会主义服务。我们有缺点，例如一九五六年，太原市的剧团为基建工地、厂矿演出三百六十场，为农村演出二百二十五场，为部队演出八十八场。市内剧场演出一千五百六十一场，市外剧场演出七百八十六场。全年共演出三千零二十场，其中为工农兵演出六百七十三场，还不足五分之一。这就说明我们深入工农兵方面还不够，今后对此方面要加注意。

　　二、增产节约，勤俭演戏

　　我们有些剧团，发生一种偏向，好铺张。每排一个戏，好以灯光布景取胜。花钱很多，但是下乡下厂时带不动，舞台小也放不下，没灯光又演不成。花了许多钱，费了好多力，下乡发生了困难，不能深入群众。今后我们要精简节约，勤俭演戏，除了通过戏剧宣传精简节约、勤俭建国这一政治任务之外，还要在政治性、思想性、艺术性方面下功夫，把质量提高，不铺张浪费，把戏演好。

三、团结老艺人，培养青年一代

……老艺人们在发掘传统剧目中，发挥了积极作用，青年演员改变了对老艺人不尊重的思想。我们山西四十三个剧种，发掘出传统剧目一千八百三十七个，其中晋剧六百六十八个——初步分类，有久不上演、将要失传的二百三十二个，找不到剧本的二百六十九个，一般流行的一百六十七个。太原市晋剧一、二、三团恢复上演了七十一个。我们感到做得还差，今后还要继续发掘。

我们又感觉培养青年演员是一项重要工作，如果不特别培养，青年演员难以成长。我们考虑成立青年演员支队……又计划把晋剧训练班改为正规的晋剧学校……

最后，我愿意向全国的兄弟剧种学习，互相联系，互相支援，更好地为社会主义建设服务。

祝大会胜利成功！各位委员身体健康！

一九五七年三月八日

从北京开会回来，向领导做了汇报，正好又赶上太原市第二届戏曲会演，丁果仙带领市晋剧一分团参加，并传达了全国政协会议精神。

四月十八日，丁果仙、花艳君与省、市文化局领导江萍、寒声、王易风、张焕等，到太原火车站欢迎应邀前来参观山西省第二届戏曲观摩演出大会的程砚秋一行。老友重逢，丁果仙自是不胜欣喜，设宴款待，以尽东道主之谊。

以丁果仙为团长的太原市代表团，参加省二届戏曲会演，剧目有丁果仙与牛桂英合演的《走雪山》《算粮》以及丁果仙与郭凤英合演的《详状》等，均获殊荣。

同年五月一日，丁果仙参加了太原市戏剧学校成立大会，荣任首任校长，并与全体师生员工合影留念。

六月份，丁果仙将赴西安等地巡演，之前须将重点剧目排演准备一番。在和平剧院演出《空城计》，发生了一起令丁果仙与众人都不愉快的事情。

《空城计》为最后一出大轴戏，当丁果仙唱到"我有的羔羊美酒、美酒羔羊犒赏——三军"时，落到了黑处（应落到木头上，称为红处）。

全戏演完，丁果仙回到后台，妆没卸，脸没洗，便吩咐把后门关上，召开全体人员会议，追究方才"落到黑处"的责任。白晋山明知底里却不出声，只是背转脸对着众人嘻嘻直笑。丁果仙见都不发言，便指着打木头的张兰秀问道："你们怎么打的？本来嘛就应该是这样……这样……"她一边说道，一边做着示范。

"你打了十几年木头，到了也把不住个节奏，你说你能做啥？长得高高大大，会打个篮球，还是个中锋，可就是没个范儿，像个软棉花！"丁果仙似乎有点小题大做了，且本来明知问题在打板的白晋山身上，情知他不好说话，就在兰秀身上发泄起来，进而又从打木头扯到打篮球上。

本来她是领导，工作全面抓，很支持篮球运动，还组织了球队：陈晋元队长打前锋，进球准；张兰秀个子大，打中锋；此外还有刘永年、林惠民、闫巨才、范沛霖、孟佩珍、田希武、祁云等。买的运动服，照的集体像；剧团走到哪儿，篮球打到哪儿。她又喜欢看球赛，赢了请大家吃喝；若是看见要输，她便早早地悄然离去。

原本《空城计》一句唱腔落到黑处，不算大问题，戏也没演砸，下来与鼓师一沟通，就啥事也没了。她却找住个不敢吭气的软棉花兰秀，数落上个没完。一来半夜已过，二来与多数人无关，个别人悄悄地从前台溜走了。

白晋山对丁果仙只顾演人物、不注重梆板的观点从来就不赞成，加之年轻气盛，故而绝不主动让步。

好在有剧务闫成禄、外交孟佩珍等站出来和稀泥，总算把一场不该发生的纠葛压下去了，但也埋下了隐患。从此，张兰秀也如同洗黑炭的张吉祥一样，得了个"软棉花"的绰号。

刚进六月，太原市晋剧一分团踏上了"西巡"的征途。晋南行署驻地临汾，闹市街头，晋剧电影《打金枝》剧团即日献艺的海报十分醒目。人民大礼堂前人头攒动，前三场戏票已抢购一空。丁果仙等当然不敢掉以轻心，演出也达到了预期效果。

蒲剧名家阎逢春、王秀兰、张庆奎、筱月来、筱爱娜等偕同来访，丁果仙抱着相互学习交流的态度，提请专门演出蒲剧《打金枝》，对方欣然应诺。阎逢春扮唐王，王秀兰扮金枝，筱爱娜扮沈后，原云龙扮郭暖。演的认真，看的用心。专署文化局局长邓焰还主持召开了座谈会，双方畅所欲言，气氛十分热烈。

七月一日到达古都西安，丁果仙初来乍到，满目新鲜。大街小巷正南直北，东通西达，整整齐齐，宽宽绰绰，全然画图一般，比首都北京也方正气派。由此而联想到自己所演剧目，如《打金枝》《凤仪亭》《法门寺》《西游记》《太白醉写》等都发生在这里。不过，"旧时王谢堂前燕"早已"飞入寻常百姓家"，帝王的封建统治时代早已一去不复返了，由劳动人民书写的历史掀开了新的篇章。

人民剧场位于繁华闹市，飞檐斗拱，画栋雕梁，场内冬暖夏凉，人造皮革包的座位上铺着凉席。西安的山西老乡不少，秦晋交好由来已久，剧曲原本同出一源，而之前电影《打金枝》的放映，起到了很好的宣传效果，所以观众之踊跃自不待言。

　　三伏天之西安，暑热难捱；但观众没有因汗流浃背而兴致稍减，演员们更是加倍认真，毫无怨言。剧场效果十分理想，光《打金枝》就连演十多场，此外还上演了《八件衣》《六月雪》《回龙阁》《北天门》《日月图》《黄鹤楼》《小宴》等剧。

　　剧团还为西安市文艺界专门演出丁果仙与牛桂英的《走山》，郭凤英与白翠云的《小宴》，陈晋萍与王秀兰的《游花园》。演员之间及其与文武场的配合，达到了可谓"一颗菜"的最佳状态。《西安日报》和《陕西日报》均刊登了记者、专家的通讯报道、评论文章。

　　一天下午，有个中年男人找到剧团，打问丁果仙，见面后他说："认不出来了？二姐，我是增旺。"

　　"增旺？三十年了，你走后，一直杳无音信……"

　　姐弟拥抱一起，在场的人都为之高兴。

　　正好这天丁果仙没戏，便与任秀峰、白桂英来到丁增旺家中。弟媳妇与两个半大不小的一儿一女又斟茶水，又切瓜果；丁果仙抱了侄儿抱侄女，分外亲切。

　　增旺向二姐诉说了中原混战后，自己如何随了冯玉祥的败兵在榆次坐上火车，来到西安。后来做起小本生意，去年社会主义改造高潮，成立了合作商店，他作为私方代表，工作也还顺当，日子过得比较宽松；只是生意忙，管理严，腾不出空闲来回山西老家……

　　丁果仙安抚兄弟，要好好工作，一定要把领导分配的任务完成好；孩子们也要管教好，让他们学会自力更生、艰苦奋斗。至于老家，大人们都不在了。如今社会好了，四海为家，哪里过惯哪里好。说着话她让任秀峰给两个孩子一人一张当年最大的五元大票子，算是姑姑、姑父的一点心意——要娃娃们买点纸墨笔砚，学习用品，好好学习。

　　时辰不早了，亲人依依惜别。返回的路上，白桂英百思不解，好奇地问道："奶奶，这个老舅舅是亲的吗？怎么从没听说过。"

　　"唉，是亲的，也是抱的。十六七当兵走了，都以为他早不在人世了，想不到今天异地重逢，这是老天爷的安排啊！"

　　姐弟久别相见，丁果仙不禁勾起二十年前的往事，长夜难眠。

　　在西安演出《空城计》时，又在"犒赏三军"时落到黑处，原因应比在太原时更加复杂。最沉不住气的是兰秀，吃一顿狠训是注定不免的了。岂料丁果仙异常平静，到了后台气也没吭，只是找到杨秋实科长说要返回太原，无论如何也不在西安待下去了，说着说着便哭上没完。

这对市文化局戏剧科杨科长来说，无疑是个天大的难题。丁果仙既是团长，又是领衔的王牌，她走了这戏怎么演，与人家西安怎么交流，回去又怎么交代领导？好在科长阅历丰富，又素为丁大师所敬重，在科长晓之以理，动之以情，并强调巡演实乃政治任务，须以大局为重，万不可因小失大的劝说下，丁大师才不再坚持。杨科长继续劝说，有了矛盾解决不好，也回避不了，今后咋办？其实问题之所以一而再地发生，一则是因为打木头的兰秀发毛，二则打板的白晋山与你也有分歧，问题的根源是平时沟通不够；得心平气和，开诚布公，细细商谈，不宜三堂会审，当面理论，更不能小题大做，大局为重啊。

明人不用重敲，丁果仙痛定思痛，也觉得自己有一定责任。尽管没有完全想通，但也无可奈何，只能权且放下。

交流演出照常进行，西安易俗社的秦腔表演有刘毓中的《祭灵》，宋上华与杨令俗的《龙门夺》（又名《坐窑》），王天民的《洞房》，以及筱若兰等青年演员的大本戏《夺锦楼》，皆技艺非凡。

此外，尚友社李正敏的《算粮》；三意社苏育民的《打柴训弟》，孟遏云的《五典坡》；狮吼豫剧团的《王佐断臂》等，都有绝活，各具特色。真叫山外有山，天外有天，晋剧团上下无不大开眼界，饱享耳目之福。

上述名家都曾在全国首届戏曲观摩会演中获奖，他们也都是丁果仙的老朋友，因此刘毓中、苏育民以及孟遏云与樊粹庭夫妇，皆设宴款待山西来的朋友，西安名吃羊肉泡馍当然是少不了的。热忱与友谊都永远定格在合影留念照上。

时逢成都川剧二团由京演出返回，途经西安演出《谭记儿》与《秋江》等剧目，丁果仙等应邀观瞻，随赠"喜相逢、羡芙蓉"锦旗一面。此行丁果仙不仅结识了李笑非等著名演员还认识了其领导林捷。林捷，山西临县人，早年参加晋绥七月剧社，后随军南下，留任成都文化局。老乡遇老乡，格外亲切。

西安市文化局为两地剧团组织游览联欢，在杨玉环沐浴的华清池和"双十二事变"的捉蒋亭，人们都尽情畅想，留下了多少欢声笑语。丁果仙日前的不快，似乎也被冲淡了。

临别时，杨科长与林捷深情道别，并索得《谭记儿》剧本，为来年纪念关汉卿诞辰七百五十周年提前作了准备，更为晋川艺术交流拉开了序幕。

最后，剧团应西安空军基地之邀请，在骊山脚下飞机场演出两场。空军基地的招待热情非常，并破例让大家参观了停在机场上唯一的一架绿色战斗机——小得只能乘坐一人。尽管不能登机操纵，却也是难得的机会。

食堂饭菜丰盛，实惠可口；住宿虽是平房，但整洁舒适。丁果仙、牛桂英、郭凤英与杨秋实、任秀峰，都被安排住贵宾单间。

一天饭后午休，丁果仙躺在床上，边吸烟边回忆，不知不觉进入梦乡。空军领导来访，众人皆出外迎接。有人闻到一股烧焦的烟气味，丁果仙猛然醒悟，急步回屋，床上已冒起浓烟火苗。有人眼疾手快，提起茶壶迅速浇上去，已烧透褥垫的火苗遂被扑灭，终未酿成大祸。

丁果仙找杨科长一再检讨，且坚决照价赔偿。杨与空军领导商榷后认为：无心之错，不必耿耿于怀。

对于丁果仙来说，如此"灾连祸接"，难堪与懊恼无以名状。因而当日之《反徐州》与次日的《打金枝》，虽属演滥了的戏，却也未能发挥出应有之水平。

八月三日，西安市文化局组织其所属剧团与剧院的五六十人，在火车站举行了隆重的欢送仪式。太原市晋剧一分团在友人的欢呼与汽笛长鸣声中，辞别西安。不知由于何故，丁果仙与任秀峰中途下车之后，竟然误了上车。多少人将头探出车窗外吼喊，俱无济于事。

一路上人们议论不止：是兴奋，是懊恼；是无意，是有心？莫衷一是。

最感不安的要数杨科长，老丁"丢"了，全团的重担自然就落在了他的肩上，何况若有个万一……

虽说有乘客落乘，但火车行程不乱，正点到达洛阳。当地文化局与剧场有关人员早已等候多时。时值午后，天热人困，大名鼎鼎的须生泰斗不曾露面，对方也未能觉察。当日晚上首场，也未要求丁果仙打头。

杨科长不显山、不露水度过一关，但通宵难能熟睡。他在为明天日场的《打金枝》发愁，万一老丁到时不见，他人取代，如何交代得了观众！

次日九点已过，杨科长正在焦急万分之时，丁、任夫妇匆匆赶至演出地点——洛阳拖拉机厂俱乐部。

杨科长急问："日场《打金枝》，老丁如果……"

"行！全怪我俩粗心大意，让杨科长操心了。"丁果仙说罢便化妆去了。

一起令人揪心的事故，暂且就此了结。当日，丁果仙基本上处于竭力应付的状态，演出实难抖擞精神。其后，什么龙门石窟、千年牡丹，都不能令她打起精神。

郑州是此行仅次于西安的重要一站。河南省文化局、省剧协和郑州市文化局有关领导，以及剧团、剧场等戏曲界知名人士都到火车站迎接丁果仙一行。业务演出，艺术交流；副省长亲自接见，并在金水河交际处设宴招待；省剧协组织座谈；省豫剧院举行联欢；《河南日报》连载评论报道……自始至终都比较顺利。

之后的新乡、安阳、邯郸、邢台、石家庄，以及井陉、阳泉等地演出交流、座谈参观诸多活动，丁果仙大多苦于应付。一向求知若渴、虚怀若谷的她，好像换了个人，对什么都失去了兴趣，终日心事重重，闷闷不乐，似乎有什么难言的心事。

　　背地里，好事者议论着。此时，反右整风运动愈来愈激烈，联想到杨秋实科长的被提前召回，众人皆怕是什么不祥之兆。事实上，太原的反右也将轰轰烈烈，而运动的矛头，皆集中在白晋山等人身上。

第八章 丰硕金秋

一　众名流遭管制反右扩大
　　悯同道救不得难挽狂澜

　　新中国经过抗美援朝的伟大胜利、"一五计划"的顺利实施以及社会主义改造的迅速完成，社会稳定，经济繁荣。但在科学文化领域仍然存在着某些"左"的倾向，"打棍子""扣帽子"的情况时有发生。

　　针对上述形势，一九五六年，毛泽东在政治局扩大会议上作了《论十大关系》的报告；一九五七年又在最高国务会议第十一次（扩大）会议上做了题为《关于正确处理人民内部矛盾的问题》的重要讲话，提出了"百花齐放、百家争鸣"的"双百"方针。中央宣传部陆定一部长向知识分子作了传达，提倡在文学艺术和科学研究工作中，有独立思考的自由，有辩论的自由，有创作批评的自由，有发表自己意见、坚持自己意见和保留自己意见的自由。

　　一九五七年，《人民日报》刊载中共中央《关于整风运动的指示》，决定在全党开展以反官僚主义、反宗派主义、反主观主义为内容的整风运动，号召党外民主人士"鸣放"，鼓励群众向党和政府提意见，帮助共产党整风。

　　于是各界人士，主要是知识分子，开始表达自己的不满或提出自己的建议。新闻界也密切配合，刊登各种声音，称之为"大鸣大放"。

　　山西太原同全国一样，反右运动轰轰烈烈。市文化局领导张玉田任反右领导工作组组长。戏曲团体系统工作组组长李子恒，系由中国人民解放军调来，原任六十三军少校团长。

　　丁果仙的晋剧一团，十月份西巡演出归来，一边演出，一边集中开会学文件，分组讨论。进入高潮阶段，便停止了演出，整天连夜搞运动，鼓励大家充分利用大鸣、大放、大字报、大辩论的四大武器，开展批评与自我批评，重点是给领导提意见。

但很快矛头就指向白晋山,而表现特别积极的竟然有其大兄哥陈××。在今天看来,似乎有点不能理解;然而在以政治挂帅、阶级斗争为纲的特殊历史时期,作为思想上积极要求进步,并被列为重点培养的入党对象,似乎只能如此。一些被批判的当事人也能够理解并接受,甚至愿意认真检讨自己的错误。

丁果仙是一团之长,更是坚决跟党走、积极要求入党的进步人士,在如此大是大非的政治运动面前,诚惶诚恐、尽心尽职与工作组配合,应是不言而喻的。至于说大公无私,抑或假公济私,这些断然的结论,未免失之简单、偏颇。人心是复杂的,思想是变化的,有时甚至连自己也说不清楚。

一九五八年春节过后,反右运动结束。工作组当众宣布:白晋山为极右分子,右派分子有郭也文、范沛霖与周佳云,郭凤英是没有戴上帽子的右派。

人们不禁惊讶,怎么会是这样的结果?右派是有标准的呀!一、反对社会主义制度;二、反对无产阶级专政;三、反对党的领导;四、煽动群众反党、反政府;五、组织或参加反党、反社会主义小集团;六、为右派分子出主意,或拉关系、通情报。简言之,反对党及其政策是右派,其中领导人物为极右分子。

问题的关键是,文件制订在中央,具体执行在地方,而要命的"灵活掌握"在基层工作组。

白晋山究竟符合哪一条?他是反党的领导人物吗?这要看怎么解释。

白晋山在戏剧界的艺术权威是公认的,他又年轻气傲,不太尊重领导,对人对事也比较直接;关键在于他是副团长兼工会主席,接受了上级任务便组织发动职工,发动群众提意见。有的说团长脾气不好,态度粗暴,有戏霸作风;有的更指出具体事实:叫了好,大家都好,叫不了好,就当众摔摔打打、骂骂咧咧;还有的说团长动不动就开大会,追究责任,等等。

白晋山要代表大家反映意见给工作组,张焕局长提醒他说:"丁果仙是团长,是为党工作,提意见可一定要慎重啊!"

"我是工会主席,职工要我向上反映意见,我不能不反映呀!"一天到晚把心思放在鼓板艺术上的白晋山,哪儿有工夫研究政治策略,更不会去深思熟虑、谨言慎行。

果然,工作组将他代表大家反映的意见,都记在了他个人的头上——因为你自己肯定也是同意的。丁果仙身为团长,领导剧团是代表党,为党工作;反对丁果仙,就是反对党。在狠抓阶级斗争新动向的当时,如此牵强附会上纲上线的荒诞逻辑,似乎并没有什么不妥。

说到陈××给妹夫提的意见,则更令人啼笑皆非:母亲病重,他叫我每天早点回来,陪伴伺候,不要过分地工作劳累,说斯大林就是脑溢血死的——他这就是对我不满,恶毒攻击国际无产阶级的伟大领袖。

白晋山被送往贯家峪煤矿劳动教养,一同去的还有其"高参"郭也文、追随者范沛霖。不过他们去后并没太受制,一直在搞业余剧团,颇得难友们的尊重。他们倒是苦中作乐,悟出了不少人生真谛。

周佳云则不然,他颇有文化,自尊心又极强,被打成右派后,调市二团监督劳动,打扫厕所。他不堪凌辱,一咬牙,又不顾家小,便跳进海子(文瀛湖)自尽了。

此外,郭凤英算右派分子的另类,因为她无论如何达不到右派标准,只能划为不戴帽子的右派,也即不够资格的右派分子。

与此同时,太原市晋剧二团被打成右派的有张宝魁、张美琴夫妇和王仲甫等。当时,几乎百分之百的民盟会员都被划为右派,当然他们也不可能例外。

一九五八年夏,反右整风告一段落。中央认识到扩大化带来的不良影响,很快果断地由思想政治上的反右,转移到经济建设上来。

运动结束了,丁果仙的思考并没有结束。有些人说这场运动来得猛,走得快,虎头蛇尾,她却不以为然。快快早些完了好,士农工商唱戏的,该干啥干啥,不能老运动,那不成运动员了?说到团里,咱是当家人,一团之主。白晋山反映意见也好,众人提出批评也罢,说自己霸道、脾气不好、性子暴,全是事实,咱的的确确有这毛病;可到头来没叫咱做检查,挨批评,反倒把人家抓起来了,还送进了监牢,这不全拧了?!白晋山也是人,年轻气傲,缺点不少,有差错批点批点、敲打敲打,认了就好,改了也就算了。人家艺高本事大,别人比不了,团里也需要他呀!上级做决定怎么就和《打金枝》的唐王完全不一样?纵然白晋山比不了郭驸马,可总是人民内部矛盾呀!如此闹腾,怎么能不叫众人说咱六亲不认、借公谋私、打击报复呢?唱戏常说"心问口口问心",摸摸良心问问自己,这样做法连自己都想不明白。

不过,有一条她却十分明白:凡是党中央毛主席决定了的,明白不明白,都必须照着办。今天不明白,也许改日自然就明白了。

二　与梅师同车宣传总路线
　　共名宿联袂纪念关汉卿

　　一九五八年反右运动匆匆结束，对于丁果仙来说，想不清弄不明的反右运动过去了，她也很快转入演出带排戏，狠抓业务的新阶段。

　　首先恢复多年不演的现代戏《小女婿》，牛桂英等主要演员没变。丁果仙改演喜儿妈，陈快腿由玉兰旦张万顺扮演。当年物色不到小女婿的合适人选，如今有了市戏校，则可任意挑选，于是便调来了年方十五，身高不足一米五，跑流程也嫌不够资格的小罗煜。

　　首演在和平剧场，是夜场，谁也没料到又出现了与七年前演出时同样的故事：躺在床上的小女婿又一次进入了梦乡。幸好在台上看戏的闫慧贞眼疾手快，捡起竹竿隔着幕布把罗煜捅醒，迷迷糊糊的小女婿猛醒急喊："尿呀！"假戏真演，观众不仅没看出破绽，反而为小演员的"入戏"报以热烈的掌声。

　　玉兰旦演陈快腿原本当行，兼之有丁大师的样板做参照，唯利是图、油腔滑调的媒婆嘴脸被她刻画得即便和丁大师的比也毫不逊色。

　　至于丁果仙演的田喜儿他妈，更是博得碰头彩、表演彩，一白一唱到处彩，无须赘述。

　　观众交口称赞，新排的现代戏《小女婿》越看越有看头。

　　与此同时，丁果仙还惦记着戏校娃娃们的成长。去年五月一日，戏训班升级为戏校，后来市里派字青萍任校长，主持工作，她成了名誉校长，可她该管的照样管。为了让学生们多实践，她提请张局长和刘市长把打成右派的张宝魁夫妇借出来，请他们抓学生们的排练，一天三上班，学生们果然大有进步。

　　为展示办校成果，学生们还在山西大剧院，向省、市领导做了汇报演出。

演出时，坐在前排正中的王大任、郑林与刘舒侠、张焕以及丁、牛、郭等名家，谈笑风生，喜悦与欣慰之情溢于言表——孩子们底功扎实、套路娴熟，表演虽稚嫩却不失精致。

武忠、秦银环、田桂兰、郝付、魏福喜等合演的《打金枝》，吕铁城与张友莲的《打店》，李祖英与贠万民的《双锁山》等，一个个有模有样，充分显示出晋剧事业人才济济、生机勃勃的新气象。

晋昆《草坡》是老艺人狮子黑乔国瑞的代表作，多年来已不见演出。此次由郝付、苗秀茂、吕铁城与邢尚诚、王树池、魏福喜、赵贵宝等分别饰四将四兵；李友银司鼓，张步昌操琴。崭新的人，崭新的戏，崭新的服饰，崭新的道具，优美的箫笛曲调，鲜明的爱国主题，施技于艺，寓教于乐，倾倒了观众，震惊了专家。领导和名家上台亲切祝贺，语重情长。师生们受到了极大鼓舞。

紧接着，省里召开劳模会，丁果仙主动献艺，师徒同台合演拿手剧目《空城计》，她演诸葛亮，刘致和演司马懿，苗秀茂扮下书人，代占寿与李瑞芳扮二琴童。演出十分顺利，剧场气氛异常热烈。大寨村的陈永贵书记主动到后台找到丁果仙说演得好，把他这个外行看迷了。

丁果仙高兴地说："能得到劳动模范的欢迎，是对师徒们的有力鞭策，我们一定不辜负希望，为工农兵服好务。"

一九五八年五月，梅兰芳率团在西安巡演，将辗转来并。省、市文化局颇为重视，组成接待组，省文化局副局长寒声、市文化局局长张玉田分别担任正副组长，即派市文化局办公室主任杨若时专程前往西安联络。

梅先生系全国人大代表，山西省交际处按照国家规定，安排其在迎泽宾馆下榻，并提供小卧车一辆。其随从人员有梅夫人福芝芳、次子葆玖与秘书许姬传和许源来等。

欢迎仪式并首场演出，选定在原鸣盛楼基础上建成的长风剧场举行。张玉田致欢迎词，八名市戏校小演员献花——当时省城尚无花店，故而专门从公园购来。

时值党的八届二中全会在京召开，毛主席提出"鼓足干劲，力争上游，多快好省地建设社会主义"的总路线，大会要求各地认真宣传。省、市文艺界大张旗鼓地组织游行。丁果仙与省市领导寒声、张玉田陪同梅兰芳，以及正在太原演出的北京人艺著名表演艺术家叶子等，一并站在敞篷汽车上，作为游行的先导，缓缓行进。由迎泽宾馆出发，自柳巷南路而钟楼街、按司街，直至解放路，再折回迎泽大街。夹道围观的民众人头攒动，如海似潮，满城竞传梅、丁二大师宣传总路线以及梅兰芳登台献艺的号外新闻。

梅兰芳是顶级的京剧大师，天南地北无人不知，广告宣传、报纸报道，再加上现如今的游行，轰动了省城内外。尽管票价降到不能再降，但甲票每张也要两块三毛，价钱是平常的两三倍，最便宜的丁票也得八角。可买票的人空前踊跃，为照顾零散观众，每人限购两张。不少人前一天晚上就排队购买，但仍然未能购到。于是竟然有人想出了一张戏票全家轮着看的可怜"高招"，因而中途出入座者比比皆是，弄得管理员哭笑不得，好在大家都通融、理解，秩序倒也井然。

接待组考虑到梅先生的人身安全，吩咐小车司机悄悄地将车开至后台门口，以避群众拥挤围观。岂料梅本人对此举措大不以为然，他说自己也是普通公民，既然人民群众喜欢自己，怎么能害怕与他们接触呢？

结果不出所料，剧院门口人山人海，人们争欲一睹。梅先生则笑容可掬，频频颔首，挥手致意。

不过，总还是免不了发生点小事故。有次在尖草坪文化宫为太钢工人演出，梅先生刚从小卧车上下来，久久等候的群众便从四面围了个水泄不通。尽管随同人士与剧场管理员竭力防护，梅先生的一只鞋还是被踩脱下来。围在最里边的人们自觉支撑，挤出空间，梅先生才得以把鞋穿好。工作人员极为歉疚，而大师本人却从容豁达，谈笑自若，反倒为自己与百姓鱼水情深而感欣慰。

演出期间，有一位买不到票的同志，想出寄信夹钱给宾馆并转梅兰芳亲收的高招，梅阅毕让秘书转交接待组处理。受理者觉得借信寄钱本不合理，再者也怕开此先例，效者不绝，故将原信经邮局退回。

过了两天，梅先生问起此事，杨秋实科长不得不如实相告。对方默不作声，似乎有点为寄信人将感到失望而内疚。实事求是地讲，此事件毕竟是千万之一，受理者若能以人为本，换位思维，与剧场管理者商榷，采取诸如"加楔贴对"[1]等特殊措施，处置一二额外观众，还是有周旋余地的。但在习惯循规蹈矩，恪守章程，决少灵活变通的年代，此举确也无可厚非。

为了适应太原这一重工业基地厂矿星罗棋布的特点，除在市内"长风"和"南北二宫"演出之外，刘舒侠市长有意请梅先生"送戏上门"到重点厂矿，安排了重机、白家庄、义井、迎新街等地影剧院、俱乐部乃至礼堂、露天剧场。这样就需要频繁搬运装卸舞台设备，陡然增添了剧团的劳动量。梅先生及剧团全体人员欣然同意并愉快地承受着，毫无怨言，都表示要以实际行动，向工人老大哥学习。

尽管接待组和剧场做了充分的准备，但限于当时的实际条件，演出中突然断

---

[1] 加楔贴对：二人挤一座或站在墙下之意。

电、台上台下顿时黑暗无光的尴尬场面还是未能完全避免。不过梅大师全不在意，耐心等待来电，继续一丝不苟演出。热情的观众对此更是习以为常，秩序自然不会因此而稍乱。

梅大师对艺术精益求精，对工作高度负责，他这种一心一意为工农兵服务的道德风范和高尚情操，赢得了太原人民的由衷敬佩。

在市文化局的组织安排下，丁果仙陪同梅先生观摩了市戏校的教学活动，并告诉梅先生即将在校园新址修建教学大楼以及学校未来发展的宏伟蓝图。她还陪同梅剧团人员游览了晋祠，领略了唐碑与周柏的风韵。梅先生有感而发，写下了《向英雄的太原告别》和《晋祠颂》长诗，发表于《山西日报》等媒体，成为留给太原人民的名篇墨宝。

晋祠颂

祠宇古矣生命则新百世名胜今归人民
悬瓮山高下有晋水光彩发扬根源在此
萦山带水蔚滋风物溯其往史由简而复
基础天成灿烂人功唐叔而降文物渐充
世运遭遇动荡何常艰辛保卫群力莫忘
祠内祠外八景以名人民公园扩大经营
我来太原乘暇光临游园骋目畅我胸怀
圣母有殿庄严瑰丽鱼沼飞梁先民智慧
周柏唐槐森森健在泉名难老涓涓万载
宋塑群像体态轻盈一颦一笑似述平生
或建筑精或艺术好名泉古木皆祖国宝
赏会之余更增心向万千福利成自解放
解放前后试一权衡昔徒浏览今裨民生
晋水入河灌田万顷电力工业赖此修绠
人杰地灵飞跃冲霄面貌丕焕还看今朝
我爱晋祠不宁怀古多识今代欢欣鼓舞
歌以颂之值此昌期巍峨三晋永固福基

继梅剧团之后，上海京剧院在麒麟童周信芳带领下，由上海出发从江南水乡到四川盆地，进而由西北高原来到历史悠久的并州。千里迢迢，送戏上门，热忱为工农兵服务，精神着实可嘉。

　　为了配合省城隆重纪念关汉卿剧作七百周年，周先生于演出之余，以饱满的创作热情赶排《单刀赴会》。尽管相对闭塞的太原，对大名鼎鼎的海派先生麒麟童不甚了解，以致票房不佳，剧场效果也欠理想，但大师毫无懈怠之意，从始至终，千方百计地要把戏演好。

　　六月二十八日，长风剧场"纪念世界文化名人、伟大戏剧家关汉卿戏剧创作七百年大会"的横标十分醒目，山西省文联副主席郝订发表简短讲话之后，首个演出的是石家庄河北梆子剧团的《窦娥冤》，周信芳《单刀赴会》压轴，最后是太原市晋剧一团的本戏《谭记儿》。丁果仙虽然只是饰演个少白没唱的家院，却也没稍减全场观众的关注与热情。

　　纪念会是一场戏剧盛宴，也是弘扬"关领袖铜豌豆"精神，繁荣文化的动员。在全国人民轰轰烈烈宣传总路线，力争上游的火红年代，太原文艺界为再创辉煌，鼓足了精神。

　　梅、周二位大师在太原的演出活动不算短暂，给了丁果仙极好的学习机会。无论同车游行，抑或同台演出，以及交流、参观与游览，他们的深厚学养与精湛演艺，乃至于一言一行、一招一式，无不给她留下难以磨灭的印记，尤其联想追溯到梅兰芳抗议日本强盗，蓄须明志的铮铮铁骨、凛凛气节，更觉肃然起敬。以往人们赞赏以女演男、以男演女，总将自己与梅大师相提并论，细细想来，自己所学无非形式皮毛而已，与梅大师相比自己实望尘莫及。从今往后，只有老老实实、恭恭敬敬，好好地向大师们学习，才可能不辜负领导和人民对自己的厚望。

三　工农兵"大炼钢铁齐跃进"
　　到晋中喜收弟子刘汉银

在"总路线"精神鼓舞下，工农业战线科学技术革命开展得轰轰烈烈，文化艺术领域也展开革命，大搞自编自演现代戏。晋南地区认真贯彻执行中央《创造社会主义新戏曲》指示精神，工作走在全省前列；尤其是临猗眉户剧团，长期以来坚持这一精神，已被树为全国的典型。

为此，山西省于一九五八年八月，在临汾召开了戏曲工作现场会，晋南地区文化局和临猗眉户剧团介绍了经验。丁果仙虚心学习，并即席发言——

各位领导、各位同志：

正当技术革命和文艺革命普遍开展的时候，我省的戏曲工作者，由四面八方汇合而来，聚集在临汾，参加现场会议，研究如何贯彻执行中央提出的"创造社会主义民族的新戏曲"的方针。这次会议，对全省的戏曲工作，定能产生重大的影响。我衷心地祝贺这次大会的胜利召开。

我们清楚地知道：在继承祖国戏曲优秀遗产的基础上，创造社会主义的，更加丰富、更加完满的，并为群众喜闻乐见的新戏曲，已经成为戏曲工作者必须完成的历史任务。在这方面，敬爱的晋南地区的戏曲工作者、同志们，已经领了先，做出了成绩，取得了宝贵的经验，成了我们的榜样。

我们太原市的全体戏曲工作者，一定要虚心地向他们学习。我们有信心，以总路线为灯塔，在省、市的领导下，争取迅速地赶上先进的晋南。

相信到会的各地区代表，也一定都抱着同样的态度和决心。

预祝大会胜利！敬祝各位同志身体健康！

开完现场会归来,"大炼钢铁运动"已经开始。丁果仙决心不掉队。在和平剧院演完夜场,不卸妆,带领全剧团人员前往太钢,深入到炼铁、炼钢和轧钢等车间,慰问工人老大哥。为了满足工人的要求,除清唱外,还与牛桂英、郭凤英反串《游花园》,丁果仙演妹妹凤英,女扮男装,赢得了不断的喝彩与阵阵的掌声。

工人三班倒,慰问不停歇。丁果仙实在唱不起来了,便演《蝴蝶杯·打子》,工人们感动得叫好不迭,丁果仙带领剧团人员高喊口号:"向工人老大哥学习""到第一线锻炼""工人阶级万岁"……

除了在城郊厂矿慰问,剧团还到区县送戏上门。在清徐县马峪公社,演出自编小戏《张老汉游公社》,反映公社化集体养猪大发展。丁果仙贴着苍胡须,罩着白手巾,扮演张老汉,边说边唱边表演,叙说着满圈小猪崽数不清,吃得欢,跑得快,分外喜人的新气象。

社员们齐声高喊:"果子红把农民老汉演活了!"两个小演员,又是拧旋子,又是小翻儿,把人们看呆了。

去晋南北马演出,下处扎在大队部,院里墙上满是标语。

丁果仙的目光停在"人有多大胆,地有多大产,放棵卫星飞上天"上,惊奇地念叨着:"木果,木果,这木果子到底是个啥东西,还能造卫星?"

郭凤英笑着给她解释:"木和果是一个字,写得分开了,该是个'棵',不是什么木果子。你自己是果子,就时时处处光想着什么果子!"

"这写字老先生也真是的,放的简简单单的个字不用,偏偏写个'棵'来捉弄人。"丁果仙自说自道,并向秘书张丽仙要过日记本来,抄在上面。同时还写下了她自己创作的"诗":

进北马,用目旺(望),北马的文章飞满墙。
他们的执(热)情实难忘,他们的干劲,比我们实在强。

老郭同志你不要乐,你我的文化差不多。
大胆想来大胆作(做),多快好省建设我们的新祖国。[1]

同年秋天,晋东南屯留水库竣工,丁果仙率团前往慰问,住在工地帐篷里。

---

[1] 括号内的字是张秘书后改的。

演出刚结束，就接到通知立即返回，有特殊任务。由于司机疲劳，行至太谷，方向打偏，大卡车开进道壕里，丁果仙头碰破了，找到县人民医院处置包扎后，赶回市里，因伤势太重，不能演出，只好回家休养。

时值古交钢铁厂上马，冶金建筑队伍和修路民工日夜奋战，厂子终于提前落成。庆功戏连唱两台，第一台是市二团，张美琴与花艳君合演的《急子回国》；第二台是丁果仙的市一团。负责接剧团的司机名叫崔喜元，小名石墩子，祖籍徐沟楚旺，是位传奇式的人物。他是个小戏迷、小八路、小长工，曾经走北京、闯关东、上拉萨……曲折坎坷而富有戏剧性的经历，在此不述；仅讲一讲古钢上马万事俱备、只欠东风一事。这事令众人对他刮目相看。

话说数以万计的技术劳动大军，日夜奋战，一切基本就绪，只一台二十五吨重的大功率变压器运不上来；因为当时只有载重十二吨的麻斯车。请来苏联专家论证，得出两个办法：一是须从国外调来相当吨位的直升机，二是可用载重二十五吨以上的大卡车——然而修路就得半年至八个月。

开炉点火在即，何以等得？

省委陶鲁笳书记亲临现场，主持召开"诸葛神仙会"，先领读毛主席语录："人民，只有人民才是创造历史的真正英雄。"而后，发动大家献计献策。崔喜元当场表态：只要有一批垫衬弹簧的檀木，另加二十名起重工，保证立马办到。

陶书记当即拍板。二十名起重工由太钢指派；至于檀木，原西南局李井泉书记，当年闹革命，打游击，与山西晋中人民有着血肉关系，找他必能办到。果然，不久檀木便由飞机航空运来。陶书记指示：万众一心，服从崔喜元同志指挥，限期七天，将变压器运至安装地点。沿路单位定当大力支援，并及时提供食宿方便。

结果崔喜元仅仅用了四小时，就用十二吨的麻斯车把二十五吨的"龙王爷"，从百里开外的北固碾二电厂平平安安运到了古钢。真正应验了当时人们的豪言壮语：中国人没有办不成的事！

点火成功，铁水奔流，钢花飞溅。庆功会上，特等功臣崔喜元披红戴花，自是预料之中的事。不过他的故事并未就此结束。

头台戏唱完就该市一团丁果仙的戏了，谁知接剧团的车走到半山腰就见一块巨石挡住了去路。崔喜元站在高处向修路的民工们喊道："这是陶书记批的戏，给大家庆功唱的。果子红丁大师，大家想看不想看？"

民工们异口同声，没有一个不想看的。

"想看就听我的。"

"好！"

他指挥人们用钢丝绳把大石拴牢，又叫来了拖拉机。拉的拉，推的推，人借机力，大山般的巨石，不得不给英雄们让开道路。

路是通了，可人们把丁果仙围得铁桶一般，非唱两段不得上山。

半山荒野，天寒风劲，丁果仙嗓子还正发炎，实在不敢应承。

人们看戏心切，甚而有人觉得不能理解，觉得剧团似乎有点没有过河就想拆桥的味道。

丁果仙也觉得人们的要求一点儿也不过分，只是自己尚有重任在身。

两难之际，还是崔喜元挺身而出，毛遂自荐："丁老师实在有点难处。我先给大伙儿唱上两句试试看，行不行？"

崔喜元已成了人们心目中的英雄，不光开车赢了苏联专家，眼下又要唱大戏——唱好唱赖，听听再说。

唱的是《蝴蝶杯》中江夏县八句二性，唱得民工们直叫好。丁果仙也不停地拍手称赞："哎呀，真好。你啥时候把我的艺儿都偷去了！"

"几十年了，在我心中一直有个丁老师，是你的唱腔撑着我走南闯北活过来的。"

就这样，丁果仙破格收了个业余徒弟。

在古交，除去到古钢庆功慰问外，还送戏上门到王封、冀家沟等山庄窝铺。汽车只能开到山下，剩余的路必须步行。丁果仙穿着小棉猴，套的厚棉裤，行动不便，体力难支，不得已，村里派来小毛驴。

她放大胆咬紧牙，被扶上小毛驴，上坡下沟，前颠后簸，右摇左晃。若不是高超的老把式驾驭，真不知要惹出什么麻烦来。

到了地头，吃住在老乡窑洞，土台子上点着麻油灯，棉花拧成的又粗又长的灯捻子，一个碗里四五条，长蛇般吞云吐雾，满世界黑烟，把人都熏蒙了，但她绝无怨言。

她和大家说，农民兄弟祖祖辈辈、长年累月生活在这里，不叫苦，我们还有什么理由不能接受呀！

紧接着到娄烦汾河水库慰问演出《周仁献嫂》，郭凤英饰周仁，刘仙玲饰周妻，白翠云饰嫂嫂，王桂叶饰杜文学。演出受到观众热烈欢迎。演至半夜返回时，走到西铭拐弯时，大卡车翻了，受伤的人不少，丁果仙鼻梁磕破了，肿得不轻，不得不住进煤矿医院。

在此期间，剧团还争分夺秒赶排了《红旗下的花朵》。剧本是张玉枢局长和李青萍校长编的，由张翔执导。剧中旧社会时段的女校长由马玉楼扮演，其身为地下工作者的丈夫由郝忠扮演，小女儿由刘惠兰扮演。丁果仙主演解放后的女校长，此时期女儿由白翠云接演。牛桂英饰教导主任，郭凤英配演B角。反派教师由刘仙玲担任，但怎么也演不像，只好由郭美英接替。团支书起初由米西治扮演，后来发现其年岁偏大，不太协调，才从市戏校调来苗秀茂。一起调来的还有充当学生的马兆录、罗煜、李瑞芳以及演奏员大提琴王桂兰、笛子庞万峰等。

学生们都没接触过现代戏，走没有走样，站不是站相，连上场下场也做不来。丁果仙除了到学校走访、体验，深入自己的角色外，还要辅导学生。

剧中有处开小组会的情节，苗秀茂心慌说错了台词："同学们的学习和劳动都很好，应该受到严重的……"说着说着卡壳了，自己憋不住笑了，大家也跟着哄笑起来。

"俺娃聪明，还会即兴编词儿哩！该当充分的肯定、热情的赞扬吧？"丁校长的幽默风趣，让同学们感受到了母亲般的温暖；接下来的开导，又使概无舞台经验的新手懂得了应对不测的方略，"无事不找事，有事不怕事。千万不能乱了方寸！沉住气慢慢来，就像真正在生活中一样，怎么做都不丢戏。记住，就是不能卡壳，自我暴露。"

为了赶进度，白天黑夜连轴转。有次带乐响排，从晚七点一直干到第二天早七点才算结束。丁校长招呼同学们："俺娃们辛苦了，老师请你们下馆子。"

她把学生们领进"清和元"喝头脑，问好不好。大家都没喝过，头一次实在觉得不是味，但嘴里不说心里话："真好！"

后来上的烧卖倒是真的好吃。不管真好假好，反正吃了个肚儿溜圆。

过了元旦，师生们参加了山西省现代戏曲会演，《红旗下的花朵》获得一致好评。不过，毕竟是"大跃进"的产物，存在局限性，夭折短命应是不以主观意志为转移的必然结果。

与此同时，晋中地区也举行了同样的会演评比，丁果仙应邀参加评议组，组长是省委宣传部部长黄志刚。在此，丁果仙遇上了农民出身、担任过村支书的须生演员刘汉银。

现代戏《小火车跑得快》，系盂县张副县长与县文化馆馆长合作编写的。在该剧中刘汉银扮演的是共青团委书记，一共八句乱弹：

红旗飘飘像火花，突击队今天要出发。
小火车开起来像赛马，全县的人民笑哈哈。
老支书是咱好当家，男女老少把他夸。

振作精神往前跨，不达目标不回家。

　　他大流水转二流水，结尾来了个拔撩子，正如台词末句一样，不达目标——要不了好不收场。清脆的嗓音，婉转的韵味，加上不要命的野劲，唱腔与台词不谋而合，评委、观众不叫好，实在说不过去。

　　丁果仙不失时机向黄部长提出，这样的男须生百年难遇，应该调回省里，好好培养。

　　黄部长回到省里，通过研究，立即下发调令，县里不同意也不行。于是很快，刘汉银父亲便套起自家的毛驴车，把儿子送到了省晋剧院。院长张一然、书记高凤歧、团长方冰，另加刘俊英、李素英等，在并州饭店隆重招待了来自农村第一线的刘家父子。

　　饮宴完毕，李素英领着客人来到天地坛二巷十四号："二姨妈，我给你引的贵客来了！"

　　"噢，盂县的男娃娃，声音太好了。"

　　刘汉银乘势趴下就磕头。

　　"快，行了，起来吧！"丁果仙拉起刘汉银后继续说道，"我就喜欢这孩子，男演男、女演女多好。你磕了头了，我就收下你这个徒弟吧！"

　　如此这般，丁果仙便有了年已二十三岁的第一个入室男弟子。

四 在福建过大年心欢春暖
　　慰亲人怀两岸志坚意诚

　　"大跃进"时期,剧团除了搞慰问演出、送戏上门外,还要求人人编写现代戏。大家争分夺秒,见缝插针,宿舍里、饭堂内,到处都是舞文弄墨的"剧作家"。编了的确不少,成了的实在不多。除了《张老汉游公社》上过台,《孙悟空闹太原》街头演过活报剧,其余恐怕都送进了造纸厂。

　　山西省人民政府组织了山西人民赴福建前线慰问团,总团长是副省长郑林,副团长有省委秘书长史纪言、省军区政治部主任刘世英、省政协副主席张隽轩,秘书长由团省委书记杨志远担任。下属有四大梆子和话剧、歌舞、曲艺等分团,总计二百八十余人。

　　晋剧一分团,团长孔庆华,成员有丁果仙、牛桂英、郭凤英、冀美莲、程玉英、王正魁、任玉珍、任玉玲、段玉明、赵双印、冀萍、刘柱、冯万福、杜步兴、王增福等。所带剧目有《打金枝》《卖画劈门》《见皇姑》《小宴》《打渔杀家》《投县》《空城计》《黄鹤楼》《赠剑》《小别母》等。

　　1959年2月,慰问团专列从太原出发,向东穿过太行山,沿京广线南下,越黄河、过长江、绕鄱阳、盘武夷,到达福州。经晋、冀、豫、鄂、湘、赣、闽七省,行程近四千里,由寒风凛凛、雪地冰天的壮美北国,而至郁郁葱葱、花红叶绿的锦绣闽南。丁果仙与绝大多数人一样,如此从从容容、高高兴兴的长途旅行,平生还是第一次。尤其是从福州换乘汽车后,沿着海岸继续前行,经莆田、惠安、泉州、晋江到达集美,一路青山碧水,河港相连,海滩外岛屿星罗棋布,夕阳斜照,渔舟唱晚,落霞与禽鸟齐飞,海水共苍天一色。祖国的大好江山,激起人们不尽的豪情,爱国主义情怀油然而生,远离家乡的落寞与长途颠簸的困顿,早已被冲得一干二净。

　　集美镇是著名爱国华侨陈嘉庚先生的故乡。在陈先生陵园高大的影壁上，记录着斯人长年经商南洋，不忘祖国，屡捐巨资，兴学育才的丰功伟绩。

　　观光凭吊者，由衷生发出无限崇敬之情。

　　由集美越过海堤，便到达港口城市厦门——前临浩瀚大海，后峙巍峨群峰。美丽的鼓浪屿上，民族英雄郑成功屯兵抗敌的遗迹，演武亭、大校场依然可见，无不引人驻足。为了驱逐荷兰殖民者，收复台湾，郑成功在此安营扎寨、操练水师……

　　福建前线，条件十分恶劣，不可能搭建舞台，也难以整本演出。为保证分散在岛礁、炮楼、战壕、医院、食堂等处的战士，都能欣赏到精彩的艺术，分团采取了拆演片段或清唱的方式。

　　由于空间过于狭窄，有时还不得不在水上表演。演职人员与守岛战士分乘鱼雷快艇，一望无垠的汪洋，顿时变作平展的露天剧场。

　　有次，家乡战士想看《拾玉镯》，这可难住了青年演员冀萍，因为事先无此准备，缺少关键道具。检场的灵机一动，取来岛上照明的蜡烛，凭着心灵手巧，将其加热捏弯捏圆然后上彩，人造翡翠足以乱真。演的无奈，看的却欢心。冀萍实在觉得过意不去，便主动补了段《一个志愿军的未婚妻》，乐得小伙子们一句一声好，响掌鼓不完。

　　除了演唱而外，大家还争先恐后做些力所能及的琐事：缝补、洗刷、添火、抱柴……

　　有位山西籍战士找到丁果仙，兴奋不已："我从小就爱听你的《空城计》《捉放曹》，来到这天边海岸，再也听不到了。"

　　"大姐现在就给你唱。"

　　"欢迎，欢迎！"

　　唱了《空城计》，掌声不息。

　　"再唱一段《日月图》。"

　　丁果仙"此图名为《日月图》"唱完，战士们又要求程玉英唱"嗨嗨腔"。

　　由是，程玉英的《情探》，牛桂英的《劝宫》，王正魁的《绑子上殿》等等一一上演，完全满足了指战员们的愿望。

　　一天清晨，王增福陪同冯万福师傅在宾馆后花园散步，正巧丁果仙也来此活动，她见到冯师傅便匆匆走了过来，早早伸出双手："你早啊！"

　　"人上了年纪，就没觉睡了。"

　　两人的手紧紧握在一起。随团记者顾棣出于职业习惯，举起相机，将这一动人的瞬间定格下来。

丁果仙见琴师刘柱在远处，赶忙让增福去请来。三人站在一起，手握着手，心连着心，激动与喜悦的瞬间，永远地留在了合影照上。

山西慰问团到来的消息传遍福建全省，不少地区的晋籍领导前来邀约。于是慰问团又到泉州、晋江、漳州等地献艺联欢，同时参观了古田水库与漳州机场。

千里迢迢，乡亲聚会，询问家乡事，叨拉家乡话，观赏家乡戏，抒发家乡情，热接热待难舍难分。地委书记昔阳人张贵如、李春华夫妇高兴地与丁果仙合影留念，并赠送每人一份礼品——当地特产瓷杯与铁观音名茶。

此行除了慰问演出外，慰问团还观看了著名汉剧演员陈伯华演出的《宇宙锋》以及闽剧《别窑》和泉州提线木偶《武松打虎》与《水漫金山》等剧。

山西一向以"戏剧之乡"自居，剧种剧目繁多，历史悠久，表演技艺精湛。其实，福建何尝不是？丁果仙认为其戏剧文化值得山西人认真学习，山西人切不可故步自封、夜郎自大。

返回途中，先抵杭州，入住海军疗养院。西湖，有着说不完的传说故事：白娘子与许仙邂逅之断桥；武穆将军岳王庙，"还我河山""精忠报国"的匾额；遭人唾弃，遗臭万年的秦桧夫妻跪像；白堤、苏堤，苏小小与秋瑾等人的历史遗迹……天堂山水，人文荟萃，无不勾起丁果仙不尽的遐思与感慨。

在杭州作了为数不多的几场演出，当地政府和剧协热情接待，有关党政领导以及浙江剧协主席、京剧大师盖叫天，极尽地主之谊。酒宴虽丰盛，但给人留下深刻印象的要数"锅巴"。丁果仙等少见多怪，烧焦煳巴了的锅底底，也能算作名菜，坦登大雅之堂？

离杭赴沪，下榻在天潼路新亚酒店。适逢中央召开上海工作会议，慰问团接到通知，安排剧团为与会的中央领导演出《打金枝》。

安全乃第一要务。经慎重考虑，把守后台的任务落在程玉英身上。她毫不犹豫，走上岗位，又是帮衣箱检点服饰道具，又是帮演员穿戴化妆，时而后门里外看看，时而上下场门巡巡。

"程团长，今晚没戏？"有人不解地问。

"没有。"

"独一无二的嗨嗨腔，咋能不安排？"

"我的嗓子不舒服。"

"唉，这些领导也真是……"

"是我主动要求的。"

……

《打金枝》开场了,她自始至终没离开上场门。不论主角、配角,甚或流程,她都要亲手查验一番,或整冠,或理带,即使是笏板、手扇,她也总要从对方手中拿过来,勘验再三,而后归还。

人们都觉得她有点反常,尽管她平素也好无微不至地关怀大家,但眼前的举止,显然超乎寻常,于是不免三五背后议论:"不会犯了什么神经吧?!"

她听见佯装没听见,该咋查还咋查,直至演出结束。中央首长上台接见演职人员并合影,一个个握手、交谈……只有她独自一人不越雷池一步,当然也就未能入列,合影上也就不可能留下她的身影。

一生中绝无仅有的激动与失落搅和在一起,程玉英觉得自己该当是一个合格的共产党员了。

山西省委为会议还安排了折子戏专场,剧目有《算粮》《小宴》等。

在上海期间,丁果仙等还和文艺界王文娟、徐玉兰等进行了艺术交流。

与此同时,丁果仙还录制了《打金枝》《算粮》《断桥》等剧目的唱片。

抚今忆昔,同二十二年前相比,大上海的十里洋场于今算是获得了新生。亲眼所见,亲身所历,丁果仙暗自深深感叹:的的确确,真真正正,新旧社会两重天呀!

五　喜事多入党荣升享疗养
　　三八节讲演失误赢掌声

　　早在抗日战争时期，成天价听阎锡山的宣传，丁果仙对共产党多有芥蒂。及至解放，亲眼所见，亲身经历，对党有了新的认识。到了光明剧院，张焕带领七一剧社来入伙，新新剧团如日中天，不少老党员、老革命，时时事事，奉献在前，享受在后，处处发挥模范带头作用。尤其张局长，身居领导之职，又是艺术全能，学养深厚，平易近人；对工作一丝不苟，对艺术精益求精，对下属如同亲人；一天到晚不分上班下班，不论分内分外，一门心思扑在工作事业上，真叫人爱慕敬仰。

　　联想两次赴前线慰问，有多少共产党员优秀战士，为了保家卫国而出生入死。

　　在上海，小小玉英子，看门把关，演不上戏，留不下照，不吭不怨，表现出一个共产党员的高尚情怀。

　　最近公家派来的秘书熊国华，年纪轻轻，识文断字，能写会算且不必说，就是做人处事，也总是严格克己，诚实待人。

　　丁果仙越来越觉得，共产党就是不同一般。自己应该好好地向共产党员学习。在小熊的帮助下，她学习党章，还有党的历史等知识，并向党组织递交了入党申请书。

　　通过熊国华和石飞的介绍，经组织考验，丁果仙被批准成为一名光荣的共产党员。这对她来说，无疑是天大的喜事。为了报答党组织母亲般的关怀，她决心捐献多年来的积蓄一万元，却因不合章程而未被接收。还是小熊提醒，她才得以将这一万元交了党费。不过对她而言，更重要的还是在实际行动中向模范党员学习。

　　临赴福建前，山西省实验晋剧院在南文化宫召开了成立大会。新任省文化局局长李庶民宣布，经省委批准，太原市晋剧一团，并入山西人民晋剧总团。同时，省歌舞团、省戏校与省戏研室也统一归属山西省实验晋剧院，张一然任院长，丁果仙、高凤歧、张万一、郭沐林任副院长。

说起张一然，此人的确非同一般。延安整风时期，就曾担任评剧院院长；解放后又先后任西北评剧院、西南京剧院院长等职。副省长王谦等见了他也都主动握手问好。有一次，他领着演员到中国京剧院学《挡马》，保卫人员看了介绍信，仍然将他们拒之门外。逼得张院长无奈地对其说："你进去通报一声，就说山西来了个张一然。"

不一会，杜近芳、叶盛兰等都出来迎驾："老院长，您好，快快请进。"

"你们官做大了，人不得见了！"

"哪敢，哪敢，老院长住哪儿了？"

"人民日报社。"

"来咱们这儿嘛。"

"不用了。只求你们能好好地传教就感谢不尽了。"

"一定照办，坚决执行老首长指示！"

由上可见其在晚辈中的威信。他从不倚老卖老、仗"资"压人，倒是总显示出长辈老者的宽厚与大度。

慰问归来，一九五九年四月十八日，丁果仙率市一团及二团抽调的六十一人，正式调入山西省实验晋剧院，任副院长。地方变了，职务高了，但其实头头脑脑一堆，哪用着她管，再说她也管不了呀！多少年来，在团里说是团长，也不过担个名儿，算是个好听的称呼罢了。

庆祝建国十周年，省里举行第三届戏曲会演，丁果仙与梁小云、段玉明、王银柱、刘致和等合作演出了《法门寺》。

十月二日，参加"庆祝建国十周年省直及太原市艺术表演团体展演"活动，丁果仙又与郭凤英、刘仙玲等演出了《日月图》。

演出之余，丁果仙还操心着戏校的娃娃们。虽说离开市里了，可市戏校的大事小情，她比谁都耳明。

郭桂香练霸王鞭，不小心把门牙敲了，得去镶补。丁果仙立马就知道了，她把自己头上的赤金发卡摘下来给了桂香，让她变成现钱用。

胡润保搬戏箱踩脱台阶，跌断了小胳膊，是丁果仙和市中心医院的陈宏鑫大夫联系好后再让他去的。陈大夫说："丁果仙说，这是我的孩子，一定要给治好，要不然，与你没完没了！她唱戏好，人更好……"

胡润保的胳膊治好了，再遇着有人跌着胳膊伤着腿，他便狐假虎威，成了丁果仙孩子们的代表。陈大夫还就买他的账，只要他去啥事都好办。

丁果仙还给省戏校的学生排戏，最有把握的要算《捉放曹》。

她与省戏校领导、老师商议，选定角色。杨效璋、郭振琪演陈宫，张清玉与侯正中演吕伯奢，杨致淮演曹操。先讲三国故事，重点是说陈宫有眼无珠，看错了人。之后教念白连唱词，讲求字音字意，她打起调来先示范。

第二阶段讲调度。在小黑板上画出路线和部位图，所有动作，谁主谁从，谁先谁后，怎么来，她边念锣鼓经边指挥边示范边讲解。

接下来是练唱，她在一旁打着节拍，一字一句，唱不准的，她做示范。无论须生、老生还是花脸，她都能来。她唱黑却揉进了唱红的韵味，十分好听。

她教杨致淮学狮子黑，拔剑杀陈宫："你这人言语有诈……"杀气吓人，好像张口要把人吞下。她批评杨致淮："你不动情，假眉三道，哪叫演戏？做假像真，一喷口就要把人镇住。为啥人们都爱看狮子黑？为啥我们演戏离不了狮子黑？就是因为他老人家肯认真，能入戏。"

在南宫小排练室，虽然有助手武宝成，可她总是一个人连说带唱边动作，一招一式地过，一字一句地抠，不嫌麻烦不嫌累。

学生们都小，不用心，接受差，她像哄孩子一样，随身带着特供的奶油糖，作为表现好的奖赏。

有次下雪，学生们以为不排了，刚要散伙，不料她顶着一头雪来了。她顾不及抖扫身上的雪，就严肃地先道歉后批评数落起来："我来迟了……你们怎么就不懂得爱惜大好时光？国家花钱办戏校，请老师，这么好的条件……我们怎么过来的？旧社会下九流戏子猴，谁看得起？你们今天，文艺工作者、灵魂工程师，你们对得起国家，对得起父母，对得起你们自己吗？"

她太激动了，流着泪一个一个挨个儿训教，说起她小时候如何卖唱求生，偷着学艺，把大家都感动得哭了。

她特别喜欢这些孩子，尤其是郭振琪，数他小，却也最机灵。她常常叫他到家里玩耍吃饭，还给半导体，让带回去听。孩子们也真顽皮，没电池了，还向她要。有回他们把她的香水到处乱洒，她发现了，假装生气，雷声大雨点小："你们这些猴鬼们，又折腾甚哩？再没耍的害的了！"说着说着自己先笑了。

当时正逢三年困难时期，人人饿肚子。有一次，郭振琪、杨致淮等四个人在天地坛丁果仙家里说戏，晚上丁果仙留住他们吃烙饼、喝稀饭，炒的细细的山药蛋丝丝。

孩子们不懂事，也实在太饿了，吃上没个完，最后杨致淮皱眉瞅了瞅伙伴们，这才算是了结——纵然还没吃饱,也不敢再吃了。

在南宫小排练室折腾了两三个月,响排过了关,便到晋剧院大食堂彩排。人人过关,却排了一遍又一遍——既为了检验学员,也为了巩固效果。

最后一次彩排在南宫,对内开放。郭振琪饰陈宫,张清玉饰吕伯奢,杨致淮饰曹操;冯万福司鼓,程汝椿操琴。效果出乎预料的理想,内行一致赞叹,丁果仙自己也很舒心——功夫没有白下。

在组建山西省实验晋剧院的同时,省领导就拟定了打好戏剧翻身仗,建好青年演出团的实施方案——为彻底改变演员老化和行头陈旧的现状,要集中花一些钱,招收一批青年演员。

省文化局局长李庶民、太原市文化局局长张焕、晋中文化局局长雷艇、晋北文化局局长曾昭熹和省实验晋剧院副院长郭沐林等,组成了筹建青年晋剧团团务委员会,专门负责这项工作。

经过一年多的筹备,各有关地、市、县领导都表示坚决服从省里决定,顾全大局,大力支持,彻底打消本位思想、地方主义。

表态容易,实行难呀!剧团唱戏卖台口,靠的就是名演员、中间站的台柱子。你拔了尖子,一干人靠谁养活?更何谈生存发展!

太原市刘市长、张局长为此事老泪纵横岂止一次。最后送别饯行,隆重热闹的欢送会上,致辞者泣不成声,乃至于大家抱成一团,号啕一片……

其他地县剧团,有的提出不能光拔尖子,必须带走两个一般演员;还有的干脆"明码标价,公平交易"。

筹委会心知肚明,省领导通情达理——坐享现成摘果子,实乃不得已而为之;故而对下属提出的要求,千方百计尽量予以满足。

就是在这种情况下,本着具体问题具体解决的精神,山西省实验晋剧院青年晋剧团,终于在一九六〇年二月十一日正式成立了。除从剧院抽出刘仙玲、冀萍、马玉楼、李爱花、郑忠贤等外,还从全省二十六个县市剧团,选调了部分优秀青年艺术人才。其中有榆次晋剧团的王爱爱、刘惠生,太原市戏校的田桂兰、张步兴,孟县晋剧团的刘汉银,介休晋剧团的姬荣生,交城晋剧团的王宝钗,汾阳晋剧团的张万根,离石晋剧团的蔡子吉,孝义晋剧团的温明轸、陈云龙,临县晋剧团的金世耀,文水晋剧团的杨德昌等。

接班人有了,丁、牛、郭、冀等名老艺术家,以及艺术室、戏研室诸多编导人员,争分夺秒,起早搭晚,紧张地投入到《卖画劈门》《算粮》《小宴》《杀宫》等折子戏的排练中来,决心保证落实王谦书记指示的"排出好戏,培养人才,重点实验，典型示范"十六字方针。

丁果仙与姬荣生、王宝钗排《卖画劈门》，没本子，也不识谱，还是老办法——口传身授。她说了一遍又一遍，不嫌麻烦。一天到晚和年轻人滚战在一起，吃住不回家，光怕落了后。

有一回宝钗帮她热奶，小姑娘从没见过奶，又不敢说，坐到火上，等到滚起来顶开盖子，全溢完了。宝钗不知道该咋交代。丁果仙说："没关系，俺娃别害怕。没了，咱不喝它，还省得麻烦哩！"

还有一次，姬荣生的媳妇从介休来到太原，小姬找烧锅炉的四川家老汉，想借人家的小房房住一夜。没想到丁院长知道后把他叫到办公室告他说："不用找人家了，你就住在我这办公室吧！"说罢，她骑着自行车回家了。其实公家给她配的小卧车，但她轻易不坐。

姬荣生求之不得，感激不尽，院长的办公室成了洞房，谁不羡慕？

在正式演出的时候，她扮演白茂林，王宝钗饰汤子彦，姬荣生饰胡林。她演戏轻车熟路来得快，又投入，年轻人生疏怯场跟不上，结果一拳头真的打在姬荣生肚子上，王宝钗也几乎捺了头。不过观众并没看出破绽，反而由于做戏认真，动作带劲，剧场效果十分理想。

演出结束，丁院长不仅没训斥年轻人，反而自我检讨：把小伙子肚子打痛了，把闺女吓坏了！

她就是这样，始终以共产党员的标准严格要求自己。她的高尚品德和精湛技艺，感动激励着每一个与她相识的人，大家不约而同推选她为建设社会主义先进工作者、三八标兵。

这是她向党交出的第一份答卷。

一九六〇年三月八日，山西省妇联在海子边人民大会堂召开了全省参加建设社会主义先进集体、先进生产者与先进工作者妇女代表大会。丁果仙心情激动，拿出秘书小熊预先帮她准备好的稿子认真宣读：

尊敬的诸位领导，亲爱的与会妇女同胞姐妹们：

我怀着万分激动的心情，首先衷心预祝大会圆满成功，祝全体妇女同志们身体健康，工作突飞猛进，一天等于二十年。

今天是国际妇女节，是我们妇女自己的节日。在这个大喜大庆的节日里，我以按捺不住的喜悦，向大家诉说自己的心声。

在万恶的旧社会，帝国主义、封建主义与官僚资本主义三大敌人，犹如三座极高的大山,沉重无比地压在全国人民的头上,我们可怜的妇女同胞,长年累月地挣扎在最底层。是英明伟大的领袖毛主席领导正确的中国共产党,以及英雄的中国人民解放军,抛头颅,洒热血,终于推翻了三座大山,解放了全中国,人民成了国家的主人。

获得新生的中华人民共和国,勤俭创业,艰苦奋斗,已过了整整十个年头。在这不算短暂的激情燃烧的岁月里,我们广大妇女同胞和全国人民一道,积极参加社会主义改造和建设,在各条战线都取得了骄人的成绩。我们妇女彻底解放了、翻身了,真正成了国家的主人,撑起了半边天。

今天,我们全体的妇女同志们都站起来——

听到此,全场起立。丁果仙不慌不忙揭过一页稿纸,继续念道:"了!"全场哄堂大笑,她才发现自己错了,赶忙说:"快快快,都坐下!全怪我。对不起,我向大家道歉。以往看惯了我老头子的趴趴字,冷不丁换了秘书,人家是大学生,文化高,出口成章写得好,可叫我这个歪嘴和尚一念,全念歪了!还得怪那万恶的旧社会,把我弄成了大睁两眼的实瞎子。经过扫盲,文盲帽子摘掉了,可还是个半瞎子。照本宣科咬文嚼字念不来,干脆我就给大家实话实说吧。"

"好!"全场爆发出雷鸣般的掌声。

丁果仙收起稿纸,给大家讲开了自己的历史,无非是把平时说给学生徒弟们的话,再原原本本复述一遍。

最后结尾加进新内容:虚心学习,努力唱好戏,带好徒,不辜负党和祖国与人民的希望。

她的发言,有声有色,赢得大家齐声赞扬。

尽管大会发言闹出了笑话,但她一点儿也不觉得丢人。回来向领导如实做了汇报,就是和同事乃至学生们叨拉起来,也毫不忌讳。所以,她的"妇女同志们站起来——了!"的故事,在社会上流传甚广,知者不乏。

正在坐月子的小熊,听到这一新闻,感到十分内疚。丁果仙却很坦然,她提了二斤鸡蛋登门探视,听说小熊给女儿起名黔慧,她高兴地逗着婴儿说:"有文化就是不一样,起名字也文雅,妈叫国华,闺女叫黔慧,一代比一代聪明,长大可一定要好好念书识字啊!"

紧接着,三月二十八日,丁果仙陪同人民烈士刘胡兰的母亲胡文秀,在南宫观看了省实验晋剧院演出的现代戏《为了六十一个阶级弟兄》,并合影留念。

这是一部根据真实案件编写的现代戏。

这年大年刚过，正月初六，本省平陆县六十一名修路民工食物中毒。县委书记一面亲自领导抢救工作，一面指派公安局局长现场破案。民工们的情况十分危急，所需的大量特种解毒药品无法解决。消息传到首都，卫生部、民航局以及人民空军等单位，都主动提供帮助。药品空运及时到位，阶级弟兄全部获救，投毒的犯罪分子很快被抓捕归案。

春去夏来，眼看三伏天到了，丁果仙与牛桂英、程玉英、贾桂林、郭金顺等参加了全国第三次文代会。听了周总理关于国内外形势的报告，以及周扬题为《我国社会主义文学艺术的道路》的报告。报告号召文艺工作者应该到人民群众中去，更好地为工农兵服务，保证政治方向一致性和艺术风格多样性的统一。

丁果仙在会上做了题为《永远沿着党指引的文艺方向前进》的发言。

......
我参加了全国第三次文代大会，听了首长的报告，受到了极大的鼓舞和教育。使我进一步认识到党的戏剧艺术的新任务和做一个红色演员的重大责任。思想更开阔了，眼睛更明亮了，我这个人也好像变得更年轻了。

大会期间，我老是想着，自己虽然演了多半辈子戏，在群众中也有一些名气，可是在党所指引的文艺为工农兵服务、为社会主义建设事业服务的道路上，只不过是刚刚学习走路。不用追忆更远，就拿解放以后说吧，十年来，自己遵照党的教导，到一些工厂、农村巡回演出，开始知道了工农兵是我们的主要服务对象。究竟为什么要为工农兵服务？怎样为工农兵服务？思想上是很不明确的。因此，不论是到工厂、农村还是部队里慰问演出，只把这当成临时任务看待，我演上几出戏，让工农兵看一看，就认为是为工农兵服务了。真正懂得为工农兵服务的好处，从思想感情上与工农兵结合，是从一九五三年赴朝慰问演出中才开始的。

一九五三年，我随中国人民赴朝慰问团山西分团到了朝鲜，志愿军的英雄事迹，深深地感动了我。有一个三等兵，在一个山头上阻击美国鬼子，身上负了好几处伤，一直坚守阵地，最后终于打退了敌人。更使我感动的是，他已经负了伤，在坚持战斗中抽空还要把伤员从山上背到山下；公路被美国飞机炸断了，他又去参加修路。他的胳膊被打断了，腿上负了重伤，用牙啃断树枝当拐杖。像这样光辉的英雄事迹，在我们志愿军当中是很多的。类似这样的英雄故事，一九五九年我到福建前线慰问时，也听到不少，它刻在我的心上永远不能忘掉。从此以后，我进一步懂得了为我们这个时代的英雄人物——工农兵服务，是最光荣的责任。不论在什么地方，凡是看到了解放军战士们，就感到他们非常可敬可亲，从心底产生了与工农兵结合、向工农兵学习的感情。

我们积极响应党的号召，继续上山下乡，并巡回到厂矿工地，送戏上门，深入工农兵群众。记得有一次，我参加慰问煤矿工人的演出时，刚刚走到坑口，一股冷风从坑道里吹出来，把我顶回来了。心里稍微犹豫了一下，马上就想到，矿工们白天黑夜在阴湿的坑下劳动，他们为了什么？我们来这里又是为了什么？还有一次，在一个偏僻山庄演出，山头高，风势大，可是我在台上亲眼看到五六十岁的老大爷、老大娘们，坐在冷风地里看戏，我看到这种情景，增添了力量，越唱越有劲，累呀，冷呀，都不觉得了。过去到了乡下，农民要求："丁果仙给咱唱一段吧。"不管他们怎么要求也不行，好像下了台就不能唱了。当和农民们一起劳动，在他们的干劲鼓舞下，自己情不自禁地也就唱起来了，不上妆，没胡胡伴奏也行了。如今看来，深入工农兵群众，为工农兵服务，真是改造思想的好路子，这充分说明了党指引的文艺为工农兵服务、为社会主义事业服务的方向是十分正确的。

参加了全国文代会，听了首长报告，结合自己几年来为工农兵服务当中的实际体会，深深地感到，为工农兵服务，不单是演戏给工农兵看的问题；更重要的是，通过和工农兵融为一体，改造思想，树立无产阶级的世界观，使自己工农化。在这方面，我做的还很不够，今后我一定以共产党员的标准严格要求自己，沿着党所指引的文艺方向，与工农兵结合，使自己工农化，永远、更好地为工农兵服务。

大会一致表决通过，选举郭沫若为文联主席。全体代表还受到了毛泽东等党和国家领导人的接见。

大会从一九六〇年七月二十二日一直开到八月十三日，大家听报告，学文件，分组讨论，还观看文艺节目，参观游览。高高兴兴、荣荣光光、凉凉快快、舒舒心心，丁果仙在北京过了个不同一般的夏天。

暑去冬来，由国家文化部组织，丁果仙又赴广州疗养，住在离市百里开外的春花疗养院。一同疗养的还有李少春、筱翠花夫妇与叶盛兰、叶盛章等同行。

住得舒舒服服，吃得花花样样，天天都有大夫检查调理。到了晚上，不是看电影，便是拉上到市里看戏。广东省委书记陶铸还专门设宴招待。

春节是在广州度过的，住在省委招待所羊城宾馆。若在老家，正是隆冬数九，冰天雪地，这里却是万紫千红，繁花似锦，暖如初夏。参观毛泽东农民运动讲习所，瞻仰孙中山纪念堂，欣赏文艺节目，活动安排虽多，但只要一休息下来她就闲不住，铺开宣纸就画兰花。陪同她的生活秘书史健，想逛逛街开开眼，见识见识南国景致，也不敢吭气，再说自家也不认识东南西北呀！

过罢大年，就返回北京参加全国人民代表大会。丁果仙与代表们住在民族饭店，开大会就到人民大会堂。

丁果仙觉得自己真是太幸福了，禁不住暗自反省：不就是个唱戏的嘛！天底下的喜事好事，怎么就全叫自己碰上了？再不好好工作，多多奉献，咋对得住天地良心！

六　师生们负笈远游魂随去
　　归来日狂欢拥抱泪沾襟

　　轰轰烈烈的"大跃进",遭遇三年困难时期。太原市戏校大班生已历六年,按中专教学大纲要求,该进行毕业实习了。实习就得演出,可人们整天饿得抓心挖肺,哪里还有心思看戏娱乐?

　　刘舒侠市长想出了好主意。他认为南方毕竟比北方条件优越。山西梆子腿虽短,但山西南下干部和部队不少,就凭这,带上家乡的好戏,不愁找碗饭吃,在此基础上的学习交流也就有了可能。对此建议,张焕局长十分赞成拥护,于是便有了"负笈远游,献演求教"的计划,并报请上级批准。又与四川、云南等省取得联系,实施方案正式确定下来。

　　为保证演出质量,经文化局决策,与太原市晋剧团商妥,将郭彩萍、李月仙、闫慧贞等新秀,以及演奏员成希才与田希武调入。

　　此外,还从贯家峪煤矿借出正在接受劳动教养的白晋山。因为此人既是演员,又精通场面,更有多年参加艺术管理的丰富经验。再说,这也正是解救他的极好机会,要不,这般人才要埋没到何年何月?

　　阵容确定之后,选好剧目,抓紧时间认真排练。剧目选定"三大""四小"。

　　《打金枝》中唐王、沈后、公主、郭暧、郭子仪,分别由闫慧贞、秦银环、薛林花、郭彩萍、郝付扮演。

　　《杨门女将》中的佘太君、穆桂英、杨七娘、杨文广、柴郡主、寇准、王辉、采药老人、番王、马童,分别由张翠英、高翠英、张友莲、郭彩萍、田翠兰、李月仙、刘增印、武忠、代占寿、李增禄扮演。

　　《薛刚反唐》中的薛刚、薛猛、徐策、宋廉、薛姣、薛葵、张龙、纪鸾英、马氏、书童，分别由薛维艺、李月仙、武忠、苗秀茂、郭彩萍、田通宝、代占寿、田翠兰、岳钟香、孙香玲扮演。

《小宴》中的吕布、貂蝉、王允，分别由郭彩萍、高翠英、李月仙扮演。

《打瓜园》中的陶洪、陶三春、郑恩，分别由李守义、智玉莲、田通宝扮演。

《见皇姑》中的秦香莲、包拯、皇姑，分别由李素卿、郝付、岳钟香扮演。

《扈家庄》中的扈三娘、林冲、王英，分别由张友莲、马兆禄、吕铁城扮演。

一切就绪，远行演出团八十余人，在市文化局副局长兼市戏剧院院长程勉斋的率领下起程。

丁果仙调入省实验剧院后，在市戏校还保留了个名誉校长的空衔。可她不管名誉不名誉、空衔不空衔，只要自己知道的、该管的、能管的，一定要管。

大班生毕业实习，她早就发愁上了，听说刘、张二领导想出了"负笈远游"的办法，她打心底里赞成，举双手拥护。学戏就得演戏，总窝在家里不出台，一辈子也成不了好演员。

她来送行时，先找到女学员孙香玲。早就听说她患有诊不清断不明的疑难症，严重时还得好几个人给输血；可本人想跟上走，于是向领导提出。最后刘市长拍板："既然本人想走，家里也同意，就一起去吧。南方有好医生，顺便看看也好。"程院长表示同意，一定照领导指示办。

丁果仙听说白晋山回来了，十分高兴，刘市长办了她想办而不敢办的事。本来前年借调张宝魁两口来戏校排导的时候，她就起了要白晋山的念头；可她仔细想了想没敢提，一来性质不一样，二来时间也太短。这回出来了，几好并一好，于谁都好。

她主动找到白晋山，深的多的实的细的不便絮叨，只是说："你和娃娃们一起去好，第一次出门子，又走那么远，时间还老长，说不定遇上点什么麻烦，你是老在行，不管戏里戏外，你一定要替程院长多操些心。"

经过两年多的教养，白晋山吃一堑长一智，尽管还年轻，但变得老成了许多。看到丁能先找自己，说两句顺情话，不由心里有股暖融融的感觉。过去自己的确年轻气傲，很少三回九转，如今低头认认错，也算不得什么丢人："在里头接受教育，和外头就是不一样。"

"受制了吧！"

"制倒没受，还是干本行。只是环境变了，学到了不少外面学不到的东西。这回你们领导关心照顾我，给了我这个立功赎罪的好机会。老白我一定不会让大家失望的。"

"这就好，路上多加小心，多多保重，祝你们一路平安，我等你们的好消息！"

送走了大班，正好来欢送的二班、三班都在，丁校长又不失时机地安咐起来："大哥哥、大姐姐们出远门了，你们在家可要安安心心好好地学。大跃进赶上大困难，国家调整、巩固、充实、提高，好多工程都下了马，咱们的三层宝塔大楼盖起来了，不容易呀！搬砖添瓦，大家都有一份功劳。自力更生，艰苦奋斗，再不用灰渣坡上'竹荫台'了！不过条件再好，不下苦功照样不行。唱戏想往中间站，全凭真本领、真功夫。师傅引进门，修行在个人。谁也帮不了你们的忙。谨记住：一寸光阴一寸金，寸金难买寸光阴。千万不敢过了一天算一天，得过且过，向阳坡上暖和。唱戏的成了文艺工作者，这碗饭更不好吃。一定要下苦功，练硬功，有实际困难、问题就给领导提出来。我这个名誉校长，绝不白担名儿！该管的不该管的都要管，一定要把你们管教得一个比一个好。我老了还等你们端茶送饭呢！"

丁校长的训话，能把大家说得哭了，逗得笑了。

一个周末，丁果仙正在屋里翻报纸听广播，忽听外面有人喊："老丁！"她边应声边出门，一看是老琴师三娃子田九云，还引着个毛丫头。让进屋内坐定问道："你家的什么人？想学戏哩？"

"刚招的三班学生，跟我学拉胡胡的。"

"女娃娃拉胡胡？好！叫个啥？多大了？"

"丁校长，我叫牛巧珍，今年十四岁，晋祠小站营的。"小丫头施了一礼，稳重地回答着。

"好风水，还是个戏窝子。来，我看看你的手。"丁果仙拉住巧珍的手，看了又看，"小闺女长了两只男人的手，手大福大，遇上个好师傅，文武场转一遭。你师傅人好艺也好，我们是老搭档，合作多年，你可要好好地学呀！"

"丁校长是山西梆子第一个女须生，演人物演个性，不露女相。你要向丁校长学习。"

"我一定听丁校长和田老师的指教。"

"我这人好啰唆，见人就说上没完了，不过我总觉得，说一说比不说强。人常说隔行是外行，我以为大理都一样。比如说：博采众人之长，糅成自家一体。还有齐白石老人说的：学我就生，像我就死。告诉你不能光模仿皮毛外表，得深挖骨子里的东西，要学人家的精神。除此之外，还得有胆。打仗要胆，画画、写字也要胆，唱戏的要胆，你拉胡胡照样得有胆。一要心红，二要胆大。错了也不用怕，人们不是说失败是成功它妈嘛。盼望你能成为山西梆子第一个名女琴师。"

"丁校长说得太好了，一定要记住啊！"

"我记住了。"

"三娃子，一起吃饭吧，便宜饭。"

"不了。以后再对机会吧。"

"有空就来呀！"

"好了，你回去吧！"

丁果仙望着远去的一老一小，似乎看到了戏校人才济济的明天。

在程院长的带领下，大班远行演出团由晋入川，在成都、重庆演出，一炮打响后，乘汽车经贵阳、安顺，到当年红军长征的故地遵义，接受革命传统教育。之后，直抵云南昆明，先后在大理、楚雄、个旧、开远、东川、思茅、勐海、曲靖以及西双版纳傣族自治州政府所在地景洪，为广大少数民族同胞，为工农兵与文艺界演出，受到热烈欢迎与一致好评。

巡回演出期间，部队和地方干部中多有来自太岳根据地的老革命，他们远离故土，对家乡人、家乡戏热情有加。对于演出团的到来，他们热忱欢迎，周详招待，尤其是饭菜，准备得既丰盛又适口。管伙食的同志专门征求大家的意见。白晋山受托致谢："简直是再不能了！"一句方言表达了众人心中不尽的感激之情。

万没想到，这句话却引来了误会，那同志找到演出团领导一再解释："这困难时期，我们已尽了最大的努力，可大家还要求我们：再不能改善了吗？实在没得办法哟！"

"嗨，完全是误会。他说'再不能了'，意思就是好得没法说了，再也没有比这好的了！"

"噢，原来如此。"

此后，"再不能"便成了人们打趣时的口头禅。

在昆明军区演出时，昆明军区郑重提出要求，想让演出团长期留下来："此地山河美好，物产丰富，你们山西的老同志挺多，想让你们留下来，愿意就留下来嘛！"

这事可非同小可。消息传回太原，省市领导十分重视，在北京开会的丁果仙，更是急得如同热锅上的蚂蚁，找了市里的，又寻省里的：无论如何不能让孩子们留在南方。六年多的心血，山西梆子的希望……

不管后来是谁起的作用吧，反正这个难题解决了，大班学生一个不落，离开昆明，到了广西。张焕局长奉命前往慰问，进一步安定人心，提高士气。演出团也开始了新的访问演出与参观学习。

演出团在川、滇两省停留时间长达八个月，这期间领导和师生帮助孙香玲到处求医问药，又是熏蒸、又是针灸，中西结合，民间偏方，虽未见显效，但香玲深切感受到了领导的重视、集体的关怀。大家于她而言，不是亲人，远胜亲人。

丁果仙开完全国人大会议回到市里，向刘舒侠市长汇报了大会精神，再次确定了学生们不会留在云南的大事，一颗揪着的心才终于放下来。谁料还有一个噩耗瞒着她呢。

去年冬初，她刚去了广东疗养，义女丁艳霞在东北演出，心脏病复发，稍做调理，被送回榆次，多方求医，终是无效，去世时年仅三十四岁。艳霞的亲生女儿白桂枝，一九五八年刚满十岁，考入市戏校二班，选学须生。得知姥娘回来，抱住姥娘不放，号啕痛哭，声竭音哑。

一老一小悲恸欲绝，任秀峰不得不连哄带劝，才算停息下来。艳霞的去世，勾起丁果仙一连串伤心的往事。丁姓三姐妹，为何如此短命？大女艳香，嫁于赵月楼，生下贵宝，不足三年，没熬到太原解放，就独自走了。小女拉弟，本想靠她再拉来个小子，谁想无此缘分。学艺不成，幸好被郭鹏飞看中，讨回去给二小子做了媳妇，指望她传宗接代，想不到事与愿违，没生一儿半女，得了偷吃咸盐的怪病，来太原遍求名医，到了儿还是落了个短三十[1]。艳霞从小机灵，最有出息。眉眼长相，腰腿身材，要啥有啥，人见人爱；嗓音又特别醇厚洪亮。丁果仙一手将她带大。专攻小生，却带有浓郁的须生韵味。《游西湖》《金鳞记》《百花赠剑》《黄鹤楼》，文武不挡，唱做俱佳。可老天爷不公道，白发人频送黑发人，有啥奈何！她只好将心思转移在隔代身上，小桂枝成了她割舍不断的念想和光前裕后的寄托。

再说大班演出团，先是在广西南宁、百色、西津、横县、柳州、梧州、玉林、桂林等地慰问演出；张焕局长到达之后，转至广东湛江、赤坎、茂名，再到湖南长沙、湘潭、韶山等地交流学习、访问参观。

大班演出团先后辗转川、滇、黔、桂、粤、湘六省区，二十五市州县，行程一万八千余里，演出二百一十七场，为期一年零一个月。这次活动是山西戏剧史上唯一的一次空前的重大活动，开了晋剧与西南诸多兄弟剧种交流之先河。

这次远行，演出团游览四川巴山蜀水，瞻仰杜甫草堂、诸葛武侯祠，参观都江堰与二王庙；寻觅贵州娄山关、安顺场与遵义会议会址等红军长征足迹；观赏云南滇池、石林以及西双版纳热带雨林植物；在滇缅边界，凭吊在解放祖国大西南及剿匪中牺牲的烈士；在广西南宁参观太平天国农民起义展览馆，在百色探寻当年邓小

---

[1] 短三十：这里指只活了不到三十岁。

平、韦拔群革命遗迹；在广东湛江登上军舰，领略南海风光；在湖南湘潭韶山冲，瞻仰毛主席故居。师生们接受了革命传统与爱国主义教育，饱览了祖国大好河山，采撷了戏曲百花园精华，欣赏了具有鲜活气息的少数民族歌舞，尤其是与众多剧种名家的交流，开阔了视野，增长了见识。

一九六一年六月，大班师生载誉而归，岳维藩、刘舒侠、胡亦仁等市级领导亲临戏校，在丁果仙、牛桂英、郭凤英的陪同下，与全体留校人员为他们举行了热烈而隆重的欢迎仪式。

丁果仙早早地伸开双臂，一个挨着一个，拥抱孩子们，喜泪纵横："俺娃娃们可回来了！"

七 青年团赴京九进中南海
北京城今昔新旧两重天

山西省委、省政府对实验剧院及其青年团的建设十分重视,不仅在全省广集优秀人才,同时在物质上也给予极大的资助。批地四千四百平方米,拨款三十万元,兴建院部办公与生活设施。此外,还为青年团拨专款六十万元,并动用金库黄金六十两、白银二百两,特制整套全新服饰。

在建院大兴土木期间,实验剧院和青年团临时搬进太原工人文化宫(即南宫)。经过一年多的排练和实地演出,一九六一年八月,决定给中央汇报演出。剧目主要是"一大三小"。

大戏《打金枝》,在一九五五年拍摄电影艺术片的基础上,进行艺术再加工。主要角色:唐王马玉楼,B角[1]刘汉银;沈后李爱花,B角王爱爱;公主冀萍,B角田桂兰;郭暧王桂叶,B角刘惠生;郭子仪郑忠贤,B角陈云龙;郭夫人闫金凤,B角石春香;七子姬荣生,B角陈国杰。

三小是《算粮》《小宴》《杀宫》。

《算粮》由牛桂英、马玉楼、郑忠贤、闫金凤、刘仙玲、李爱花、温明轸、金世耀等合演。

《小宴》由郭凤英、刘仙玲、马玉楼合演。

《杀宫》由冀萍、温明轸、肖桂叶、陈云龙合演。

鼓师程晋元、王增福,琴师张步兴、刘柱(兼艺术指导)。

衣箱道具、化妆有李玉茂、许跃、陈春旺、郭金印、张吉祥等。

---

[1] B角:剧目排演安排两套人员,B组为预备人员。

艺术指导丁果仙、牛桂英、郭凤英、冀美莲，指导老师兼演员刘仙玲、任玉玲。

编导音美有赵步颜、王辛路、刘元彤、温明轩、李守祯、赵森林等。

总带队贾克，院团领导郭沐林、方冰。

赴京起程前，省领导王谦、王大任、王中青等郑重指示：这次汇报演出必须演好，绝不允许出事故。每天都要向省里报告，反应如何，有什么问题，省长办公室派有专员接听。

一九六一年八月二十七日，山西省晋剧青年团乘火车由省城直抵首都北京。先在长安、吉祥、广和、东安等剧场和二七、政协、总后等礼堂演出。国庆节前夕，到中南海怀仁堂向中央领导汇报。

贾克局长做了充分动员：我们是代表山西人民向中央汇报，一定要认真细致、冷静沉着。衣帽整洁，不准吸烟。弦调准，不能断；服装穿好，不能错。演员提前化好妆，静坐候场；到了前台，不准东瞧西望；做戏要尽力，不得丢盔撂甲，更不得怯场、误场、冒场、笑场。服务人员必须做到热心细心、面面俱到，这样才好让演员不用操闲心，只管演好戏。

为了万无一失，先去踩台、彩排。弄完已至中午，国务院专门安排午饭招待大家。荤素搭配三大盘，添了再添，远胜晋中四大碗。

第一场演出《打金枝》，开戏前王宝忠按捺不住激动的心情，情不自禁地从休息室走上前台，完全忘记了手中燃着的半截香烟。警卫及时制止，并向领导反映。戏已开演，来不及处理。第一场一结束，领导就责令其停职检查，第二场便由鼓师王增福接替其拍了铙钹。演出完毕，全体人员与首长合影——留下了历史一瞬的珍贵纪念（第一场与首长合影的只是演员和领导）。

还有一次在中南海演出，郭兰英和马玉楼的《金水桥》之后，是刘汉银主演的丁大师嫡传《卖画劈门》。刘惠生饰汤子彦，田桂兰饰凤鸾，姬荣生饰胡林。

演出十分成功，轰动全场，全团人非常满意，刘汉银尤其得意忘形。

早已气狠狠坐在衣箱上的丁果仙喊道："刘汉银，你给我过来！"

刘汉银莫名其妙，双腿不由自主地移挪到老师跟前。

"你……咋回事？！"丁果仙一巴掌就把刘汉银的髯口打落在地。

刘汉银干疼不敢动，所有在场的人都愣怔了，包括省委宣传部江萍及贾克、方冰，以及牛、郭、冀、刘等名家。

"从今往后，咱们断绝关系，你不是我的徒弟，我也不是你的师娘！"丁果仙说罢欲走，看到对方嘴里不住嘀咕，"你磨叨啥哩？"

刘汉银敢怒不敢言，丁果仙转身走了。

"小熊，快把丁老师招呼好，去……"贾克随即吩咐秘书熊国华。

众人议论纷纷。刘汉银挨了当头一闷棍，简直分不清东南西北，全然记不起如何捡拾髯口与卸妆之情形。

贾克向大家说道："再不要瞎议论了，抓紧卸妆清理。汉银快找丁老师谈谈，究竟因为啥来。"

刘汉银连饭也没吃，立马回到西苑宾馆，敲开师娘的房间，见师娘正与熊秘书喝茶，看来怒气已消减了许多。丁果仙见徒弟主动找上门来，和颜细语问道："还没吃饭吧？"

"我不想吃。"委屈溢于言表，眼眶已经润湿。

"不想吃就空上一顿，要不强吃上不好。你知道不知道你哪里错了？"

"不知道。"

"你仔细想想，劈完你外甥之后，你手里的刀是咋处置的？"

极度的喜悦与极端的懊恼掺合在一起，刘汉银哪有从容冷静的心态仔细回想；因而只能以"想不起来了"作答。

"你把外甥当作贼人，已经误劈了一刀。他吓得目瞪口呆，你的刀不用左手遮挡，反而明晃晃亮在上面，难道你还想再吓唬他不成！"

"噢噢噢！想起来了，左手该在上面，我怎么就杵到下面去了？今天那么多大人物，太紧张了。"

"要害不在这里，是你平素下工不够，只学表面，不究实质。根本的问题就在于没好好地消化剧本情节。"

"老师说得对，我就没琢磨台词内容，只是照着老师的唱念动作……"

"这就叫囫囵吞枣，眉毛胡子一把抓。"

"今天我懂了。"

"懂了就好。咱出来是代表山西人民，丢的不是你和我的人。刚才打你，还当着众人，我也是气急了，急了打人也不对。"

"是徒儿错了，不怪老师。"

"不管咋吧，过了的也收不回来了。你还是你，我还是我，咱还是师徒，回去吧。"

刘汉银没说谢谢，只是恭恭敬敬鞠了三个九十度的躬，便转身走了。回到房间，大伙儿还都翘首等候着呢："到底咋回事？"

"我把刀和手闹翻了。"刘汉银比画着做了解释。

"我们怎么没看出来？"姬荣生等自问。

"这就叫大师，好好向人家学吧。"方冰嘱咐大家，"一定认真吸取教训，坚决不准再出差错。"

山西梆子再次轰动京城，山西老领导提议，趁热打铁，多演几场，好好宣传宣传。于是两套人马轮演《明公断》，秦香莲扮演者刘仙玲，人称"梨儿脆"，做派大方，不露小旦痕迹，反映极好。王爱爱嗓音清亮，腔韵婉转，初露头角，一炮走红。马玉楼与刘汉银的陈世美，陈云龙与郑忠贤的包公，冀萍与田桂兰的皇姑，各有千秋，评价皆佳。此外还有《金水桥》《走雪山》《二进宫》等剧上演。

在北京连演两个多月，大多数时间驻扎在海运仓，华北局李雪峰书记亲自安排过问。住得好，吃得更好，把三年困难、粮不足瓜菜代落下的亏空，补了个圆满。

一日三顿坐桌子，有荤有素八大盘；花卷上来，筷子穿，一人一串；面条脸盆端，你一碗，我一碗，没等轮完就底朝天了。解放军兄弟看在眼里，憋不住直笑，剧团的人却不以为然。

全体人员还在京游览了十三陵，攀登了八达岭，参观了故宫博物院，把名胜古迹转了个遍。

这次进京"赶考"，发挥得分外出色，可称"状元及第"。虽说个别人有点小小瑕疵，但全团一心包了个严，外人未能看出丝毫破绽。《人民日报》《北京晚报》《中国青年报》等各大媒体，连连刊载评价文章，将之与天津小百花评剧团相提并论——被誉为"两朵花"。尤其"九进中南海"，天来大的荣耀，地来大的风光，谁可比肩？

"九进中南海"，成为山西人炫耀的口头禅；但实事求是地讲，正式演出并没有九次。不过，若是把踩台、彩排、赴宴一齐算在内，则绝对是有过之而无不及了。

这次进京，丁果仙既不管事，更没演出，纯粹跟班一个。虽说艺术指导并非全然徒有其名，但毕竟没有登台亮相，似乎有你不多，没你不少！沾此殊荣，未免觉得有点羞愧内疚。尤其联想到二十六年前的须生大王北平走红，实实如同天壤之别。她发自内心认可了个人之渺小，从而激发出爱党爱国爱集体的思想，暗下决心，努力做一个名副其实的共产党员和称职的新文艺战士。

八　德艺馨粉墨春秋四十载
　　生死别师徒艺海一路行

　　山西实验剧院青年晋剧团，在北京一炮打响，乘胜挺进津门。在天津各大剧院演出数场，皆座无虚席，反响之强烈不逊北京。之后青年团赴内蒙古呼和浩特等地继续巡回演出。丁果仙与牛、郭、冀等艺术指导返回太原。

　　一九六二年七月十七日，省城山大剧院人流如潮，"热烈庆祝丁果仙舞台生活四十年"金字红幅会标醒目，很多人送来致贺辞章。

　　侯外庐书《绝句》：

　　　　只道梅花发，哪知柳亦新。
　　　　枝枝总到地，叶叶自开春。

　　寒声的《励君吟》也吸引了众多目光：

　　　　入世便入水火中，蓓蕾零落羡哀鸿。
　　　　冷窟含辛觅生路，艺坛茹苦攀高峰。
　　　　铁喉清歌图衣饭，罗袂妙舞赚虚名。
　　　　幽林难逢真伯乐，徒教魂魄陷圄囹。

　　　　春雷乍动扫阴霾，骞旗凯歌从天来。
　　　　巨人救出三山底，导师引向百花台。
　　　　歌场祈韵创盛世，艺林旧章重剪裁。

勉君尽瘁平生力，东风桃李满园开。

　　省委宣传部李琦部长、王中青副省长、江萍副部长、省文联主席李束为、省剧协主席贾克、文化局副局长寒声、太原市委书记处书记刘舒侠、文化局副局长兼文联副主席张焕等有关领导，丁果仙的姐姐丁巧云，老搭档马兆麟和牛桂英、郭凤英、冀美莲、任玉珍以及弟子马玉楼、刘汉银等都参加了这一盛会。

　　一九五七年被打成极右分子的白晋山，是丁果仙专门请来的客人。

　　师傅孙竹林，年迈身衰，卧病不起，未能到会，却也派了代表——年满十岁的三女秀娥，与丁二姐同乘专用小卧车一起前来。

　　贾克主席致开幕词，概述了丁果仙同志从小唱戏卖艺，从一个被人歧视的下九流女戏子，到山西中路梆子第一位名女须生，开宗立派，桃李纷呈，成为了广大城乡观众戏迷赞赏、爱戴的著名表演艺术家、全国政协委员、人大代表和光荣的中国共产党党员的经历。坎坷而丰富的经历，充分说明她的成功是与党和国家人民的培养密不可分的。当然自己的勤学苦练、锲而不舍，以及师傅、同道的启蒙、扶持，也是至关重要的因素。希望她再接再厉，继续奉献。同时号召大家向她学习，推陈出新，更好地为社会主义建设服务。

　　王中青副省长代表省委和省人民委员会向丁果仙同志热烈祝贺。充分肯定其榜样的作用，要求大家向她看齐，勇敢面对生活，认真参与实践，虚心继承传统，大胆改革创新，向生活学习，向社会学习，向人民大众学习，从中吸取滋养，不断充实提高。勉励她继续不遗余力，带领整个山西中路梆子，向更高的水平迈进。

　　寒声局长作了丁果仙舞台艺术的专题报告。与会领导也即席致贺。马玉楼代表弟子发了言。

　　在经久不息、雷鸣般的掌声中，在爱慕、钦羡、敬仰交织的目光中，丁果仙满面春风精神抖擞地走到扩音机前，刚刚说了一句"首先啊，各位首长，各位同志，各位朋友们"便哽咽了，热泪从眼眶中不停地滚落下来。掌声再次响起，长达五分钟之久。

　　"啊呀，可高兴哩，高兴得没办法，不知道该说甚。今天，我激动得不得了。人家说高兴得能流出泪来，我向来不流泪，今天可就是流得止不住。我高兴的是在舞台上四十年，得到了这样大的光荣。我高兴得流出泪来了，老前辈、姐妹们、同学们一定也像我一样，高兴得流出泪来了。

　　"我不知道说什么好。在党的领导下，高兴当然是高兴，但不要高兴激动得太厉害了，喜事变成了悲剧（此语似觉不合时宜，但的确系其所言）。这是个特别大好形势,我从来听也没听说过这样的事情。我听过人们叨小说、讲历史、说故事,今古奇观上也没有咱们这样的事。今天,我想在这个全戏曲界的大好形势下,在党的领导下,在我这个舞台四十年的纪念会上,我要向诸位在这个伟大的会上说话。我真是高兴得——还是刚才那句话,没法说了,形容也形容不来了。我有许多肚里话想要说一说,可由于时间关系,还不一定说得很完善。只能大概把我心里的话谈上几句。"

说到此处,她重新展开稿纸照本宣科——

"党和政府给我举行这个舞台生活四十年纪念,这是对整个戏曲界的关怀和重视。旧社会有许多老艺人,如我刚学戏就想见而见不上的盖天红,还有说书红、毛毛旦、三儿生、天贵旦等等,他们都指教过我,帮助过我,他们是我的恩人。他们很有成就,很高尚,也给人们唱了许多年戏,可他们只能受一辈子罪,受一辈子欺压,不少人饿死冻死。只有在共产党领导的新社会,艺人的劳动才得到尊重,才能有这样的纪念会。这是我们这一代老艺人的光荣,是整个戏曲界的光荣。

"在旧社会,我不懂得什么叫政治,也不懂得戏曲为什么人服务。国民党反动派统治时期,我干脆对社会上的事一概不管,只管唱戏。我只知道唱戏才能挣钱,挣下钱才有饭吃,吃上饭才能生活下去。至于说活着有啥意思,唱戏有什么意义,这些问题不但不能回答,根本连想也没有想过。

"解放以后,我受到党的教育,参加了许多活动,特别是慰问朝鲜志愿军和福建部队,我好像上了大学校,脑子一天一天地清楚起来了。特别是学了毛主席《在延安文艺座谈会上的讲话》,我知道了我们的艺术是革命的一部分,艺术是社会上不可缺少的维生素。我晓得了唱戏有什么大价值。我的思想得到了起死回生的力量,这种力量像个大火车头,它拉动我学习政治,关心社会,深入厂矿农村,上山下乡,送戏上门。它推动我学文化,钻艺术,利用一切机会为党工作。

"这几年,我把主要精神用在培养接班人上。我感到时间不够支配,见了人顾不上说一句闲话,尽量多做些对戏有益的事。我心里想的是把自己所学所会的东西,赶快整理出来交给党,交给青年接班人。

"晋剧遗产十分宝贵,在国民党时期遭到了摧残,很多宝贵东西,有的已经失传,有的将要失传,必须赶快下手保护。每个老艺人身上都保存着宝贵的东西,就看我们能不能虚心向老艺人学习。我就在老艺人身上学到过不少的宝贵东西。

"在今天的大会上,有许多青年同志和学员,你们的文化基础高,又能受到党的全面教育,必须充分利用这些好的条件,努力学习锻炼。首先要练好基本功。基本功不光是踢腿、下腰,还要下功夫喊嗓子,练唱功。冬练三九,夏练三伏,并且要天天练，月月练，年年练，时刻不能忘记。还要严格地按规矩来练，唱到老练到老，坚持做到装龙像龙，装虎像虎。每个人天生的条件有差别，光靠天生的好条件不行，不能成为好演员；有些演员条件差些，经过勤学苦练，也会成为名角儿。

"有人说你这是讲故事，我说这都是真的。我有许多个例子，有许多真人真事。志愿军的罗盛教、黄继光，解放军的董存瑞，东北的赵一曼，我们山西的刘胡兰，这些都是真人真事。有些小同志没见过，需要用脑子考虑，不能疏忽。这些都是我们亲眼看到的，为什么不向他们学习呢？不知道过去的难和苦，就不懂得今天的幸福怎么来的。

"以前我一字不识，学戏不懂词句，只得拼命死记硬背。为了知道戏中人的历史，花上钱买烟打酒，请人家给讲三国，道列国，说杨家将、三侠五义、小八义。到各地演出，想尽办法去参观名胜古迹：去晋南寻薛仁贵寒窑；到西安游华清池，喝太白酒；返回洛阳看龙门石窟；路过洪洞，还进了苏三监狱。为了演好戏，就得碰上甚学甚，学地理，学历史，学生活，学工农兵，还要从老前辈艺人创造的舞台形象吸收营养。

"青年人只有不怕吃苦，才能学到真本领；只要不骄傲，不自卑，苦心钻研，精益求精，就能把老一辈演员的艺术全学过来；再发挥，再创造，才能使戏曲艺术发展得更好。

"解放以来，祖国一天比一天可爱，党和人民一天比一天可爱。我想活八十岁，甚至活一百岁，像齐白石老人一样，亲眼看着我们的科学和戏曲的发展。在我的后半辈子，把全部精力贡献给党和戏曲事业，和大家一起把接班人带好，和大家一起把晋剧事业搞好。

"我们山西有四大梆子，有许多剧种，有丰富的遗产，有多才多艺的老师傅，我建议党和政府抓紧时间，总结他们的艺术经验，继承他们的艺术财富，发展他们的艺术流派，使各剧种的花朵大开大放，我更希望全国所有的剧种的花开得万紫千红，使我们的社会主义事业大放光彩。

"在今天的大会上，我的心情十分激动，首先感谢中国共产党和伟大领袖毛泽东对我的英明领导。我感谢各位领导同志们对我的关怀、帮助和教育。没有党亲切教导我，没有人民政府关怀我，就没有今天的丁果仙。我感谢广大观众对我的关心和支持，没有你们，我的艺术就没有地方发展，更没有地方生根、开花、结果。我感谢前辈老艺人，今天的光彩应当归功于你们。我感谢四十年来与我同台演戏的兄弟姐妹们，拉胡胡的、打板的、管衣箱的、包头的，你们多年与我合作，配合我，扶持我，今天的光荣应该归于你们。我感谢解放以来的许多新文艺工作者，你们对我有很大的帮助。近年来，我在戏曲艺术上的提高，和你们的辛苦是分不开的，今天的光荣是属于同志们的。我感谢过去和现在爱好中路梆子的一切社会人士，感谢一切给过我帮助和支持的同志们、先生们、朋友们，为了建设社会主义戏曲事业，欢迎你们大家继续帮助我，让我们共同把戏曲艺术工作搞得更加轰轰烈烈、扎扎实实。

"最后，我还要再一次表示，我感谢党对我的领导、关怀和教育，我有信心有决心，在党的教育下，继续学习，努力提高，把我的全部精神贡献给党和人民的戏剧事业。一切成就都是党给我的，一切光荣应归于党，归于全体人民。"

会议结束，丁果仙与多年的搭档和弟子们在"山大""长风"与"湖滨"等剧场、会堂，演出《火烧绵山》《太白醉写》《渭水河》《日月图》《空城计》《走山》《详状》等剧目。

牛桂英有病住院，强抖精神与丁大姐演出《走山》。王中青副省长十分高兴："桂英，注意保重身体，等你舞台生活四十年的时候，也给你办个纪念会。"

丁果仙高兴地插话："再过十二三年，桂英就满四十年了。到那时，我还要参加你的纪念演出呢！"

演出《太白醉写》前，丁果仙找到白晋山说："这戏我多少年不演了，专门把你请回来，你可得多关照啊！"

"我也多少年不打了，不一定能闹好。"

"你年轻，记性好，我知道你能闹好。"

"尽我的力量吧！"

不难看出，两位对以往的恩恩怨怨早已不再记挂，相逢一笑，前嫌尽释。

最大的难题是《火烧绵山》，因为此剧中的介子推需背着老母表演高难度动作。二十世纪三四十年代此戏常演，解放初，新新剧团推托不过，也只演了一两次。这回丁果仙算是豁出老命来了，年近五十，久病缠身，近来更添气喘毛病，再背上一个人，又要唱又要做诸多高难度动作，别人也替她担心。

她请来比她小一岁的南玉英——非此人莫属。一来是老搭档，不用重排；二来该员身材瘦小，精干利落，换了旁人，丁果仙岂能奈何得了。

《火烧绵山》只演上山一场，丁果仙饰介子推，南玉英扮介母。丁果仙背南玉英上场一亮相就是一个碰头彩。她边唱边舞，跋山涉水，一手护母，一手攀缘。悬崖峭壁，深沟浅滩，为了表示环境的艰难险恶，须要虎跳与放叉。如此高难度的动作，年轻人也很少问津，何况她个弱不禁风的老太太？！诚可谓艺高人胆大，丁果仙竟然表演得干净利索、天衣无缝，直把观众看得心惊胆战、目瞪口呆。

过了《火烧绵山》背母上山的难关，其他如《醉写》《走山》《详状》《劈门》等，一概都不在话下了。

由市戏校学员闫慧贞、秦银环、郭彩萍、薛林花、郝付、郭锁香等演出的《打金枝》，唱做俱佳，声情并茂。从川剧移植来的《虹桥赠珠》，是出武打群戏。智玉莲、吕铁城、苗秀茂、马兆禄、代占寿、邢尚斌、王树池、齐天寿、李增禄，一个个生龙活虎，套路规范，身段优美。武戏文唱，从容不迫，招式精美，有惊无险，赢得内行与戏迷交口称赞。

那几日，省市媒体不断报道，报纸刊登消息通讯、评价文章，电台播放专题节目，一时间果子红丁果仙又成为街谈巷议的主要话题。

心潮难平、兴奋不已的丁果仙，在庆祝舞台生活四十年的照片背后，挥毫题词：

午[1]台生活四十年，解放提高的最喜欢的一天，生来没有过。

丁果仙

一九六二年七月中旬揖

省文化局接受了丁果仙的建议，会后即派出戏剧研究室的张仁健与艾治国，帮助她整理生平资料。半年多的工夫，每天下午两位文人到她天地坛家里，记录她的口述——含辛茹苦、艰难坎坷、峰回路转、苦尽甘来。动人处有唱有舞，如同台上。漫长的人生，丰富的阅历，悲喜纷呈，摄人心魂，俨然一部集时代风貌、戏剧沿革以及个人生离死别于一体的颇富乡俗风情与人生哲理的长篇巨著。文稿既已成，遂与中国戏剧出版社签订了出版合同。岂料天时不遂人愿，史无前例的"文化大革命"一开始，被打成牛鬼蛇神黑权威的"丁老板""大戏霸""祖师婆"，其传记不知所终。一场辛劳一场空。

鉴于此，才引出多年后众人一心亡羊补牢的琐记续作，意在步其后尘，却实难望其项背。愚公移山，精卫填海，唯知志高力薄，不过竭尽虔诚而已。若丁大师在天有灵，顺理通情，怜悯我等老中顽童之心，足矣。此为后话。

丁果仙纪念活动过后不满百天，传来噩耗：从小自卖本身，投师学艺走东口，坎坷大半生，刚刚安享晚年的太平红孙竹林，度过了七十三个春秋寒暑，走到了人生尽头。桃李芬芳，事业有成，只憾几番诚惶诚恐求签祷告、许愿焚香，终未能得

---

[1] 午：丁果仙笔误，实为"舞"。

神佑天赐一子，传宗继姓。披麻戴孝的只有兰兰、果果与秀文、秀英、秀娥、秀春以及她们的配偶与后嗣，但也算得后继满堂了。

在丁果仙的主持下，老人的出殡隆重，非同一般。掩棺的、抬材的、吹打的、烧化的，一应齐备，全让市戏校的徒子徒孙包了。纸纸幡幡，旗旗号号，吹吹打打，浩浩荡荡，由通顺巷出发，转至钟楼街，抬上大卡车，送到双塔寺陵园暂厝。其老伴一九六八年去世，后二人合葬于其大女婿所在的亲贤村的坟地。

人活七十古来稀，弟子丁果仙与其姐姐丁巧云，以及四亲生闺女等，一心尽孝，养老送终，生荣死哀，人人皆奉上满腔心意，远在极乐世界的孙师爷，也该称心如意、含笑瞑目了。

九　终身愿笑看桃李满天下
　　薪火传喜闻明星竞甗甀

旧社会艺人买养女收徒弟，目的在于防老，更为赚钱。丁果仙在二十世纪三十年代就曾收下艳香、艳霞、拉弟等丁氏诸姐妹；但她并没有把她们当成摇钱树，而是把她们养大成人，让她们婚嫁自立。其中最出色的艳霞撇下亲生女儿桂枝，不幸早亡，丁果仙主动承担起隔代抚养的义务。而在太原市戏校学习的桂枝，早已把天地坛当成自己家，与奶奶丁果仙一起生活。

三十年代末，丁果仙的理想搭档乔金仙的妹妹，十七八的玉仙，本已约定拜她为师，后因姐姐毒瘾频发，精神失常，不能继续演出，失去经济来源的爹娘只得将玉仙以四百元大洋卖与名角懿万春的胞兄懿万山为妻。拜师之事遂成泡影。

武蕙仙，本名武蕙芬，学艺于祁县韩国华同梨园娃娃班，拜鹿儿红为师。日伪时期，在太原西北俱乐部演出《四进士》，一炮打响，人们都说像果子红。丁果仙听说后专门毫不张扬地买了票前往观看。看后觉得倒也名不虚传，是个可造之才。演出结束，爱才心切的丁果仙主动上台指点。经旁观人提醒，蕙芬趴在地上叩头不止。丁果仙无心插柳，认了这一个"意外"的弟子。后来蕙芬当掉腕上镯子，在清和园大摆酒宴，和丁果仙正式确立了师徒关系。丁果仙为其改名惠仙，还让任秀峰在《晋阳日报》登载她收徒的消息。之后，丁果仙举荐弟子搭班新化剧院，给段玉明拉了二套。她精心传授惠仙《八件衣》《南天门》《蝴蝶杯》等剧目。因惠仙身材扮相与她毕肖，故而分外喜欢，常常让其为自己配戏。虽然发生过观众叫倒好的事故，但丁师对此并未在意，对惠仙一如既往关爱有加。

在十六红李金生的引荐下，丁果仙还收了巩继仙为过门弟子，并将其推介到刘俊英的省二团，担任乔玉仙的二路演员。

李树琴生于一九二六年，系汾阳东关人。从小入古凤剧团学艺，多受小十三红韩俊山的影响，擅长靠架戏，主演《金沙滩》《困雪山》《出棠邑》等戏。解放后入雁北晋剧团，成为领班须生，从唱腔到做派，多学丁果仙一派。

　　刘宝俊原本段玉明入室弟子，却因段玉明毒瘾缠身，难以在授徒传艺上下功，宝俊不得不求教于刘文才，以及其同乡、名票韩子谦。抗日战争时期，丁果仙常去新化搭班演出，宝俊姑娘为人敦厚笃实，稍显粗笨，却很勤快。丁果仙见其图强好学，便常带其回家，教其做人，传其技艺。宝俊幸遇贵人，自是肯下功夫，在学艺之后，端茶奉水，擦桌扫地，打杂活儿她一人全都包了。有次端饭走得着急，竟然踩在老师的"胡萝卜"脚上。

　　"愣鬼，踩煞你祖娘娘了！"丁果仙连骂带打。可宝俊毫不在乎，反倒傻笑不止。由此可见，师徒二人感情非同一般。

　　在新新剧团收了马玉楼后，丁果仙生发出办戏训班的念头。想不到还是落了张宝魁的后。她奋起直追——你是随团教徒，我一定高人一筹——在大濮府创立了正规的戏剧艺术培训班。虽说条件简陋，却有规有章有模有样，已具戏曲学校雏形，开了解放以来，山西中路梆子办学之先河。

　　一九五五年与张宝魁将两班合一，由戏曲训练班，进而正式成为太原市戏曲艺术学校。随后学校于一九五八年、一九六〇年两年，分别招收第二、第三批学员，总计二百余名，为晋剧事业发展奠定了厚实的基础。

　　一九五八年，丁果仙为晋中现代戏会演当评委，收了第一个男弟子刘汉银。

　　庞翠仙于一九三九年生于太原南郊西草寨，从小跟随票儿班和业余剧团，后来到榆次西湖井、太原后小河霍金凤剧团搭班，崭露头角。有一年，有位自称丁果仙干爹的票友领她到天地坛认师，唱了两段《打金枝》，丁果仙听了说音韵不错；因当时正忙于准备参加全国首届戏曲会演剧目，顾不上考虑收徒授艺之事，便告她等以后再说。

　　人怕出名。小有名气的庞翠仙，七处里争着抢。阳曲县晋阳晋剧团团长许志刚"三顾"相邀、重金相聘；于是庞翠仙便成了晋阳剧团的领班须生，晋阳红的艺名也应时而生。之后，《两狼山》《高平关》《港口驿》《假金牌》演上没完，连生孩子都休息不了，哪顾得上求师学艺的"闲事"。

　　一九六〇年，在和平剧院演出《两狼山》，请丁大师光临。戏演完后，丁果仙见了未卸妆的杨继业十分亲切："咱们以前早有过预约。演得好，比我强，能扎起靠来。以后有空就到家来吧！"

　　丁大师走了，一来没人提点，二来小庞也不敢贸然磕头，老师一句"有空就到家来"，已经令她喜出望外，十分满足了。她是个实在人，以后只要来太原，不管早晚，总要提点鸡蛋什么的登门求教。

对这位"不速之客"，丁果仙毫不见外，争分夺秒授之以《八件衣》《日月图》《打子》《走山》等戏的片段露彩之处。整本整出哪里可能？

一九六二年大伏天，她再次来和平剧院演出《两狼山》，汗流浃背，此时她还怀有身孕，纵然剧院特殊优待风扇不停，却也无济于事。演完前半场，回后台换上白髯口，一出场便晕倒在台上。检场的赶忙将她扶回后台，副团长刘英华即其爱人，跑到台前急呼："谁是大夫，快上来抢救呀！"

老天开眼，一位妇科大夫检查之后说无啥大碍……

全场满满的观众，尚有"贴对子"站着看的，一个也不走。知道无人能顶替，缓过神来的翠仙只好硬挺着把戏演完。之后没过五天，就生下了长女爱琴。

丁果仙事后得知这一消息，又是同情，又是叹息，却也爱莫能助。她是过来人，何尝不知剧团底细：离了你卖不出台口，一干人等着你吃饭呀！何况你还是共产党员、副团长的妻子！也正因为这等原因，丁果仙特意收下这个难获真传的特别弟子。

一九五九年，新艺晋剧团奉命调往四川成都之前，张鸣琴就请丁果仙亲临指导；一九六一年，她返乡归来，即去天地坛登门求教。师徒早已有约在前，只是由于演出繁忙，难得经常面授亲传。

相比之下，白桂英、刘宝俊、马玉楼、刘汉银、武忠、闫慧贞、温明轸、刘克勤、郭振琪与李守义等，实属近水楼台，名实均得了。有的早成为"家中成员"，有的是自告奋勇打杂的，大多属"不速之客"，但都已把天地坛当成了自己家，有做就做，有吃就吃。丁师更不把他们当外人，该教则教，当训则训，三句话不离本行。凡是传授过的，无论哪个说不上个所以然来，都别想蒙混过关。

丁果仙虽出身口传身授的旧戏班，但多年来在市里办戏校，已积累了丰富的教学管理经验。为造就大批新型戏曲人才，为培养晋剧事业接班人，作为省戏校校长的她必须摒弃陈旧的传授方法，实施科学的教学模式，建立起一套完善的规章制度。她亲自带课，以三段式教学做出示范：先讲剧本故事背景、人物情节，引起学生兴趣；进而熟读剧本，打起调来如在台上一样，念道白，唱台词；最后调度部位，连带表演动作，配音合成。

她给杨效璋、郭振琪、杨致淮、张清玉排《捉放曹》，足足用了三个月的工夫。在刚刚竣工的晋剧院南楼排练，门窗上糊着报纸，房间里生着大铁炉。学生们自己烧，弄不好，不是灭火，就是满屋黑烟，冻得人搓手跺脚坐站不住。但她却脱下呢子外衣，一招一式地示范，累得浑身是汗。学生们感动得不知说什么好，只有一心一意排好戏。

她还常常于周末把学生们引回家里，核桃枣儿、铁筒饼干、整盒奶糖可劲儿让他们吃，甚至留下一起吃饭。

她与学生交流，用的是对方的土语方言，汾阳的、介休的、平遥的、祁县的、太谷的、晋南的、雁北的，你说哪里的话，她对哪里的话。如果来了客人，她便说普通话，甚至讲京腔，常常逗得人们大笑，她却说：这也是学习，碰上甚学甚。

《捉放曹》排成后，在太铁俱乐部演出，她早早地坐在前排等着。当看到观众如痴如醉，掌声与喝彩接连不断时，她高兴得一等演出完毕就上台给孩子们以鼓励和赞扬。

她最喜欢郭振琪和李守义，他俩年纪小、心眼灵巧、天真可爱。他俩到了天地坛也像回到自己家一样，见啥玩啥，有啥吃啥，临走还得带点馍馍、饼子、干窝窝。

省、市文化局为了更好地传承优秀传统、发扬艺术流派，于一九六一年八月，在迎泽宾馆为丁果仙举办了收徒仪式。共计收徒十二名，除省晋剧院的刘宝俊、马玉楼、刘汉银、温明轸、刘克勤、李守义，省戏校的郭振琪，市实验的武忠、闫慧贞与市晋剧团的白桂英外，尚有晋中的张鸣琴和雁北的李树琴。

当时白桂英正住在市中心医院治疗肝病，丁果仙找到刘舒侠市长，专门派车将她从医院接来。在丁心目中，无论如何也不能叫跟随自己二十来年的孙女，错过这个终身难遇的机会。

至于李树琴，则与前面提到的张鸣琴、庞翠仙相仿，都是剧团的"捞饭盒盒""摇钱树"，长年到头不得闲，哪有专门来太原投师学艺的机会？不过只要来太原演出，再忙也要抽空与师傅一见。师徒相会，丁师定少不了言传身教、茶饭款待。

紧接着，一九六二年十二月，省、市文化局又在市实验团礼堂，为丁果仙、牛桂英、郭凤英、冀美莲、刘芝兰、马兆麟与田九云等举行了集体收徒典礼。参加典礼的有省、市文化局领导贾克、寒声、程勉斋、张焕，以及省晋剧院、市晋剧团、市碗碗腔剧团和阳曲县晋阳晋剧团代表。此外，河北省井陉县委、县政府领导与县晋剧团部分成员也前来祝贺。

在这次集体收徒仪式上，丁果仙收徒黄秀珍、庞翠仙、荆玉玺、于拉荣，牛桂英收徒李素卿、田翠兰、冯秀珍，郭凤英收徒郭彩萍、王灵芝，冀美莲收徒李祖英、杜瑞英、于爱荣，刘芝兰收徒梁素荣，马兆麟收徒李雨珍，田九云收徒牛巧珍。

省领导强调，这次集体收徒拜师的重要意义，在于打破省市行政区划界限，目的是培养晋剧人才，继承发扬艺术流派。

丁果仙讲话风趣动人："有人笑话我无儿没女，我说有的是。在家里的不说，就算这外面的，光去年一下就收了十二个，眼下又是四个，真叫大丰收了。不光有太原的，还有晋中的和雁北的，尤其有了河北井陉。我老丁本是河北束鹿人，要论籍贯，你们是我的娘家人。若是说到唱戏，我就成了你们的娘家人了。今天咱是娘家人招待娘家人，用不着见外。我希望井陉剧团这个河北的晋剧姑娘，常回娘家来转转。"

丁果仙的讲话引发了经久不息的掌声。

井陉县确也下了大工本，来之前在县陶瓷厂专门定制老寿星茶具；后又在宾馆每桌花八百元设宴回请，这在当年可是非同一般。岂不知总领队马县长的一身行头：中山装与黑皮鞋，全是临时借来装门面的呀！更值得一提的是，他们准备让演员们住下来，安安心心恭恭敬敬把老师们的艺术和精神学到手。

丁果仙的两个弟子，男的荆玉玺、女的于拉荣，分别住在省戏校和市实验团。丁师教他们《太白醉写》，荆玉玺饰李白，于拉荣饰唐王。她教戏先教做人，要他们做老实人，要团结人、体谅人。不要见人就说我是丁某某的入室弟子如何如何；不能忘记领导的关心、爱护；学艺不能只学我这一家，要见好的就学，不好的自己想法改进；还不能只演主角不当配角，要记住只有小演员，没有小角色。

为了提高思想认识，丁师还专门陪他们去文水参观刘胡兰烈士纪念馆，感受她"生的光荣，死的伟大"的革命精神。参观艰苦创业的先进典型——卧虎山太原奶牛场时，丁果仙和丈夫任秀峰把他俩送上公共汽车后，自己骑着自行车赶到。说是奶牛场，其实就像个小花园，绿树成荫，花花草草，弯弯曲曲，干干净净。去时正赶上省市领导陪同中央首长和朝鲜贵宾参观。场长热情接待了这位人尽皆知的须生大王、劳动模范、先进工作者，详细地介绍了自己白手起家、艰苦奋斗的创业史。大家又了解了工人饲养和挤奶的情况，品尝了新鲜牛奶，观看了展览室陈列的奖状、红旗和名人大家的题词。在对方的一再要求下，丁果仙也欣然挥毫写下：你们的先进榜样鼓励了我们的学习精神。她还与弟子为工人老大哥演唱了《打金枝》和《卖画劈门》。

丁果仙要求学生向先进人物看齐，懂得今日的幸福来之不易，一定要又红又专，彻底打消名利思想，全心全意为工农兵服务。

排戏之余，她还教弟子画画、写字，她说不能小看戏外功，学习琴棋书画能提高文化修养，陶冶情操。她题词赠画给弟子，送于拉荣的是一幅水仙花，上写：

勤学苦练，虚心求成。赠弟子于陆仙。

丁果仙 一九六三年六月初三

她为于拉荣取艺名"陆仙"，意为果仙、陆仙师徒相传，并嘱咐她，咱都是河北人，我在山西成仙，已经老了，希望你在河北成仙。

离别之后，丁果仙还托老伴写信勉励弟子们：不骄不躁虚心学，咬紧牙关苦中熬。古为今用找诀窍，到处体验有生活。兼收并学善融化，发挥创造细推敲。总而言之一句话，谁不学习谁糟糕。

在集体收徒的仪式上，获此殊荣的演奏员唯独田九云一人。此后不久，他领了身背胡胡的徒弟再次来到天地坛。

丁果仙惊奇地问："怎么还背着胡胡？"

"上回来，你丁校长的教导收效了。巧珍，拉两段，让校长考考你。"

牛巧珍低低应了一声，端坐在椅子上便拉了起来，《小开门》《水萍莲》，下接老师傅自创《黄环悲》。

"啊呀，好啊！不论弓法还是音韵，都大有你三娃子的风范味道。特别是末一段，一下就把人引回到当年咱们合作的《生死牌》中了。真好！闺女，拜了师可就和以往不一样了，一定得苦学苦练，把老师傅的东西学到手。要千方百计贴调，这太紧要了，等于你扶演员一把。还有，不能露女相，和我们唱戏一样，要拉出感情来，拉出个性来，拉出人物来，拉出第一个女琴师来。老任，告厨房备饭。"

"我们回吧！"

"三娃子，你做什么假？便宜饭，吃了再走。"

师徒二人客随主便，一起吃了西红柿二合面剔尖，外加四小碟：黄瓜、豆腐干、油辣角角、老咸菜。

从上兰村戏窝子里出来的黄秀珍，自幼搭小果子马秋仙和筱吉仙张宝魁的班，与丁果仙也曾同台演出，一点也不陌生。正式拜师后，就去天地坛排《捉放曹》，王太堂饰曹操，陈尚志饰吕伯奢，宋仲春打板，白桂英辅导。每天上午去，整整一个多月，接下来还加工了与朱新兴合演的《走山》。之后也常常登门请教。

一九六三年夏，张家口青年晋剧团由市级正式提升为省级国营剧团。为了开眼界、长见识，其文化局局长亲自带领剧团来山西巡回演出，所到之处，反响强烈。

在山西省文化局的主持下，又举办了隆重的拜师仪式，张家口青年女须生牛学祯拜丁果仙为师。

牛学祯是清徐县东木庄人，丁果仙童年曾在清源孟封荣梨园学艺，后来又多次在东口演出；如此一来，师徒二人便有了不一般的渊源。尽管因为演出任务繁忙，丁果仙难以整本整出传授，甚至选场片段也未能细讲；但在唱腔、表演和刻画人物方面还是做了很多指点。生在晋中长在东口——晋剧第二故乡的一代新星牛学祯，逢年过节回乡省亲，总少不了要到丁师府上去拜访，虚心求教。丁大师对于这位难能一见的封箱弟子总是倾囊相赠，只可惜好景不长，苍天不遂人愿。

丁果仙是过来人，当年她投师学艺是何等的艰难无奈！而今，她为师授业，传道解惑，自是不辞艰辛，知无不言，言无不尽。这也展现了她心底无私、广施仁爱的高尚品格。当然，这与社会更迭、时代进步也有颇大关联。

十　违夙愿儿大不从慈萱命
　　　换思维子孙满堂犹圆满

　　政府为丁果仙又是庆祝四十年舞台生活，又是组织收徒仪式，年过五十有五的她，由衷感激，正如她在发言中所说的：高兴得不能再高兴了。她觉得，为人应该有良心，受恩须当回报。她是党员，应当听从党的指挥。重温毛主席"五二三"讲话，文艺工作者要到群众中间去，要为人民大众服务，首先是为工农兵服务。于是她想到了晋祠工人疗养院，经过联系，对方求之不得。

　　丁果仙亲自登门献艺，这事非同小可。郭院长与刘辉大夫商议如何迎接是好。刘大夫说，疗养员王银娃与北大寺武荣魁常在此闹票儿，再叫上两个能吹打的，就用咱们乡村办喜事的方法，锣鼓喧天，丝竹细乐。

　　一九六三年六月六日下午三点，晋祠疗养院门口人山人海、鼓乐齐鸣。丁果仙老远就从黑色小卧车内走出，徒步走了过来。

　　郭院长、刘大夫把贵客迎进礼堂——实际上就是平时的大餐厅。餐厅里除了二百多名疗养员和五十多名院部职工外，还有闻讯赶来果子红的戏迷。

　　丁果仙走上台刚要开口，打雷一样的掌声就拍上没完。

　　"工人老大哥同志们，疗养院的领导和员工们，还有看热闹的乡亲们，我感谢大家的欢迎。"

　　又是经久不息的掌声。

　　"诸位疗养员是建设社会主义的积极分子、大功臣，是工人阶级队伍中的状元，我今天来是向大家学习的。在旧社会，我是个唱戏的；在新中国，我成了文艺工作者。我愿意为大家献上一点我力所能及的心意。我给同志们唱一段《打金枝》，还请老票友、老相识多多指教。"

"年轻人一时火性起……"唱完,她推荐武荣魁来两句昆曲。

武荣魁说:"丁老师,我给你介绍这位王银娃老弟,人家他才是位十二能的高手,九手场面[1]转一遭,红黑生旦丑,昆乱不挡。受过高人指点,是山伯儿王永年、二丁则要德胜与韩子谦、高瑞霖的高徒,何芳圃的义子,还是鹿儿红王庆云的亲侄儿,在山西汽车厂是六级焊工、劳动模范。"

"那好啊!我应当好好向你学习,快来一段昆曲。我真的没学过,今天有机会见识见识。"

王银娃唱完《功宴》之后,又应要求唱了段《大赐福》;武荣魁接唱《宁武关》。

丁果仙十分赞赏,说他们研究山西梆子下了苦工,诚心向他们学习,拜他们为师。

武荣魁说不敢。王银娃倒想乘此良机,再多认一位师傅。丁果仙让他有空到天地坛来,互相学习,交流经验。

这一年,丁果仙参加了不少学生和弟子们的婚礼。从前在戏校,坚决不准学生谈恋爱,怕影响学习;现在到了团里,提倡找对象,防止流失,巩固阵营。武忠和闫慧贞的婚事就是公家给操办的。他俩说没花自己一分钱。团里在食堂开了一桌饭,请的有刘市长、张局长、丁校长,再就是男女双方代表。丁果仙不能白吃请,但绝不花大钱,一对铁皮喷花暖壶,礼轻心意重。

此时段还有牛桂英的闺女赵志艳和陈宏武、李友银和秦银环办了喜事。

省晋剧院更时髦,集体婚礼,一席四对:王宝钗与郑忠贤、王爱爱与刘惠生、张步兴与牛艳琴、白玉英与沈宏剑。

看着眼前的一对对,丁果仙想起了弟子马玉楼——一九五三年就有了长子田少华,一九六一年在北京演出时,怀着二小子,妊娠反应厉害,呕吐得没完没了,想吃抿尖。她领上马玉楼到和平门外太谷老乡家,吃了西红柿打卤面、油烹醋调和,才算治好了不亚于疑难杂症的害娃娃小毛病。

人家家的一个个成婚的成婚,生子的生子,自己的两个小子,也早就二十几了,追的人一溜一串,说了一个又一个,可就没一个肯点头,实在叫她不歇心。

也就在此时,传来了李守义在平遥城南炮楼里上吊自杀的噩耗。

李守义,男,一九四二年生于平遥,太原市戏校大班学生。生性机灵,又肯勤学苦练;多艺多才,能书会画;主攻须生,传统戏与现代戏皆能。后因失恋难以自

---

[1] 九手场面:指武场鼓板、小锣、大锣、铙钹、铰子以及文场胡琴、二胡、三弦、四弦等。

解，更兼前往大庆演出前的审查未能通过，刺激太大，自己想不开，寻了短见。

丁果仙爱恨交加："李守义啊李守义！好你个讨债的鬼，讨了你爹你妈讨公家。党和人民培养了你，盼着小树长成了材，指望报效国家了，你偏偏要当逃兵，太没良心了！禁不住一点点风吹雨打，不就是个倒嗓吗？不就是个失恋吗？你咋不学人家刘胡兰，小小年纪的姑娘家，干革命顶天立地，面对反动势力，一颗红心不动摇，'生的伟大，死的光荣'。看看人家，比比自己，生的无能，死的窝囊！"

她是字字泪声声泪，咬牙切齿说这番话的。痛定思痛，她似乎从中悟出点道理：儿大由不得娘！事遇事，人遇人，时代不同了，自己的做法想法用到旁人身上不一定能通。两个儿子的终身大事，看来软不得也硬不得，任由人家去吧！

继亮的名字是任秀峰起的，意思是想让儿子像诸葛卧龙一样，大有作为，光宗耀祖。然而谋事在人，成事在天。想想看，独子单传，两母争相宠爱，正好比那掌上明珠。在太原城，丁妈爱得不能再爱，亲得不能再亲，理智上欲严加管教，做起来心有余却虑更多；逢年过节寒暑假，回到令归农村，亲娘更疼得紧吃紧喝、紧穿紧戴、紧花紧玩紧折腾，犹觉不够。

如此这般，任继亮咬着牙把初中熬完，已算不错。他想着早日工作早赚钱；毕竟已长大成人，哪有不报养育之恩，不惦念孤苦伶仃生己养己的亲妈的道理？

再说田成芳，横下心咬住牙交出亲生独子，苦熬死等十几年，自己身体也一天不如一天。她也千方百计想给儿子张罗个自己称心如意的媳妇。把儿子牢牢拴住，恐怕是她这一辈子唯一既"可望"也"可即"的事情了。

任家是书香门第、富裕人家，智奶奶慈善，田妈妈热心，更加丁妈妈的大旗，追寻上门踢塌门槛的花花姑娘不计其数；岂料村团支部书记张存仙捷足先登独占鳌头。

丁果仙虽说不十分称心，因为农村户口就是一大麻烦，不过人家愿意，有啥奈何？好在姑娘身材壮实，五官端正，心灵手巧，嘴甜腿快。再说年纪轻轻能当上团支书，共产党的接班人，也算鸡窝里的凤凰。人无完人，哪能十全？

让她最烦心的是捣蛋鬼庆喜子。五岁上没了娘，一九五三年亲爹汪康去世时，才刚满十五岁。天生聪明机灵，惹人喜爱。一九五五年初中毕业，不愿拖累养父母，决心自力更生。响应祖国号召，自告奋勇奔赴内蒙古草原，怀着一颗红心，要用两只手建设祖国，扎根边疆，也算为丁妈妈争了光，长了脸。

岂料火热心遇上冷锅灶。虽然思想上早有准备，但没明没黑劳动锻炼，数九寒天住着帐篷，自己生火烧牛粪煮羊肉，半生不熟，全然失去了在开化寺时清炖爆炒的诱人鲜香。尤其满世界狼嚎野狗叫，吓得人睡在被窝里合不上眼。万万没有想到离家出外如此艰难，况且何日才能苦尽甘来？已经有人不辞而别，他熬过了一年，再也撑不住了，不得不求助于丁妈妈。

家信寄出，他翘首企盼。等来的回信，却不啻一盆冰水浇透了他的心。

庆喜：

　　妈的好儿子，临行前你决定一颗红心两只手，扎根边疆报祖国，多么的自豪，多么的光彩。万事开头难，吃得苦中苦，能成人上人。干革命哪有不吃苦的？想想老红军，看看志愿兵。坚持就是胜利，绝对不能半途而废。妈是共产党员、三八红旗手、人民代表，怎能让自己的儿子起这种逃避困难的念，带这个破坏国家政策的头呢？！

　　……

"坚持就是胜利"，说得多好听！我要能坚持，还求你吗？满腔热望成泡影，看来求人不如求己，自己做事自己当。决心一下，庆喜没跟任何人打招呼，连行李也没带，一干人一条溜了出来。虽说与《走雪山》"闯出玉笼飞彩凤，裂断钢锁走蛟龙"的情形迥异，但也是提心吊胆、风餐露宿。不过庆喜还真有点能耐，打着支边青年的幌子，编着家中祖母病危的故事，截拖拉机拦汽车，他觉着到了火车站就好办了。

然而想来容易做来难，他讲的故事也有不灵验的时候，讨吃要饭，就在所难免了。这期间也有过另辟蹊径的念头与尝试，却总是碰壁，锐气全都打磨掉了。闯新路不如走老路，辗转半年，总算活着回到了故乡太原。

天地坛是无论如何去不得的！大水巷七号，老父亲遗下来的唯一的一间快倒塌的麦砖房，冰屋冷灶，一人一手，也不好过呀！许坦老弟兄，以往既无财产瓜葛，又无往来情分，且熟人甚多，不好相求。自己觉得自己也还算个人，能不丢人尽量不丢。思来想去，只有一处相对适宜。最亲自己的三姐花子，虽说不是一母同胞，亲叔伯姐弟也不算远。更主要的是，三姐行善积德，要饭的上门都乐于施舍，何况血缘兄弟？

不出庆喜子所料，他一番实打实的"黄连苦楚"，让三姐听得揪心裂肺、泣不成声。自此有了管吃管住的地儿。行头换新后，也人模人样了。谁能想到这器宇轩昂、风华正茂的青年几天前还是个穷困潦倒的泼皮。

凭着一表人才、能说会写以及光明正大的初中毕业文凭，在当年谁敢怀疑他不是正儿八经的知识分子。再加上他还有支边经历，哪里还发愁找个吃饭的地方；愁的只是一时看不准究竟哪座山高。到太原电机厂学电工，人人都夸是美差，可他没几天就跳到棉毛厂。他不明说人家也清楚，秃子头上的虱子，明摆着的女工多嘛。

在棉毛厂当了维修工，可积极呢，又是上夜校，又是学英语。一九五八年自愿报名参了军，紧跟形势，与时俱进。

在北京军区当了三年工程兵，一九六二年复原回厂，担任了检验员。三年的解放军"大学校"没有白上，总算混出了个名堂。

二十五岁的小伙子，转业军人、检验员，要啥有啥占全了。纺织姑娘们，哪一个过来不多瞅两眼。不过看也白看，人家早相中了比他小七岁的美女赵本宁。

对于义子的这番折腾，丁果仙起初一概不知，还等着喜报送上门呢！后来似有所闻，虽心急却也不便过问，实在是想让他吃吃苦，碰碰壁，锻炼锻炼。谁想到还真就看到了曙光。

汪锦诚已经不是当年的捣蛋鬼庆喜子了。要说也是捣蛋娃娃有出息，不用别人管，自己的大事自己办，领上美人回天地坛省亲来了。

多年不见，久别重逢，儿子还领回新人，丁果仙与任秀峰顾不得惊讶，只觉是喜上加喜啊！双方心照不宣，往事不提，只及当下。母子们都拣开心话说，唯恐影响也可算作破镜重圆的喜庆气氛。

好茶好饭之后，丁果仙满以为即使不过夜，也能从从容容，于拉拉家长里短之隙，探探三代里外。庆喜唯恐露底，托词活忙加班不能久留。任秀峰似有所悟，丁果仙浑然不觉，只怕影响工作，便随手给带了点吃食送出门去，一再叮嘱有空就回来，好歹总是自己家。

"老任，咱们的儿子时来运转，有出息了。小姑娘蛾眉杏眼，真好像天女下凡，出言吐语，抬手动足，文文静静，像个门第人家的人。不过一辈子的事，不能只看外表，你给咱好好打问打问。"

"当家的放话，本丈夫焉敢怠慢不从！"

既有命令，也关着切身利害，何况里查外调实属自己的长项，很快便弄清楚了。

姑娘姓赵名本宁，祖籍右玉杀虎口，父亲乃是解放前宁武县县长赵连登，曾参与抗日。解放伊始，担任太原市工商联首任会长，肃反时被定成反革命分子，判刑五年，发配大同煤矿劳动改造。刑期未满，劳病致亡。

赵本宁于一九四五年生于宁武，故名本宁。父亡母改嫁，因反革命家庭的拖累，她十四岁就当了童工，自己谋生。为人沉稳谨慎，思想要求进步，处处表现积极。因她有着天仙容貌、窈窕身材，追求者众多。汪锦诚似也一身优越，无可挑剔，终得以独占鳌头。众人无不夸羡郎才女貌、天地良缘。

丁果仙听完汇报，真个似晴天霹雳，几乎五内俱焚。封建官僚县太爷，真材实料的反革命！原来只管唱戏，不问政治，如今是政治挂帅呀！共产党员和反革命，水火怎能相容？说到大天塌下来也不能接受。

儿子的求情，老伴的疏通，毫不见效。

处于两难的汪锦诚，只好舍义母而保娇妻了——再一次自作主张、自力更生，认一力一顿饺子，二人步入洞房花烛。

丁果仙三请不到，任秀峰当然不敢擅自行动。刚刚圆了的破镜，又一次掰成了两半。

儿居大水巷，母住天地坛，一步之遥，出门难免碰面，邻友也少不了语四言三，逢年过节不得不接受违心的礼尚往来。

一九六四年八月初七，本宁生下女婴。坐月子得有人端水递饭呀！可怜当事人满目无亲。丁果仙于心何忍？她自己一则工作太忙，二来对此了无经验，再者也还有点一下转不过弯来。思来想去听了任秀峰的主意，从郝庄雇来了年龄身份相当的奶妈莲莲。大水巷一间房里挤纳不下，只好将孙女和奶妈接到天地坛正房。孩子上户口须起名字，任秀峰早成竹在胸，钻红——像钻石一样鲜艳夺目，红色既代表革命，也能隐喻花朵和姑娘。为了孙女的前途，户口也乘便与她反革命子女的母亲分开。

人为万物之灵，护子是动物的本能，感情是累出来的。丁果仙生活十分讲究，脸盆从来不让别人挨。眼下洗尿布，奶妈说买上个新的吧，她说何必多花钱，她的就能用，娃娃的屎尿也是香的！

爱屋及乌。为了孙女，她不能不惦记上班的儿子和儿媳。双职工倒三班，吃住不好，倒不如一齐接到天地坛来。反正房有空的，饭有人做，无非是多添两双筷子罢了。

如此一来，任继亮、张存仙、汪锦诚、赵本宁，连同其子女都搬进了天地坛，一家五姓大几口。丁果仙与任秀峰，床前膝下，儿孙满堂，成了既有名也有实的老太夫人、老太爷，退一步想，换个思维，也算得上其乐融融了。

十一 身衰弱病体难演传统剧
　　心坚韧现代戏里唱丰收

　　作为母亲的丁果仙，称心也好，不称心也罢，两个儿子的终身大事，总算完成了。她的心力，又全都放在了公事上，除了教学生，觉得能演还得演。如今她是满身荣誉，数不清的头衔，但还是生怕掉了队，紧赶紧跟。其实，自从解放以来，她就关心上了政治：搞宣传、闹运动、前线慰问、带头戒毒等等。但是，无论搞什么运动，她也不会放松业务——这对上对下都负责。她响应号召排演新戏，饰演《柳荫记》中的祝远公；《孔雀胆》中的段功；《小女婿》中先演陈快腿，后又演田喜儿他娘；《艺海深仇》中演卖纸烟的小贩；《屈原》中演伟大爱国诗人；《红旗下的花朵》中演女校长；《张老汉游公社》中演老农民等等，得到了行内人士与工农兵观众的一致认可。

　　这之后，她脑子里政治这根弦绷得更紧了。她不断地温习毛主席《在延安文艺座谈会上的讲话》，努力向工农兵学习，为工农兵服务。

　　政府为她举办舞台生活四十年纪念会，举办收徒仪式，这让她感激涕零、坐卧不安。领导们都觉得她年龄大了，又体弱多病，所以安排她任省戏校校长——实际用不着她管事，只表明个身份，希望她在力所能及的情况下教教学生，主要"任务"是安度晚年。

　　可丁果仙不这么想，世上哪有挣上大钱不干活的怪事？听听上级的传达，看着毛主席对文艺问题的指示，她越觉惭愧。

　　　　宣传部门的同志要多读点书，也包括看戏。有害的戏少，好戏也少，两头小中间大。帝王将相、才子佳人多起来，有点西风压倒东风。

文学部门，戏剧、电影等，也抓一下推陈出新的问题。舞台上都是帝王将相、家院丫鬟。内容要变一变，形式也要变一变，例如水袖等等。推陈出新，出什么？出封建主义、资本主义？按照这个样子下去，二十年以后就没人看戏了。

十五年来，基本上不执行党的政策，做官当老爷，不去接受工农兵，不去反映社会主义的革命和建设。

文化工作方面，特别是戏曲，有大量的封建落后的东西，社会主义的东西很少。在舞台上无非是帝王将相、才子佳人。文化部是管文化的，应当注意这方面的问题。要好好检查一下，认真改正。如不改，文化部就要改名字，改为帝王将相部、才子佳人部，或者外国死人部。

各种艺术形式——戏剧、曲艺等等，问题不少，人数很多，社会主义改造在许多部门中，至今收效甚微。许多部门至今还是"死人"统治着。……至于戏剧部门，问题就更大了。

以上是丁果仙学习摘记下来的。她看了又看，想了又想；但她的这些想法既不能往上反映，也不能随便与众人理论闲聊，只能憋在肚里自己慢慢翻腾。

上级一再要求：毛主席的指示，理解的执行，不理解的也要执行。帝王将相、才子佳人，点了一遍又一遍，看来是绝对不允再演了；现代戏非演不可，大势所趋。团里正准备排《丰收之后》，于是她找到团长方冰说："方团长，你得给我分配个角色。"

"老院长，领导们一再指示——你年龄大，身体不太好，还有教学任务，我看就不用了吧！"

"年老体弱是正常的，教课也没多少，演现代戏是革命工作、政治任务，咱作为共产党员，咋能不紧跟党中央毛主席？"

"一号英雄人物，怕你扛不下来。"

"你就给我个群众若干什么的，哪怕一句话没有都行。"

"非演不可？"

"非演不可！"

"那好吧，我和编导们研究研究，你先拿上剧本看看。"

送走丁果仙，方冰与王辛路、温明轩商议，认为五保户王奶奶一角比较合适。不过丁果仙演，应该加几句唱。

王辛路临时编了八句：

她五婶一番好意三冬暖，喜得咱两行热泪洒胸前。
虽然我没有儿和女，远胜过子孙满堂在身边。
新社会，天地变，好人好事说不完。
要不是共产党的好领导，我婆子怎能够活到今天。

方冰把唱词送给了丁果仙，她看了之后，一脸的不高兴："方冰，你们咋故意捉哄我这个没文化、半文盲的老婆子，叫我自己揭自己的短！我丁果仙无儿没女不生养，能怨我吗？那是万恶的旧社会造的孽。没儿女这句我不唱，重改改，要不然把两句都去了也行。"

"唉，好我的丁大师，你全拧了。谁揭你的短了？五保户本来就是无儿无女嘛，要是有人管，她还有资格享受五保？"

"噢噢噢，原来是我多心了。都怪我没接触过五保户，不了解细情。老丁我错怪你们了，担待一些吧！"

一场误会解开了。

这之后，她一方面到养老院体验生活，一方面琢磨唱腔——一定要和以往有所不同。紧打慢唱是她的长项，她在"流水"上细心作起大文章来。

一九六四年九月一日至三十日，省文化局在太原举办全省现代戏观摩演出大会。会上首先传达了首都京剧现代戏观摩演出大会的精神，发出"做革命的文艺工作者，演革命的现代戏"的号召。

演出结束后，省晋剧院一团的《丰收之后》获得一致好评。丁果仙扮演的王奶奶，八句唱腔，由紧流水转二流水，有紧有慢，有高有低，不慌不忙，不流不俗，声情并茂，委婉动人。观众如醉如痴，专家赞不绝口：名副其实的大家，世间罕见的绝唱。

大会会刊登载了丁果仙署名文章《祝贺与希望》《用实际行动革命化》《甘当小学生，演好现代戏》《我演王奶奶的体会》等。《山西日报》等媒体摘要刊登丁果仙《〈丰收之后〉谈丰收》：

……

我在《丰收之后》一剧中，扮演了五保户老人王奶奶这个角色。王奶奶是一个热爱党、热爱社会主义的普通群众。她在戏中虽然台词很少，出场不多，但她绝不同于旧戏中的龙套，出场只是为帝王将相摇旗呐喊的小人物。演不好，就会影响到一出戏的完整性。领导分配我演这个角色，我很高兴。我没有小看这个角色，而是抱着一种从头学的精神塑造这个人物的。演出前有人替我担心，怕我演惯了男角色，演女角色有困难。其实我觉得主要困难不在这里，而在于我能不能演好今天的工农兵群众。演出后，大家反映说演得还可以。有的说：老丁多年有病，也没有下过乡，还演得那么好，到底是老把式。言下之意我演得好主要是由于有技巧。其实，这是一种误解。如果说我还演得可以的话，主要是因为我和王奶奶有同样的命运。我从七八岁起，就开始学戏、串戏，每年也去农村演出，遇到休息天，也爱到农民家串个门，和老婆婆们闲扯。二十岁以后，虽然多在城市演出，但生活在旧社会农村中的一些无依无靠的老奶奶的悲惨境遇，留给我的印象还是很深的。再联系到我的个人经历，也和王奶奶差不多，这就是我原来的生活底子。我从小被卖到梨园学戏，一家四分五散，没有过家庭的温暖，后来在戏班里又染上了不良嗜好。要不是党救了我，哪有我今天的丁果仙呢？我原来是个睁眼瞎子，是党打开了我的眼界，给我指明了方向；教我学文化，读书看报；给了我政治地位，而且我还光荣地入了党，这个革命大家庭给了我无限温暖，我现在是多么幸福！我对党对社会主义有着深厚的感情。因此，当我在剧中唱到"要不是共产党的好领导，我婆子怎能够活到今天"的时候，我和王奶奶的情感完全融合到一起了。这句唱词就是我们俩的共同语言。

我自己一生无儿无女，王奶奶也和我一样，但是都得到了同样的温暖。在戏里，当党支书赵五婶把从城里给我买的鞋送到手里时，我就特别激动，唱着："她五婶一番好意三冬暖，喜得我两行热泪洒胸前。虽然我没有儿和女，胜过了子孙满堂在身边……"我不由得流出了眼泪。这里，表达的是王奶奶对党的感激心情，也是表达的我对党的感激心情，因此对观众有一定的感染力。

生活是艺术的源泉，这句话太对了，没有生活就是有再高的表演技巧，也不可能把工农兵英雄人物演好。如果叫我扮演一个和王奶奶境遇不同的英雄人物，就不一定会有这次演出的效果。因此，我还要继续努力，深入生活改造自己；对已有的一些传统表演程式也要很好地加以改造，使其适宜于表现现代人物。

改革创新和继承吸收一样的道理。吸收既不能不吸收，也不能全吸收；吸收了要化成自己的，既要让人听着好听，又不能叫人明显地听出吸收的什么。改革不能照搬，改了之后，要台上演得舒服，台下看得喜欢。

十五年来，我在舞台上一直没有跳出帝王将相的圈子，虽然也演过一些现代戏，但思想认识并不清楚。直到今天，我才明白了：戏曲艺术必须反映时代精神，歌颂社会主义革命时代的主人，让工农兵的英雄形象在舞台上占统治地位。只有这样，戏曲才能真正起到革命武器的作用，为无产阶级政治服务，为巩固和加强我国的社会主义基础服务。

我还要响应号召，演好革命戏，先做革命人。现在我再次提出：坚决取消我的保留工资，改变自己生活上的特殊化。前些年我就提过，我的工资太高了，虽然连续降过几次，但仍然很高，很特殊。我要求组织上按评定的级别发给我工资。同时，我还要把我在银行里存的一万元，再一次全部交了党费，还要救济像王奶奶这样的人，以及无人抚养的孤儿们。

这些年来，我为党为人民做得太少了，今后，我一定要努力学习、认真改造，给青年同志们让路，和青年同志们一道，戒骄戒躁，提高自己的思想觉悟，向彻底革命化的方向前进，为了工农兵，一辈子演好革命的现代戏。

第九章 硕果早凋

一　老首长回故里欲过戏瘾
　　晋祠会演《算粮》竟成绝音

　　一九六五年七月至八月，华北地区京剧现代戏和戏曲现代戏会演在太原举行。参加演出的有北京的《南方来信》、天津的《六号门》、河北的《战洪图》、内蒙古的《烈火金刚》、山西的《红色交通线》等。省晋剧院二团演出《烽火中的三代》。此剧由赵步颜、孙伟根据同名话剧本改编，主演刘汉银、王爱爱、刘惠生、郑忠贤、姬荣生、蔡子吉、武志远等。太原市实验晋剧团演出反映纺织工业题材的现代戏《雏凤高飞》。此剧由太原市戏剧研究室鲁克义、华敏创作，郭彩萍、白桂英等主演。

　　这次会演是中央华北局第一书记李雪峰亲自安排的。为了方便起见，他大多在太原市实验团礼堂观看演出，坐着特别的椅子，双脚可放在矮墩子上。这期间他还观看了该团演出的反映商业战线生活的现代戏《阳春姊妹》。编剧是太原市戏剧研究室梁枫、华敏，薛林花、高翠英、张翠英、苗秀茂、田椿生等主演。

　　李雪峰书记是晋南永济人，从山西大学教育学院毕业后，参加了革命工作。枪林弹雨，戎马倥偬，到全国解放，官高名显。此时他已年近花甲，到了颐养天年、安享天伦之乐的时候了，然而公务繁忙，身不由己。趁大区戏剧会演之机，他邀约了几个故交，有平遥老乡、历史学家侯外庐；有小自己一岁的永济同乡、山大同学、革命同志，当时是主管文教的山西省副省长郑林。三人年龄相仿，阅历相近，志趣相投，尤其都是老戏迷。观摩会演之余，三人在下榻的晋祠宾馆抚今追昔，想起以前赶庙会、看红火，甚感意犹未尽。近年来已难得一睹传统老戏，眼下回故里天时地利人和，趁机过把戏瘾，似觉并无大碍。李书记坐镇，侯教授高参，郑省长调度，不发通知，不登广告，单线联系演员们，在宾馆小礼堂，让他们随演随走，机密演出进行得十分顺利。

先上演的是市实验青年演员田翠兰、闫慧贞、赵存礼的《三娘教子》。之后是《打金枝》，闫慧贞饰唐王，张翠英饰沈后，薛林花饰公主，郭彩萍饰郭暖，郝惠忠饰郭子仪。演出将近结束，站殿彩女李莲芝实实支撑不住了，紧跑慢跑，跑回后台便晕倒了。赶忙请来大夫诊治，确诊为中暑，休息休息即可恢复。看戏的人不知道，后台里也只虚惊一场。

压轴的是丁果仙与牛桂英主演的《算粮》。出乎预料，丁果仙找麻烦了："李书记，我可不敢和毛主席他老人家唱对台戏。"

"他在北京，咱在晋祠，再说这里都是自己人，关起门来过把瘾，高兴高兴。山高皇帝远，他管不了。"

"不用人家管，咱得自己管自己嘛。"

"现在可是我管的你，还有你们的省长呀！"

"老丁，李书记想看看你的戏，你就给演上一出嘛！"郑林省长从旁周旋。

"唱不出乱子来？"

"天塌下来，有他大个子顶着，挨不到你。你先给我唱，完了咱再好好聊。"

有丁果仙打头，牛桂英就用不着操那份闲心了。

《算粮》演出十分理想，除丁、牛而外，刘仙玲、乔玉仙、刘致和等，都起到了绿叶扶红花的作用。

卸妆完毕，李书记设宴款待丁与牛，酒席宴前谈笑风生。

"丁果仙同志，还有什么意见，尽管当面讲来。"

"李书记，三年前在中南海演出，那时候，书记叫我唱甚我唱甚。如今，毛主席三令五申，不准帝王将相、才子佳人霸占舞台，咱怎么可以明知故犯呢？"

"我来问你，方才你扮演谁来？"

"薛平贵呀！"

"这不对了，薛平贵乃叫花子出身，是根正苗红的贫雇农。"

"那后来呢？"

"革命成功，本质未变，不是还没忘记结发贤妻王宝钏嘛。"

"那王宝钏可是丞相千金呀！"

"出身不能选择，可她后来背叛封建家庭，你不能不允许人家革命吧！"

郑省长插话："李书记分析得有道理。王宝钏与家庭划清界限，苦守寒窑一十八载；薛平贵功成名就不弃糟糠。夫妻二人相随，前往丞相府去算粮，清算一十八年粮饷，与剥削阶级斗争，自始至终是革命行动，值得大家学习。"

"啊呀，啥叫文人、知识分子？头头是道，篇篇有理。我演了一辈子《算粮》，也没悟出其中的奥妙来。今日又收获了不少，真正服了你们这些高人了。"

"要说文人高人，我俩还差得远哩，这一位才是正儿八经的历史学家、老夫子呢！"李书记引出侯外庐。

"侯教授，早就听说过，也见过面。"

"何止听说过、见过面？别忘了咱们是近老乡，你还是俺平遥的媳妇。"

"过去的事了。"

"我是研究历史的。"

"今天是个请教的好机会。"

"有何不明白的，尽管问来。只要是本人所知的，概不保守，免费咨询，不取分文。"

"年年七月初二晋祠赶庙会唱戏，为啥大伏天热煞人，可山南海北、七国九州的人都要来，到底是咋回事？"

侯教授说："先说晋祠。商纣王荒淫无道，周武王兴兵讨伐，革命成功，建立周朝，封次子姬虞于唐，世称唐叔虞。后嗣袭爵，因临晋水而改唐为晋。治理有方，百姓受益，故而兴建祠堂以祭飨。母以子贵，叔虞之母姜邑，被历代帝王封为圣母，供奉于圣母殿内，久之被乡人尊为水神，有楹联可证：

"溉汾西千顷田三分南七分北浩浩同流数十里浊之不浊；
出瓮山一片石冷于夏温于冬冽冽有本亿万年与世长清。

"晋祠可谓历史悠久，风光秀丽，素以雄伟建筑群及高超的塑像艺术闻名于世。水镜台、会仙桥、金人台、对越坊、献殿、钟鼓楼、鱼沼飞梁、圣母殿；文昌宫、东岳祠、关帝庙、三清祠、唐叔虞祠、朝阳洞、待风轩、三台阁、吕祖阁、胜瀛楼、白鹤亭、三圣祠、真趣亭、难老泉亭、水母楼、公输子祠等。此外，卧龙周柏、尉迟别墅、浮屠院舍利塔等皆别具风格。其中难老泉、侍女像与卧龙周柏被誉为晋祠三绝。

"然而文人墨客则首推'贞观宝翰'。唐太宗李世民御书御制《晋祠之铭并序》，全碑一千二百零三字，行书劲秀挺拔、飞逸洒脱；阐明兴邦建国以政为德等'贞观之治'的统治思想。而对晋祠风景名胜的赞颂则更独出心裁：

"金厥九层鄙蓬莱之已陋，

玉楼千仞耻昆阆之非奇。

"贞观碑亭内并附有诗圣杜甫的高度概括:

"文章千古事,
社稷一戎衣。

"晋祠的巍峨雄秀与人文内涵,赢得诗仙李白的废寝吟咏:

"时时出向城西曲,晋祠流水如碧玉。
浮舟弄水箫鼓鸣,微波龙鳞莎草绿。

"郭沫若游览之后,乘兴挥毫题记:

"圣母原来是姜邑,分封桐叶溯源长。
隋槐周柏矜高古,宋殿唐碑竞炜煌。
悬瓮山泉流玉磬,飞梁荇苔布葱珩。
倾城四十宫娥像,笑语嘤嘤立满堂。

"清末民初晋祠邑人刘大鹏为同乐亭撰联更引无数仁人志士驻足:

"同声相应同气相求同人共乐千秋节,
乐不可无乐不可极乐事还同万众心。

"诚然,晋祠因高借远,凭水添资——三晋之胜,以晋阳为最;而晋阳之胜,则全在晋祠。

"至于说到晋祠水母娘娘,恐怕我倒要求教丁大师了。"

丁果仙忙道:"好吧,我这叫鲁班爷门前耍斧子。"丁果仙就把她老早以前听到的故事有情有调地讲来,"听乡民们说,水母娘娘姓柳名春英,本是大佛寺(即今之金胜村)人,嫁到古唐村(即今之晋祠)。因其勤劳简朴、贤惠善良、尊长爱幼、和睦邻里,众人称道,有口皆碑,反倒惹得婆婆十分气恼,于是便百般刁难虐待她。所有家务全归她一人承担,每日要到五里以外的山沟里担水,且只留前桶水，倒弃后桶水，说是嫌脏。其实一路换肩，哪能分出前后？无非专门欺侮罢了。这还不算，还让木匠专门制成尖底木桶，中途想放下歇肩也难。

"一天挑水已至村边，遇一白须白发老人牵着一匹白马，枯渴难忍，要借她的水喝。她看见他可怜，就让他把后桶的水喝了。谁知对方也只喝前桶，她也只好答应。

"这之后的三天里均是如此。第三天，老人喝好水饮完马之后，告她说他是白衣仙士，专门为考验她而来，见她果然善良敦厚，便赐她一条金马鞭，让她回去放在水瓮中，只轻轻向上一提，水即充满。临别再三叮咛，万万不可提出瓮外，以免成灾。

"柳氏回到家中，如法试验，果然灵应非常。她不光自用，还告遍左邻右舍，以至全村。这样一来，全村感谢不尽，却也惹得婆婆火冒三丈。于是就告她娘家有信来，要她回去小住几日。柳氏满以为婆婆见她办了好事，优待于她，便道谢再三，叮嘱婆婆不可动金马鞭后就回娘家去了。

"媳妇走后，婆婆气狠狠地从瓮中把金马鞭抽出来扔到地上，却不料随之瓮中便有水柱喷涌而出，不多久便把恶婆婆淹死了。小姑子发现后，赶忙跑到嫂嫂家。正在梳妆的柳氏提了坐垫急奔回来，把坐垫往瓮上一盖，自己跳坐在上面，这一坐便坐化成仙。汹汹大水变缓，只有一股涓涓细流，日夜不竭，饮泽千家百姓，灌溉万亩良田，故称之为难老神泉。"

李书记鼓掌称赞："大师就是大师，名不虚传，连说书带表演，比唱的还好听。"

郑林副省长意欲收场："老丁，怎么样？行了吧！"

"不行。侯教授还没解答大伏天赶庙会的问题哩。"

"这很简单。庙会源于祭祀，七月初二是圣母诞辰。而此时农家麦收已毕，水稻也皆秀穗，正是休闲时节，乡村百姓喜庆丰收，该卖的卖，须买的买，物资交易，十日不歇。为了助兴，民间社火、秧歌大戏，随之而来。同时还有虔诚的善男信女，焚香还愿，祷告祈求：圣母保佑，风调雨顺，百病不生。高兴喜悦不得闲暇，哪里还顾及什么三伏暑热。只听秀才反复吟诵：

"攘攘戏乐并市声与祈祷互应，
　熙熙乡民和善士共庙祝同欢。"

"今天来得合算，又学到不少东西。谢谢诸位领导、高人。"丁果仙向李书记等揖别。

　　李书记郑重嘱咐:"记住,今日咱们是乡亲朋友一家人,唱戏之事概不外扬。"

　　"我偷偷唱,你悄悄听,秘密活动!"丁果仙说罢告辞了。

　　次日,郑林又把家乡的眉户剧团调来,让李书记换换口味。青年新秀樊青蓉与孟凤茹合演《山村姐妹》,珠联璧合,技艺优美,乡音更浓。

　　老书记连同老专家、老省长悄悄地、美美地过了把戏瘾。

二　史无前造反有理闹"革命"
　　斗戏霸在劫难逃祖师婆

一九六六年，轰轰烈烈的"文化大革命"在全国范围内发动起来。

山西省城太原，造反派抢班夺权，陶鲁笳、卫恒、王谦、王大任等省委、省政府领导被打倒。

社会上有所谓的"红总、红联、兵团"等造反派组织，在文艺界则有相对应的"山艺造"与"延安文艺""闯创"等组织。

省晋剧院有"鲁迅"与"红卫"兵团。起始，主要精力集中在批判掌权的张一然、郭沐林、刘元彤与方冰上，目的在于夺权。两年之后的一九六八年年初，大名鼎鼎的丁果仙，终于被揪了出来。

丁果仙在劫难逃。一觉醒来，批判她的大字报铺天盖地而来；继而造反派报刊通栏整版、连篇累牍地批判她。在此选录了"山西革命造反兵团""山西艺术学校闯创""山西文化干校尖刀连"等组织主编的小报《尽朝晖》第五期的有关文章。

把晋剧界的"祖师婆"丁果仙揪出来示众

晋剧界的"祖师婆"丁果仙，解放以来，一直被山西省委内一小撮反革命修正主义分子所赏识，所重用。在他们的包庇和支持下，窃居了山西省晋剧院副院长、省艺校校长、全国人大代表、全国政协委员、省人民代表、省政协委员、省市妇联执委等要职。她利用职权以戏剧、电影为阵地，打着"红旗"反红旗，干了一系列反党反社会主义反毛泽东思想的罪恶勾当。就是这样一个彻头彻尾、彻里彻外的"果子黑"，竟被党内一小撮走资本主义道路的当权派硬行拉入党内来。为了彻底清算反革命修正主义文艺黑线和批判党内两个最大走资派的修正主义建党路线，我们有必要剖析丁果仙这个黑样板，把她揪出来示众。

中华民族的败类

丁果仙不仅有一套为封建统治阶级服务的帝王将相、才子佳人的表演"艺术"，而且还有一手攀"高"结"贵"、阿谀拍马的"本领"。日伪时期，竟认大汉奸、山西省伪省长冯司直为干父。阎匪返回太原，她又摇身一变，急急忙忙拉住阎匪的手，无限深情地说道："阎会长，你可回来了，再不用受日本人的欺侮了。"据传，这时，她又施展认干老子的本领，拜倒在阎的脚下。

吸血无厌的臭虫

丁果仙有日伪、汉奸以及反动军阀做"后台"，谁敢说丁半个"坏"字？丁在二十二岁时，就嫁与一个平遥的大地主、大资本家，该人是蒋该死反动南京政府派驻山西的国民党统税管理局局长。从此，丁便身入"豪门"，既是官太太又是地主婆。一九三五年，丁又找了一个男人，这就是人称"地主羔子"的流氓地痞任××。

丁果仙凭借反动势力，残酷地剥削艺人，过着剥削阶级的糜烂寄生生活。解放前，丁是两副戏箱的出租者，亦是拥有二十多个戏箱的班主，人称"丁老板"。戏箱租金占全剧团收入的百分之三十五以上，这是"箱份"。她是班主，又是名角，不演戏也照样拿固定的钱，这叫"干份"。她还每天要拿相当于十个一般演员一天的伙食费，这叫"饭份"。此外，她还要在唱戏时按票抽钱，每张一至五角，一场要抽五十元至一百元，这叫"抽票"。通过以上四项名目，丁果仙一人就独占了全剧团总收入的一半以上。艺人们愤愤地说："没有丁果仙，戏票卖不了；有了丁果仙，肚皮填不饱！"

丁果仙生活十分糜烂，家里雇有老妈子，徒弟又是不出钱的丫鬟和长工。出入坐的是轿车，还要有专人伺候。

丁果仙又是一个大烟鬼，即使偶然演一场戏，也要事先吸足大烟，还要带上烟具，一回后台便大抽特抽。

由此不难看出，丁果仙是一个地地道道的女地主、吸血的臭虫。

晋剧戏坛的霸王

丁果仙有反动统治阶级为"靠山"，有一群地痞流氓为打手，在戏剧界称王霸道，专横跋扈。她每演完一场戏回到后台，周围的人便得马上给她卸戏装、折扇子、擦汗、脱鞋、打水、送烟具等等。即使在前台，也有人站在她旁边，不时地把小水壶递给她。她唱错了词，或凉了调，或碰了板眼，也总是同台人倒霉。这时丁摆出一副泼妇骂街的架势，在别人身上出气。如果有谁胆敢顶撞，轻则打骂，重则撵走。所以演员们发誓说："下辈子就是变成毛驴，也不跟她同槽吃草。"

如果有比她好者，她便大发醋性，常在舞台上胡编唱词，乱来动作，想方设法把对方凉在台上丢丑，从而抬高自己的身价。

牛鬼蛇神的"知己"

解放后，丁果仙时刻梦想着失去的天堂，于是千方百计地网罗社会上的牛鬼蛇神，妄想东山再起。

阎匪民宣队主任、伪国大代表字青萍，是个彻头彻尾的反革命分子。解放后，丁急忙把字当为"知己"，搜罗在门下，充当"秘书"，并专门把字拉到她家里去住，让其成为手下的"秀才"，并视其为珍宝。字积极改写反动的帝王将相、才子佳人剧本，供丁在舞台上放毒。

大汉奸、京剧须生四霸之一的马连良，是一个反共反人民的老手；而丁与马关系非常密切，互换反动剧目《反徐州》《四进士》，在社会上大演特演，尽放其毒。

山西头号大右派分子王文光，更是丁果仙的密友。丁对王是有言必听、有事必商。在丁介绍演戏"经验"时，曾大言不惭地供认："王文光文文雅雅的，走路总是八字步，很像个朝廷。我演《打金枝》的唐王，就是向王文光体验的生活哩。"

丁果仙与大右派山大教授班××、反动学术权威侯××、大右派田×的关系非常密切，他们吹捧丁果仙是"珠圆玉润、余音绕梁"，是"山西的谭叫天"等等。

党内走资派的"红人"

山西省委内一小撮走资派，挖空心思培养三朝红丁果仙这个黑样板。一九五三年，让这个臭婆娘代表一千八百万山西人民，去朝鲜前线慰问我们最可爱的人，借此来提高这个地主婆的声誉。

党内一小撮走资派为了把丁硬拉入党内，竟采用党委讨论通过，基层党组办理入党手续的极端错误做法。他们可谓费尽了苦心，竟不顾基层党组和广大党员群众、革命群众的反对，于一九五九年四月，把丁请入党内来。丁为转正交了一万元党费，但广大的无产阶级革命派还是不同意她转正。两次延期未能转正，黑省委慌了手脚，反革命修正主义分子郑林亲自出面找晋剧院李××等人，才算帮助丁转正。

丁果仙被走资派拉入党内后，更加不可一世，处处代表山西省文艺界发言、讲话，实际上是黑省委一小撮走资派的传声筒。他们为丁拍电影、收徒弟、加工资、买沙发、安电话、雇杂工、派卧车、修整丁宅。可以看出他们对丁的关怀比之日伪、阎匪有过之而无不及。丁也自鸣得意地夸耀："我除了老陶（鲁笳）谁也不给他们汇报。"

一九六二年七月，山西黑省委内一小撮反革命修正主义分子，为了积极配合国内外阶级敌人掀起的反华逆流，配合刘修再版"修养"的出笼，他们大张旗鼓地为丁举办什么"纪念丁果仙舞台生活四十周年大会"的活动，指示"光谈艺术，不谈政治"，这样就别有用心地把丁的罪恶历史一笔抹掉，为丁穿上了一件党员艺术的外衣，使这次纪念活动，成了为丁果仙反革命的历史歌功颂德、树碑立传的黑会。他们更煞费苦心地指派专人，炮制一篇掩盖丁反动历史的文章《艺海血泪》，为丁涂脂抹粉。在晚会上，丁赤膊上阵，演出了《醉写》《走山》《空城计》等毒草。牛鬼蛇神纷纷出笼，一直影响到山西文艺界到处搞纪念活动，到处收徒，直把山西文艺界搞了个乌七八糟。

文艺黑线的干将

解放前，丁果仙利用舞台，宣扬封建主义和资本主义的破烂。诸如《打金枝》《杀惜》《芦花》《蝴蝶杯》《走雪山》等。

解放后，丁得到党内走资派的青睐，更是卖命地兜售黑货。一九五九年赴福建慰问演出时，她别出心裁地演出了《女起解》《捉放曹》《重台》《汾河湾》等四出坏戏，企图瓦解守卫在海防前线解放军战士的军心，表示对蒋、阎匪的忠心。更恶毒的是，她把这四出戏各取一字，曰"解放台湾"，就更加"具有政治内容了"！看，丁果仙反对文艺为无产阶级专政服务，疯狂到了何种地步！

在大跃进的年代里，革命现代戏曾一度活跃于舞台，丁果仙等仍不失时机地抛出宣扬刘邓资产阶级教育路线的《红旗下的花朵》，公然打着"红旗"反红旗。

反右前夕，右派分子向党发动猖狂进攻，丁果仙又匆匆抛出新编历史剧《屈原》，为右派分子打气，向党向社会主义向我们伟大领袖毛主席示威！

丁果仙又是戏改的最大的绊脚石。反革命修正主义分子张一然等说："解决继承与革新，丁老板就是好结论，她的四十年，特别为我们总结出一条结论：戏，不可不改；不可大改。"丁果仙所谓"可以改，不走样"的实质，就是对于反动的政治内容根本不去触动，而仅只是致力于所谓的"艺术处理，加工润色"。

批臭"三朝红"果子黑

在毛主席亲自发动和领导的这场无产阶级文化大革命运动中，汹涌澎湃的革命洪流，荡涤了旧社会的污泥浊水。丁果仙这个党内走资本主义道路的当权派，晋剧界的反动"权威"，再也逃不脱历史对她的无情惩罚。丁果仙揪出来了，这是毛主席无产阶级革命路线的伟大胜利，是深挖文艺黑线，狠批修正主义建党路线，着手清理文艺界阶级队伍的战果。但是，"敌人是不会自行消灭的。无论是中国的反动派，或是美帝国主义在中国的侵略势力，都不会自行退出历史舞台"。历史证实了伟大统帅的这条放之四海而皆准的真理。今天的丁果仙以及同情她的人们，不正是指责我们揪斗丁果仙是过火行为，扭转了运动的大方向了吗？！然而我们的答复是，揪斗丁果仙并不过火，揪斗丁果仙即在于深挖修正主义文艺黑线，狠批修正主义建党路线和清理文艺界的阶级队伍。我们一定要遵循毛主席最近提出的"要斗私，批修"的教导，坚决把丁果仙斗倒、斗臭，批深、批透，让她永世不得翻身！

面对造反派的"革命行动"，丁果仙不寒而栗，但也让她啼笑皆非。暗自思忖，写大字报的这些人也真够得上秀才了，恰好像旧戏中的刀笔吏，杀人不见血。你说他无中生有、空穴来风，确也不是，还真的都有影形，只不过减油加水拌砒霜，信口开河、颠三倒四。明显的借题发挥、混淆是非，管叫你百口莫辩。

形势逼人呀！从上到下，一个一个都被打倒了，比你丁果仙高的、大的、有名有望的，都无可奈何，你一个小小唱戏的又能怎样？

三　社员们爱果子民意可赞
　　革委会军代表左右为难

　　"文革"以来，省晋剧院与其他单位一样，长期处于"革命群众造反有理"的动荡混乱之中。一九六六年年底，通过所谓选举产生了由十三人组成的"文化革命委员会"，专门负责领导"文化大革命"；但不久，又被造反派以其执行了资产阶级反动路线而推翻。

　　一九六七年，造反、夺权、打倒、联合……在完全无序的状态下，又成立了各大造反派组织联合组成的革命大联合委员会，领导全院员工进行所谓"斗、批、改"。领导干部与名演员通通被打成"走资本主义道路当权派""反动学术权威"和"牛鬼蛇神"，被揪斗、专政。实际上是"打倒一切，砸烂一切"。多年来体弱多病难以坚持正常工作的丁果仙也被揪出来示众，同时其家里也被搜查，扫除"四旧"——旧思想、旧文化、旧风俗、旧习惯。

　　自从"文化革命"一开始，丁果仙就没敢大意，尽管身体不好，也硬撑着按时上班听报告，学文件，读报纸，生怕落下步子。她想弄明白：这场史无前例的大"革命"，究竟是要闹个啥？然而自始至终也没真正弄清楚，自己一心一意唱了一辈子戏，怎么临末了唱出乱子来了？

　　作为知心人的老伴儿任秀峰，在一九五七年反右运动中差点被打成右派，早已是惊弓之鸟。现在，眼看着熊熊烈火已烧到家里来，吓得魂不附体的他，自己给自己壮胆，为知心人打气，因为他毕竟是个男人呀！"步云，你不用怕，咱还经见得少吗？运动运动，闹起来也就那么一阵，哪能运动上没有完？日本人咱都挺过来了，共产党、解放军，一心一意为人民，咱还怕个啥？再说，挨批斗也不就咱自己。何况谁不知道毛主席曾亲口夸奖你？不是还有和你握手的照片！"

"以前是以前，现在是现在，怕是挺不过去了！"

两人正嘀咕间，从外面闯进一伙胳膊上戴红袖章的造反派来，口号号喊得震天："革命行动，造反有理！丁果仙不投降，就叫她灭亡！"

一个个熟悉的面孔和声音，大多是自己看着长大的娃娃。当年一字一句、一招一式，口对口、手把手授业的情形历历在目："孩子们都长大了，都是毛主席的红卫兵战士，我坚决支持你们的革命行动。"

"牛鬼蛇神黑权威，谁用你支持？我们要和你坚决划清界限，要和你斗争到底。革命的造反派同志们，决不要被她的花言巧语迷惑，一定要坚决彻底清除她的'四旧'。"

"革命行动"开始了：墙上的奖状、证书、剧照……

任秀峰咬了咬牙上前阻拦："这可是伟大领袖毛主席呀！"

"决不允许牛鬼蛇神辱污我们的红司令！"造反派边说边把任秀峰推了一跤。

丁果仙与伟人们的合影被砸烂了，道具、帽翅、髯口、剧本、报纸、字画、笔记本等等，所有与戏有关的，或者无关的，砸的砸，摔的摔，撕的撕，踩的踩……

翻箱倒柜，掘地挖墙，金银细软、珠宝玉器，也都借口"四旧"，拿的拿，顺的顺，抄没了个一干二净。

此后，不光文艺界，街道上的、学校里的，造反派接二连三光顾；但大多乘兴而来，翻天揭地，一无所获，扫兴而去。

丁果仙彻夜难眠。财产实乃身外之物，生不带来死不带去；每月有十五元的生活费，也还不至于到挨饿受冻的地步。至于说到人的声誉，也不在乎一时一事，更何况比咱高的大的有的是。俗话说：忠臣没有好下场，奸贼祸害一千年。比如自己唱过的戏中的《金沙滩》的杨家将、《火烧绵山》的介子推。刚刚演过的新编戏《屈原》，字字句句已烂熟于胸：

风！你咆哮吧！咆哮吧！尽力咆哮吧！尽管你的咆哮不能吹掉这比铁还沉重的眼前的黑暗，但你至少可以吹走一些灰尘……

啊！这宇宙中的伟大的诗，你们风，你们雷，你们电，你们在黑暗中咆哮着的，闪耀着的一切的一切……你们宇宙中伟大的艺人们呀，尽量发挥你们的力量吧！发泄出无边无际的怒火，把这黑暗的宇宙、悲惨的宇宙，爆炸了吧！爆炸了吧！

我们只有雷霆，只有闪电，只有风暴，我，我没有眼泪。宇宙也没有眼泪。眼泪有什么用啊！

> 嗟尔幼志，有以异兮。
> 独立不迁，岂不可喜兮？
> 深固难徙，廓其无求兮。
> 苏世独立，横而不流兮。
> 闭心自慎，终不失过兮。
> 秉德无私，参天地兮。

屈原给了丁果仙极大的鼓舞。尽管她不能与古圣前贤相比，但她觉得自己没有错，可以肯定，值得自豪。

造反派抄了丁果仙的家，大会批小会斗，犹感不够解气，怎能让她轻闲无事？于是提出必须管制劳动。剧院革委会接受革命群众意见，责令其按时上班，打扫院子，清理厕所。

然而，此后不久在吕梁发生的事件，却令省晋剧院革委会领导始料不及。著名晋籍电影导演米家山曾给女作家金朝晖讲过这个故事，这个故事后来被收入北岳文艺出版社出版的《风月无古今》中《戏迷》一文：

> 吕梁地区孝义县西盘梁，花大价钱写了省晋剧院的戏，要隆重庆祝革命大联合、生产大丰收。当下演的戏，清一色革命现代戏，从京剧移植过来，大气派、大制作、大布景、大灯光，搬运装卸劳动量特别大。正好，被专政管制、劳动改造的丁果仙派上了用场：领导指定她到舞美队担任普通劳动工。
>
> 头天夜戏是《智取威虎山》，主要演员是郑忠贤、刘汉银、刘惠生、张友莲、蔡子吉、金世耀等。演出结束，演员按常规前台谢幕，本该散场的观众就是不走。接连谢幕三次之后，台下突然喊道："要看果子红！"
>
> 一个已被打成反动黑艺术权威，被革命群众专政的对象，岂能让她再登台放毒？这要求当然遭到剧院革委会理直气壮地拒绝。但社员们花钱买唱戏，就是要看名角儿果子红。双方各执一词，僵持到后半夜，场上的人反而越聚越多，还有人扬言果子红不唱就不给戏价，也不用想离村！
>
> 法不治众。剧院革委会骑虎难下，军代表张××赶忙通过电讯层层上报，最终得到允许丁果仙登台的批示，但只准唱革命现代戏。
>
> 于是，穿着一身劳动布工作服的丁果仙登台亮相，暴风雨般的掌声与叫好声震天动地。
>
> 《红灯记》李玉和"临行喝妈一碗酒"唱罢，台下吼喊："再来一段——长

的！"

李奶奶痛说革命家史,连白带唱,台上台下自然呼应,热闹非常。还没等丁果仙鞠躬,便又有人带头喊,众人响应:"唱老戏!"

这可难住了丁果仙,她哪敢贸然答应,必须请示领导。正好也得缓口气,多年没有如此独扛重负了。

张代表再次请示,半小时之后得到批示:叫她再唱几句《打金枝》。

"年轻人一时火性起",丁果仙在台上唱,观众们在台下哼,群众自发地创造了山西梆子领唱带合唱的声乐艺术。

社员们的要求得到满足,美美地过了把戏瘾。"还是果子红!""还是老戏好!"人们说着议着,哼着唱着。人流载着火把与欢声笑语,辐射向通往十里八乡的山间小道。

山野村民对她的酷爱与执着,竟然达到了如此狂热的地步。戏曲之深入人心,丁果仙之非凡魅力,实在太伟大了。

四　造反派联合行动走过场
　　师生们暗护游街也风光

　　西盘梁戏迷观众的惊人之举，让丁果仙看到了戏剧的伟大，看到了自己在百姓心目中的位置和分量。超负荷的演唱，并没有使年近花甲、痨病缠身、极度羸弱的丁果仙筋疲力尽、疲惫不堪，她反而精神振奋、活力倍增。连日来因批斗抄家、百般凌辱而郁积的伤痛似乎被抹平了许多；进而点燃了久已暗灭的激情。欣慰与振奋交织，赋予她无穷的力量和生的希望。

　　当然，她也不会预想不到，这一"大逆不道"的行径，将可能惹出难以想象的麻烦。

　　"丁果仙在吕梁唱旧戏"，这一爆炸性的新闻在省城立时传得沸沸扬扬。省晋剧院门里门外，来兴师问罪的造反派络绎不绝，他们一致要声讨胆敢兴风作浪，让牛鬼蛇神出笼，与无产阶级专政为敌的现行反革命罪行。革委会主任军代表张××，虽然按部就班逐级上报请示过，但在怀疑一切的时代，造反派硬说他与大戏霸丁果仙暗合，系买通群众所为。有据有理，上纲上线，他纵有千张利嘴，一时也难以辩护。若将罪过强扣在丁果仙头上，说她暗自操纵，不仅太过牵强，而且于心何忍？真正的"麻烦制造者"只能是想看果子红想得发狂的广大吕梁社员。然而一则法不治众，二则鞭长莫及。

　　有鉴于此，革委领导只好代人受过，把不满压抑在自己肚里，以让造反派联合游斗丁果仙了事。

　　游斗丁果仙的呼声立时高涨。一些省戏校早期毕业的留校学生，如今已成为骨干，他们暗自联络，准备"曲线救驾"。在这十分危急的非常时期、紧要关头，看来也只有他们能有所作为；尽管也颇有风险。

敢想敢做，说干就干。他们先发制人，找到省晋剧院革委会张代表，提出游斗丁的要求：因为她是被打倒的校长，本单位应该有优先权。

张代表正愁得不知所措，"救世主"找上门来——革命行动，理由充分——落得个顺水人情，有何不好？

戏校教师率先获得对丁果仙的游斗权，而后他们广泛联络已有同样意愿的造反派，经过谈判，达成了大联合共同游斗大戏霸的协议：戏校出大卡车和戏装，具体操作由戏校负责，其他派成员共同负责维护游行秩序和安全。

组织者把丁果仙叫到学校，首先朗诵毛主席语录：被推翻了的资产阶级采取各种方法，企图利用文艺阵地，作为腐蚀群众、准备资本主义复辟的温床。然后，他们说：丁果仙，你这个大戏霸，竟然敢在明月星空之下，戏台大众之前，利用时机大唱帝王将相，大放毒素，与革命人民对着干，用心何其毒也！今天我们要彻底把你批臭斗垮。你不是好当帝王吗？现在就叫你再把唐王的服装穿上。

"那天夜场是社员们非要唱，张代表命令我唱的。今天无论如何我也不唱了，要不然，你们又要说我光天化日之下放毒呀！你们只是造反派群众，又不是革委会领导！"丁果仙辩解着。

"我们的行动是革委会张代表同意了的。叫你穿，你就得穿。你也别妄想再乘机放毒，今天你只能向人民赔罪。"

丁果仙情知再说无用，何必多嘴耗气。她无奈地装扮起来——头戴君王帽，身穿衮龙袍，胸前黑三绺，朝靴用不着。与正常演出《打金枝》时的唐王扮相相差无几，只是此时的行头咋看咋惹人厌弃。

跟来的任秀峰实在忍耐不住："革命造反派同志们，她年迈体衰，浑身是病，实在禁不得再折腾了。一定不行，让我代替她吧！"

"谁和你同志？差点没把你打成右派！她是反动分子大戏霸，顶风放毒，这是要叫她向广大人民赔罪，怎么叫折腾？快走远点。同志们，把丁果仙拉到汽车上。"

丁果仙坐在预先安顿好的圈椅上，在胸前挂了一块大牌子——用裁下的废纸箱的一面糊裱了张白色有光纸，上面写着大黑体字"大戏霸丁果仙"，并用红笔打了叉。为防闪失，左右还安排了两名体格健壮的红卫兵。

虽然已进入秋天，但天气仍然很热。俗话说，立秋一伏热煞人，确实不假。为防意外，在马槽下还备有装了开水的暖壶与避暑人丹。

游斗丁果仙是光明正大的"革命行动"，预先贴了海报。省城大街小巷，人们奔走相告，就是离城二十里的郑村，造反派也在到处喊："快看去吧，城里丁果仙游街嘞！"

刘凤祥老汉耳聪目明，得此消息，赶忙吩咐儿媳秀兰领了小女二英（也叫爱英）与二子春贵急匆匆赶往城里。

载有丁果仙的大卡车，从省戏校出发，师生员工跟了一哨，上了解放路，向南行至迎泽大街左拐，向东直行，在五一广场走走停停，转了一大圈，入五一路向北，到府东街左转向西，途经山西省革命委员会大门口，而后返回原地。

所到之处人山人海、熙熙攘攘。久违了的丁果仙，非同一般、空前绝后的"出场亮相"，轰动了全城内外。人们说啥的也有，不过寄予同情者是绝大多数。据说有不少的老者伤心不忍，抹着眼泪躲开了闹处。

丁果仙坎坷一生，阅历不浅，尤其反右与"文革"以来，获得不少经验与教训。时时关心国家大事，唯恐落伍，紧盯形势，早有比较充分的思想准备。何况，乡下山村百姓没有忘记她，省城内外的平民也如此关注她，造反派似乎也没有太折磨她。此时此地，此情此景，倒不免勾起她一九五八年与梅兰芳同车宣传总路线的回忆，只是现在不便挥手致意罢了。

省城闹市"风光"了一大圈，足足耗了有两三个钟头。造反派把她送回天地坛，临别向她提出严正警告：只准规规矩矩，不许乱说乱动。

待造反派走远之后，等在家里的秀兰，跑出来抱住丁果仙，喊了一声"二姐！"泪水直流，声音哽咽，再没有了话音，许久。

"秀兰，不要怕，二姐这不是还好好的嘛！"丁果仙确实精神不减，她反而安慰起比自己小八岁、身板硬朗的秀兰，"不要哭，告二姐，家里老人好吧？"其实她自己也哭了。

秀兰先帮二姐把泪擦干，而后停住抽泣，详细汇报："农业社和你们城里不一样，虽说也造反闹革命，不过就只是农闲一阵子。过了后和往常也差不多，该下地下地，该做啥做啥。也学毛著，学老三篇，学大寨，但农事季节不能误。一天到晚一年到头没空闲，过大年也还要闹什么开门红。咱们老的今年八十四了，还非要下地不可，能顶半个劳力。丁爷爷要在，也该百岁出了！多好的老人，多能耐！倒也传了个徒弟接班人，二英她大爷（指刘凤翔长子），人们都说他十二能：木泥两行，杀猪宰羊，硝皮子，磨豆腐，腊月里还要做炮仗，七十二行，反正没有他干不了的。"

"有了家了？还一个人过吧？"丁果仙知根知底。

"谁能交代了他？就是见了他侄儿男女亲。"

"你还下地？"

"不下地干啥？力是奴才，用了再来。在菜地里领上几个年轻的，还算个小组长，活计轻，苦不重，队里的工分好挣。"

"她爹呢？"

"还在铁路上，连她小叔也拖带去了，都干养路工，也不错。二英她哥哥姐姐下地都是好劳力。咱们家要粮有粮，要钱有钱，如今日子过得还算松泛，不用二姐你接济了。你自己说啥也得想开些，风过雨过，过了就没事了。"

"二姐我啥也想得开，可就是人越老，心病反倒越重了。看你，三儿两女，要啥有啥多称心。"

"我的还不是你的？二英子初中毕业了，高中想念念不成，人家停课闹革命。家里地里都不指望她。你的秘书、老妈子，都叫人家撵走了，就叫她留下陪你吧。"

"刚才我是和你随便说说，我不是也还有俩儿俩媳妇嘛。"

"人家们上班的上班，看孩子的看孩子，顾了大的顾小的，哪能顾得上你？"

"不是还有你姐夫嘛。"

"姐夫？文人人一个，汉手汉足，再说也不方便呀！二姐你听我的，把她留在你跟前，一来锻炼锻炼，二来也受受教育。她若不听话，你该骂就骂，该打就打。"

"闺女愿意吗？"

"姑姑，我就想和你在一起。"

"那好，二姑还就真想有你这么个闺女。先留下试试看，啥时候想亲妈了就回去。"

"都十七大八了，还想啥妈？像我们这么大都要当妈了。就这么定了。春贵，咱们回。"

"春贵也该十五了，一定好好念书，好好劳动。不怕苦中苦，能成人上人。二姑如今成了穷光蛋反动分子，连块糖也拿不出来，俺娃不会怪怨二姑吧！"丁果仙逞强示刚，看似语气平缓，实则难掩饰动心时的情不自禁，更挡不住夺眶而出的泪花。

"二姐，我们一家人沾你们的还少吗？永辈子也还不清！"

"咱们老丁、老刘家，自打从河北来到山西，就是一大家，还分什么你家我家？"

"是哩。你再也不要自家难为自家了。春贵，告二姑，咱们走。"

"二姑，我们回呀！"

"乖，乖，记住，你二姑不是反革命！有空就来啊！"

秀兰领着儿子哭上走了。

丁果仙把二英姑娘紧紧地抱在怀里，万绪千头涌上心来，抑制不住的泪珠扑簌簌滴落在二英乌黑的头发上。

五　大师妹烧戏装免却后患
　　老弟子遗长恨未能祭灵

　　早在一九三七年前，丁果仙剧团解散之后，孙竹林师爷就带着家小或到处搭班，或教习业余剧团。解放以后，专业与业余剧团如雨后春笋，具有全才的孙师爷成了财神，东庄请，西村聘，只恨无有分身之术。一九五二年首届全国戏曲观摩大会，丁果仙艺压群芳，获得头奖，作为启蒙师傅的太平红孙竹林，水涨船高，更加红得发紫。

　　丁果仙饮水思源，不忘反哺。一九五二年师傅带着全家落户城北三给村，训练乡间剧团，师娘于焚香祷告之后，第三胎仍然生下个女儿秀娥。丁果仙闻讯，专门特聘名厨，亲自为之大做满月，隆重庆贺师傅花甲来凤；实则竭力抚慰老人渴盼弄璋偏偏弄瓦的心绪。

　　一九五四年，丁果仙开办戏曲训练班，首选孙师爷主教，将其全家请到天地坛南房，管住管吃管零花，既享供给制，又领高薪金。再加上其大女秀文旦角改花脸、二女秀英小旦兼刀马，在忻州、五台、广灵、大同等地到处搭班挣钱，日子过得锦上添花。

　　一九五九年，丁果仙调到省晋剧院，儿子继亮，外甥继瑜（小名贵旺）、贵昌等一个个长大成人，住房渐显紧张。丁果仙资助师傅在通顺巷（原名鸡窝巷，本系养鸡卖鸡的场所）出价七百元，买得旧房三间，虽说不够宽绰，但也总算在太原府有了自己的家产。

　　一九六二年，孙师爷老病难愈，久卧不起，相濡以沫的老伴吕玉荣日夜陪奉左右，直至他魂归西境。在丁果仙的张罗下，丧事当作喜事办，热热闹闹、排排场场，众人无不夸赞：教了个丁果仙，比养个儿子也沾光。

外人越是羡慕，吕玉荣越感失落。送走了相依为命五十余年的伴侣，劳累加悲伤，一时间想不开，肺痨突然加重。

孙老爹的去世，等于送走了财神爷，加之三女秀娥、四女秀春还在上学，进项少了，花销多了，一里一外，孙家的日子紧巴起来。更主要的是，吕玉荣由伺候人便成了人伺候，大女儿秀文不得不辞了剧团，调回太原食品一厂当工人。恰好遇上"六二压"，你来了三天半，不压你压谁？于是彻底蜕变成家庭妇女。

孙家陷入困境，偏偏不遇天时，"四清运动""文化革命"接踵而至，丁果仙自顾不暇，实实爱莫能助。

进入一九六八年，丁果仙更是噩运频仍，大批判连着抄家、游斗。孙秀文在家伺奉老妈，端屎倒尿，熬药煎汤；女儿韩小林不满三岁需要照顾，两个上学的妹妹需要准时备饭，一天到晚忙得不可开交，哪里晓得外面新闻？

一天黄昏时分，隔壁快嘴吴大嫂急匆匆跑进孙家，一惊一乍，左看右瞅，嘴巴贴近秀文耳郭，声音低得只有她二人方能听清："秀文呀，不得了啦！你那个二姐被打成反动分子大戏霸了，又是抄家，又是游街，还穿的唱戏的衣裳，家里的东西全给没收光了！你是她妹妹，我看快要挨上了。我见你家不是也有唱戏的东西嘛，嫂子劝你趁早主动上交公家，要不然迟早造反派会来的。人家可一再三令五申：坦白从宽，抗拒从严。咱得尽早和反革命划清界限，无论如何不能吃这眼前亏。你没看见你们正房的韩掌柜，总共不够五百元的本钱，不是也给打成大资本家赶回老家去了。临走时还有木头杆子比画着催撵：打倒反动资本家，革命造反有理！"

吴快嘴说罢，一转身不见了。孙秀文心惊胆战，坐立不安。不过，这事说啥也不能让老妈知道。父亲从丁二姐家拿回的东西：头戴、髯口、官衣、朝靴、刀枪把子；父亲生前最爱见的一柄七星宝剑；她自己用过的头篦、帘子、罗裙、绣鞋、水袖、绦带等等，一件不落，她全部送到庙前派出所。

警官问："这些刀枪都能杀死人，应该算是武器，都留下。记谁的名字？"

"你就记我吧，孙秀文。要死也就我一个人死，不连累旁人。"

"剩余的这些戏衣杂物，我们不收，你送街道办吧。"

孙秀文送到街道办，有个女干事问："你是啥成分？"

"贫农。"

"贫农你交这些干啥？快拿回去。"

孙秀文本想给对方详细交代一番，看见人家不耐烦的样子，只好掉头回家。回到家后，她左思右想，咋思咋想咋不放心：我是贫农不假，可她是反动戏霸，还是我亲生姐姐一般，这样一拉扯，造反派哪能饶得过？横下心一咬牙——彻底铲除，免了后患。剪子铰个粉碎，再放上一把火，余灰和没烧尽的，通通埋进深坑里，不留任何痕迹。上述一切行动都在绝对隐蔽的地方进行，就怕万一造反派暗中监视。

防了外人，防不了家人。躺在炕上的老妈神智尚且清醒，对女儿这一连串的举动，似乎觉察到了什么："秀文，外头着火了？"

"不是着火，我把那些没用的东西烧了。"

"你把啥烧了？"

"唱戏用的乱七八糟。"

"好好的东西，你烧它做甚？那可是你爹一辈子挣下的传家宝贝。三年困难肚子饿得咕咕叫也没舍得卖，如今好好的你是闲得没干的了？"

"妈，你是不知道，原本也不想让你知道：文化革命造反哩！二姐家叫抄得一干二净，还拉到大汽车上游了街。谁不知道她和咱是啥关系？咱趁早把它处理了，造反派来了也没把子好抓。"

"咱一家两辈子，全是唱戏的，靠卖艺挣碗饭吃，有啥不是？他抄咱家！"

"那二姐不是和咱也一样吗？"

"这叫啥世道？闹什么文革命、武革命？尽让一些坏人钻空子欺侮人。"

"好了，你老人家不要乱说，没事找事。你一个躺在炕上的老病人，他们不能把你怎么样。"

"还有你姐妹们和咱小林，要是叫抄了家可咋活？"

"不是还有小林她爹嘛，人家可是工人阶级。"

"啥的个工人阶级？二战区兵工厂，伺候阎锡山的人，算什么工人阶级？人家要较起真来，那才叫反革命哩！唉，人的命天注定，活到头了，死呀死呀，才又惹出这么多麻烦来。"

"妈，你可万万不能气，一定要想开些。"

"咋能不气？咋能想开呀？"

老人病上加气，病情急转直下，喘息不止，水米不进。没钱没人没住医院，请个先生，唤位大夫，无非尽份孝心——不过也算熬到古稀之年了。与老伴的热闹排场当然不可能相比，一来没有了丁校长的一呼百应；二来"文化革命""破四旧、立四新"，丧葬不准讲迷信，不吹打，不祭奠。一切从简革命化，倒也少了些发落不起、不够贤孝的嫌疑。

丁果仙绝对不可能来了，但巧云一家是少不了的。孙家女儿女婿，再加上左邻右舍、亲朋好友，发落得尽管不够隆重，却也算不得寒酸。况且，老人与老伴合葬在大女婿家的亲贤村坟地里，也算得上是遂心如愿、入土为安了。

六　关禁闭与反革命不为伍
　　看风头借肺痨病回了家

　　丁果仙被游斗之后，又有人提出必须严加管制，以免其乱说乱动破坏革命大好形势。省晋剧院革委会经研究决定，采纳革命群众意见。但是，该关到何处？张一然、郭沐林、方冰等原领导干部都关在南楼。她好似并非同类，且系女性，权衡再三，便与反革命分子方蔼如关进同一个房间，北楼三层阴面。

　　方蔼如，矮个子女人，约莫五十岁左右，江西人，毕业于伪南京中央大学中文系。高度近视，天生丽质，颇具江南人睿智机敏与灵秀。有人揭发她丈夫曾任伪国民政府江西省第四行政区赣县县长，蒋经国乃其夫上峰。

　　丁果仙虽与方蔼如身份迥异，但二人同为女性，又同为阶下囚，本该同病相怜；然而，丁果仙却认为"反动分子大戏霸"与"大反革命"有本质的不同。基于如此心理，纵然方女士对丁果仙十分敬重，主动亲近，屋里屋外杂活全包大揽；尤其是到较远的锅炉房打开水，丁果仙跑一趟上气不接下气，不歇几次回不来，方女士替她打水，她却也无多感激。不过造反派、革委会管制着她，她也只得忍气吞声，得过且过。

　　吃饭一日两餐，主要靠二英送，三合面剔尖、包皮擀面、包子、饺子，有时也焖顿大米饭。手提式多层饭盒，一两样素菜，很少动荤，老咸菜却是不可少的。大多数情况保证一顿一送，有时可能忙不过来，也一送两顿。下顿放冷了需要热，屋里的铁火炉她看不了，方女士更不谙此道；她便不得不到对门刘汉银家求助。女主人元荷是盂县乡下来的家庭妇女，泼辣大方、随和好客、热情主动，再加上她丈夫刘汉银的这层关系，一切便都不用丁果仙发愁了。更有刘汉银的女儿萍萍，刚满五岁，尚未上学，聪明伶俐，很快便成了丁奶奶的小伙伴和交通员。元荷有时专门做些丁师娘好吃的和子饭、片儿汤之类，让萍萍悄悄送到奶奶面前。

斜对门住的是冀萍，她心疼老二姨，也和元荷一样，有了什么稀罕吃食，便让十一岁的儿子李凯送去。

住在一楼的裴茂杰与爱人郑凤萍，虽说隔了一层，却也悉心关照着丁果仙。

张鸣琴与丈夫杨禄光专程来看丁果仙，一见面抱住师娘大哭。丁果仙赶忙劝阻，并告诉弟子有人照料，受不了制。

天凉了，丁果仙住的北屋阴寒，耐不住时就到对门甚至一楼暖和暖和，闲聊解闷。但得掌握好时间，挨到人们快下班了，便主动离开，免得自找麻烦，给人惹事。

与其说是关禁闭，倒不如说是刻意保护。监视看守也不过做个样子，只要不出意外，即可交差了事。正因如此，伺机暗中造访的、公开申请探视的，新朋旧友、弟子学生，来来往往，进进出出。

日久天长，受到专政管制的丁果仙，越来越感到绝大多数人并没有把她这个大戏霸当成异己。于是在听到不少有关方蔼如的传说，尤其是她能和蒋家父子连上关系时，丁果仙顿时觉得不寒而栗；进而对于精明秀美、语软声甜的同室，产生了极大的厌恶，觉得她诚然一个披着美女皮的狐狸精。"绝不能受她的蒙蔽，上了她的圈套。"当机立断，丁果仙找到剧院革委会，理直气壮提出质问："我丁果仙现在到底是不是反革命？"

"谁也没说你是反革命呀！"

"那方蔼如她是什么人？"

"反革命。"

"那你们为啥把不是反革命的和反革命的关在一起？"

"这……原来只是考虑你们都是女的，住在一起方便些。再说她比你年轻些，也好招呼你。"

"女人就不分阶级了？怎么能让一个反革命的招呼我这不反革命的？我坚决不接受。"

"好好好，你的意见我们马上考虑。"

"如果能考虑的话，我本身也是戏校的人，把我转到那里，离家也近便些。"

"这个意见可以考虑。"

第二天一上班，革委会陈主任通知她，可以到省戏校去了。她好像一下轻松了许多，临别前她找到对门的元荷说："我去省戏校呀，你和汉银方便时来啊！"

方蔼如把她送到楼门口："老丁，咱俩这段相处，本人受益匪浅，我始终把你当作自己学习的榜样。"

"方蔼如，你和我绝不是一类人！"

"是吗？我怎么未曾觉察得到呢？"

"那是你精明装糊涂。行了，也许是命中注定的，但这段缘分就算到此为止了。"

方蔼如觉得自己受到了侮辱，她有些不知所措，也有些无可奈何。

丁果仙到了省戏校，被安排在圆门洞里东侧的平房第三间，和刘芝兰一个家。此时，二百五王银柱与小十三红郭云山已被赶回各自的老家赤桥和文水去了，剩下的还有小三儿生郑雅楼。此外，省文化局的原领导干部邓焰、景炎、王若君等，以及唯一的黑五类子弟李玉成也关在这里。

每天东方泛白，李玉成就在院里踢腿、跑圆场、喊嗓子，还念《双罗衫》中老生道白。丁果仙听到后十分惊讶，她问刘芝兰："这个娃娃是谁？咋敢干这事！"

"他名叫李玉成，汾阳人。听说是从天津被撵回老家的逃亡大资本家的后代。很有点天才，胆子也大。"

"你问问他敢不敢来咱这儿，我想教教他。"

刘芝兰把话转给了李玉成。他简直高兴得要跳起来："做梦也想，就是找不到借口。能有这么好的机会，还有啥敢不敢的。"他立马跑到丁果仙跟前鞠了个躬："校长好！"

"可万万不敢，咱都是一类人，你该是个小难友！"丁果仙把声音压得低低的，只有老小二人能听见，"你的嗓子、喷口、身段都好。可你咋能不考虑如今造反闹革命，哪能允许你念'老姚达'……千万不敢胡来。样板戏那么多，再不行还有毛主席语录。"说着说着便演唱起来：

"才饮长江水，
又食武昌鱼；
万里长江横渡，
极目楚天舒……"

紧打慢唱，大流水转二流水，好听极了；但结尾是勉强支撑下来的，一唱完她便趴在床上，咳嗽得喘不过气来，好久好久。之后她给了玉成一元钱，让买油条。

玉成很快提回了二十根油条，她趁热吃了一根，其余全是玉成跑腿挣下的。她十分爱见小玉成，自然想到了他的终身大事，却又觉得他年纪还小，又在学习时期，不便干扰。

有一天，丁巧云送饭来，与姐姐聊起了此事。

"玉成这孩子真好，我想给他说个对象。"

"人家早就有了。"

"谁呀？"

"就是咱们家的。"

"谁，不会是秀娥吧？"

"咋就不会？一点没错。"

"我就想的是秀娥，好。"

"你说好，可人家秀文、秀英都不同意。"

"因为啥？"

"这不明摆的嘛，出身不好。"

"唉，出身哪能由他！那到底怎么样了？"

"人家秀娥人小主意大，姐姐们不愿意也没法子。"

"这就好，都是咱师傅的造化。我看咱三妹子还有点像王宝钏呢！"

"闹革命的王三姐。"

……

有了这层关系，丁果仙对小玉成更加另眼看待，在没人的时候，《双罗衫》的道白亲传嫡授。词儿几乎全是她自己编的，这里一哼，那里一哈，倒像实际生活拉家常，绝非文绉绉地照本宣科。

听见有人来了，她马上改成：下定决心，不怕牺牲，排除万难，去争取胜利。

听见丁果仙唱毛主席语录，郑雅楼一边打扫院子，一边打起调来唱"老三篇"，一忽儿平板四股眼，一忽儿夹板改二性带流板，怎么唱怎么好听。

丁果仙到了省戏校，"牛棚"变成了大乐园。有一回，留校任教的闫继舜引来了南城卫生院的女大夫吕玉香，说是来看望丁果仙，实际上她是个老戏迷，过去想见见不上，如今面对面聊一聊，还想顺便听听《打金枝》，过过老戏瘾。可丁果仙说唱啥都行，就是不能犯纪律、唱老戏。闫继舜说，何必死求一技，唱几句《丰收之后》，不也一样嘛。

丁果仙唱得舒坦，吕玉香听得过瘾，高高兴兴走了，说以后还会来。

丁果仙当然也不会拒绝。

又过了几天，省文化局在图书馆召开宽严大会。郑雅楼觉得苦日子该熬到头了，表现特别积极，早早地就坐在最前排，抬头挺胸，目不斜视。

政工组负责人郑重地宣读：反革命、坏分子郑雅楼，罪大恶极，屡教不改。其犯罪事实如下：反动思想根深蒂固，且看他给儿女们起的名字：郑爱中、郑爱华、郑爱民、郑爱国，连起来就是"郑爱中华民国"，其实也就是真正爱蒋介石的"中华民国"。简直丧心病狂，野心不死，反动到了何等程度？！经上级批准，严厉打击，决不轻饶。

随之而来的执法人员将郑雅楼五花大绑带走了。郑雅楼声嘶力竭喊叫着："冤枉！老天爷，我郑某人真冤枉呀！"

与会人员几乎都呆若木鸡，绝无一人敢稍加理会。

接下来是刘芝兰：主动交代，表现积极，根据党和国家政策，经上级批准，从宽处理，当场解除管制，再不必早请示晚汇报了。

大会结束，走散的人们仍噤若寒蝉。

既没严也没宽的丁果仙，没人过问。等了几天，她自己以年迈体衰、老病加重、耐不得严寒为借口，提出想回家，请示革委会领导。

戏校革委会研究决定：丁果仙所提申请，实事求是，合理合情，准予暂时解除禁闭，回家后必须自觉自管自制，自我改造。

七　任秀峰胆小怕事瞎招供
　　专案组动众兴师太荒唐

丁果仙"找借口"回到天地坛，似觉有了些左右自己的能力。老鸟归林，对自己营造的窝巢陡增了几许爱恋。

一息尚存，练功不止。这一日，她头顶蓝布方巾，手端咸菜小碗，模仿老农家居生活时，市实验团苗秀茂来送报纸。

"你任老师住学习班走了，让你辛苦跑路。"她收势后引之进屋。

"任老师不走，我也想来。"

"你不怕受连累？"

"能连累个啥？再说这不还有报纸。"

"俺娃就是会编词，这回编得好。咱说正事，你是男小生，天赋也好，可不能一天到晚光顾闹了革命忘了戏。我让你听听。"丁果仙边说边拧开了收音机：穿林海跨雪原气冲霄汉……"你听人家童祥苓咋唱。"她自己说着也演唱起来，当时的情形有点像今天的卡拉OK。

"记得好像是一九五八年，四川曾荣华老师给你排《拉郎配》，你是一号小生，学的三儿生唱腔很好。如今完全可以移到'二〇三[1]'身上：'朔风吹林涛吼峡谷震荡……'要紧的是生活，体会得深，体验得真，才能演好人物。一定要好好地练，准备将来好好地唱，好好地演。要不然长了个好嗓子、好身段，全白费了，太可惜。你看丁老师，"她坐在炕沿上，撩起衣裳，"前心贴后心，身子不行了。"说罢，她用长圆枕头使劲顶住身子，缓了口气，"如若能好了，我还要

---

[1]　二〇三：京剧《林海雪原》中少剑波的代号。

唱。"

"老师一定会好的。我也一定听老师的话,好好练,好好唱。我得回团里去了。"

"你没听说你任老师他们的消息吧?"

"还是学文件,念语录,斗私批修,人人过关。"

"也不知道他交代了些啥。"

"不会有事,你放心吧。"

"他那人胆小沉不住气,由不得自己瞎胡说。"

"你保重自己吧,不用多操心。"

"操心也没用。你快回!"

送走了苗秀茂,丁果仙半躺在炕上,靠着被子枕头继续听《智取威虎山》。之后,又在院里演唱起来。

省戏校张绍文从东山拉烧土回来路过,听到有人唱京剧《智取威虎山》杨子荣《打虎上山》,原词原调,京韵十足,推门一看,正是丁校长,想不到她竟然有如此模仿天才。

"丁校长唱得真好,和童祥苓不差上下。"

"哎,过奖了。"

"真的。你啥时候学唱京剧的?"

"这不是现学现卖嘛。"她指指放在假山上的收音机,"只要下功夫,铁杵也能磨成针。你是郑雅楼的徒弟,如今他成了反革命,可教给你的艺儿还能用嘛。你不唱他的《黄逼宫》,改成杨子荣,或是'二〇三'都行呀!"她看了看对方,改了话题,"你这水倾汗流的,跑来有甚急事?"

"我是拉烧土,路过门口听见……"

"快别误了正事,把烧土送回去。"

张绍文刚要出门,丁果仙又叫他回来:"绍文,你们没到白壁关学习去?"

"没去,是晋剧院的去了。"

"那就不问你了,去吧。"

张绍文走后,丁果仙陷入沉思:学习解放军,行动军事化,急行军拉练前往孝义白壁关,办学习班,恐怕又是一场不小的运动。听说主要是清理阶级队伍,会不会清到自己的头上?

一九七〇年年初至一九七一年年底,省晋剧院战备疏散在孝义白壁关、太谷教具厂、农学院等地,开展了一打三反、清理阶级队伍、精简下放、清查"五一六"

等工作，丁果仙因病留在家中，未参加上述运动。

市属剧团集中在清徐中学，花艳君因丈夫姚法礼而被牵连。任秀峰作为反动地主婆大戏霸丁果仙的男人，也不会被轻饶。为了蒙混过关，他有的说，没有的也道，捕风捉影交代了个不亦乐乎：早年系《晋阳日报》记者，与日伪省长，后来的阎锡山高级参议员冯司直常来常往，还介绍丁果仙唱过不止一次堂会；此外，他与刘芝兰男人智锐的关系更是非同一般。

这真是爆炸性新闻。专案组领导指派骨干苗秀茂负责外调，同时让熟悉地理环境的王魁元领路。

王魁元，男，原平人，转业航空兵，时任编剧，颇善言谈。先领路去冯司直故乡。听其本家人说，他自念书走了就没回来过。这条线断了。坐火车上大同，再搭帆布篷大卡车到灵丘，一路冰天雪地，冻得脚都麻木了，勉强下得车来，跺脚小跑，正好路遇修筑战备公路留守负责人。经王魁元详叙来由，对方十分热情，先领王、苗二人到工地住下，吩咐工人生火做饭，临时"招待所"倒也暖和。晚上闲得无聊，王魁元领苗秀茂出去游玩，先看军用飞机场战斗机训练。从杨继业碰碑的两狼山钻出的飞机，整整侧翻了九十度，好像是怕两个翅膀撞上悬崖峭壁。苗秀茂第一次见如此危险的训练，未免替飞行员提心吊胆，并生发出对空军的敬慕。

再往上爬，王魁元说这里就是狼牙山五壮士献身处，山对面便是河北涞源。就在此时，上来两个持枪民兵逼问："干什么的？"

王魁元遇变不惊，从容答道："我们晚上没事干，出来转转。"

"你知道这是什么地方？"

"杨令公碰碑、五壮士跳崖之处吧？"

"纯属胡说八道。走，到公社去。"

民兵不允许他们分辩，一前一后押了王、苗二人往公社走。天已大黑，王魁元地形熟悉胆子大，走到拐弯处，趁其不防溜了。民兵发现后，怕顾此失彼，不去追捕，格外加强了对苗秀茂的防范——只要有一个在，就不愁查个水落石出。

走到村里，跟随围观的群众越来越多，三三五五纷纷议论："又抓住特务了！"

押入公社大院，紧关大门。进了大会议室，穿老羊皮袄吸着小兰花烟的，桌上椅上墙根边坐的站的，七嘴八舌一齐问："干啥来的？"

"搞外调。"苗秀茂掏出市革委的介绍信让众人看。

"全是假的！"根本没人看一眼。

"叫你们领导来，要不到邮局打电话。"苗秀茂有理胆壮，受此冤枉，实在按捺不住，几乎狂喊起来。

众人被镇住了，一个四十来岁干部模样的人从里屋走出来，堆着笑脸："误会误会，完全是误会。"

"什么误会，纯粹国民党作风。"

"喝口水，消消气，都是同志，有啥好说。你也看到了，军事要地，咱负有保卫责任，还请兄弟多多原谅。"

"你们偷跑了的那个人就没说外调，是看什么杨令公、五壮士的。"民兵插话。

"刚才我不是说了嘛，还拿出介绍信，你们怎么连看都不看一眼，就武断地说全是假的？你们也太欺侮人了！"

"同志，我们的人错了，我给你道歉。有话慢慢说。"

"现在郑重告诉你们：我们是调查大汉奸、大反革命、日伪山西省长、阎锡山的高级参谋冯司直的，他和《晋阳日报》记者任秀峰，以及任的女人丁果仙有密切关系。"

"啊，你认得丁果仙？"

"何止认得？我还曾经是她的学生呢！"

"听人们说把丁果仙斗死了？"

"纯属造谣。"

"那没死，还在哩？能唱戏吧？"

"年龄大了，在家休养。"

"啥时候就能再看果子红了？"

"你说这些有啥用？关键是我这特务……"

"我们错了，就请回吧！"

"我出去再有人把我抓起来咋办？"

"好办，还是他俩。去，把这同志送到工地。"

"是。"

苗秀茂回到住处，王魁元正着急呢："若还等不上你回来，我就准备叫上这里的人去……"

"用不着麻烦人家，咱是干啥的，他能把咱怎么样！"

"没有难为你吧？"

苗秀茂把在公社的过程复述一遍。已是半夜时分，二人啼笑皆非，兴奋得忘记了一路的风寒与疲惫。

一觉醒来，太阳出山，告别主人，直奔目的地。到了大队部，说明来意，负责人找来几位长者，他们大多没听说过冯司直，只有一人说好像知道这个人解放后不久就死了。

苗、王二人一无所获，原路返回。

其实，任秀峰这样交代，无非是想表现积极，早日过关；专案组决策者竟信以为真，但却并不到省、市档案馆查证，而是去舍近求远、劳民伤财。

冯司直原籍平定，早年留学日本。太原沦陷，投靠主子，充当汉奸，卖国求荣，被委以山西省第二任省长。一九四五年抗战结束，他又被阎锡山接收为高级参议员。解放后即被人民政府逮捕，判定死刑，病死狱中。

"文革"中的荒唐，何止任秀峰一例？

省晋剧院打木头的王根寿，主动供认自己在抗战期间，当过榆次县警察，有过十多人的血债，人名、事件、地点、时间，交代得有板有眼、真真切切，毫不含糊。这还了得？临末了冒出个特大反革命来，立即关起禁闭，派出专人里查外调。太原、榆次、徐沟、太谷……跑了一遭，结果全系子虚乌有。最后通知本人，解除禁闭，恢复自由，给食堂拉水去了。

更有甚者，居然逼出了人命。丁果仙义女花艳君的丈夫姚法礼，左交代右检查，终难过关，吓得跳进了海子。不仅无人同情，还定了个畏罪自杀。花艳君接到通知，也没敢痛哭一声。

丁果仙惊闻噩耗，悲痛之余，不得不替义女恨其不够丈夫：杀人不过头点地，好大一个男人，撇下一堆未成人的儿女，你叫孤儿寡母怎样活？！

人命关天的事，在那个特殊年代却简单得叫人不可思议。

八　捡烂炭穿补丁忒过小气
　　收孤儿养义女确实大方

丁果仙在河北束鹿的时候，就跟着母亲和姐姐捡烂炭；随丁凤章来了山西太原，灰渣坡大了，比在老家捡起来容易得多。直至成了名，大洋挣得无其数，完全可以称得上是富户，也算得上是贵人，但她最终也没忘记这个在穷苦人家传学下来的习惯。

说到日常生活，常吃素，少见荤，不近山珍海味；白菜豆腐加鸡蛋，一碗二合面剔尖，要不就是小米稀粥和子饭，老咸菜顿顿不断。有时也改善伙食，那就等到请人待客，抑或奖赏学生弟子时一并解决。自己确实也有想解解馋的时候，无非冬天烤红薯，夏天凉灌肠，喝头脑吃烧卖，狗不理包子糖三角，那就算大出血了。

米面上秤称，只图节省，绝非像如今之人怕超重为减肥。而在瓮中米、罐里面上按手印，意在防某些不轨者。

至于穿戴，她有句俗语："旧的不烂，新的不来。"笑破不笑补，缝了缝补了补，很少见她穿新衣裳。老搭档牛桂英，好逛商场买东西，丢三落四寻常事。丁果仙则不然，只听说她下火车丢了人，没有谁听说过她丢东西。因为她不喜欢转商店，很少买物件，所以便从根本上杜绝了丢落的失误。

她有极强烈的练功唱戏争名争利争出头的雄心，毫无吃喝玩乐享荣华受富贵的贪欲。

丁果仙关系广、人脉厚，与人交往礼轻意重。上喜筵暖水瓶成对，吃满月虎头鞋一双；女秘书熊国华坐月子，二斤鸡蛋；文化教员张丽仙老妈病了，专门拣个黄道吉日的上午，提了一包饼干，亲自登门探慰。

躺在床上的老人见她进屋，挣扎着想坐起来，以表示对这位鼎鼎大名人物的欢迎和尊重。她硬是连劝带按把老人安顿在原位。之后，坐在身旁，一口一个老姐姐，把丽仙妈唤得好不自在。应也不对，不应也不妥："你是大名人、大贵人；闺女刚出校门，啥也不懂。在你手下，贵人扶撑，出言吐语、为人处事，可长进了不知多少，我母女谢天谢地还谢不过来，怎能让你忙乎乎地专门跑一回？！实在也担待不起呀！"

"老姐姐，可不敢这么说。咱们都是劳苦大众，我更是不识字的半文盲。丽仙人小文化高，肚里深厚，人家是我的老师。你老人家有福气，生养了个好闺女。"

"就你的贵言吧，全靠你了，丁校长。"

"病有啥感觉？让大夫来看看。"

"用不着，人老了就不中用了。没病，要有也是老病，挺上几天就好了，你可不用为我操心。"

"老姐姐说的大实话。病也看人做事，你硬它就软了。那你好好地将养吧。"

……

丁果仙公忠体国，国家危急时，她竭其全力，以尽匹夫之责，如在抗美援朝时，她将多年积蓄献给国家。办戏校时，她捐出戏箱，继而义演筹资。这是她一以贯之的作风。从一些鲜为人知的琐事上，就可以窥得其扶弱济困、克己助人的自觉。

太原解放前夕，住在西羊市的阳曲人郑嘉善，先是女人分娩，母女双亡；没过几天，一颗炮弹落在左近，住房震塌，被砸死屋内，撇下年仅八岁的幼女桂萍。桂萍随哥嫂返回老家，入了村里的业余剧团。农忙下地做活，清闲时学戏练功。过了年余，剧团解散，赶马车的叔叔把她拉到太原，自荐了几处，无人收留，后来找到天地坛。丁果仙听说是个孤儿，就会同孙师爷试了试嗓音，唱了几句《打金枝》中的"头戴上二龙双凤齐……"便收下了。

桂萍与秀文、秀英住在小南房；同时还有个男孩子李守义，与做饭的大师傅一起住在下东房。管吃管住，不花钱还能跟上孙师爷学艺练功。

郑桂萍从小失却怙恃，虽说刚刚十岁，却很懂事。心灵手巧，眼明腿快，端茶倒水，擦抹打扫，里里外外一人包。

丁果仙去和平剧院演出，桂萍提着行头软包跟在后面。上台后关照化妆，开了戏从条幕缝隙近距离观看表演，日子过得十分惬意。

过了两年，丁果仙成立戏曲训练班，招收学员，每人每月需交十二元钱。桂萍觉得实在不能让师娘再为自己花费了，便偷偷跑回村里，经人说合进了晋阳剧团。

第二年，她随团到解放剧院演出，丁果仙与任秀峰夫妇专程去看望桂萍，一再劝她回戏校再学两年,不用她自己出钱。桂萍自立心切,婉言谢绝了恩人的好意。丁果仙爱才心切,过意不去,赠其头饰一副,派力司制服一身;并一再嘱托团长许志刚:"老兄,桂萍跟了我二年,勤快实诚靠得住,一定代我好好关照。"

仗着勤奋机灵和优良的人际关系,郑桂萍很快就成了内行与观众都认可的当家花旦。

当年牛桂英从北京归来,一时无有合适的立脚之处,丁果仙主动把搭档安顿在自己家里,同吃同住同台演出,直至牛桂英后来在典膳所买下房子才搬走。

"文革"期间,刘宝俊被下放到水利机械厂当工人,夫妻二人每月工资加在一起不足百元。全家老小三代八口人,温饱只能勉强维持,房租每月九元,的确成了难以承受的负担。丁果仙让任秀峰为其一次交了十个月的租金。

丁果仙想让宝俊穿自己的衣裳,一来对方不好意思,二来宝俊身材高胖,穿着不甚合体。为此丁果仙有意叫裁缝加大尺码,借口做肥大了,自己不能穿,如此一来,弟子便不得不要了。

人心换人心,刘宝俊日后对师娘关切得无微不至。

一九五六年社会主义改造,公私合营,丁果仙主动将解放剧院的个人股份全部交付公家。

一九五八年提倡民办中学,丁果仙积极筹措资金,在北什坊创立长胜中学,帮助政府解决小学生升中学的社会问题。

从来丁果仙只挣钱不管钱,家中财务由外甥媳妇掌管。她个人的存折委托市戏校薛春盛的二姐玉莲保存,并暗中嘱咐:"千万别让你任老师知道,以免他胡取乱花。"

玉莲婆婆孙金桃任职天地坛街道办,常常因为催缴卫生费跑得腿酸,说得嘴困,愁得头疼。丁果仙安慰道:"你不用发愁,收多收少不够了我全垫上;还也行,不还也行。"

进入二十世纪六十年代,儿子媳妇、外甥男女一大家,日费月销越来越大。她告诫甥媳玉梅当好家,严格控制厨房伙食,还须防范乱人杂手浑水摸鱼。俗话说:当家三年狗也嫌。丁果仙这个财神娘娘反倒好像有些惹人嫌了。

相对而言,庆喜子与赵本宁,确是她的心爱。她认为值钱的物件,诸如结婚穿过的绣花旗袍和狐皮大氅、袖珍钱包、珠宝玉器等等,秘密赠予,权当"传家"贵宝。

"文化革命"期间,晋剧院造反派红卫兵串联上北京,没钱,派金世耀向丁果仙去借。

天地坛家里,老两口正坐在炕桌前吃饭,见红卫兵进了屋赶紧下来接待。

金世耀讲明来意。丁果仙说:"革命行动,坚决支持。需要多少?"

"借五千吧。"

"老任,你看看存折上还有多少?"

"就剩六千元了!"

"那好,你把存折给了世耀——你们自己取好了。"

"老师在,我们走了。"

"路上注意小心些啊!"

"知道了!"

金世耀到了鼓楼银行取上钱,急返剧院。有了钱,马上集合出发,直奔火车站。上了火车,站的躺的钻在凳子下的,各式各样。熬了整整一夜,第二天太阳出山时到达首都北京。驻扎在广和剧院,吃饭到河北梆子剧团。

浩浩荡荡六七十人,在京城整整折腾了一星期,管吃管住管游串。令众人最满意的是,个人一分钱没花,公家也只开支了不到三百元的大字报费用。回到院部报销之后,金世耀把五千元凑齐,存入银行,还另外加了几十元的利息。只因初初接触财会,发票未曾放好,导致亏空了二十多元,财责自负,金世耀不得不自掏腰包。

存折交还丁果仙手中,丁果仙又是高兴,又是惊讶:"花了花了,花了就算了,还的做甚?还就还吧,咋还多出几十块来?"

"那是人家给的利息。"

"你们造反也离不了钱,留着周转吧!我又用不着。"

"这是大家的意思,好借好还,再借不难。"

"那好吧,日后用着了再来啊!"

……

郑村刘二英陪侍丁果仙,日久天长,二人处得像亲母女一样,正好比人们说的:累亲累亲,越累越亲。当然也有前提——两好并一好,真亲;否则久病床前没孝子呀!

有一天,丁果仙把二英叫在自己身旁,微笑着说道:"又快过年了,姑姑也顾不上给你做件新衣裳。这件罩子你可能不大合适,只能将就着穿,委屈俺娃了。"

"我就好穿姑姑的。"

"也对。普普通通老百姓,不破不烂不露不冻也就行了,打扮得花里胡哨,惹是生非没好处。"

"姑姑说得没错，我听姑姑的"

　　"姑姑还有件事，早就想好了，就是村里那处院子，房屋树木，一齐都给了你爹。你们家人多，占得着，也算我们一点心意。"

　　"爷爷和爹常告诉我们，丁爷爷和姑姑们对我们帮扶太大了，一辈一辈往下传，记住不能忘。"

　　"说来道去就一句话：丁刘两家是一家。留下它正好做个记物。"丁果仙边说边掏出一张信纸来，上面写满钢笔字，还签着名盖了红印。全文如下：

　　　　首先让我们共同敬祝伟大的领袖、无产阶级的革命导师毛主席万寿无疆！万寿无疆！

市郊黄陵公社郑村大队负责同志：

　　在您生产大队有我的一处房院。现在院内共有土房五间，其中三间北房是旧的。过去是你村刘凤翔居住，现在其子刘拴吉接用。在居住期间，刘家又盖了两间。同时，三间北房刘家也多次进行了修理。根据以上情况，现在我愿将这个院归刘拴吉所有，同时在公社办理过户手续。房产契约在破四旧时不慎遗失，新旧约一律作废。特此声明，重新办理手续。

　　致革命敬礼！

　　　　　　　　　　　　　　　　　　　丁果仙
　　　　　　　　　　　　　　　　　　一九七〇年一月十九日

　　"这件事就托靠给你了，一定放好，不要给任何人说。等你妈来让她带回去交代给你爹。不过人情是金钱买不来的，姑姑这一生一世能有你这么个闺女，也就知足了。"

　　她再一次动情地把小二英搂在怀里……

　　这就是丁果仙。有人说她小气，应是其克勤克俭本质的外现；更有人说她大方，实乃仁者爱人的高风亮节。两种看似截然不同的品行，熔铸于同一人身上，是何等的可贵可敬可爱可亲！

九　念亲朋病魔缠身情未了
　　成正果天不假年命归西

　　进入一九七一年，丁果仙深感健康状况大不如前。杨子荣《打虎上山》演唱不了啦，模仿老人姿态也属不易，甚至于上厕所都须有人搀扶。

　　可她闲不住呀！让任秀峰把她当年扫盲练习的字纸翻腾出来，还有不少写过的仿和字画，以及恒大、凤凰、大前门、哈德门、大中华等香烟盒纸片一捆又一捆。除水墨画外，其余皆密密麻麻写满了毛笔或蘸水钢笔字。有单纯笔画，有部首偏旁，有单字，有组词。从简到复杂，一二三人天地，米面油盐，人名地名，道白唱段等等。不过，写得最多最好的要数"解放军""共产党""毛主席万岁"。

　　用毛笔写的楷书，明显带有描摹的痕迹，一笔一画、横平竖直。在这些大字间，还嵌满工整的蝇头小字。

　　三尺宣纸上的兰草，斜的弯的，宽的窄的，高的矮的，唯独没有直上冲天的。万绿丛中，鲜见有绚丽妖艳的花朵。清纯淡雅，朴质飘逸，不乏行家笔意。

　　张张凝着心血，幅幅有着爱意，这一切又勾起了她对生活的憧憬，同时，她也得到几许安慰：此生未曾虚度。

　　正当她看得入神的时候，二英悄然引进两位女宾。见主人全神贯注，她们不忍打扰，默默站在一旁观赏起来，良久。

　　"哎呀！稀客。怎么不吭声呀？"丁果仙发现后，惊讶中交织着渴盼，紧紧拉住二位的手，让贴身坐下。

　　"老领导、老院长，精神很好。"

　　"自寻乐意。史健、国华，你俩可都是老共产党员，不怕批判你们界限不清、阶级不分？"

"造反没啥劲了,再说也没有谁专门盯我们的梢。"

"一定小心为好,可不要让我这反动黑权威连累了你们这红苗子!"

"没事。早就想来,形势太紧,也怕给你添麻烦。怎么样?身体还好吧!"

"老毛病,就是喘不上气来,走动不得。"

"年龄大了,有点病也算正常。"

"科学说法叫生老病死,神仙也躲不过那一天。"

"自然规律,不以人的意志为转移。"

"真想你们呀,就是不敢唤。今天来得好!二英,快把王驿叫来,给咱们照张相。"

二英应声走了。

"老院长真下工,看这字、这画,多好。"

"我不敢说自己是有志者,反正用心下苦功就能长进。你们都是我的老师,在我身上下的工夫,让我一生受用不尽。"

王驿扛着照相机来了,二秘书把老领导扶坐在指定的椅子上——都是老内行,用不着多摆弄。王驿对准焦距,拿起橡皮球:"光线正好,丁老师挺起点,笑一笑。不动了!"按下快门,"不动,再来一次。好了,我走了。"

"多洗上两张啊!"丁果仙吩咐。

王驿应答着走出门去。三人又回到屋内。

"人常说数了热,就数凉,说话到处暑了。"丁果仙说。

二人也道:"秋色宜人,金秋是丰收的时节。"

丁果仙叹口气:"唉,秋风扫落叶,万木百草枯;古时候还是处决犯人的时辰呢!咱关住门子说瞎话:再伟大,也改革不了春夏秋冬。我倒想起是国华吧,教过我几句什么秋滋味的诗来。"

国华说:"您还记得!我想该是南宋爱国诗人辛弃疾被贬官后写的《采桑子》:少年不识愁滋味,爱上层楼。爱上层楼,为赋新词强说愁。而今识尽愁滋味,欲说还休。欲说还休,却道天凉好个秋!"

"噢?是愁滋味。真好,给我抄下来。史健,你也要向熊秘书多学点古文。"丁果仙对史健道。

史健笑道:"是的,我一定好好学习。"

"史健的优势是老革命,政治过硬。"国华说。

"是嘞。你们还在院部啊,不敢耽误,快回去吧!"丁果仙觉得时候不早了。

"您老好好保重。"二人和丁果仙道了别。

送走二位秘书，丁果仙又凝视铺了满地的习字，它们却好似变成了秋天的落叶……她不禁自咏起来：而今识尽愁滋味，欲说还休。欲说还休，却道天凉好个秋！好个秋！！

……

第二天一大早，王驿领着三岁的儿子羽斌送来了照片，一共五张，都是二寸的。

丁果仙问多少钱，他说一张四毛，不值什么，快不用了。丁果仙非给不可，把两元钱塞给了羽斌。

过了冬至，数九寒天，丁果仙的肺气肿一天比一天加重。以往大家劝她到医院，她总是摇头否决；这回她没吭声，默认了。

年轻人都在身边，任秀峰又叫来一辆三轮车。二英给姑姑把能挡风御寒的衣服都翻了出来，套了一件又一件。本已骨瘦如柴的人，却显得分外臃肿，行动更加不便。前房儿子继亮、养子庆喜、外甥三狗、刘宝峻家儿子成儿，四个后生扶着不行，抬着不成。还是三狗体壮力强，抱起妗子往外走，众人帮护左右，穿院子过门道，把病人款款地安顿在路边突突突浑身颤抖的三轮车上。

丁果仙神志清醒，情绪低沉，无任何反应。

月黑天沉，路灯昏暗，夜深人静，街巷萧索。三轮车吼叫着奔向南城卫生院。老大夫仔细检查过躺卧在急诊床上的病人后，皱起眉头向家属交代："十分抱歉，这里条件较差，她这病还是转大医院为好。"

事不宜迟，大家立马赶到离家较近的山大二院。不料急诊室值班大夫告之床位已满。所有的人都乱了方寸，有的说找找领导，有的说重走一家……就在此时，一个穿白大褂外露红领章的军医走了过来——原来竟是天地坛的邻居。经其与方才的大夫商量通融，才安排到二〇三病房，并按常规进行了登记：一九七二年二月三日十一点十五分；丁步云，女，六十三岁，有多年肺气肿病史；症状为咳嗽，哮喘，多黏痰，面黄舌白，食欲不振，精神委顿；体温36.5摄氏度，心率125次/分，血压100/60毫米汞柱。印象：呼吸道感染，肺气肿晚期，已有心力衰竭现象。

病情危重。晋剧院军代表、负责人都来看望，并协助办理了住院手续。

同仁、弟子、学生、亲朋好友，来的来走的走，接连不断。不过，在那个特殊的年代，大多偷偷来悄悄去，只能在病榻左右站一站看一看，有的问一声说两句，有的竟连口也没开，便捂着发红的双眼离去了。

丁果仙呢？强做微笑，翕动着发绀的嘴唇，有气无力地重复着："一定要好好学习，好好工作，好好地为人民服务。"

人常说：有人好办事。"文化革命"中也概莫能外。经过医护人员的精心治疗，丁果仙的症状已大为缓解。主治医师是位高个中年女大夫，她尤其用心。她鼓励丁果仙说："你可不能随随便便就走啊！要和我们团结一致闹革命……"

夜深了，嘈杂了一天的医院，好像也进入了梦乡，静谧得像没人烟一样。二英依偎在姑姑身旁，两人的手握在一起，紧紧的："姑姑，人家这医院就是好，一个比一个和气，你的病也快好了。"

"有句戏词叫家贫出孝子，国乱显忠臣。经过这造反革命，姑姑看得更清楚了。花花世界，啥人都有，有长着人皮的狼，也有披了狼皮的羊。经多见广，活到老学到老，还是好人多！你也是二十岁的大姑娘了，你妈顾不上管你，姑姑早就给你相中个合适的——宝俊家成儿，老实勤快，身强力壮，一天到晚不闲的，又是和泥，又是捣炭，放耙耙弄扫帚。你看怎样？"

"人挺好，他也常和我接近，可我没那意思，好像缘分不合。"

"是吗？甚事也强求不得，何况终身大事。不着急，慢慢来，姑姑给再察听。"

腊月二十三晚上，丁巧云来了没走，老姐妹二人几乎絮絮叨叨了一个通宵。

"姐，你不回去了，行吗？"

"有啥不行？来时就告他们了。"

"姐夫是个好人，你有福气。"

"任秀峰还赖？有才气，没脾气，还能受气。"

"不够君子，山西会馆借钱的事，太对不起姐夫了。"

"都几朝年的陈谷子烂芝麻了，还翻腾它做甚？快别提了。"

"忠福也够憨厚的，要不能饶得了？"

"你不是他姨嘛！亲他抱他，换了是个小狗，也知人意。"

"我没多招呼人家，不过有你们也够了。"

"你的那一群还招架不过来呢！"

"汪家的，咱亲口应承下了，不能对不住走了的人。"

"这我知道，那才是你心上的。"

"任家的你能不管？谁叫咱到人家了呢？"

"还有三狗、四狗，一大堆……"

"咱也沾人家的光，这不，住院就是三狗掇弄进来的。"

"啊，他们还再不出点力？"

"就是冀家人古怪，一九五二年在街上碰见老二冀森，知道他在铁路上工作，挣得不多，我想接济点，人家说啥也不登门。"

"记任秀峰的仇，永远也解不开！"

"不过他们说任秀峰写呈子添黑话，害得冀午斋坐监牢，说他欺兄霸嫂，实是冤枉。他纵然有那心，也没那本事。再说还有我呀！"

"你们的事，我们不清楚，也管不了。不过冀午斋是个硬汉，咱没少沾人家的光，一家人还有玉珍，都在人家锦艺园。封了箱就住人家家里，头尾六年呀！"

"咱们也没给他少挣。只是他自己花销没底子，夸富装大头，惹众人眼气忌恨。到头来能胜不能败，直折不疙扭[1]。咱们花了九牛二虎力，把他从牢狱里滚缠出来，他可倒好，见老爹死了，一口气缓不上来就跟着走了。他爹还等他发落呢，他却自作忤逆，谁也不管，自顾自走了个干净，扔下一大家，捅了马蜂窝。"

"还有那些狗财主们，把气撒在你身上，害得差点要了命，全凭人家任秀峰镇住了局势。"

"嗨，利弊相连，没冀午斋，没锦艺园，恐怕我这个果子也红不了，至少不会红得那么快。人得有良心，不能忘了人家的好。有人说，冀午斋就是死在我身上的！"

"风刮倒怨天！不过说甚也堵不住人家的嘴。"

"他一死，玉珍和冀鑫吃了定亲饭的事，也黄了。"

"冀鑫跑到台湾去，能怨谁？快别想那些不沾边的事了，你都到这份儿了，还想这个，想那个，人家们谁想你？"

"由不得人，越成了这越是想。还有就是说了些心口不照的假话损话，为了跟形势，为了能入党，为了运动好过关……唉！昧良心损人利己，太缺德了！"

"比你缺德的人多着哩！大形势，能由你？"

"倒也是。你今天来得真好，把我藏在肚里多少年的疙瘩都倒出来了。"

"倒出来还是个疙瘩，谁能替你解开？"

"有你知道就行了。咱俩自成了家后，还没像今天这么掏过心窝子呢！一眨眼倒活得快到头了。"

"还有比咱走得早的，爱云、艳香、拉弟、艳霞，一个一个，年年轻轻……"

"爷爷、奶奶、师傅，咱们总算尽到心了，养老送终，入土为安。郑村老刘家，儿孙满堂一大家子挺好，二英伺候我快四年了，我把那处旧院给了，也算是一点补救。"

---

[1] 疙扭：弯曲之意。

"你自己的东西，想给谁给谁，他们谁能管得着？"

"唉，我这一辈子欠人的太多了！"

"你呀你呀！心大起来天来大，啥也装得下；细起来比针尖也细，啥也放不下。我们和你不一样，风过雨过一齐过，过了就了。像你，还不把人累煞？快睡吧，说一千道一万，自己的身子要紧，过了一天是一天。"

"是嘞，过一天算一天！"

该说的都说了，老姐妹俩好像又回到了儿时。丁果仙情不自禁，想了又想……

腊月二十七，刘秀兰起大早提了准备好的东西，搭顺车赶到了医院，看病人捎带地瞭闺女。

"二姐！"她轻轻地推了推似睡似醒的病人。

"噢，秀兰，就过年呀，接二英来了？"

"看看你，不接她。"

"啊，可不能接走，我离不开她。"

"不走。这是点小米，还有夜来刚杀的羊肉，给你补补身子。"

"这身子，补也补不起来了。尽让你们多操心。"

"没事，都是俺们该做的，能做的。看看你看看她我就放心了。二英，好好照料你姑姑。我回呀，二姐。"

"回吧，大过年的，忙去吧！我不怕……"

秀兰不忍听下去，揉着眼走了。

丁果仙真的像没有死的意思，她告二英说等她出嫁时，姑姑还要送一份像样的好陪嫁。她自己好了还要唱戏，非把晋剧改革得像京剧不可。不过，有时也说："万一我有三长两短，告你姑父和你爹，把我埋到火车道北坟地里，和爷爷一起不孤闷。"

年三十，花艳君不敢出面，让儿子润生送饺子来；丁果仙只吃了点饺子的皮。刘宝俊打发成儿送来的饺子，动也没动。

大年初一中午，任秀峰亲自送来十几个饺子："趁热吃吧！"再没多说什么就走了。

二英把饺子用羹匙割烂，喂进姑姑嘴里，见姑姑用尽浑身力气，半嚼不嚼地吞咽下一个，再不张口了。剩下的，二英吃了个半饥不饱，却全无食欲。

天地坛家里，过春节与往年差不许多。

任秀峰两难，不能因为一个病人就都不过年吧？该咋过还咋过。何况他已不得不面对现实，认真考虑自己日后的时光了。

一九七二年二月十六日，农历正月初二，凌晨四点，一代名伶果子红静静地走了。

六十三岁的丁果仙，解脱了红尘凡世的一切疾苦，带着悠悠未了情，飘飘然游向西方遥远的极乐世界。

回顾丁果仙大师的一生，笔者迸发的情感久久按捺不住，吟就小诗一首。

　　生来奋勉倍勤劳，硕果甸甸霜剑凋。
　　惭意悠悠情未了，大师风范鉴千朝。

尾声

不朽的果子人人久久回味芬芳满市野香留百代
永远的大师辈辈年年祭奠德艺映乾坤光照千秋

一代晋剧艺术大师丁果仙，停止了呼吸，消失了脉搏，闭上了双目，两手空空，却满怀一腔心事，匆匆地走了。

万籁俱寂，天幕低垂，几颗疏星频频地眨巴着眼睛，偷窥着人间动静。

二英三步并作两步一路小跑，回天地坛报信。

任秀峰早有思想准备，立马唤了身边的继亮、三狗直奔医院。他从挺直而尚带温热的亡人身上掏出钥匙和仅有的十四元钱，而后将她抬到平板车上，拉回了家。

庆喜受命回到大水巷，请与自己同院的王驿，最后一次为长者冲放遗像。

大年初二，正是太原人拜年的日子。武忠与闫慧贞小两口，早为师娘在稻香村定下蛋糕，刚出房门，看见院中的郭忠福，说他二姨没了，犹如晴天霹雳。闫惠贞啥也不顾便跑到师娘家，正好赶上继亮的媳妇存仙与师姐宝俊、桂英等正为师娘装穿。她们发现丁果仙足上的丝袜还有几处血污，就找到任老师打开箱柜，从所剩无几的衣物中，总算找出了一双干净棉线短袜给她穿好。

刘汉银懂得老家人的乡俗，讲究不能穿皮鞋，据说怕转生畜牲。他径直上街买回礼服呢布鞋。

太原市实验团安振英、成希才等学生们以及亲朋好友们来的来走的走，络绎不绝。他们大多是来拜年的，也有个别得知丧情来吊唁的。

寒声领着长子寒鸿来给丁果仙拜年，带着好不容易托人从朔县捎来的一小袋莜面，他知道这是丁果仙最喜欢吃的，万没想到，她已静静地躺在了放于正房的门扇板上。拿礼品当供献，他说："老丁，你不该走呀！这是你喜欢吃的莜面。纸不能烧，香不能上，我给你鞠躬，愿你安息。"祭拜完毕，他安慰主人节哀顺变。之后，拖着无力的双腿与儿子离去了。

丁巧云由老伴郭子泉扶着，还未迈进门槛就号啕大哭。众人急忙上前搀扶，她径直扑在用素布蒙罩了头脸的妹妹身上："你怎么就走得这么着急呀？只顾你自己走了，撇下我可该怎样安身！"

任秀峰用尽好言安慰："千不是万不是，都是我一人的不是，全怪我没照料好。人死不能复生，大姐你再哭再诉也无济于事了。但愿你老能善自珍重。"

丁巧云止住了哭声，抽泣仍未停息。她将妹妹浑身上下打量一遍，又禁不住骂起来："任秀峰呀任秀峰，好你个没良心的，她给你挣的钱，够你和连筋挂髓的下辈子活了。可落到今天，她要上路了，嘴里不给口含钱，身上连一件件新衣裳也没穿。你的良心长在脊背上了，还是叫狗吃了？"

"好我的老姐姐哩！这可是人家她生前吩咐的，就要这毛主席接见时穿过的，我不敢违人家的令呀！"

"她还告诉我要和爷爷埋到一处。你可倒好，连棺材钱也省下了，临了了还再叫大火烧一回。你不心疼我心疼呀！"

"人家是在组织的，普通人都得遵守国家政策。她当了一辈子模范，咱咋能叫临了了违纪呢？"

"钢板板嘴，常有理，死的活的都由你。我，狗咬耗子多管闲事！你爱咋的就咋的吧！"

丁巧云赌气走了，郭子泉紧紧地跟在她后面，任秀峰站在当地不知所措。

大同李玉成、李树琴、榆次张鸣琴、白桂枝等获悉噩耗，却因演出繁忙，脱不出身来，只好派代表送来丧礼，每人五毛、一元、两元不等。

人常说：乱肆筵，乱肆筵，十家就有十家乱。任家的丧事乱得出格，而其症结在于：旧乡俗全废，新规矩尚缺。一切皆在无序中进行。总管没请，统一指挥缺少；礼房没设，无所谓账务平衡。

来的都是客，客人变"主人"。政界领导、文艺名流、亲朋好友、弟子学生等等，一个个自觉行动，该干啥干啥，能做甚做甚。

以省领导王大任为首，吊唁者绕场一周向遗体告别。

正月初四一大早，刘宝俊找到水利机械厂领导，无偿借来了两辆大卡车，作为最主要的交通工具。体壮如牛的温明轸独扛一头，刘汉银、成儿等抬另一头，把师娘请上灵车。

武忠捧着师娘放大的遗像。

孝子们不穿孝，不披麻，不烧纸，不上香，一条黑袖纱套臂上，一朵小白纸花戴胸前。

其余送殡者都挤上大卡车。闻讯前来观瞻的男男女女、老老少少，里三层外三层，如潮似浪。

到了乱石滩火葬场，赶在午前一切办置停当。

如此一来，不买棺木，不置装穿，不敬香火，不备烟酒，不起锅灶，更不设荤素宴席，一切从简。绝对不存在铺张浪费，堪称破旧创新节约治丧的典范。

师娘咽气当日，刘宝俊即找到省文教办文艺组干事郭士星家，要求上级领导重视治理此丧事问题。一则春节期间大放假不上班，再者丁果仙的问题尚无明确结论，所以进展并非想象得那样容易。尽管郭干事出于对刘宝俊悲痛急切之同情，以及自己对丁大师的景仰，及时拟文按部就班层层上报，并与省里领导王大任等，参与了遗体告别与送殡等仪式；然而，治丧委员会的成立与讣告在《山西日报》的发布，已然迟滞了五天之久。

讣告

中国共产党党员、全国政协委员、山西省政协常委、山西省晋剧院原副院长、山西省戏曲学校原校长丁果仙同志，因病治疗无效，于一九七二年二月十六日晨四时逝世。终年六十三岁。

兹定于一九七二年二月二十四日上午十时在山西省晋剧院举行追悼大会。生前好友有送花圈、挽联者请于追悼大会前送往山西省晋剧院。

丁果仙同志治丧委员会
一九七二年二月二十一日

追悼会如期在省晋剧院大食堂举行。"沉痛悼念丁果仙同志"会标醒目，两个花圈对称地摆放在主席台前。省革命委员会成员王大任、省委宣传部刘舒侠、省文教办负责人军代表郭植斋与张焕等亲临；晋剧院书记兼主任的张守效与陈凯旋以及郭沐林、方冰、石飞、孔庆华等在现场张罗主持；前来参加追悼的还有丁果仙生前搭档牛桂英、郭凤英、冀美莲、梁小云、刘俊英、乔玉仙、刘柱、陈晋元，弟子学生刘宝俊、马玉楼、白桂英、刘汉银、温明轸、武忠、闫慧贞、冀萍、王爱爱、田桂兰、王宝钗、姬荣生、赵显华等，约计三四百人。

任继亮怀抱母亲遗像，与会人员自上而下分批大礼祭拜，仪式庄严而简约。主持人所述未涉及丁果仙生平事迹详情与艺术评价。在当时的非常态下，能在《山西日报》登载讣告，并以同志称谓进行追悼，已属不易，应当承认实属领导的大胆决策。

清明过后，丁果仙远在河北井陉的高足荆玉玺，由原平演出返回途中路过太原候车，须待一夜，给了他弥补未能参加追悼的可能。他从火车站独自一人步行到天地坛，叩开大门，向师傅说明来意。任秀峰引他进入师娘原卧室，在遗像和骨灰盒前虔诚跪拜祝祷："师娘，不肖弟子荆玉玺晚来两月，望能补点所欠祭奠，稍稍平息些心中内疚。"

此后不久，二英奉父母之命来看姑父，迎出来的是位素不相识的老妇。姑父任秀峰不得不介绍一番：原本结发贤妻，后因众所周知不便明言的原因，不得不离婚在家。事到如今，复合一处，破镜重圆。仔细盘扯起来，该叫续姑姑吧！

毫无思想准备的二英，一时头昏脑涨，缓不过神来，只好附和一声"姑妈"。

田成芳同样觉得不甚自在，然而虽非情愿，也须应付一声。

二英看到对方颇不热情，内心深处那趋于弥合的伤口又蒙上了一层不薄的酸楚。

自从丁果仙走后，任秀峰一直深居简出，很少露面。虽然身边有先结后离、分而复合且他人也无可挑剔的贤良内助；但亡人形影虽去，音容犹存，三年后他也忧悒辞世。

粉碎"四人帮"，迎来新天地。中共中央十一届三中全会胜利召开，中华民族的历史掀开了新的一页。一九七九年十二月二十七日，山西省文化局、太原市文化局与省市剧协联合举办"丁果仙同志诞辰七十周年座谈会"，实乃是给予丁果仙的不是平反的平反。

平反，是指把判错了的案件或做错了的政治结论改正过来，以便还历史一个真实的本来面目，还当事人一个公正的评价。而丁果仙的被批判、游斗乃至抄家，皆系群众的无政府主义行为，并未经过国家或地方政府权力机关报批、审查、定案、存档。既然未曾定案，也没做出过任何政治结论，当然也就无所谓平反改正一说。

会议由省文化局局长刘江主持，副局长兼剧协副主席张焕介绍了丁果仙的生平事迹，以及"文革"期间遭受的残酷打击。会议号召大家学习她一心一意为人民服务的精神，并希望其艺术财富能得到认真地搜集整理，使丁派艺术之花开得更加艳丽。

与会领导、专家和有关人士，怀着崇敬而惋惜的心情，畅谈丁果仙艺术大师苦难、坎坷、勤奋、自勉、锲而不舍、勇于创新的一生和光明磊落、无私奉献、高风亮节的品德情操，以及在晋剧艺术领域承前启后、立派开宗、薪尽火传的丰功伟绩。

著名表演艺术家牛桂英，讲述了她和丁果仙二十余年同台演艺的情景。

发言的还有省晋剧院、市艺术学校、解放初新新剧团等单位的代表，以及丁派传人等。

省政协秘书长刘秀峰赋诗赞颂：

婉转悠扬吐词真，唱做精工倍感人。
一世风华留不住，遗音常响晋阳春。

同日晚，在长风剧场举行丁派艺术展览演出，丁果仙的弟子和学生们用精湛的技艺，献上《打金枝》《空城计》《卖画劈门》等丁派代表剧目。

一九八一年一月十四日上午，山西省人民政府在太原市双塔烈士陵园隆重举行丁果仙骨灰安放仪式。分管文教的省委副书记王大任主持仪式，中共山西省委宣传部部长刘舒侠宣读悼词，详细叙述丁果仙生平事迹和丁派艺术对晋剧事业的卓越贡献，以及山西人民对这位大师的爱戴与怀念。

参加仪式的省文学艺术界知名人士有马烽、西戎、孙谦、胡正、李束为、刘江、郑笃、贾克、邓焰、张万一、力群、夏洪飞等，还有丁果仙的亲友、弟子、戏迷们，大家面对大师骨灰肃立默哀，鞠躬致敬。

一九九二年十一月二十六日，山西省文化厅、省剧协，太原市文化局、市剧协，晋中地区文化局，大同市文化局等单位联合主办"纪念晋剧表演艺术大师丁果仙诞辰八十五周年演出活动"。省晋剧院领导石飞、陈柱、常喜刚、田永国等具体筹办，山西省委原书记李立功应邀担任特约顾问，并聘请刘柱、陈晋元分别司鼓、操琴。

丁派弟子及传人与名家牛桂英、乔玉仙、梁小云、刘俊英、冀萍、王爱爱、田桂兰、李爱花、王宝钗等，以及新秀栗桂莲、孙红丽、王晓萍、张智、王二庆、陈转英、张瑞杰、刘建平等，演出了丁果仙代表剧目和各自的折子戏专场或选段。

太原市实验晋剧院武忠、闫慧贞、李月仙、高翠英与谢涛、武凌云等演出了《华容道》《卧虎令》《齐王拉马》《三关点帅》等剧选场；花艳君应邀登台，清唱代表剧目《三上轿》。

尾声

二〇〇六年春节过后，刘宝俊找到省晋剧院和省文化厅领导恳求筹办丁果仙公墓，将自己的恩师、晋剧界首席功臣妥善安顿。由于政府财政紧张，无能力拨付此项资金，她带头捐出现金三千元，其余弟子与同仁纷纷效法。

后又聘请牛维华筹办。首先申请烈士陵园，获批准，划拨墓地一处。

二〇〇六年三月三十一日，丁果仙公墓落成，山西省文化厅隆重举行"纪念晋剧艺术大师丁果仙诞辰九十七周年暨立碑仪式"。黑色花岗岩墓碑上方，汉白玉雕的松柏护佑着丁果仙的遗容。原省领导张邦应、光敏、赵凤翔、寒声、郭士星等，晋剧名家牛桂英、程玉英、花艳君、王爱爱、田桂兰、姬荣生等，丁果仙嫡传八大门生刘宝俊、马玉楼、刘汉银、温明轸、武忠、闫慧贞、张鸣琴、荆玉玺等，以及再传弟子谢涛、孙红丽、武凌云、牛建伟、杨红丽等，都虔诚祭拜并献上祝祷，而后齐唱《日月图》中"恨胡贼……"选段。

寒声即席吟诗：

　　名伶立丰碑，千古等一回。
　　寄语后来人，晋剧生光辉。

二〇一〇年元旦，山西省文化厅主办、三晋戏剧研究会协办、省晋剧院承办了"纪念丁果仙一百周年诞辰暨山西省晋剧院建院五十周年"系列活动。

开幕式在山西省演艺中心举行，贺幛琳琅，锣鼓威风。副省长张平、文化厅厅长张明亮、晋剧院院长崔明光，陪同老领导张邦应、光敏、赵凤翔、曲润海、郭士星以及北京特邀专家钮骠、齐致翔等亲临现场。

丁派弟子传人在台上合唱"恨胡贼"选段，全场呼应。庄严而热烈的盛况震惊了北京来的专家，不禁发出"平生从未见过如此阵势"的感慨。

次日，在省京剧院梅兰芳剧场，召开了以"继承发展、创新繁荣"为主题的学术讨论会。

会前，举行了丁果仙百年诞辰纪念文集《晋韵流芳》首发式。

张仁健题赞丁果仙大师楹联两副：

　　一代开宗坤伶须生泰斗，
　　百年仰止晋剧艺坛丰碑。

  才颖罕匹旷世硕果何处觅,
  德艺双馨永恒楷模心中留。

王易风赋诗:

  梨园盛艳果仙香,有口皆碑已成王。
  驾鹤西游廿数载,空城一播绕庭梁。

  除上述重大纪念事项外,每逢大师诞辰或忌日,以丁果仙名义举办的活动不胜枚举,兹摘要者列下:

  一九八二年,山西省晋剧院编印《纪念晋剧表演艺术家丁果仙逝世十周年特辑》;

  一九八四年,太原《并州文化》刊载"纪念丁果仙诞辰七十五周年"的通讯报道;

  一九九三年,太原市文化局与市剧协联合举办"太原市中青年演员丁果仙金奖大赛评比演出"活动;

  一九九四年,太原市实验剧院排演现代戏《丁果仙》;

  一九九四年,山西省京剧院与大中市梨园共同举办"纪念晋剧艺术大师丁果仙诞辰八十五周年"演出活动;

  一九九六年,二十集电视剧《丁果仙》上映;

  二〇〇二年,南方音像出版社为丁果仙代表剧目制作音配像光碟;

  二〇一二年,丁派弟子及第三、四代传人与小店企业家罗赖娃联合举办"纪念丁果仙大师逝世四十周年晋剧名家演唱会";

  二〇一四年,山西省电视台公共频道,邀请丁派八大嫡传弟子为祖师丁果仙录制代表剧目名家唱段专辑。

  ……

  丁果仙的一生是十分短暂的,然而她却给我们留下了挖掘不尽的丰硕的戏剧艺术遗产;她的人格魅力和艺术精华将与世长存,且发扬光大。其嫡传弟子及丁派第三、四代传人,已崭露于戏剧舞台,深受专家、戏迷的推崇与爱戴。

  她在太原市戏校招收、关心、鼓励过的晋剧第一女琴师牛巧珍,经过深造,声乐理论与演奏技艺炉火纯青。在其带动下,年轻女演奏员层出不穷,赢得广大专业人员和城乡观众的认可。

崇拜丁派艺术,已成为人们的信仰;怀念丁果仙,更是亲友、政界、梨园与戏迷的自觉行为。

所有的纪念,不论形式与规模,其倡导和承办的初衷都是虔诚的,主流效果也毋庸置疑。不过,也不能回避的是,某些通讯报道与文艺作品,为了追求趣味性、戏剧性或观赏性,虚构了一些情节,在客观上引起一些读者、观众的异议。有的甚至引起冀、任、汪、周、郭姓家庭后人的不满,以致诉讼,这是值得人们记取和反思的。

世上没有十全十美的完人,也没有所谓"胎里坏"或生下来就以出坏为乐事的纯坏蛋。

人间没有无缘无故的爱与恨,也没有无理无由的好与坏。因此,非对即错、非白即黑的是非观念,简单甚而粗暴的武断、臆测是无论如何要不得的,愿后来者引以为戒。

然而,无论是拔高者还是抹黑者都不可否认,"丁果仙"已成为一种文化现象,已深深植根于人们的意识与生活中。

丁果仙及其丁派艺术,将偕山川而共永,并日月而同辉。

附录

丁果仙生平大事年表

1909年 阴历三月初五,出生在河北省束鹿县(即今辛集市)翰林庄一户钱姓人家。父亲钱流风,母亲六妮。排行老二,小名二妞。上有姐下有弟。

1911年 父亲因劳累过度病故。母亲携三个孩子乞讨度日。后将她卖与河北冀县(即今冀州市)丁家庄丁凤鸣家,做丁凤鸣次子丁成玉的童养媳,取名果果。

1913年 被丁凤鸣转卖给其堂弟丁凤章。和养父丁凤章以爷孙相称。随丁凤章夫妇由束鹿迁至太原府(今太原市)城南的郑村。

1914年 养父母又收养一个姐姐,叫兰兰,大她四岁。

1915年 初春,养父母又收养一个男婴,取名增旺。

秋天,与姐姐兰兰一起被养父送到奶生堂女科娃娃班学戏。娃娃班有顺保、堆儿红和高祥云三位教师。一年多勤学苦练,学了不少基本功。学会不少剧目,如《合凤裙》《杀院》《汾河湾》《拾玉镯》等。

1917年 阴历正月十五,随娃娃班在榆次千户大村郭家堡演出三天。在打炮戏《拾金》《大赐福》《黄金台》中,分别饰花儿、天官、乐毅,唱了个满堂红。获老举人郭二先生赋诗赞颂。至此台口连续不断。

阴历四月十八,随娃娃班到徐沟大常传统庙会演出,遇白喉瘟疫,女科娃娃班解散。

一家人搬至三圣庵居住。

秋后,养父请孙竹林(太平红)和顺保(子都生)入室授艺。经苦学钻研,学得《赐环》《花亭》《游花园》《七星庙》《双锁山》

等开蒙戏。

在开化寺打地摊清唱,到同济馆闹票儿,走街串巷应邀唱堂会。后到钟楼街酱园巷泰山庙席棚化妆登台表演。一出《拾金》惊爆省城,"山西梆子有了女唱红的"消息不胫而走。

1920年　在师傅孙竹林与养父的带领下,与姐姐兰兰同入荣梨园。取名丁步云,确定应工行当为须生。

1922年　养父在东米市和年轻人汪康合伙创业开办粮店。

1924年　养父再收养父母双亡的荣花姑娘,改名丁爱云。

冬,与姐姐巧云、妹妹爱云及巧云收养的徒弟任玉珍一起搭班祁县城赵的三光子众梨园,挂头牌;养父与三光子结义并入股,挑起戏班外联重担。

1925年　初秋,赶台口,中途遇暴雨,避至徐沟桃花营村詹财主家,当了仅仅两个时辰的童养媳。

1927年　与姐姐妹妹三人一起加入太谷收税官冀午斋专门为其承办的邀请众多名家的锦艺园。

阴历十月初六,与冀午斋在太谷城内莲花滩五号举办婚礼。入冬戏班封箱,回太原在西夹巷租房居住。

1928年　婚后第一个春节随冀午斋回平遥小胡村家乡过年。

婚后第一台戏在太谷沙村。一出《拾金》满堂红,又为盖天红救场出演《琥珀珠》,观众赠艺名果子红,并有"男的不如女的,盖天红不如果子"的口碑。

阴历四月十八,在文水上河头村为观音寺开光唱对台戏,锦艺园在与双聚梨园的对擂戏中出出爆红,从此确立了中路梆子须生不可动摇的当红地位。

阴历九月十九,平遥小胡村赶会,锦艺园献演助兴。

冬天,回平遥小胡村分娩,难产,婴儿夭折。后将大房段氏四儿冀焱带在身边,以母子相称以解失子之痛。

1930年　阴历五月初五,锦艺园在交城卦山天宁寺为传统庙会演出,得知养母于五月初四离世消息。

阴历九月廿六日,养父在郑村辞世。与冀午斋及姐姐妹妹、刘凤翔一家守灵七日。十月初三将养父厚葬于郑村。

1931年　随锦艺园在省城太原鸣盛楼演出《拾金》《骂阎》《走山》《斩

子》《桑园会》《捉放曹》《渭水河》《烈女传》《八件衣》《法门寺》《春秋笔》《牧羊卷》《满床笏》等，同时有狮子黑的《炮烙柱》《功宴》《匕首见》；盖天红的《哭灵堂》《下河东》；三儿生的《折桂斧》《琥珀珠》；天贵旦的《六月雪》《鲛绡帕》；福义丑的《盗杯》等，轰动一时。

为救助洪灾难民，锦艺园与太原、晋中六大班社齐集南仓巷山西大戏院赈灾义演。参加义演的还有盖天红、说书红、狮子黑、毛毛旦、三儿生、奴子生以及筱桂桃、刘芝兰等。

1934年 丈夫冀午斋因欠税款入狱。后经上下疏通，里外打点，得以保释，回到平遥小胡村。因得知老爹去世的消息，五雷轰顶，竟也黯然离世，年仅四十七岁。

年底，率锦艺园来太原，在任秀峰的周旋下，郭子泉带戏箱加入，并在开化寺左近的西夹道合伙买一大院做下处。同时扩充队伍，如十三红（阎贵锁）、乔金仙、秋富生（杜锦生）、吃瓜黑（王富贵）、鹿儿红（王庆云）等知名艺人，还有一些小艺童，如丁艳香、丁艳霞、丁拉弟、王玉珍（花艳君）、郭秋香等都在此前后加入锦艺园。

12月15日至31日在山西大戏院演出，剧目有《芦花》《阴阳报》《舍饭认母》《捉放曹》《炮烙柱》《桑园会》《走雪山》《串龙珠》《八件衣》《双罗衫》《杀府》《拾金》等。

1935年 2月6日至3月7日，任秀峰遍访省城名人，效仿京剧名角决定为其改名丁果仙。继续在山西大戏院演出《森罗殿》《斩黄袍》《斩子》《桑园会》《舍饭认母》《八件衣》《九件衣》《双巧配》《捉放曹》《南天门·走雪山》《芦花》《飞熊传》等剧。

年底，与任秀峰以及丁巧云、郭子泉，丁爱云、朱德荣共同在新美园举行了婚庆仪式。

三连襟合股组班办理注册登记手续，一班人马两块招牌的锦艺园与步云剧团在省城太原诞生。

冬天，在太原清和元举办"丁果仙拜师说书红"仪式。

1936年 春节过后，锦艺园即步云剧团兵分两路，一路由郭子泉、乔国瑞带领北上，在忻州、大同、丰镇沿路边走边演至张家口；另一路应邀去北平为法国百代公司灌制丁果仙唱片。3月17、19、22日三天，《打金枝》、《八件衣》、《斩黄袍》、《反徐州》、《空城计》、《芦花》、《表刘流》、《拾金》、《走雪山》（丁巧云配演）、《满床笏》（乔金仙配演）、《飞熊传》等十一出戏的十四个唱段全部完成。

4月1日，两路人马在张家口会合。

4月4日起与筱桂桃合班在张家口聚乐大戏院演出。除有彦章黑的《双罗衫》外，还有筱桂桃（杨丹卿）与九岁红、白果子（任瑞梅）的《芦花记》、盖天红（王步云）的《森罗殿》等。连演半月，盛况不衰，演出剧目主要有《北天门》《南天门》《明公断》《满床笏》《英节烈》《法门寺》《烈女传》《回龙阁》《哭灵堂》《斩黄袍》《双巧记》《合凤裙》《空城计》《献地图》《杀院》《斩子》《铡判官》等。尤其是同筱桂桃联袂出演《单衣顺母》《桑园会》《打金枝》《双巧配》等戏，珠联璧合，令塞外观众大饱眼福，遂有"一个果子一个桃"的盛赞。

4月下旬，与筱桂桃合班赴京，在广和楼演出。之前，由李子健、李世芳父子引荐观看谭、马、梅、程等名流精彩表演，大开眼界。戏剧家翁偶虹为丁、筱二人题词："山右梆子珠宝，坤伶仙果桂桃；燕京氍毹献艺，给养精神佳肴。"连演二十天，效果极佳，观众盛赞其为"晋剧须生大王"。演出期间，与马连良先生互换剧本，马赠其《四进士》《失空斩》剧本，她以《反徐州》剧本回赠。同时请马连良先生与编剧吴幻荪及主要演员观看《反徐州》。此剧后经整理取名《串龙珠》，搬上京剧舞台。

5月14日，应邀于天津北洋戏院演出，原定四天八场，剧目有《阴阳报》《南天门》《满床笏》《朱痕记》《法门寺》《金沙滩》《捉放曹》《双巧配》等，演出效果极佳。后由于戏院老板执意挽留，不得不延长十日有余。

6月1日，与毛毛旦、狮子黑、奴子生、十三旦、丁巧云等继续在北洋戏院演出，剧目有《红鬃烈马》《双锁山》《九义十八侠》《破洪州》《蝴蝶杯》《坐窑》《吃瓜》《万佛衣》《取西川》《九件衣》《串龙珠》《大审刺客》等。

离天津返回北平，在北平广德戏院演出，为赈济山西家乡洪灾义演募捐。因劣绅作梗，演出受挫，收入无几。无奈由郭子泉从山西会馆抵押衣箱借得款项，剧团才得以乘火车经保定、正定、石门、阳泉，一路边走边演，于9月中旬安抵太原。

9月22日起，与盖天红、刘芝兰、丁巧云、十三旦、刘文才、狮子黑等在山西大戏院演出《妲己朝凤》《搜孤救孤》《阴魂阵》等。

1937年 年初，带锦艺园赴上海法租界，再次为百代公司灌制唱片，录制了《胡迪骂阎》《葵花峪》《斩子》《法门寺》《芦花》《牧羊卷》《捉放曹》《取成都》《花子拾金》《折桂斧》《教子》等十个戏二十一段之多。

丈夫任秀峰与姐夫郭子泉为还头年由京返并时的借款而对簿公堂。为解决此事，毅然决然典当房产，力挽危局。幸有公婆积极筹措出资，方将房产赎回。

7月上旬，与梅花国剧社社长谢竹溪及社会名士李枫桥等宴请为筹款赈济山西旱灾灾民来并演出的程砚秋、俞振飞、程继仙、李多奎、哈宝山、侯喜瑞等一行。

8月18日，太原沦陷前夕，随丈夫任秀峰回忻州令归老家避难。

1938年 8月，应董凤来托名鼓师冯万福的邀请，也因生计所迫返回太原，与董家班组成步云剧社。日伪当局极度防范，查禁不少剧目，步云剧社演出半月便无法维系。为躲避日伪大队长汉奸陈国英逼迫成立俱乐部，装病在家，染上了毒瘾。

1939年 春节后，赴张家口，在南营坊同德大戏园与南定银合演《火烧绵山》，南定银反串介子推之母，二人配合默契，效果极佳，誉满山城。

之后告别同仁，取道北平，与刘玉富、筱金枝、筱金梅、子都生等搭档，在广德楼戏院长期演日场，在中和、开明、吉祥、长安等戏院演夜场，又逢程玉英躲战乱来北平，两人合作演出，可谓锦上添花，连演三月，唱红了北平城。

在此期间，向马连良、谭富英等艺术家求教学艺。

1941年 受新民总会指派，到榆次、太谷、祁县、平遥、介休、汾阳、孝义、文水、交城、清源、徐沟、太原县等十几个县进行长达一个多月的义演（以新化剧院为班底，同行的还有狮子黑、梁小云、冀美莲、郭凤英等名角）。

冬，组织"赈济戏校童伶返平义演"三天。狮子黑、筱桂桃等名家参与，演出剧目《吕布与貂蝉》《八件衣》和折子戏专场。义演结束，在清和园为五十童伶饯行，将专门订制的五十套帽袄裤靴分发给童伶。童伶返平当日亲送孩子们到火车站台，更另赠每人四个夹肉饼和两块银元。众感慨涕零。

1942年　3月，应邀到张家口演出半年有余。与牛桂英第一次合作，演出剧目有《打金枝》《八件衣》《九件衣》《清风亭》《坐楼杀惜》《忠报国》《女中孝》等。特别是《芦花》二人反串演出，惊爆全场，誉满东口。

1943年　三月初五，梨园众姐妹为其庆祝三十四岁生日。这是一生中空前绝后的一次。

1945年　9月13日至16日，与民族革命同志会文化宣传第三队及筱桂桃、刘俊英、任玉珍、筱金枝、张宝魁、张美琴等在太原铭胜楼（原鸣盛楼）为抗战有功官兵慰问演出七场。剧目有《回龙阁》《忠报国》《满床笏》《富贵图》《反徐州》《汴梁图》等。

12月17日，为省立戏剧学校筹募服装道具基金，与省城名家联合义演六天，后又续演三天。剧目为《串龙珠》《阴阳报》《清风亭》等。

1946年　1月15日，为太原市公共体育设施筹募经费，与狮子黑、冀美莲、任玉珍等在民众歌剧院第三院（原新化剧院）演出《空城计》《捉放曹》等。

1月17日，与狮子黑、丁碧天等为慰劳筑碉工友游艺大会演出《九件衣》《春秋笔》等剧。

1月27日至29日，为救济贫困班底同业，与丁碧天、张宝魁等演出三场，剧目有《北天门》《四进士》《捉放曹·宿店》等，演出收入全部作为贫困同业救济金。

6月6日到8日，为《太原晚报》复刊，在民众歌剧院演出《一笔定太平》（即《太白醉写》）、《春秋笔》、《阴阳报》。

7月23日至30日，领衔文宣八队在海子边民众公园内民众影剧院演出《芦花》《牧羊卷》《法门寺》《八件衣》《杀院》等剧。

9月1日至4日，为庆祝"九一"记者节游艺大会演出，与刘俊英、冀美莲、狮子黑等合演《清风亭》《杀院》《凤仪亭》《走雪山》等。

9月13日晚，为省城第一座烘炉台完工与金丽君（山西省歌剧队主要演员）演出。

9月17日至19日，与刘俊英及太原市各戏曲剧团为上党救灾难民游艺会演出《串龙珠》《清风亭》《阴阳报》等。

11月11日，白天演兵农节慰问戏，晚上演辛亥革命太原首义成功三十五周年纪念戏。

1947年 1月4日至10日，率三院全体为云山高级中学募集基金游艺会演出《捉放曹》《清风亭》《春秋笔》《宋江杀楼》《九件衣》等。

3月14日至20日，在二院为"军人俱乐部"募集基金。

4月15日至17日，与任玉珍、刘俊英、周瑜生及民宣四队在光明影剧院，为"救济难民协会"演出《北天门》《日月图》《取北原》等。

5月初，为躲避频繁义演，再次应邀赴平津，与牛桂英再度合作，在北平广德戏院上演《万佛衣》（又名《狐狸缘》），反串小旦四姑姑；在天津中国大戏院与牛桂英演《杀院》，再次轰动津门。

秋，应邀到新化剧院与梁小云、冀美莲、狮子黑、十一生合演《满床笏》，与筱金梅合演《走山》《采桑》《汾河湾》《清风亭》，与筱金枝合演《戏凤》《杀院》《日月图》。

在鸣盛楼参演筱吉仙改编的《封神榜》，饰姜子牙；《八仙过海》中饰吕洞宾；《西游记》中饰太上老君或唐太宗、唐玄奘，有时还反串猪八戒。

12月29日起，与狮子黑、丁碧天等，在南仓巷复胜大戏院公演五天。剧目有《捉放曹》《四进士》《芦花》《舍饭认母》《坐楼杀惜》等。

1948年 阎锡山派警监视其戒烟并欲拨款协助治病，其谢绝政府补贴。

1949年 4月28日，接到太原市军事管制委员会开会通知。

4月29日，在海子边万字楼参加军管会召开的戏剧名家座谈会。同来的有乔国瑞、张宝魁、冀美莲、梁小云等二三十人。

之后与省城名家深入到中国人民解放军十八兵团军营慰问演出，剧目有《空城计》《打金枝》《忠报国》《回龙阁》《蝴蝶杯》等。

7月，响应军管会"重建或新建剧团"的号召，与刘俊英、乔玉仙、孙福娥等组建了太原民众剧团。

借牛桂英返里探亲机会，恳请其暂搭民众剧团，在大中剧场演出《走山》《采桑》《杀院》《女中孝》《蝴蝶杯》等。

1950年 6月，与白晋山、陈晋元、陈晋萍等参加了光明剧院，即一团。不久易名为新新剧团，任团长。

9月，与程玉英在和平剧院演《芦花》，为第一任山西省省长程子华荣调中央送别演出。

派马守成、白晋山到北京邀请牛桂英回太原加入新新剧院，从此，开始了与牛桂英漫长的舞台"情侣"生涯。

接受牛桂英的建议，移植赶排现代戏《小女婿》，反串彩旦媒婆陈快腿。

带领新新剧团与新化、人民、晋声等剧团，一起在杏花岭义演三天，以实际行动支援抗美援朝。

1951年 1月，参加太原市首届新戏曲演出竞赛。参演《孔雀胆》中段功，获优秀演员奖。

1952年 参加扫盲运动，进步快成绩好收效大，获嘉奖。

7月，率新新剧团赴临汾、运城等地巡回演出，与蒲剧名家阎逢春、王秀兰等切磋技艺，进行艺术交流。

10月1日，在京与狮子黑、寒声等在国庆观礼台上欢度国庆。

10月中旬至11月中旬，参加第一届全国戏曲观摩大会。与牛桂英、郭凤英、冀美莲、乔国瑞、任玉珍、刘仙玲、张美琴等分别在北京剧场、长安剧场演出了《蝴蝶杯》《打金枝》《赠剑》《捉放曹》等剧，荣获演员一等奖。期间，还与牛桂英等在中南海怀仁堂为国家领导人专场演出了《打金枝》。

1953年 初秋，汪康去世，收养其十五岁独子庆喜，并在民政部门办理了收养手续。

10月，随中国人民第三届赴朝慰问演出团赴朝进行了历时五十多天的慰问演出。演出了《打金枝》《空城计》《蝴蝶杯》《三滴血》《百花亭》《打渔杀家》等剧。

回国后又到大同、张家口、柴沟堡等地慰问已归国的中国人民志愿军队伍并彻底戒毒。

1954年 春，新新晋剧团通过刊登广告，散发招生简章，并经考试招得三十名学员，成立了新新剧团戏训班。

夏，新新剧团戏训班与人民剧团张宝魁成立的训练班合二为一，成立太原市戏剧训练班。为训练班捐献戏箱一副，为每个学员缝制练功服一套。

8月中旬，为山西省第二次、太原市第一次文学艺术工作者代表大会演出《二进官》，与牛桂英、郭凤英大反串，饰演李艳妃。

11月20日至12月9日，参加山西省第二届戏曲会演，与牛桂英、郭凤英等合演《柳荫记》，饰祝公远，并为大会展演了《八件衣·闹公堂》。

1955年 3月，新新剧团和人民剧团分别改名为太原市晋剧一、二分团，与张宝魁分任一、二团团长。

5月至9月，与牛桂英、郭凤英、冀萍、王正魁、梁小云等赴长春电影制片厂拍摄晋剧《打金枝》戏曲艺术片，在剧中扮演唐代宗。

11月，参加山西省小规模戏曲观摩演出，演出《卖画劈门》。

移植排演了秦腔剧目《屈原》，在剧中扮演屈原，牛桂英扮演婵娟，郭凤英扮演宋玉。该剧聘请洛林、杨明葆等为导演，最后由张焕合成。从此摒弃了过去排戏即串戏的旧习，确立了导演在戏曲艺术中的主导作用。

1956年 1月，太原市晋剧一、二分团更名为太原市晋剧一、二团，成为国营剧团，继续担任一团团长。主动要求降工资，由原来四百元降至艺术一级的二百七十元。

3月下旬，率太原市晋剧一团赴京、津、冀等地演出。

3月30日起，先后在天津的中国大剧院、新华剧院、南市剧院演出。演出剧目有《打金枝》《清风亭》《反徐州》《北天门》《南天门》《法门寺》《凤仪亭》等。期间，到天津音乐学院作专场演出，与花艳君合演《走雪山》，还有马玉楼的《斩子》，郭凤英的《汲水》。应学院请求录制了为花艳君配演的《教子》，马玉楼、郭凤英合演的《调寇》。

从天津转赴北京，一样轰动。5月1日，与花艳君相携，再次登上天安门观礼台，观看了首都庆祝五一国际劳动节游行。在中南海怀仁堂与花艳君、郭凤英、刘致和等为中央领导演出《打金枝》。在苏联展览馆（现北京展览馆）与花艳君等演出《打金枝》。在长安剧场演出《屈原》，请郭沫若同志观看指导。在广和剧院演《卖画劈门》，请齐白石老人观看指导。应中央党校邀请，在学校礼堂演出《蝴蝶杯》，之后又在公安礼堂再演一场《蝴蝶杯》和《秦香莲》。

5月17日，应邀参加文化部与中国剧协在北京中南海紫光阁召开的昆曲《十五贯》座谈会。

5月19日，参加中国剧协举行的粤剧座谈会。会后与粤剧名家马师曾、红线女等在长安剧场举行联欢，与花艳君合演了《走山》。

5月下旬，应邀在河北保定参观了河北省戏剧学校，随后沿途在石家庄、井陉、阳泉演出。同时进行艺术交流。

主动将解放剧院的个人股份全部交付国家。

1957年　3月初，以全国政协委员的身份赴京参加第二次全国政治协商会议。

3月，率太原市晋剧一团参加太原市第二届戏曲观摩会演。

4月18日，与省市文化局领导江萍、寒声、王易风及花艳君等演员，到太原火车站欢迎由京抵并出席山西省第二届戏曲观摩演出大会的程砚秋先生一行。

4月20日至5月19日，率太原市晋剧一团参加山西省第二届观摩演出大会。与牛桂英、郭凤英等合演了《算粮》《北天门》《详状》等剧，并获奖。

5月1日，任太原市戏剧学校首任校长（次年改任名誉校长，校长由太原市文化局副局长张焕兼任）。

6月至10月，与牛桂英、郭凤英率太原市晋剧一团赴临汾、运城、西安、洛阳、郑州、邯郸、石家庄等地巡回演出。这期间，先后与蒲剧名家阎逢春、王秀兰、筱月来、张庆奎、杨虎山，秦腔名家刘毓中、王天民、苏育民、孟遏云、川剧名家李笑非、易征祥及豫剧名家樊粹庭、常警惕、阎立品、常香玉等相互观摩，联欢演出，座谈交流。

7月，在西安抽暇造访在北京结识的作家杜鹏程，邀请其观看演出。杳无音信三十年的弟弟丁增旺来访，姐弟重逢。

8月，八一建军节，为当地驻军某部慰问演出两天。

10月，西巡演出归来，参加反右运动。

1958年　年初，恢复现代戏《小女婿》。

组织市戏剧学校演出《打金枝》《打店》《双锁山》《草坡》等

剧，向省市领导汇报。接着和学生们合作《空城计》在省劳模会上演出。

5月，在省市文化系统为欢迎梅兰芳先生率梅剧团来并演出的欢迎会上，与牛桂英演出了《走雪山》，梅先生与姜妙香先生看完戏后上台与之亲切交谈。之后，连续观赏了梅先生演出的《贵妃醉酒》等剧，并与梅先生在开明照相馆合影留念。

6月18日至28日，参加山西省及太原市文化局举办的为周信芳先生率上海京剧团来并演出的欢迎仪式，听取了省、市文学艺术工作者联合会邀请周先生为戏剧界作的艺术报告。参加"纪念元代戏剧家关汉卿剧作700周年大会"，观赏了周先生演出的《单刀赴会》。

8月，在临汾召开的戏曲工作现场会上，遵照中央"创造社会主义新戏曲"的指示精神，即席发言。

秋，参加全民大炼钢铁运动，并多次赴太钢与古交山区、西山矿区及清徐等地为炼钢大军进行了数十场慰问演出。为活跃演出气氛，解除大家的疲劳，曾与牛桂英、郭凤英反串演出，在《游花园》中扮演小姐梁凤英。

在西岭公社演出自编小戏《张老汉游公社》，获社员称赞"果子红把农民老汉演活了"。

为古交钢铁厂落成演出。为晋东南屯留水库竣工慰问演出，认业余演员崔喜元为徒弟。

冬，排演由张玉枢、李青萍编剧，张翔执导的现代戏《红旗下的花朵》，在剧中饰女校长。

积极筹措资金，在北什坊创立长胜中学，帮助政府解决小学生升中学的困难。

1959年

1月，《红旗下的花朵》参加了山西省戏曲汇报演出大会，获得好评。参加晋中地区现代戏曲会演评议组工作，发现新苗刘汉银，将其收为第一个入室男弟子。

2月初至4月中旬，与牛桂英、郭凤英、程玉英、冀美莲、冀萍等随山西人民福建前线慰问团赴福建海防前线慰问演出。演出剧目主要有《打金枝》《投县》《卖画劈门》《小宴》等。

慰问团返程路经上海，为中共中央召开的"上海工作会议"演出了《打金枝》《小宴》等剧。受到中央首长的接见。这期间，还和上海文艺界王文娟、徐玉兰等进行艺术交流，录制了《打金枝》《算粮》《断桥》等唱片。

由熊国华和石飞介绍加入中国共产党，首次缴党费一万元。

4月18日，与太原市晋剧一、二团的牛桂英、郭凤英、刘仙玲、马玉楼等六十一名演职员调入山西省实验剧院，任剧院副院长。

8月，参加省文化局举办的建国十周年山西省第三届戏曲观摩演出大会，与梁小云、段玉明、王银柱、刘致和等合作演出《法门寺》。

10月2日，参加"庆祝建国十周年省直及太原市艺术表演团体展览演出"活动，在太原工人文化宫与郭凤英、刘仙玲等演出《日月图》。

1960年 3月8日，被选为建设社会主义先进工作者、三八标兵。

参加省妇联召开的全省建设社会主义先进集体、先进生产者与先进工作者妇女大会，并发言。

3月28日，陪同刘胡兰的妈妈胡文秀在南宫观看省晋剧院演出的现代戏《为了六十一个阶级弟兄》。

7月22日至8月13日，与牛桂英、贾桂林、程玉英、郭金顺等赴京参加全国第三次文学艺术工作者代表大会，受到了毛主席等国家领导人的接见。

1961年 春节前后，在广州春花疗养院疗养。接着去北京参加全国人民代表大会。

8月27日起，随山西省晋剧青年演出团赴北京、天津、内蒙古自治区等地巡回演出，担任艺术指导。在京期间与牛桂英、郭凤英、冀美莲等多次进中南海进行演出，受到国家领导人的接见。

1962年 7月17日至22日，山西省文化局、中国戏剧家协会山西分会为其举办舞台生活四十周年纪念活动。这期间，与南玉英、牛桂英、郭凤英等老搭档演出了《火烧绵山》《走雪山》《详状》《空城计》《太白醉写》等剧。

10月，师傅孙竹林逝世，送葬尽孝。

12月，省、市文化局，中国戏剧家协会山西分会和太原分会在太原市实验晋剧团礼堂为省城名家举办的集体收徒仪式上，收太原市晋剧团黄秀珍、阳曲县晋阳晋剧团庞翠仙、河北省井陉晋剧团荆玉玺和于拉荣为徒。之后，在家中向荆玉玺、于拉荣传授了《卖画劈门》《太白醉写》等拿手戏，并题词赠照赠画给弟子，送于拉荣一幅水仙花，上写"勤学苦练，虚心求成"，并送其艺名于陆仙。

任山西省戏曲学校校长。

1963年 在山西省文化局的主持下，收张家口青年晋剧团青年女须生牛学祯为徒。

6月6日，主动到晋祠疗养院慰问，登门献艺。

一次性交党费一万元。

1964年 9月，参加省文化局举办的全省现代戏观摩演出大会，在省晋剧院一团演出的现代戏《丰收之后》中扮演五保户王奶奶，自己设计演唱的八句唱腔起伏婉转、情真韵足，观众为之倾倒，称之为"绝唱"。

1965年 秋，与牛桂英在太原晋祠宾馆为李雪峰、侯外庐等演出《打金枝》。此后再未登上舞台。

1966年至1970年 在"文化大革命"中被抄家、揪斗、游街等，身心遭受严重摧残。

1971年 健康状况日衰，由"牛棚"回到家里，用练唱练字绘画打发时光。朋友、同事、学生、徒弟多有看望。

过了冬至，数九寒天，肺气肿日益加重，但坚持不住院治疗。

把事先写给生产大队的文约交给二英，说明把郑村养父留下的院落等财产全部留给二英的父亲，即刘凤翔之二子刘拴吉。

1972年 2月3日（阴历腊月十九日），同意住院治疗了，遂送入山大二院，由已陪伴四年的刘凤翔的孙女二英在身边守护。

2月16日（农历正月初二）凌晨四时，晋剧一代须生泰斗含恨离世，终年六十三岁。

丁果仙参演剧目[1]名录

序号	剧名	剧名别称	饰演人物	行当	备注
1	赐 环	拜月	王 允	须生	
2	采 桑	桑园会	秋 胡	须生	
3	拾 金	花子拾金	花 子	小丑	反串
4	拾 金	表刘流	姜秋莲 乳 娘 李春发	小旦 青衣 小生	反串
5	杀 府		伍 员	须生	
6	杀 府		渔 婆	小旦	反串
7	出棠邑		卞 庄	小生	反串
8	出棠邑		伍 员	须生	
9	飞熊传	八百八年	姬 昌	须生	
10	渭水河		姬 昌	须生	
11	二进宫		李 妃	青衣	反串
12	三对面		徐彦昭	大净	反串
13	忠报国		杨 博	须生	
14	玉虎坠		冯 彦	须生	
15	日月图	碧玉环	白茂林	老生	
16	卖画劈门		白茂林	老生	
17	凤仪亭	连环记	王 允	须生	

[1] 资料来源于《晋韵留芳》一书。

续表

序号	剧名	剧名别称	饰演人物	行当	备注
18	白门楼		陈宫	须生	
19	长坂坡		徐庶	须生	
20	游龟山		田云山	须生	
21	投县	二堂献杯	田云山	须生	
22	打子		田云山	须生	
23	蝴蝶杯	前五堂	田云山	须生	
24	蝴蝶杯	后五堂	田云山	须生	
25	明公断	秦香莲	陈世美	须生	
26	杀庙		韩琪	须生	
27	回龙阁		薛平贵	须生	
28	武家坡		薛平贵	须生	
29	算粮		薛平贵	须生	
30	忠义图	王佐断臂	王佐	须生	
31	告御状		八贤王	须生	
32	调寇		八贤王	须生	
33	斩子	辕门斩子	八贤王	须生	
34	斩子	斩宗保	杨六郎	须生	
35	游花园	合凤裙	梁兰英	小旦	反串
36	游花园		梁祯	须生	
37	打金枝	满床笏	唐王	须生	
38	打金枝		沈后	青衣	反串
39	打金枝		公主	小旦	反串
40	回荆州	东吴招亲	刘备	须生	
41	血诏带	白逼宫	吉平	须生	
42	九件衣	列女传	李知州	须生	
43	法门寺		赵廉	须生	
44	月明楼		康熙	须生	

续表

序号	剧名	剧名别称	饰演人物	行当	备注
45	八件衣	闹公堂	窦久成	老生	
46	八件衣		杨知县	须生	
47	八件衣		不 详		
48	空城计		诸葛亮	须生	
49	空城计		琴 童	娃娃生	
50	斩黄袍		赵匡胤	须生	
51	斩黄袍		高怀德	武生	
52	反徐州	串龙珠 五红图	徐 达	须生	
53	详 状	双罗衫	姚 达	老生	
54	狐狸缘	万佛衣	四姑姑	小旦	反串
55	狐狸缘		书 童	小丑	反串
56	狐狸缘		老姑姑	老旦	反串
57	海神庙		薛仁贵	武生	
58	淤泥河	凤凰山	薛仁贵	武生	
59	女起解		崇公道	老丑	反串
60	杀 驿		驿 子	小丑	反串
61	春秋笔		吴承恩	须生	
62	牧羊卷	朱痕记	朱春登	须生	
63	舍 饭		朱春登	须生	
64	牧羊卷		门 子	小丑	反串
65	芦 花	寒衣记	闵德仁	须生	
66	芦 花	鞭打芦花	李 氏	青衣	反串
67	哭灵堂	大报仇	刘 备	须生	
68	哭灵堂		关 兴	小生	
69	取成都		刘 备	须生	
70	三家店		罗 成	小生	
71	金沙滩		杨大郎	须生	

续表

序号	剧名	剧名别称	饰演人物	行当	备注
72	金沙滩		杨继业	老生	
73	金沙滩		宋王	须生	
74	教子	三娘教子	英哥	娃娃生	
75	教子		薛保	老生	
76	捉放曹		陈宫	须生	
77	宿店		陈宫	须生	
78	南天门		曹福	老生	
79	走雪山		曹福	老生	
80	梅绛亵		蔺孝先	小生	反串
81	梅绛亵		花友锦	小丑	反串
82	麟骨床		晋元帝	小生	反串
83	忠义侠	周仁献嫂	周仁	小生	反串
84	双锁山	过山	高琼保	小生	反串
85	杀子报	阴阳报	官保	娃娃生	反串
86	杀子报		塾师	须生	
87	天河配		牛郎	小生	反串
88	天河配		张妻	彩旦	反串
89	花田错		刘玉燕	花旦	反串
90	祥麟镜		秀春	小旦	反串
91	双头驴		范仲禹	小生	反串
92	苟家滩	枸杞山	妈妈	老旦	反串
93	五郎出家		杨五郎	小生	反串
94	八郎揹书		杨八郎	小生	反串
95	铡判官	探阴山	包拯	大净	反串
96	铡判官		颜查散	小生	反串
97	草坡		岳飞	须生	
98	打砂锅		浪子胡伦	小丑	反串

续表

序号	剧名	剧名别称	饰演人物	行当	备注
99	解邦衣		狄青	须生	
100	血手印		林有安	老生	
101	汴梁图	杀宫	刘承佑	须生	
102	烟鬼叹	烟鬼显魂	郑难劝	小丑	反串
103	胡迪骂阎	骂阎	胡迪	须生	
104	清风亭	天剑锄	张秀元	老生	
105	三疑记	绣鞋记	唐英	须生	
106	双巧配		薛志	须生	
107	鸡家山		狄仁杰	须生	
108	金刚庙	临潼山	秦琼	须生	
109	四进士		宋士杰	须生	
110	杀院	宋江杀楼	宋江	须生	
111	女中孝	卖妙郎	周陵蔚	老生	
112	琥珀珠	土祖庙	李智	须生	
113	北天门	四郎探母	杨四郎	须生	
114	取北原	战北原	诸葛亮	须生	
115	天水关	收姜维	诸葛亮	须生	
116	九义十八侠		马清风	须生	
117	兴隆寺		乾隆	须生	
118	太白醉写	一笔定乾坤	李白	须生	
119	八义图	搜孤救孤	程婴	须生	
120	焚绵山	火烧绵山	介子推	须生	
121	访太公	渭水河	姬昌	须生	
122	将相和		蔺相如	须生	
123	柳荫记	双蝴蝶	祝公远	须生	
124	屈原		屈原	须生	
125	三滴血		周仁瑞	须生	

续表

序号	剧名	剧名别称	饰演人物	行当	备注
126	十五贯		况 钟	须生	
127	谢天香		钱府尹	须生	
128	孔雀胆		段 功	须生	
129	穷人恨		刘长工	老生	
130	刘胡兰		张老四	老生	
131	小女婿		陈快腿	彩旦	反串
132	小女婿		喜儿妈	老旦	反串
133	红旗下的花朵		女校长	青衣	兼工
134	张老汉游公社		张老汉	老生	
135	丰收之后		王奶奶	老旦	兼工
136	汾河湾	打 雁	薛仁贵	须生	
137	黄鹤楼	闹 楼	刘 备	须生	
138	金水桥	三哭殿	唐 王	须生	
139	大劈棺		不 详	不详	
140	妲己朝凤		不 详	不详	
141	森罗殿		不 详	不详	
142	炮打昆山		不 详	不详	
143	灞陵晓风		不 详	不详	

丁果仙音像资料名录

一、电影

1955年5月长城电影制片厂出品　戏曲艺术片《打金枝》，丁果仙饰唐代宗

二、录音

（一）1936年法资百代公司灌声唱片

1. 《打金枝·劝宫登殿》唐代宗1段
2. 《八件衣》杨知县1段
3. 《斩黄袍》赵匡胤1段
4. 《反徐州》徐达1段
5. 《空城计》孔明2段
6. 《芦花·表圣贤》闵德仁1段
7. 《花子拾金》反串《拣柴》1段
8. 《花子拾金》《表刘流》1段
9. 《走雪山》曹福2段
10. 《满床笏》唐代宗2段
11. 《飞熊传》姜尚1段

（二）1937年法资百代公司灌声唱片

1. 《胡迪骂阎》胡迪2段
2. 《葵花峪》秋胡2段
3. 《斩子》赵德芳2段

4. 《法门寺》赵廉4段
5. 《牧羊卷》朱春登2段
6. 《取成都》刘璋2段
7. 《捉放曹》陈宫2段
8. 《芦花》闵德仁2段
9. 《花子拾金》学《折桂斧劝弟》2段
10. 《花子拾金》学盖蒲州唱《教子》1段

（三）二十世纪五十年代中国唱片厂发行唱片
1. 《日月图》白茂林2段
2. 《蝴蝶杯》田云山1段
3. 《法门寺》赵廉唱段
4. 《空城计》孔明唱段

（以上名录由赵尚文提供）

三、音配像

山西南方音像有限公司出版《晋剧泰斗丁果仙》
1. 《空城计》全剧，丁果仙饰诸葛亮，荣爱梅配像
2. 《渭水河》全剧，丁果仙饰周文王，李建清配像
3. 《走雪山》选场，丁果仙饰曹福，白桂英配像
4. 《走雪山》选场，丁果仙饰曹福，王二庆配像
5. 《杀府》选场，丁果仙饰伍子胥，李明星配像
6. 《杀院》选场，丁果仙饰宋江，白桂英配像
7. 《打金枝》选场，丁果仙饰唐王，孙红丽配像
8. 《捉放曹》选场，丁果仙饰陈宫，李明星配像
9. 《日月图》选段，丁果仙饰白茂林，刘汉银配像
10. 《日月图》选段，丁果仙饰白茂林，刘汉银配像
11. 《日月图》选段，丁果仙饰白茂林，刘汉银配像
12. 《走雪山》选段，丁果仙饰曹福，李明星配像
13. 《八件衣》选段，丁果仙饰杨知县，白桂英配像

14. 《蝴蝶杯》选段，丁果仙饰田云山，白桂英配像
15. 《四进士》选段，丁果仙饰宋士杰，武忠配像
16. 《打金枝》选段，丁果仙饰唐王，闫慧贞配像
17. 《太白醉写》选段，丁果仙饰李白，闫慧贞配像
18. 《空城计》选段，丁果仙饰诸葛亮，孙红丽配像
19. 《教子》选段，丁果仙饰薛保，朱建军配像
20. 《法门寺》选段，丁果仙饰赵廉，李明星配像
21. 《斩子》选段，丁果仙饰杨六郎，朱建军配像
22. 《反徐州》选段，丁果仙饰徐达，李建清配像
23. 《屈原》选段，丁果仙饰屈原，朱建军配像
24. 《渭水河》选段，丁果仙饰周文王，闫慧贞配像

（以上名录由牛维华提供）

参考书目

序号	书名	作者	出版社
1	晋韵流芳	山西省晋剧院 山西省戏剧研究会	中国戏剧出版社
2	牛桂英舞台生活回忆	杨秋实等	山西人民出版社
3	晋剧名生郭凤英	李文虎	北岳文艺出版社
4	程玉英传	刘思奇	北岳文艺出版社
5	花艳君评传	张晏杰、马戈荣	山西古籍出版社
6	须生泰斗丁果仙	纪丁	中国国际广播音像出版社
7	人生如戏	苟有富	中国戏剧出版社
8	梅兰芳全传	李伶伶	中国青年出版社
9	程长庚传	刘强、吴宏英	河北教育出版社
10	荀慧生传	谭志湘	河北教育出版社
11	李万春传	周桓	上海古籍出版社
12	晋剧百年史话	王永年、刘巨才、段树人	三晋出版社
13	太原戏剧史	李文虎	山西古籍出版社
14	清徐晋剧史话	闫学铭	北岳文艺出版社
15	梨园踏歌行	杨秋实	山西省农科院印
16	老太原拾趣	张桂根	北岳文艺出版社
17	梨园故事	李春芳	中国戏剧出版社
18	梨园新谱	李春芳	中国广播电视出版社
19	山右杂记	王易风	山西人民出版社

续表

序号	书名	作者	出版社
20	太原解放接管纪实	谷锋	中国文联出版社
21	山西抗战文学史	屈毓秀等	北岳文艺出版社
22	舞文杂辑	张仁健	北岳文艺出版社
23	张焕艺术生活剪影	王泓、张三虎等	艺术方圆杂志社
24	缅怀刘舒侠	李玉明、张捷夫	香港天马出版有限公司
25	寒声文集	寒声	中国戏剧出版社
26	太原市实验晋剧院院志	王立斌等	山西贝加广告印刷公司
27	秦腔百年	刘斌等	太白艺术出版社
28	阎锡山统治山西史实	山西省政协	山西人民出版社
29	一世枭雄蒋介石	李理、夏潮	金城出版社
30	孙中山先生革命事业与山西	中华文化学社	中华文化学社编印
31	中国大百科全书·戏曲	张庚等	中国大百科全书出版社
32	山西戏曲图史	张林雨	山西人民出版社
33	太原市志	安捷等	三晋出版社
34	清徐县志	王保玉、郭维忠等	山西古籍出版社
35	清徐史话	张卯春	北岳文艺出版社
36	京剧入晋考述	顾铁铭	山西教育出版社
37	孔尚任咏晋诗评注	郭士星	山西人民出版社
38	清徐县村名集锦	关光远	清徐佳宇印刷厂
39	梨花园里话春秋	白尚贤	清徐佳宇印刷厂
40	龙城太原	杨瑞武、王继祖	山西人民出版社
41	太原北城区地名志	张仲等	太原印刷厂
42	太原南城区地名志	余萍等	山西省美术印刷厂
43	山西省晋剧院院志	侯桂林等	
44	屈原	郭沫若	新文艺出版社
45	张家口文史资料		
46	河北省戏曲资料汇编		
47	内蒙古戏曲资料汇编		

受访人名录

序号	姓名	性别	出生年代	备注
1	曲润海	男	1936年	
2	郭士星	男	1940年	
3	程玉英	女	1920年	
4	乔金仙	女	1921年	
5	马福仙	女	1930年	
6	花艳君	女	1929年	
7	刘宝俊	女	1932年	
8	白桂英	女	1932年	
9	白桂枝	女	1948年	
10	张鸣琴	女	1938年	
11	马玉楼	女	1934年	
12	田希文	男	1934年	
13	冀 萍	女	1935年	
14	郑忠贤	男	1936年	
15	刘汉银	男	1936年	
16	温明轸	男	1939年	
17	武 忠	男	1940年	
18	阎慧贞	女	1939年	
19	荆玉玺	男	1944年	

续表

序号	姓名	性别	出生年代	备注
20	于拉荣	女	1944年	
21	黄秀珍	女	1938年	
22	庞翠仙	女	1939年	
23	牛学祯	女	1942年	
24	崔喜元	男	1933年	
25	熊国华	女	1923年	
26	史 健	女	1930年	
27	冀 安	男	1944年	冀午斋侄孙
28	冀虎升	男	1950年	冀午斋孙
29	郭继斌	男	1956年	冀午斋外孙
30	任继亮	男	1937年	任秀峰子
31	周贵旺	男	1936年	任秀峰外甥
32	周贵仓	男	1940年	任秀峰外甥
33	郭忠福	男	1927年	丁巧云子
34	汪锦义	男	1938年	汪庆喜堂弟
35	汪钻红	女	1964年	汪庆喜女
36	高大顺	男	1947年	汪庆喜外甥
37	汪花子	女	1930年	汪庆喜堂姐
38	李玉龙	男	1952年	
39	李玉明	男	1956年	
40	李玉花	女	1963年	
41	李 亮	男	1981年	
42	关文富	男	1934年	
43	刘爱英	女	1952年	
44	刘降荣	女	1955年	
45	王 越	女	1964年	
46	李文虎	男	1939年	

续表

序号	姓名	性别	出生年代	备注
47	王培宾	男	1978年	
48	刘 涛	男	1978年	
49	孙锁福	男	1958年	
50	李春芳	女	1941年	
51	关光远	男	1937年	
52	郭维忠	男	1929年	
53	李丽香	女	1957年	
54	郜丽丽	女	1940年	
55	张丽仙	女	1935年	
56	魏福喜	男	1942年	
57	杨爱珍	女	1939年	
58	寒 鸿	男	1971年	
59	薛 宓	男	1933年	
60	孙秀文	女	1936年	
61	韩小林	女	1980年	
62	孙秀娥	女	1952年	
63	李玉成	男	1950年	
64	苗秀茂	男	1939年	
65	田翠兰	女	1942年	
66	吕铁城	男	1942年	
67	郭凤兰	女	1944年	
68	任福泉	男	1941年	
69	朱新兴	女	1944年	
70	梁树年	男	1936年	
71	赵显华	男	1943年	
72	王增福	男	1939年	
73	王宝钗	女	1939年	

续表

序号	姓名	性别	出生年代	备注
74	姬荣生	男	1937年	
75	金世耀	男	1940年	
76	韩 仪	男	1944年	
77	杨连贵	男	1943年	
78	任玉玲	女	1930年	
79	肖桂叶	女	1945年	
80	刘巨才	男	1942年	
81	张俊海	男	1965年	
82	杨志怀	男	1946年	
83	闫巨才	男	1939年	
84	罗 煜	男	1944年	
85	王克忠	男	1942年	
86	李秀中	男	1921年	
87	闫学铭	男	1950年	
88	刘保儿	男	1928年	
89	牛巧珍	女	1944年	
90	王桂兰	女	1941年	
91	许仁灿	男	1943年	
92	裴茂杰	男	1941年	
93	张绍文	男	1946年	
94	闫继舜	男	1945年	
95	马德英	男	1948年	
96	苗雨稚	男	1925年	
97	张林雨	男	1943年	
98	张松树	男	1950年	
99	郭彩萍	女	1944年	
100	张卯春	男	1951年	

续表

序号	姓名	性别	出生年代	备注
101	王保玉	男	1941年	
102	常箴吾	男	1937年	
103	杨效璋	男	1945年	
104	张清玉	男	1945年	
105	祁 云	男	1935年	
106	何云燕	女	1934年	
107	刘俊礼	男	1940年	
108	白尚贤	男	1938年	
109	赵威恩	男	1933年	
110	李寿宁	男	1945年	李树琴弟
111	韩爱仙	女	1954年	三光子侄孙媳
112	申 旺	男	1951年	三光子侄孙
113	詹全娃	男	1937年	詹成勋之子
114	白妙福	男	1950年	白晋山之子
115	李玉珠	女	1937年	李树茂之女
116	牛维华	男	1954年	
117	薛春生	男	1943年	
118	李月仙	女	1940年	
119	高翠英	女	1943年	
120	马兆录	男	1940年	
121	代占寿	男	1942年	
122	薛维艺	男	1942年	
123	安振英	男	1940年	
124	白庭芳	女	1941年	
125	李瑞芳	女	1939年	
126	王嘉棣	男	1937年	郭葆初弟子、琴师
127	冀玉香	女	1940年	王嘉棣妻、须生

续表

序号	姓名	性别	出生年代	备注
128	王笑林	男	1952年	
129	孟福履	男	1934年	孟兴让之子
130	王 驿	男	1934年	
131	王宝珍	女	1942年	王驿之妻
132	郑桂萍	女	1939年	
133	刘宝儿	男	1928年	十四红乔冬元邻居
134	胡润保	男	1944年	
135	郭恩德	男	1939年	
136	韩维民	男	1952年	任玉玲之子
137	牛爱科	男	1952年	
138	王能长	男	1940年	
139	王 泽	男	1939年	
140	郝松译	男	1940年	
141	贺海英	男	1964年	
142	孙建国	男	1966年	
143	乔振铃	男	1945年	
144	刘心慧	男	1940年	
145	谢 涛	女	1967年	
146	陶 成	男	1965年	
147	王小东	男	1969年	
148	王 辉	男	1963年	
149	谢玉辉	男	1965年	
150	王爱爱	女	1940年	
151	田桂兰	女	1941年	
152	郭林贵	男	1946年	

后记

正值我遍访宗族长者与邻里亲朋，欲动笔撰写我赵家家族史话的时候，一日，与杨秋实诸君闲聚，议及为丁果仙大师立传之事——作为太原市戏剧界老人，有责任与义务为丁大师立传效力。任务重大，我当仁不让——斗胆接纳。

明知不好为而必为之，诚可谓："柴骨羸牛性硁硁，老夫聊发少年疯。蛮劲赢得碰头彩，一痴搅动满天星。"

随后聚会商讨、盟誓签约，黄金搭档，各显其能。长计划短安排，由内容到形式，从时间到花销直至付梓的点点滴滴、林林总总，滴水不漏。

中途又有段兴旺君入盟，于是六加一合作"七星"，姑且名之曰草根编创组。

兵马未动，粮秣先行。于是走街串巷，觅户寻门，在造访百五六十知情人士的同时，搜检翻阅资料文献近五十部之多，整理出数千条素材。将之以时间为经、事件为纬，取正剔讹，分门别类；然后谋篇布局，立目分章，架构起细化提纲，奠定鸿篇之基。耗时经年，几近黔驴之境矣。

初，草就"楔子"与开篇两节，提交组人与专家品评，收获了不少鼓励、赞扬。老顾问、文化厅原副厅长郭士星送我《程长庚》与《荀慧生》等传记图书。组人华敏与杨秋实二君也分别送来《梅兰芳全传》与《李万春传》。一气儿读完，舒了口气，之后再次详览细味太史公《鸿门宴》，似有茅塞顿开之感。

工程浩繁，征途遥远，拦路虎不乏，堵道羊更多。好在众多知情同仁不吝赐教，我亦自觉挖掘、深究，买了平板电脑上了网，让信息交流更顺畅，让信息来源更广泛。

气可鼓而不可泄。扬帆起航，初时确也顺风顺水。然而驶入中流未久，身患糖尿病多年的老伴并发沉疴，卧床不起。虽有儿女轮番守护，仍不及半载寿终正寝。正因家人谅解给力，同道开导安抚，方能于艰难远航中犹未稍停一桌。

众人拾柴火焰高。2014年10月，提前交工，过了个痛快的大年，准备高枕无忧，休养生息。岂料段君由河北满载而归，带回了惊人的喜讯，揭开了丁果仙身世之谜。大家伙儿欢呼雀跃，我于欣喜之后却陷入了悃憷。强弩之末难穿缟素。铩羽四月有余，不得不收拾落荒的残簇，重上弓弦。撤下"楔子"，更新首章，增一发而安全局。果果的来龙去脉清晰可见，整篇多了呼应。功夫不负苦心，同仁一致称赞，我何尝不暗暗偷喜。

丁大师临终曾言：为了跟形势，好过关，政治运动中说过些假话错话……实在后悔。人老更善，她为人纯直，为后人树立了正确的荣辱观。作为笔者，为尊者讳，手下留情，崇善向善褒善扬善，远恶避恶贬恶恶恶，完全出于发挥正能量，突出主旋律，启发众人携手共建和谐之意图。这，应是大家不二之愿景。我们绝无刻意涂脂抹粉、美化传主及相关人员之企图。如有疏误不当抑或过誉溢美之嫌，文责由笔者自负，与提供素材者或旁人概不相干。

及至付梓送审，出版社专家提议：与丁果仙无直接关联的乡俗民情的掺入，会使书稿沦为大杂烩。原以为宣传三晋风物，于丁无碍，于众裨益，现狠心革除赘疣，的确轻秀了些。

此外，尚有多处弥足珍贵的趣闻轶事，因不便细述的缘由，也不得不忍痛割爱，未免生发出几许遗憾，并求知情人士谅解。

我等诸君不揣冒昧竭诚以献，相信后之视今亦犹今之视昔。

孔子曰："学而后知不足。"脱稿静思，深觉自己全方位力不从心。之所以能完成如此巨制，实赖同好倡导参与、一路鼓励，甚而点赞资助。尤其知情诸君不嫌频扰的答疑解惑，以及尊长巨擘入木三分的不倦教诲。无以厚报，感激涕零，毕恭毕敬，诚惶诚恐。借此，对所有关心支持过的同仁好友一并致以衷心感谢，恕不逐个点指高名。

　　引玉抛砖。思维迟滞，文笔乖拙，偏颇失实之处必定不少，但求读者不吝赐教。

　　成书的全过程离不开出版社领导、编辑、设计者的支持和努力，他们参与策划，关心书稿进展，对书稿反复磋商，细修细改，尽心竭力。编辑陈洋在最初发现这部书稿后，力谏将书稿留在山西本土出版，并主动参与全套书的编辑策划工作，提供了不少建设性意见，同时直接介入了《影行》卷与《品评》卷的编辑工作。一部书的最终呈现是由他们完成的，让我等感佩交并。

二〇一八年元月十五日

赘语

《晋剧坤伶须生开宗泰斗丁果仙》之《春秋》《影行》《品评》三卷本终于要付梓了。

2012年9月,张公桂根(81岁)提出为丁果仙立传的大胆想法,杨公秋实(89岁)马上响应并搭手,共同组建编创班子。有赵威龙(74岁)、华敏(73岁)、阎玉庭(67岁)、刘惠兰(65岁)、段兴旺(56岁)应声而来,并州七老草根编创组诞生了。

五个年头过去了,我们平均年龄已登耄耋。庆幸的是七个老者健健康康、平平安安,盖因丁果仙大师精神的护佑和眷顾。我们感恩!我们谢忱!

五年来,我们不忘初心,正如当初编创组协议书上所言:精诚团结,协同作战,在书稿完成前决不打退堂鼓。我们做到了:有志有恒,同甘同苦,不离不弃,善始善终。

五年来,有杨、张二位组长胸怀博大坐镇操持,他俩不仅掌握书稿进度,更关心组员们身体、精神等方方面面。常有电话嘘寒问暖,更有提着礼品探病关怀,那是一种难以表述的关爱和温暖。这便是无穷的力量!

难忘七个人一起围坐在杨公心润斋小客厅大茶几旁的无数个日子,我们一起搭框架、通提纲;一起挑眼拔刺,字斟句酌;还有一起缄默,一起争论;偶尔也天南地北闲谈杂论,引来一阵爽朗笑声……多么好的那些个日子啊!为了丁果仙一书成稿,七个老者同思同议,同喜同忧。此生再难求矣!

动笔的赵、华、阎三位自然辛劳些。然，乐在笔头的享受又有谁人能获得？

年纪较小的刘，热情无私不怕苦。五年来时时处处关心和体贴着五位长者。她自知身为梨园名门之后，就该尽力发挥其优长。在前期工作中，她亲自设计对梨园老前辈们的采访线路，安排先后顺序，购置见面礼品，甚至连叩门礼数、见面称谓等细节都一一谋划清楚。可以说，三卷本中无一不饱含着她的尽心竭力和奉献精神。

热衷收藏的段，爱戏如命。凡有空一定在路上，呼市、包头、张家口，汾、平、介、孝晋中地，乃至束鹿故地、宝岛台湾都遍布了他的足迹。他的所有努力都在书中展现，丁大师的身世之谜，还有那些从未见过的丁大师的形象，会使读者惊奇、惬意；更会爱不释手。须知，那是段君辛劳的结晶。

这套为丁果仙立传的三卷本所以能成书付梓，更要感谢三位顾问：曲润海先生、郭士星先生、张仁健先生。他们都已是古稀之年的老者。首先感谢三位带病对书稿逐字逐句的审阅修改；更感谢三位对书稿每一步进展的及时指导，就连全套书名都是张仁健先生的智圆之奉赠。因有三位专家学者自始至终的关心、帮助，才让草根编创组诸君心中有底、行之有轨，才使五年的编创工作顺利始终。感激之怀，匪可言宣！

编辑陈洋在最初发现这部书稿后，力谏将丁果仙三卷本留在山西本土出版，并主动参与全套书的编辑策划工作，提供了不少建设性意见，同时直接介入了《影行》卷和《品评》卷的编辑工作。

成稿时间虽说长了些，但却赶上了好时候。大家被党中央"坚定文化自信，讲好中国故事"的声音鼓舞着，践行着。所以，尽管丁果仙三卷本仅仅是草根们的自主行为，但也得到政府和出版社的全力扶持。幸矣！运矣！

心遂事成，谢天谢地。揖也！叩也！

并州七老感言于 2018 年尾